カラー口絵

# 三好一族と阿波の城館

▲三好長慶画像（模本）
三好本宗家の当主で、畿内に大勢力をほこった
京都大学総合博物館蔵

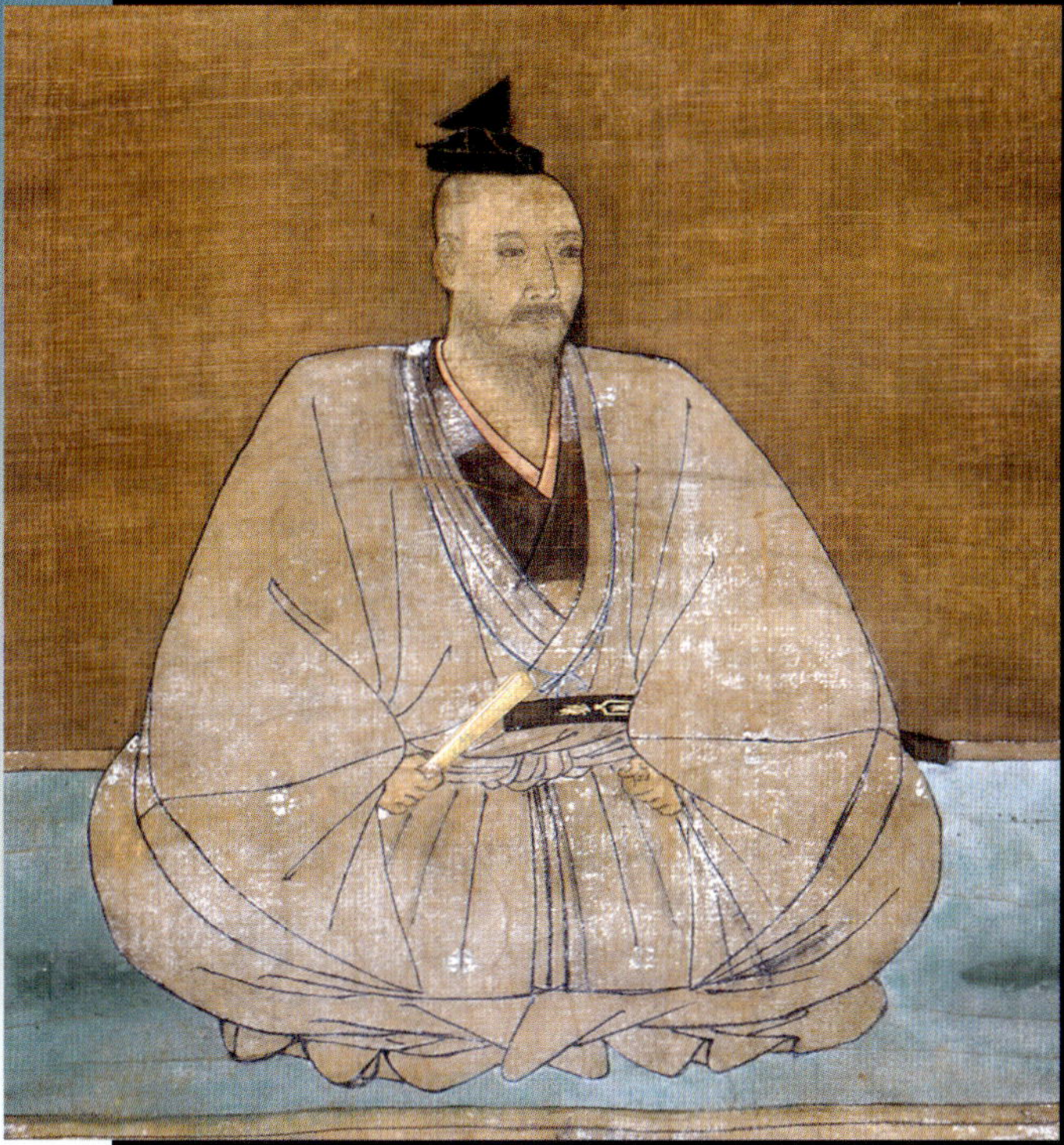

◀三好実休画像
長慶の弟で、阿波三好家の当主。長慶と協力して阿波の統治にあたった
大阪府堺市・妙國寺蔵　堺市博物館寄託

▶三好長基（元長）画像
長慶の父。堺公方・足利義維を擁立するなど、戦国の畿内政治史に大きな足跡を残した
藍住町・見性寺蔵　写真提供：藍住町教育委員会

◀三好長輝（之長）画像
長慶の曾祖父。三好氏が畿内に進出する足がかりをつくった
藍住町・見性寺蔵　写真提供：藍住町教育委員会

▲勝瑞城館跡航空写真　写真提供：藍住町教育委員会

▲勝瑞城内にある三好氏歴代の墓。左側から長治、実休、元長、之長の墓といわれている

▲勝瑞館跡　整備された枯山水庭園と建物跡
写真提供：藍住町教育委員会

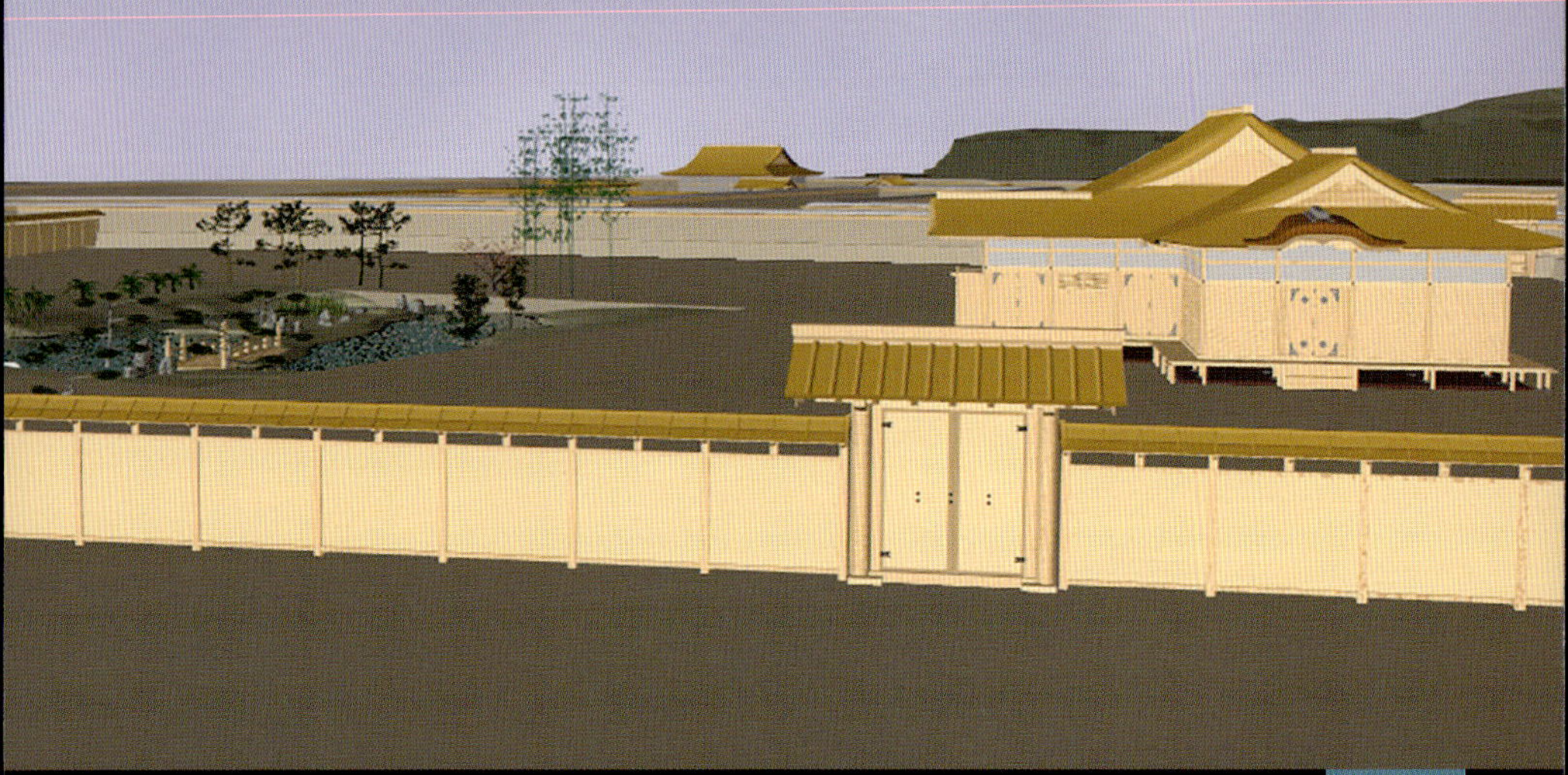

▲勝瑞城館池泉庭園北側の建物から見た景観　ＣＧ製作：中野真弘

▶勝瑞城館跡発掘調査
池の南岸
写真提供：藍住町教育委員会

▲勝瑞出土遺物　貿易陶磁器
写真提供：藍住町教育委員会

◀勝瑞出土遺物　桃形水滴
写真提供：藍住町教育委員会

▶勝瑞城館　東方より
ＣＧ製作：中野真弘

◀勝瑞城館跡発掘調査
池の南東部
写真提供：藍住町教育委員会

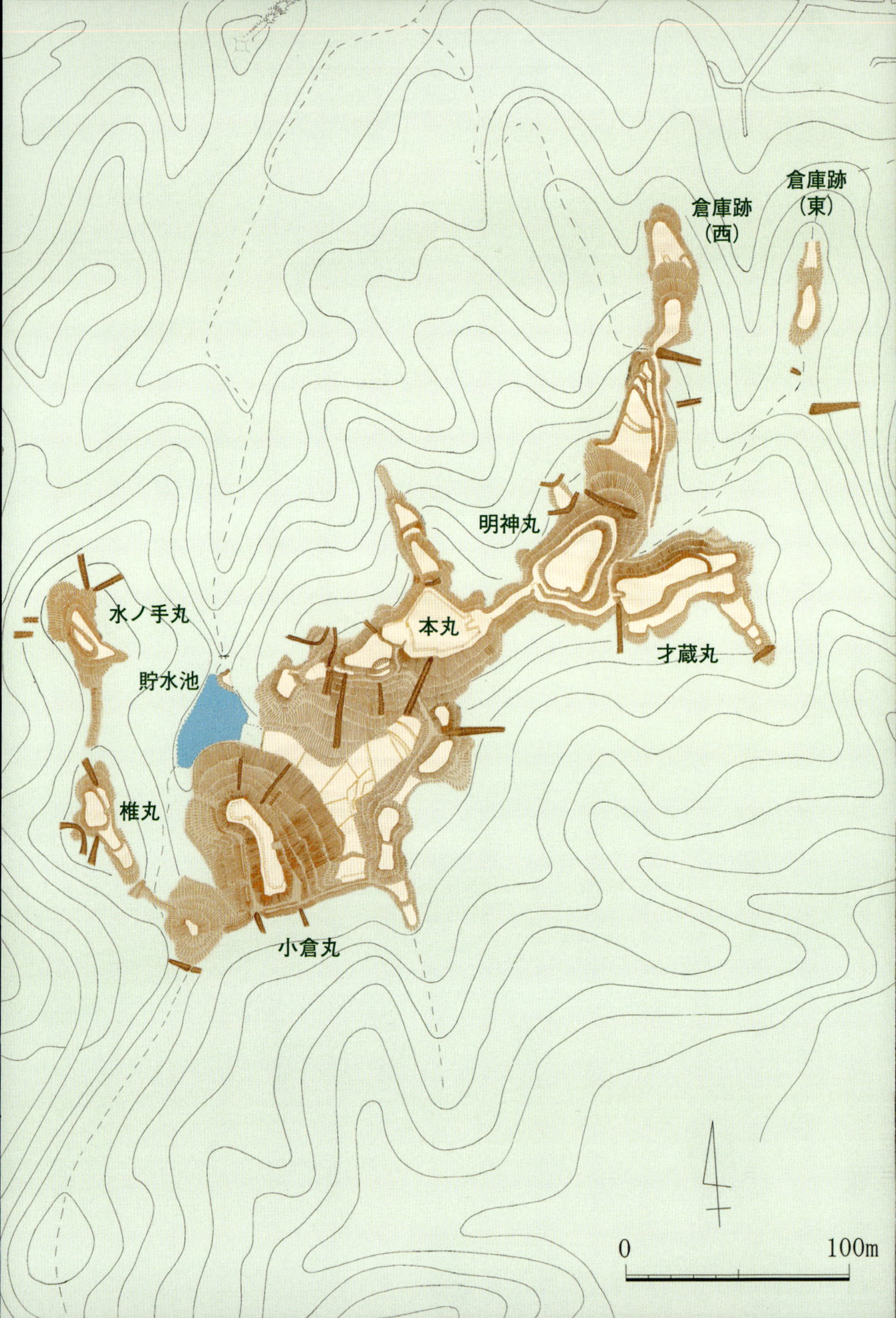

倉庫跡
（西）
倉庫跡
（東）
明神丸
水ノ手丸
本丸
才蔵丸
貯水池
椎丸
小倉丸
0
100m

上：一宮城本丸
中：一宮城本丸石垣
下：一宮城鳥瞰図（城跡の案内図）
写真提供：上・中・下とも徳島市教育委員会

▶一宮城縄張り図　作図：杉原賢治

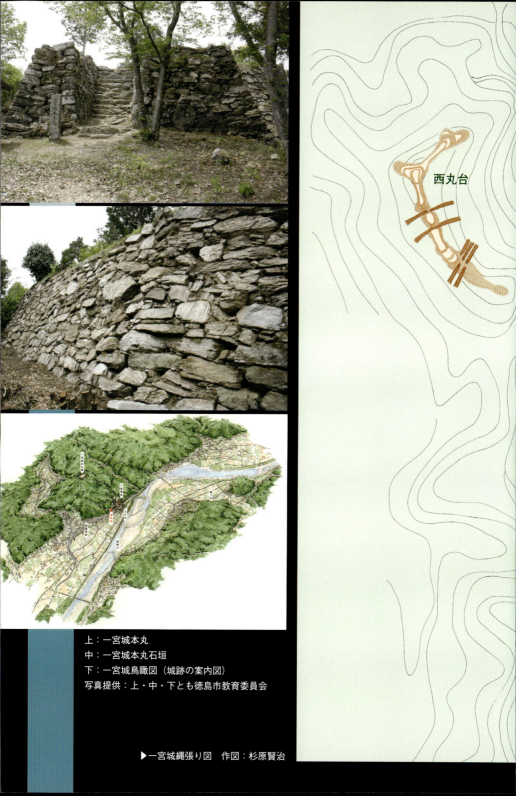

阿波国徳島城之図（正保城絵図）　国立公文書館蔵

# 三好一族と阿波の城館

図説 日本の城郭シリーズ 7

◆石井伸夫
◆重見高博
［編］

戎光祥出版

# まえがき

本田昇さんのお名前をご存じであろうか。徳島に生まれ、一生を城郭研究に捧げられた偉大な城郭研究者である。中世城郭研究会に所属し、全国の城郭を調査しながら、併行して徳島県内の城郭研究に取り組んだ。その「ウルウル」と盛り上がるようなケバの技法、必要な城郭要素はもれなく採録しながらも、不確かな要素はあえて図化せず文章表現に留めるストイックな研究姿勢は、現在でも学ぶべき点が多い。本田さんは、縄張り調査による城郭研究を創り上げていった人であり、日本の城郭研究を牽引する研究者であった。

本田さんが亡くなられてからの数年間、徳島には研究の空白期間が訪れた。その状況に変化をもたらしたのが、平成十六年度から予備調査が始まった「徳島県中世城館跡総合調査」である。調査の事務局は、本書の執筆者でもある辻佳伸氏が担当した。本田さんの遺業に学びながらも、技術的にはゼロからのスタートであったが、単身、中世城郭研究会の合宿に飛び入り参加し、縄張り調査を経験した辻氏の取り組みによって、阿波での城館調査が復活した。「石井さん、一宮城へ行こう！」。この辻氏の言葉が、徳島県における城郭調査再開の嚆矢であったと記憶している。

平成二十二年度末に刊行された調査報告書『徳島県の中世城館』は大好評を博し、県内各所から増刷を求める声があがったが、諸般の事情により増刷には至らなかった。以来、報告書のコンセプトを活かした正確な記述で、しかも求めやすい価格、かつ、誰もが手に取りやすい美しい装丁の書物を世に出すことが私自身の課題となっていった。

課題解決の契機は突然に訪れた。平成二十七年夏、家族で小豆島を訪れていた私の携帯電話に、もう一人の編者である重見髙博氏からの着信があった。「戎光祥出版から、徳島県の城郭本の出版について打診が来ています。協力してもらえませんか」。即座に快諾し、その週のうちに一気に企画書を仕上げた。徳島県には、城郭研究を専門分野として継続的な活動を続ける研究者、いわゆる「城屋」は一人もいない。そのような地域から、いかにして価値ある書物が創れるのか。企画書を作成する際に最も悩んだ点である。そしてその結論は、「惣国一揆型でいこう！」であった。中世城館跡総合調査では、県内各市町村の文化財専門職員を中心に調査員をお願いした。今回も、かつてのメンバーに新たに企画書を示して協力を依頼し、四年半ぶりに二十数名の調査員が再結集した。これに前回の調査以降に採用された若手文化財専門職員も加わり、文字通り「オール徳島」メンバーで執筆に臨んだ。また、『三好一族と阿波の城館』のタイトルにちなみ、畿内で勇躍した三好一族関係の城館について、関西在住の研究者からの原稿をいただくことにした。

以上の経緯で構成された本書は、①本文執筆にあたっては再度現地を訪れて調査し、最新の成果を盛り込むとともに、写真についても直近のものを採録する。②本田氏の縄張図が存在する城郭については、これを優先的に採録し、その遺業を確認する。③他の城館は、『徳島県の中世城館』所収の図面を中心に採録し、現時点での調査水準を示す。④阿波の城館を中心としつつ、畿内の城館をも視野に入れ、細川氏・三好氏の勢力範囲を通覧できる構成とすること等を編集上の特徴としている。

このようにして編まれた書物が、多くの城郭研究者・愛好者に受け入れられ、本書を携えて阿波の城を訪れる人が現れ、新たな交流が広がっていくことを期待して、まえがきとしたい。

平成二十九年　初冬、初霜の朝に

石井伸夫

目次

# 凡例

編集部

一、本書では、徳島県の城館を中心に、大阪府・兵庫県も含め三好氏・細川氏の主要な七十四城を取り上げた。

一、各項目の地形図は、「数値地図25000オンライン」（日本地図センター発行・平成二十九年十一月現在）を利用した。加筆した丸印は城郭の中心部分を示すが、城郭によっては丸印外側に城域が広がるもの、あるいは丸印内側におさまるものも存在する。

一、人名や歴史用語には適宜ルビを振った。読み方については、各種辞典類を参照したが、歴史上の用語、とりわけ人名の読み方は定まっていない場合も多く、ルビで示した読み方が確定的なものというわけではない。また、執筆者ごとに読み方が違う場合もあり、各項目のルビについては、各執筆者の見解を尊重したことをお断りしておく。

一、本書に掲載している多数の図版の転載元である『徳島県の中世城館　徳島県中世城館跡総合調査報告書』（徳島県教育委員会、二〇一一年）については、『徳中城』と省略して表記した。また、本書で多数引用している史料の出典については、以下の通りである。

『阿波志』（一八一五年）／『三好記』（『続群書類従』二十二号下、続群書類従完成会、一九二四年）／『元親記』（『続群書類従』二十三号、続群書類従完成会、一九二四年）／『阿淡年表秘録』（『徳島県史料』第一巻、徳島県、一九六四年）／『阿波国徴古雑抄』（日本歴史地理学会、一九一四年刊。臨川書店より一九七四年に復刊）／『古城諸将記』『故城記』『城跡記』『阿州古戦記』（『阿波国徴古雑抄』所収）／『南海通記』（『戦記資料　南海通記・四国軍記』歴史図書社、一九七六年）／『兵庫北関入船納帳』（林屋辰三郎ほか『兵庫北関入船納帳』、中央公論美術出版、一九八一年）／『兵庫北関雑船納帳』（『兵庫県史』史料編　中世5、兵庫県史編集委員会、一九九一年）

# 第一章　阿波の城館と三好氏の動向

# 室町・戦国期の阿波国における城館の展開

石井伸夫

## 一、中世阿波の地理的環境

中世阿波国の交通や流通については、従来から水運の発達が大きなウェイトを占めていたといわれている。阿波の水運は、畿内・中国地方などの海を隔てた地域間で行われた海上水運と、吉《よし》野川《のがわ》や那《な》賀《か》川《がわ》などの河川水運とに大別できる。海上水運で阿波の港津に運ばれたさまざまな搬入品は、そこからさらに、河川水運や陸運によって国内の各地に配送されたようだ。

河川水運については、「離宮八幡宮文書」にその一端を示す文書が数点確認され、これらから、中世の吉野川には相当数の商船の往来があり、流通の東西軸をなしていたこと、この収益に着目し、新関を構えて関銭《せきせん》を徴収する地元の武士層が存在したことなどがわかる。海上水運については、文安二年（一四四五）の『兵庫北関入船納帳《ひょうごきたせきいりふねのうちょう》』から様相を見て取ることができる。そこには、瀬戸内海の港津一〇〇ヵ所以上が「船籍地」として記載されており、阿波国は土佐泊《とさどまり》・武屋《むや》（撫養）・別宮《べっく》・惣寺院《そうじいん》・平島・橘・牟木《むぎ》（牟岐）・海部《かいふ》・宍咋《ししくい》（宍喰）の九ヵ所が挙がっている。吉野川中流域に比定される惣寺院を除けば、いずれも河口部か海岸に位置する港津であり、紀伊水道に沿って南北に連なる。

陸運では、近世初頭に徳島藩が整備した阿波五街道（淡路街道・撫養街道・讃岐街道・伊予街道・

海部・鞆の港

土佐街道）や、近世中期にルートの固定化が進んだ遍路道《へんろみち》がある。これら近世の街道の原初的ルートは、中世以前にさかのぼる可能性が高い。

中世の阿波国は、①国内を東西に貫流する河川水運、②紀伊水道沿いに南北に連なる港津、③沿岸部と内陸部を結ぶ原初的街道の三要素が密接に関連し、交通・流通のネットワークが形成されていた。これらの結節点を押さえる目的で、城館が立地していったのだろう。

## 二、阿波の室町・戦国時代

### 細川氏とその支配

一四世紀前半に鎌倉幕府が滅び、建武の新政が始まると、貴族中心の政治に対する武士の不満が高まった。足利尊氏は新政に反旗を翻すが、新田義貞・楠木正成らに破れ、いったん九州に敗走する。尊氏はその際、配下の有力武将を中国・四国地方に配置し、他日を期した。*1 四国には足利氏一門の細川顕氏《あきうじ》・和氏《かずうじ》が派遣され、足利氏が地頭職を有する阿波国秋月荘*2（阿波市）に入部する。阿波の室町時代の幕開けである。

細川氏による阿波の初期守護所は、秋月に置かれたという。守護所の遺構は未確認だが、周辺から発掘調査で寺院遺構が検出され、文献史料からも補陀寺《ふだじ》・宝冠寺《ほうかんじ》等の寺院名が確認できる。切幡寺《きりはたじ》（阿波市）に伝わる古文書によると、京都から金春座《こんぱるざ》などを招いて能楽の興業が行われたこともあり、秋月の地が守護権力の中心的機能を果たしていたことは間違いないようである。

四国国大将《くにだいしょう》として阿波に入部した細川氏は、細川頼之《よりゆき》の代を境に二つの系統に分化していく。そのひとつが、阿波守護であった細川頼之が幕府管領に就任し、その子孫が管領職を継承したこ

*1 『梅松論』（矢代和夫・加美宏校注『梅松論・源威集』、現代思潮社、一九七五年）

*2 「足利氏所領番文」（東北大学図書館所蔵、「陸奥倉持家文書」）

細川頼之（『前賢故実』）国立国会図書館蔵

とで確立した細川宗家（京兆家《けいちょう》）であり、もうひとつが、阿波守護職が頼之から弟の頼有《よりあり》、さらに頼有の甥の義之《よしゆき》へと相伝されることで成立した阿波守護家である。阿波守護はこれ以後、義之の系統が継承することとなり、満久《みつひさ》→持常《もちつね》→成之《しげゆき》→政之《まさゆき》→義春《よしはる》→之持《ゆきもち》→持隆《もちたか》→真之《さねゆき》と相伝された。

阿波細川氏は、細川一族の有力庶流として幕府の評定衆《ひょうじょうしゅう》に列し、守護在京体制下の有力守護として活動した。また、阿波国内では国人の被官化を推し進め、有力被官を守護代に任命して国内を統治した。応仁の乱が勃発すると、当時の阿波守護であった細川成之は東軍の有力武将として活躍し、東軍の主将を務める細川京兆家を助けた。応仁の乱の収束後、有力守護が相次いで任国へ下向し、守護在京体制が崩壊していくなか、細川成之は継続して在京し、幕政に参与した。文明十七年（一四八五）に有力被官東条氏が背反し、*3 成之が帰国するに及んで、ようやく阿波国の統治も守護在国体制へと転換していった。

## 細川氏の衰退と三好氏の台頭

応仁の乱後、幕府の実権を掌握した管領・細川政元《まさもと》は、明応の政変（一四九三年）を経て専制化していく。これと併行して実子のいない政元の継嗣問題が持ち上がり、澄之《すみゆき》・高国《たかくに》及び阿波守護家出身の澄元《すみもと》の三者が争う構図となった。永正四年（一五〇七）、澄之による政元暗殺を機に細川氏の内紛（両細川の乱）が勃発し、*4 細川氏は衰退に向かう。この流れのなかで、阿波国出身の管領候補・澄元及びその子晴元《はるもと》を軍事的に支えることで頭角を現したのが、三好氏であった。

三好氏は、鎌倉時代の阿波守護小笠原氏の末裔が、本拠地である阿波国三好郡の在名を名乗った氏族である。史料上の初見は、寛正六年（一四六五）に「三好式部少輔《しきぶのしょうゆう》」が守護から阿波三郡

---

＊3　『大乗院寺社雑事記』（増補続史料大成）

＊4　『細川両家記』（群書類従、続群書類従刊行会）

の風呂銭徴収を命じられた、「守護奉行人真覚奉書」[*5]の記事である。また、京での活動については三好之長《ゆきなが》が初見となる。之長は永正十六年（一五〇六）、細川澄元を擁して堺に上陸し、対立する細川高国を追放して一時的に京を制圧するが、周防の大内氏と結んだ高国の反撃にあい、京で敗死している。之長の跡を継いだのは孫の元長《もとなが》である。元長は大永六年（一五二六）、細川晴元（澄元の子）とともに、足利義維《よしつな》を奉じて堺を拠点に畿内を制圧したが、のちに晴元と対立し、晴元と結んだ一向一揆《いっこういっき》勢に攻められ堺で自刃した。この元長の長男が三好長慶《ながよし》である。

長慶は天文三年（一五三四）以降、畿内に進出し、その後、戦況のいかんに関わらず一貫して畿内で活動した。天文十八年（一五四九）、管領細川晴元を近江に追って覇権を確立し、勢力は最大時で、阿波・讃岐・淡路・摂津・河内・和泉・山城・大和・丹波・播磨に及んだ。この長慶の系統が、三好本宗家である。

一方、三好氏の本拠の阿波は、長慶の長弟である実休《じっきゅう》が統治にあたった。実休は天文二十二年（一五五三）、阿波守護細川持隆を自刃に追い込んだ（勝瑞事件）。これは長慶の畿内制圧と連携し、畿内派兵のための軍事動員権の奪取を図ったものだ。事件後、実休は守護職を幼少の細川真之に継承させ、統治の実権を握った。この系統が阿波三好家である。なお、現在発掘調査が継続実施され、全容が明らかになりつつある「勝瑞城館跡」は、主にこの時期の遺構が中心となっている。

## 阿波国内乱と長宗我部氏の侵攻

三好実休は、兄長慶と連携して畿内を転戦し、河内国にも拠点をもつようになるが、永禄五年（一五六二）、河内久米田《くめだ》の合戦で討ち死にした。その後、阿波三好家は年少の長治《ながはる》が継ぐこととなったが、この幼主を補佐して阿波の統治にあたったのが、三好氏の家宰的存在であった篠原長《なが》

＊5　『阿波国徴古雑抄』

細川澄元（『集古十種』）当社蔵

房《ふさ》である。長房は分国法《ぶんこくほう》「新加制式《しんかせいしき》」を制定し、領国の安定を図るとともに、足利義栄《よしひで》を擁立して十四代将軍につけるなど顕著な活動をみせるが、元亀四年（一五七三）、讒言により、主君である長治らに攻められ戦死した（上桜《うえざくら》合戦）。長房の死後、有力国人である一宮氏・伊沢氏などが守護細川真之を押し立てて三好氏と対立した。阿波国は内乱の時期を迎え、三好長治もこの争いのなかで自害するに至った。

阿波国の内乱状態に呼応して、天正四年（一五七六）から長宗我部《ちょうそかべ》氏の阿波国侵攻が開始された。阿波三好家は十河存保《そごうまさやす》（長治の弟）が継ぎ、羽柴秀吉を介して織田信長に援軍を依頼し、信長も三好康長《やすなが》（咲岩《しょうがん》）を派遣し支援体制を取った。しかし、天正十年（一五八二）に本能寺の変が勃発すると、三好康長は阿波から退却し、織田政権による阿波三好家支援体制は崩壊した。長宗我部元親《もとちか》は、本能寺の変を好機に大軍を動員し、一宮氏・東条氏など阿波の反三好勢力も大挙してこれに与同した。三好方は、勝瑞南郊の中富川《なかとみがわ》でこれを迎え撃つが大敗する。十河（三好）存保は讃岐に退き、長宗我部氏が阿波のほぼ全域を押さえ、本拠地・勝瑞は廃絶した。

中富川の合戦の三年後、羽柴秀吉は長宗我部氏追討を目的に四国に大軍を派遣し、四国は豊臣政権によって平定された。長宗我部氏撤退後の阿波の統治は、秀吉麾下《きか》の蜂須賀《はちすか》氏に委ねられ、阿波は近世の幕開けを迎えた。

## 三、阿波国中世城館の特徴と地域性

### 城館の確認数と分布状況

平成十八年度から平成二十二年度にかけて行われた、「徳島県中世城館跡総合調査」の成果

勝瑞城内にある三好氏三代の墓

をまとめた報告書『徳島県の中世城館』のデータを基礎資料に、徳島県で確認された中世城館について記してみよう。総合調査の事前調査（平成十六・十七年度に実施）では、文献などから五二〇ヵ所の調査対象地を設定し、基礎調査・詳細調査に臨んだ。五年間にわたる現地調査の結果、同じ城館を別名でカウントしていたものや、現地調査の結果、所在を確認できなかったものなどを整理・統合し、最終的に四一八ヵ所の城館跡を報告書に掲載した。*6

城館の分布状況の特徴としては、①県北部に位置する吉野川流域の沖積平野や河岸段丘などに八割方の城館が集中し、極めて強い偏在性を持つこと、②吉野川流域以外では、紀伊水道沿岸部の河口や海岸に、港津に貼り付くようなかたちで散在していることなどがあげられ、吉野川に沿った東西軸、紀伊水道に沿った南北軸というように、T字型の分布傾向にある。

## 山城と平地城館

山城と平地城館の割合は、所在地を確認できる三七一ヵ所のうち、山城は二一七ヵ所、平地城館は一五四ヵ所（五八％：四二％）となり、山城がやや多い結果となっている。しかし、平地城館は一般に周辺の土地の改変が激しく、所在自体は指摘できても、所在地の特定が困難な場合が多いことを考えると、実態としての山城と平地城館の割合は、平地城館のほうが多数を占める可能性が高い。また、平地城館は面積的には一割強にすぎない平野部に集中しており、吉野川下流域などの沖積平野では、相当な密度で所在している。

以上から、阿波国では「平地城館が相当数を占める」ことを特徴の一つとしてあげられる。

---

＊6　報告書掲載の四一八ヵ所の城館跡のうち、所在地を確定または特定できるものが三七一ヵ所となっている。ここでいう確定とは「遺構を確認することができるもの」を、特定とは「遺構は未確認ながらも、文献、地籍図、地名、伝承等によりピンポイントで所在を特定できるもの」を指している。

## 山城の特徴

ここでは、遺構の状況が把握しやすい山城について、その特徴を、①城館の面積、②郭の数、遮断施設の状況などから分析したい。

まず、城館の面積については、山城の面積を考えるにあたって、「長径×短径×縮減率」という試算方法をとった。これは、縄張り図をもとに、城館範囲の長いほうの径と短いほうの径を掛け、求められる方形の面積から、城館に直接関係ない部分（郭の表示のない部分や、ケバによる地形表示のない部分）を抽出し、これを縮減率として割り引くという方法である。一定の目安を得るための概算ではあるが、二〇〇ヵ所を超える山城の大小に関する傾向を大づかみに把握することは可能だ。その結果は、図1の通りである。

分析の結果、二千平方メートル未満の城館が約四〇％、三千平方メートル未満の城館が一五％、五千平方メートル未満の城館が一五％、一万平方メートル未満の城館が一〇％となり、一万平方メートルを超える規模の城館は極端に少ない。阿波国では、八割以上の城館が一万平方メートル以内に収まり、「小規模城館が卓越すること」を特徴の二番目としてあげることができる。

次に、郭の数、遮断施設の様相はどうだろうか。郭数及び遮断施設をグラフ化したのが、図2～4である。郭数は、単郭から三郭までの簡素な縄張りのものが大半で、四郭以上の複雑な縄張りを持つものは、極めて小数である。また、堀切もない城館が約半数を占め、ある場合でも二条程度までが一般である。以上から、小規模城館が多数を占めることに加え、城郭構造は一～三ヵ所程度の削平地（曲輪）を階段状に配置するシンプルなものが大半であり、遮断施設も、城域の前後を堀切で遮断する程度で、連続堀切や竪堀群は特例にあたることなどが判明した。

図1　山城の規模分析

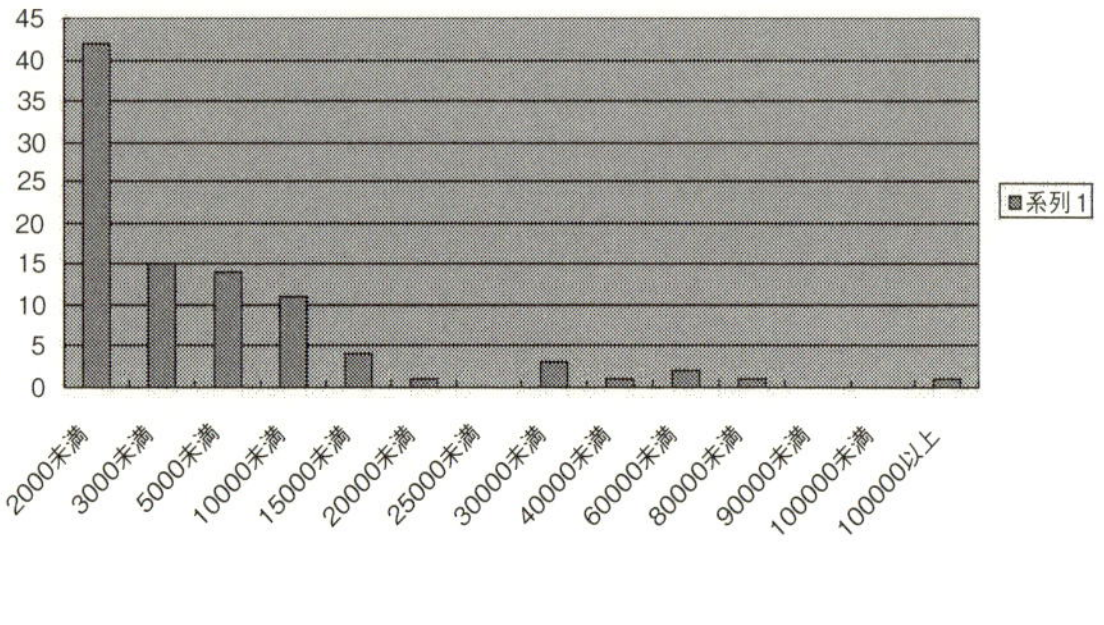

## 四、城館の性格について

中世の城館は、戦時の軍事施設であるとともに、平時は権力者の政庁、かつ、その城を経営する者の住居としての性格も併せもっている。ここでは、城館の機能、用途から阿波の城を考えてみよう。

### 軍事施設としての城館

城館の基本的な属性としては、「戦時の軍事施設であること」があげられる。山城の曲輪・土塁・切岸、堀切・竪堀や、平地城館の濠・土塁などがこれにあたる。これらの施設は、治安の悪化や軍事的緊張の継続、争奪戦の経験などにより拡張され複雑化していく傾向にあり、逆に治安が安定し軍事的緊張が少ない場合は、あまり発達しないと考えられる。

阿波国の戦国期における軍事行動・紛争などを年表化したのが、表1「細川氏・三好氏軍事行動年表」（本稿末尾に掲載）である。これによると、細川氏・三好氏とも戦国時代の大半の時期を通じて畿内で軍事行動を展開している。例外として、一五世紀末の内乱（東条某の謀反）及び一六世紀中葉の勝瑞事件があげられるが、短期間で収束していることや、全体的には一六世紀の後期まで、国内での戦乱をほとんど経験していないことがわかる。小規模城郭が大半を占める理由に、このような国内政治の安定をあげることができよう。

元亀四年（一五七三）の上桜合戦（篠原長房の戦死）以降、天正十年（一五八二）の中富川合戦までの十年余りは、阿波国の内乱に加え長宗我部氏の侵攻と、短期間ながら国内は戦国動乱の様

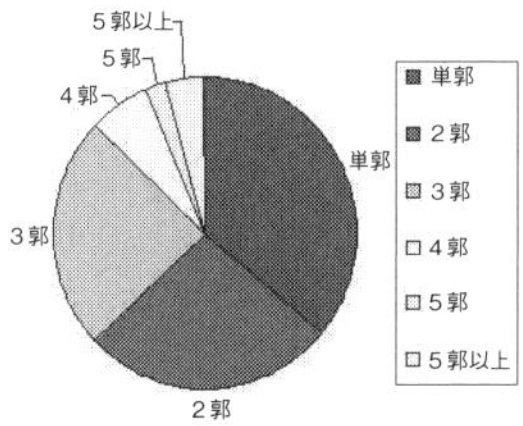


図2　山城・郭数

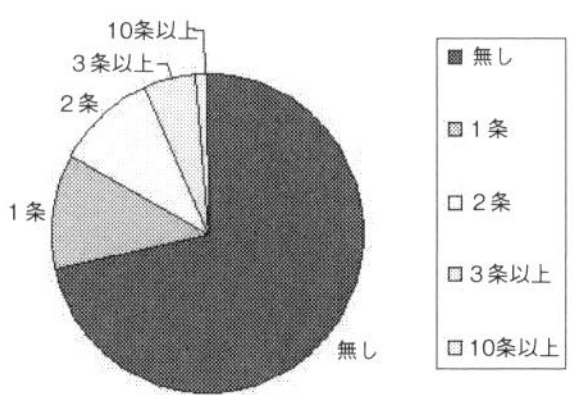


図3　山城・竪堀数

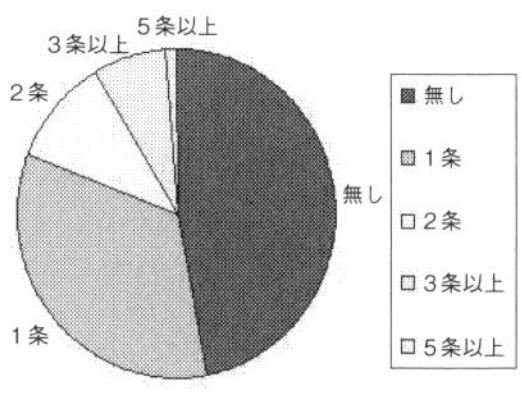


図4　山城・堀切数

相を呈する。この期間に争奪戦の舞台となった一宮城・脇城・海部城・西方《にしがた》城・重清《しげきよ》城などでは、城郭の大規模化、遺構の複雑化が確認できる。

### 政庁・居館としての城郭

城館のもう一つの属性として、「平時における領域支配の拠点であること」があげられる。領域支配のためには、交通・流通などの掌握が不可欠な条件となり、街道・河川・港津の押さえとして城館が築かれることとなる。図5は、街道・河川・港津と城館との直線距離を確認し、それぞれに五〇〇メートル以内で接する城館を、「近接する城館」として統計化したものである。

これによると、阿波国で所在の確定・特定できる三七一ヵ所の城館のうち、街道に沿った城館は一九七ヵ所、河道に沿った城館は一九八ヵ所、港津に沿った城館は四二ヵ所であり、街道・河川・港津のいずれかに沿った城は二八一ヵ所と、所在地のわかる城館の実に3／4を占める。このようなことから、阿波国では国内政治の安定を受けて、軍事施設としての城郭は、係争地となった一部の城館を除き大規模化しなかった。これに対して、交通や流通の発展を背景に、経済的な要地を掌握するかたちで城館が立地していったのである。

## 五、城館が語る阿波の中世

中世阿波の城郭について、まず、特徴の第一点としてあげられるのが「小規模城館の卓越」だろう。曲輪数で三ヵ所以内、城域面積で一万平方メートル以内の小規模城館が八割以上を占める。この理由として、国内政治の安定を受けて、軍事施設としての城館は係争地となった一部のもの

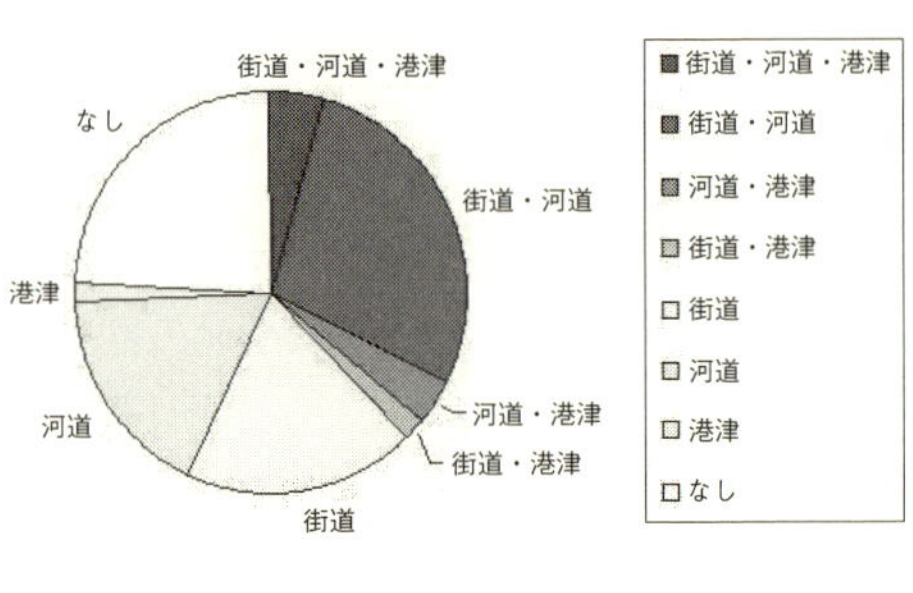


図5　城館・社会条件

を除き、大規模化しなかったことがあげられる。

第二点としては、「平地城館の卓越」があげられる。平地城館は開発による地形の改変が激しく、その所在を確認することができないものも数多く存在するが、徳島県では平地城館数が山城数を凌駕する傾向にある。また、これらの平地城館は県域の約一割にすぎない平野部、とくに吉野川下流域に集中している。同地域に所在し、三好氏の本拠地で中世後期の阿波国最大城館といわれる勝瑞城館跡が、発掘調査の結果、詰めの城も持たない純然たる平地城館として確認されつつあることも示唆的である。

三点目には、「経済的要衝把握型の立地」をあげておきたい。国内の政治的安定を背景に、交通や流通の発達がみられ、港津や、河道、街道の結節点など、経済的な要衝を掌握するかたちで城館が立地していったと考えられる。

以上、阿波国中世城館の様相からは、室町期の阿波では水運を中心とする経済発展が見られたこと。国内では守護細川氏の権力が相対的に安定していたこと。細川氏は国内政治の安定や経済発展を背景に、戦国期には管領候補を擁して畿内政局に関与する政策をとったこと。その政策の軍事的中核を担ったのが三好氏であったこと。さらに三好氏は、細川氏からの政権奪取後も、三好本宗家を中心に畿内の制圧を中心課題とし、阿波三好家はこれを軍事的・経済的に支える存在であったことなどが読み取れる。

阿波の細川氏・三好氏の主戦場はあくまで畿内であり、阿波国はその活動を支える兵站基地、経済的後背地の役割を担っていた。そして、その中心拠点が守護所であり、のちに戦国城下町へと発展する勝瑞であったといえよう。

勝瑞城館跡航空写真　西方向を望む

表1　細川氏・三好氏軍事行動年表

| 西暦 | 和暦 | 守護 | 地域 | 事績 |
|---|---|---|---|---|
| 一四六七 | 応仁元年 | 成之 | 畿内 | 五月、細川成之、阿波・三河の兵を率いて東軍に加わる。 |
| 一四六八 | 応仁二年 | | 畿内 | 五月、成之、大内政弘の陣を急襲する。<br>五月、成之、斯波義廉邸を急襲する。 |
| 一四七一 | 文明三年 | | 畿内 | 一月、成之、入京せんとする六角高頼を破る。<br>六月、成之、朝倉孝景の子氏景の降参を受け入れる。 |
| 一四七四 | 文明六年 | | 畿内 | 二月、成之等、東西軍の講和に賛成する。 |
| 一四七六 | 文明八年 | | 畿内 | 九月、成之、三河守護代東条国氏が一色義直に攻められた報を聞き、一色館を攻めようとする。 |
| 一四七七 | 文明九年 | | 畿内 | 三月、成之、阿波より上洛する。<br>九月、成之被官三河守護代・東条国氏、一色義直に追われ大和に逃走する。<br>十月、成之、京都で一色義直と対峙する。 |
| 一四七八 | 文明十年 | 政之 | | |
| 一四七九 | 文明十一年 | | 畿内 | 四月、細川義春、細川政元の命で伊予河野氏を討つ。 |
| 一四八一 | 文明十三年 | | 畿内 | 九月、成之、東条某・吉見某と相争う。よって成之、百万遍知恩寺に閉じこもる。 |
| 一四八二 | 文明十四年 | | 畿内 | 閏七月、細川政之、摂津に下る。 |
| 一四八五 | 文明十七年 | | 阿波 | 十月、阿波国乱れる。成之・政元、急ぎ阿波へ下る。先陣三好氏、後陣河村氏。<br>・この年、阿波国内の戦乱で死者数百人に上る。 |
| 一四八七 | 長享元年 | | 阿波 | 十月、成之、阿波国祖谷山奉公衆を湯河代官職に補し、大西口を守らせる。 |
| 一四八八 | 長享二年 | | 畿内 | 一月、成之、上洛する。<br>四月、政之、近江の将軍義尚陣営に参加する。 |
| 一四八九 | 延徳元年 | 義春 | 阿波 | 六月、阿波細川氏被官、東条某の謀反発覚。 |

| | | | | |
|---|---|---|---|---|
| 一四九一 | 延徳三年 | | 畿内 | 八月、細川義春、将軍義材に従い近江に出陣。 |
| 一四九二 | 明応元年 | | 畿内 | 四月、義春、将軍義材に従い近江から帰京。 |
| | | | | 四月、義春、将軍義材に従い河内畠山の陣に臨む。 |
| 一四九三 | 明応二年 | | 畿内 | 二月、義春、畠山討伐の義材後陣として従軍。 |
| 一四九四 | 明応三年 | | 畿内 | 一月、義春被官人三好氏の寄子、曼殊院門跡被官人と喧嘩する。 |
| | | | | 五月、義春被官人三好之長、細川政元被官人と争闘。 |
| 一五〇二 | 文亀二年 | | 畿内 | 五月、成之、出陣につき談合する。 |
| 一五〇三 | 文亀三年 | 之持 | | |
| 一五〇四 | 永正元年 | | 畿内 | 九月、成之被官人三好之長、淡路を侵す。 |
| 一五〇五 | 永正二年 | | 畿内 | 五月、成之被官人三好之長、細川尚春の淡路館を夜襲しこれを焼く。 |
| 一五〇六 | 永正三年 | | 畿内 | 二月、之長、細川澄元の先陣として上洛する。 |
| | | | | 八月、之長、政元の命により大和の赤沢朝経をたすけ、多武峰を攻める。 |
| 一五〇七 | 永正四年 | | 畿内 | 六月、之長、澄元に従い近江に逃げる。 |
| | | | | 八月、之長、澄元を擁して上洛。幕府の実権を握る。 |
| 一五〇八 | 永正五年 | | 畿内 | 四月、之長、澄元に従い近江に走る。 |
| 一五〇九 | 永正六年 | | 畿内 | 六月、之長、挙兵し如意が嶽に拠るも細川高国に破れる。 |
| 一五一一 | 永正八年 | | 畿内 | 七月、之長、澄元を擁し、阿波から兵を率いて上洛する。 |
| | | | | 八月、船岡山の合戦。之長・澄元大敗を喫し、阿波に下国する。 |
| 一五一七 | 永正十四年 | | 畿内 | 九月、之長等淡路を侵し、淡路細川氏、和泉堺に逃げる。 |
| 一五一九 | 永正十六年 | | 畿内 | 五月、之長、淡路守細川尚春を暗殺。 |
| | | | | 九月、之長、澄元を擁し、阿波で挙兵。 |
| | | | | 十一月、之長、澄元を擁し、兵庫に上陸。越水城を包囲する。 |

| | | | | |
|---|---|---|---|---|
| 一五二〇 | 永正十七年 | | 畿内 | 二月、之長、越水城を陥す。 |
| | | | | 三月、之長、澄元を擁し入京する。 |
| | | | | 五月、之長、細川高国と戦い破れる。之長、京都知恩寺で自害する。 |
| 一五二二 | 大永二年 | | 畿内 | 九月、阿波三好氏、紀伊由良荘に攻め入り、鞍賀多和長野の畠山氏と闘う。 |
| 一五二六 | 大永六年 | | 畿内 | 十月、三好元長、細川晴元を擁して、阿波で挙兵。 |
| 一五二七 | 大永七年 | | 畿内 | 三月、元長、足利義維・晴元を擁して堺に上陸、堺幕府を樹立する。 |
| 一五三一 | 享禄四年 | | 畿内 | 二月、元長、晴元の招きに応じ堺に出陣。晴元をたすける。 |
| | | | | 三月、細川之持、四国勢八千人を率いて堺に着き、晴元を支援する。 |
| | | | | 六月、元長、摂津欠郡で細川高国を破る。 |
| 一五三二 | 天文元年 | | 畿内 | 六月、元長、一向一揆に攻められ堺・顕本寺で自殺する（堺幕府滅亡）。 |
| 一五三三 | 天文二年 | 持隆 | 畿内 | 六月、三好千熊丸（長慶）、晴元を支援し、本願寺との和睦を斡旋するなど、畿内で活動する。 |
| 一五三四 | 天文三年 | | 畿内 | 十月、三好長慶、晴元の被官となり、摂津守護代・越水城主となる。 |
| 一五三六 | 天文五年 | | 畿内 | 七月、長慶、摂津欠郡の一向一揆と闘う。 |
| 一五三九 | 天文八年 | | 畿内 | 一月、長慶、兵を率いて上洛する。 |
| | | | | 六月、長慶、幕府に河内十七ヶ所を要求し、容れられず叛乱を起こす。 |
| 一五四二 | 天文十一年 | | 畿内 | 三月、長慶、河内太平寺で木沢長政を討つ。 |
| 一五四三 | 天文十二年 | | 畿内 | 八月、長慶、堺で細川氏綱と闘う。 |
| 一五四五 | 天文十四年 | | 畿内 | 七月、長慶、丹波の内藤備前守を攻める。 |
| 一五四六 | 天文十五年 | | 畿内 | 八月、長慶、堺で氏綱勢に囲まれ、会合衆の仲裁により撤兵する。 |
| | | | | 十月、細川持隆、三好実休・篠原長政等阿波勢を率いて長慶支援のため堺に上陸。遊佐長教と闘う。 |
| 一五四七 | 天文十六年 | | 畿内 | 七月、長慶の弟実休、摂津舎利寺に遊佐長教と戦って大勝する。 |

| | | | | |
|---|---|---|---|---|
| 一五四九 | 天文十八年 | | 畿内 | 六月、長慶の弟、十河一存、摂津江口で三好政長を敗死させる。<br>七月、長慶、細川氏綱を擁して入京する。 |
| 一五五〇 | 天文十九年 | | 畿内 | 七月、長慶、将軍足利義輝と洛東で戦う。 |
| 一五五二 | 天文二十一年 | | 畿内 | 一月、長慶、将軍足利義輝と和睦。義輝帰京し、長慶は将軍御供衆となる。 |
| 一五五三 | 天文二十二年 | | 畿内 | 三月、長慶、義輝の和、破れる。義輝、晴元と通じ、山城霊山城にこもる。<br>八月、長慶、義輝の霊山城を陥す。義輝、近江朽木谷へ逃亡（三好長慶の京都支配開始）。<br>八月、長慶、芥川孫十郎を滅ぼし、摂津芥川城に入り畿内支配を行う。<br>九月、松永久秀の弟・長頼、丹波・内藤国貞の敗死で丹波八木城主となる（三好氏の丹波支配の開始）。 |
| 一五五三 | 天文二十二年 | 真之 | 阿波 | 六月、細川持隆、三好実休に謀殺される。実休、持隆の子・真之を主とする（勝瑞事件）。<br>八月、持隆被官人、久米義弘等、実休を討たんと戦うも敗北（鑓場の義戦）。 |
| 一五五四 | 天文二十三年 | | 畿内 | 九月、三好長逸、播磨に出陣し、美嚢郡を攻略する。<br>十月、長慶、淡路洲本で実休と軍議を行う。<br>十一月、実休、篠原長房らを率いて、赤松義祐支援のため明石に出陣する。 |
| 一五五五 | 天文二十四年 | | 畿内 | 一月、長慶、明石に出陣し、播磨東二軍を版図に加える。 |
| 一五五八 | 永禄元年 | | 畿内 | 五月、義輝、京都北白川に侵入し、長慶の軍と戦う。<br>八月、実休、篠原長房を率いて長慶支援のため摂津に上陸す。<br>十一月、長慶、将軍義輝と講和し、義輝帰京す。長慶京都を明け渡す（三好長慶の京都支配の終焉）。 |
| 一五五九 | 永禄二年 | | 畿内 | 五月、長慶、河内に出兵す。<br>八月、高屋城、飯盛山城を落とし、畠山高政を河内に帰国させる。 |
| 一五六〇 | 永禄三年 | | 畿内 | 六月、長慶、再び河内に出陣する。<br>六月、実休、篠原長房等四国勢を率いて、長慶支援のため摂津に出陣す。 |
| 一五六一 | 永禄四年 | | 畿内 | 七月、六角義賢・畠山高政、連合して長慶を挟撃する。 |
| 一五六二 | 永禄五年 | | 畿内 | 三月、実休、和泉久米田の戦いで畠山高政と戦い討ち死に。 |

| | | | |
|---|---|---|---|
| 一五六四 | 永禄七年 | 畿内 | 五月、長慶の弟、安宅冬康、飯盛城で誅殺される。<br>七月、長慶、飯盛城下で病死。猶子、三好義継跡継ぎとなる（三好長慶政権の終焉）。 |
| 一五六五 | 永禄八年 | 畿内 | 五月、松永久秀、三好三人衆ら謀議して、将軍足利義輝を暗殺する。<br>十一月、久秀と三好三人衆の間、決裂し、河内・大和に戦火が拡大する。 |
| 一五六六 | 永禄九年 | 畿内 | 六月、篠原長房、三好三人衆と協力し、足利義栄を擁して兵庫に上陸する。<br>九月、義栄、摂津越水城に入る。 |
| 一五六七 | 永禄十年 | 畿内 | 十月、三好三人衆、久秀と東大寺で合戦す。久秀、東大寺大仏殿を焼く。 |
| 一五六八 | 永禄十一年 | 畿内 | 二月、足利義栄、将軍就任。<br>九月、織田信長、足利義昭を奉じて入京（織田政権の京都支配の開始）。<br>九月、三好三人衆、淀城・勝龍寺城・芥川城を落とされ、阿波に逃亡。<br>九月、三好義継、松永久秀は織田信長に降る。<br>十月、足利義昭、将軍就任。 |
| 一五六九 | 永禄十二年 | 畿内 | 一月、三好三人衆、阿波より入京し、本国寺の足利義昭を襲撃するも、撃退される。 |
| 一五七〇 | 元亀元年 | 畿内 | 七月、三好三人衆、摂津に挙兵し、中島に陣して織田信長に反抗する。<br>九月、本願寺証如、阿波三好氏に通じ挙兵し、織田信長に対抗する。<br>九月、細川真之、篠原長房を従え、三好三人衆救援のため、摂津に出陣する。 |
| 一五七一 | 元亀二年 | 畿内 | 五月、三好義継・松永久秀ら、織田信長に反し、河内交野城を攻める。<br>六月、三好三人衆、摂津、河内に進出し、織田信長と戦う。<br>七月、篠原長房、三好三人衆を支援するために摂津に転戦する。 |
| 一五七二 | 元亀三年 | 阿波 | 十二月、長房、阿波に帰国する。 |
| 一五七三 | 天正元年 | 阿波 | 五月、細川真之、三好長治とともに、長房を攻めるため、木屋平氏に参陣を促す。<br>七月、真之、長房を上桜城に攻める。長房自害する。 |

| | | | | |
|---|---|---|---|---|
| | | | 畿内 | 八月、三人衆の石成友通、淀城で細川藤孝と戦って敗北。<br>十一月、三好義継、河内若江城に佐久間信盛と戦って敗する（三好本宗家の滅亡）。 |
| 一五七四 | 天正二年 | | 畿内 | 四月、三好康長、河内高屋城に拠って、信長に対抗する。 |
| 一五七五 | 天正三年 | | 畿内<br>阿波 | 四月、康長、河内高屋城を開け、信長に降る。<br>九月、長宗我部元親、阿波海部城を奪取する。 |
| 一五七六 | 天正四年 | | 阿波 | 十二月、阿波守護細川真之、密かに丹生谷に逃れる。<br>・この年、池田白地城主大西覚養、長宗我部に降る。 |
| 一五七七 | 天正五年 | | 阿波 | 三月、三好長治、真之を攻めるため荒田野に出陣するが、一宮成祐、伊沢頼俊に攻められ長原で自害（阿波三好氏の滅亡）。<br>四月、長宗我部元親、田尾城を攻略し、白地城に入る。<br>十一月、日和佐城主日和佐肥後守、長宗我部元親に降る。 |
| 一五七八 | 天正六年 | | 阿波 | 一月、三好（十河）存保、勝瑞に入る。<br>五月、存保、重清城を奪還し、大西覚養を殺害する。<br>六月、存保、重清合戦にて破れる。 |
| 一五七九 | 天正七年 | | 阿波 | ・新開道誉、長宗我部元親に降る。 |
| 一五八〇 | 天正八年 | | 阿波 | 一月、存保、讃岐へ退去す。<br>八月、木津城主篠原自遁、長宗我部元親に降る。 |
| 一五八一 | 天正九年 | | 阿波 | 七月、存保、勝瑞に入る。 |
| 一五八二 | 天正十年 | | 阿波 | 五月、三好康長、織田信長四国征伐軍の先陣として阿波に攻め入る。<br>六月、康長、本能寺の変で急ぎ上洛する。<br>八月、存保、中富川の合戦で長宗我部元親に大敗し、勝瑞籠城。<br>九月、存保、讃岐へ退き、勝瑞を開城する。<br>十月、細川真之、丹生谷で自害（阿波細川氏滅亡）。 |

［参考文献］

長江正一『三好長慶』（吉川弘文館、一九六八年）
今谷　明『戦国三好一族』（新人物往来社、一九八五年）
今谷　明『室町幕府解体過程の研究』（岩波書店、一九八五年）
三好昭一郎・高橋啓編『図説　徳島県の歴史』（河出書房新社、一九九四年）
徳島県教育委員会『勝瑞館跡　守護町勝瑞遺跡東勝地地点第3次発掘調査概要報告書』（二〇〇〇年）
若松和三郎『阿波細川氏の研究』（戎光祥出版、二〇一三年。初版二〇〇〇年）
石躍胤央・北條芳隆・大石雅章・高橋啓・生駒佳也『徳島県の歴史　県史36』（山川出版社、二〇〇七年）
古野　貢『中世後期細川氏の権力構造』（吉川弘文館、二〇〇八年）
天野忠幸『戦国期三好政権の研究』（清文堂、二〇一〇年）
徳島県教育委員会『徳島県の中世城館　徳島県中世城館跡総合調査報告書』（二〇一一年）
天野忠幸編『論集戦国大名と国衆10　阿波三好氏』（岩田書院、二〇一二年）
今谷　明・天野忠幸編『三好長慶』（宮帯出版社、二〇一三年）
若松和三郎『戦国三好氏と篠原長房』（戎光祥出版、二〇一三年）
徳島県教育委員会『勝瑞　守護町勝瑞検証会議報告書』（二〇一四年）
天野忠幸『三好長慶　諸人之を仰ぐこと北斗泰山』（ミネルヴァ書房、二〇一四年）
天野忠幸『三好一族と織田信長　「天下」をめぐる覇権戦争』（戎光祥出版、二〇一六年）
石井伸夫・仁木宏編『守護所・戦国城下町の構造と社会―阿波国勝瑞―』（思文閣出版、二〇一七年）

特別寄稿

# 三好本宗家と阿波三好家——相互補完と分裂

天野忠幸

## はじめに

三好氏は、平安時代の前九年・後三年の役で活躍した源義家の弟である義光を祖とする。義光の末裔は、常陸の佐竹氏や甲斐の武田氏、信濃の小笠原氏などに分かれていった。なかでも、小笠原氏は承久の乱後に阿波の守護となり、末裔は阿波各地に土着していく。そのうち、阿波の最も西部に位置する三好郡を本拠としたのが、三好氏とされる。

室町時代になると、足利一門の細川氏が、一族で阿波や讃岐・摂津・丹波・和泉・淡路・備中の守護を兼任し、三管領の一家となった。三好氏も細川氏に従い、京都政界に進出していく。応仁の乱を乗り越えた細川氏も、やがて家督争いにより衰退し、三好氏が台頭した。

三好氏の最大版図は近畿と四国地方で十数か国に及び、三好長慶は十三代将軍足利義輝を京都より追放し、将軍に並ぶ権勢を誇った。ところが長慶の死や、若年の当主義継による義輝殺害を経て、三好氏は松永久秀と三好三人衆の内紛に突入する。そうした政治的空白をつき、久秀と結んで上洛を果たしたのが織田信長であった。元亀争乱以降、三好氏は本願寺と結び、信長に対抗していく。やがて、織田信長や豊臣秀吉は四国政策において三好氏を重視し、織田信孝や豊臣秀次を三好氏の養子として取り込みを図る。

このように、阿波を本貫地とする「阿波三好家」は、一六世紀には近畿と四国の政治史において、重要な位置を占めた。「三好本宗家《ほんそうけ》」は畿内へ活動の場を移し、一時は日本の統治者として称え

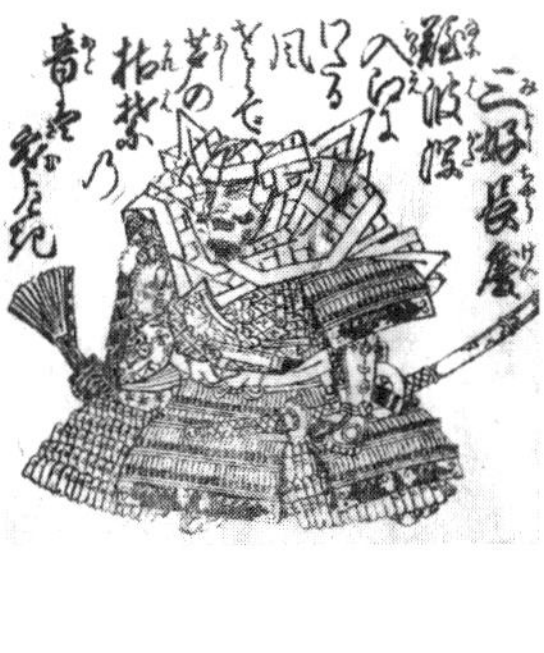

『英雄百首』に描かれた三好長慶　当社蔵

られた。それを四国から支えた「阿波三好家」は、後に織田氏や豊臣氏に対峙していった。そうした三好一族の歴史を振り返る。

## 三好氏の畿内進出

三好氏に関する最も古い史料は、寛正六年（一四六五）に阿波守護細川成之《しげゆき》が奉行人の飯尾真覚を介して、三好式部少輔へ三郡に風呂銭を納めるよう触れることを命じたものである。三好式部少輔は、その役目から守護代であったと考えられ、長慶の直接の祖とされがちであるが、そうではないだろう。官途は多くの場合、父から嫡子へ受け継がれるが、長慶は筑前守であった。また、長慶や信長の時代に、三好式部少輔が実在している。

実は、阿波で守護代を務めた三好氏以外にも、細川成之・政之親子と共に在京し、その側近として活躍した三好氏がいた。これが、長慶の曽祖父である筑前守之長《ゆきなが》である。主家より偏諱《へんき》を受け、徳政一揆の張本人となったときも主家に匿われるほど信頼された之長は、後に細川京兆家《けいちょうけ》（惣領家）の家督を争う成之の孫澄元の後見人となった。

すなわち、守護代として阿波に在国する式部少輔が、本来は本家筋であった。しかし、その分家が京都で主家に仕えているうちに側近に登用され、筑前守を官途とし、力を持つようになったことで、本家と分家の地位が逆転するようになったのだろう。

足利義維《よしつな》や細川澄元の子晴元を擁立した之長の孫の筑前守元長《もとなが》は、堺を本拠として、足利義晴や細川高国を京都より追い出し、畿内を制圧した。高国打倒に軍功のあった元長は、山城国下五郡守護代の要職を務めた。ところが、晴元は三好之長の子長尚の三男である宗三《そうさん》を側近の「御前衆」に重用し、最終的には本願寺と結んで、元長を自害に追い込んだ。

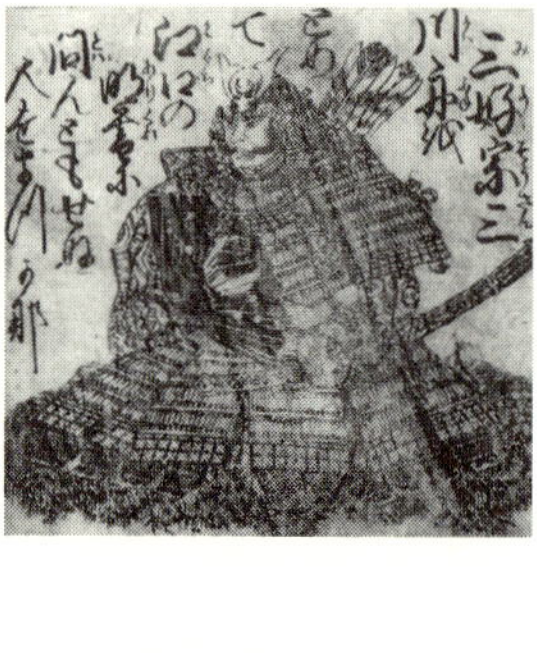

『続英雄百首』に描かれた三好宗三　当社蔵

元長の子の筑前守長慶は、初め事実上の摂津西半国守護代となり力を蓄え、天文十八年（一五四九）に父の仇である晴元や三好宗三・宗渭《そうい》親子を江口の戦いで破った。この後、長慶は晴元に味方した将軍足利義輝を京都から追放し、畿内を支配していく。長慶と戦い続けた宗渭は、永禄元年（一五五八）にようやく服属した。

すなわち、三好氏には、守護代職を梃子にして独自に在地を掌握しようとする元長・長慶親子と、細川氏の側近として勢力拡張を図る宗三・宗渭親子の二派があり、最終的に長慶が勝利して、細川氏から独立していくことになった。

## 助け合う三好本宗家と阿波三好家

三好長慶は之長や元長のように、失脚しても阿波に下ることはしなかった。阿波は長弟の実《じっ》休《きゅう》に任せ、塩田氏や加地氏、市原氏など譜代家臣の多くを実休に付ける一方、自らは松永久秀や石成友通《いわなりともみち》などを新たに取り立て、摂津を本拠地とした。大阪湾を挟んで近畿と四国を活動の場とする以上、当主の下に権力を一元化することが逆に非効率的だと判断したのであろう。このため、長慶の支配文書は畿内に多く見られる一方、四国にはほとんど見られない。また、次弟の安《あ》宅冬康《たぎふゆやす》や末弟の十河一存《そごうかずまさ》は、それぞれ淡路と讃岐の国人の家を継承したが、一国を支配するような文書を発給していない。

長慶が細川氏や足利氏との戦いで苦戦した際には、実休が四国衆を率いて畿内に渡海し助けた。逆に、実休が香川氏討伐のため瀬戸内に出兵し、毛利氏との緊張を高めた際には、長慶が外交で大友氏を動かし、毛利氏と戦わせることで、実休を救った。また、三好氏は永禄三年（一五六〇）より急激な領土拡大戦争を押し進めていくが、対畠山氏・根来寺戦を担ったのが実休であった。

「洛中洛外図屏風」に描かれた三好筑前邸　米沢市上杉博物館蔵

すなわち、四兄弟が均等に東瀬戸内諸国の地域支配にあたっていたわけではない。長慶、義興《よしおき》（長慶の嫡子）、義継《よしつぐ》（十河一存の長男）を当主とし、松永久秀と三好長逸《ながやす》らを宿老とする「三好本宗家」が、芥川山城や飯盛城を中心に近畿地方を統治した。

それに対して、実休、長治《ながはる》（実休の長男）、存保《まさやす》（実休の次男）を当主とし、篠原長房と三好康《やす》長《なが》らを宿老とする「阿波三好家」が、勝瑞館や高屋城を中心に四国地方と河内南部を支配する体制が形成されたのである。三好氏の戦国法として有名な「新加制式《しんかせいしき》」は、篠原長房が制定したので、適用範囲は阿波三好家の管轄する四国地方のみと考えられる。

### すれ違う三好本宗家と阿波三好家

三好長慶の死後、三好義継が後継者となった。三好実休の子供が三人もいたにもかかわらず、すでに次男が和泉の松浦家を継いでいた十河一存の長男義継が後継者となったのは、母親が前関白九条稙通《たねみち》の養女であったためである。すなわち、将軍足利義輝の母や妻の実家が近衛家であったことに対抗することを目的とした。そして、永禄八年（一五六五）、義継は義輝を討った。

しかし、これは逆に各地の戦国大名に足利家再興を意識させてしまうことになった。緊張感が高まる中、松永久秀は足利義昭を取り逃してしまい、三好三人衆（三好長逸・三好宗渭・石成友通）により失脚させられてしまう。三好本宗家は義継・三人衆と久秀の内紛に突入した。久秀が義昭・畠山氏・織田氏と結んだのに対して、三人衆は阿波三好家と同盟し、この内紛に勝利した。

ところが、三好本宗家の内紛が阿波三好家の軍事力によって解決されたことは、多くの歪みを生じさせた。義輝を討ち、倒幕を目指す義継に対して、阿波三好家は阿波に庇護する足利義栄《よしひで》の擁立を求めた。このため、永禄十年一月には義継が久秀方に身を投じた。直後に阿波より三好長

三好義興の墓　大阪府高槻市・雲松寺

治が畿内に渡海し、両家の統合が噂されるが、義継と同様に若年であったため、畿内の政局は三好三人衆や篠原長房らが主導するようになった。

　永禄十一年、足利義昭を擁する織田信長・松永久秀・三好義継・毛利元就の連合軍が、足利義栄を擁する阿波三好家と三好三人衆を破った。しかし、阿波三好家と三好三人衆は元亀元年（一五七〇）に本願寺と同盟し、義昭や信長に対抗していく。その翌年には、義継と久秀が義昭から離反し、三人衆と結んだことで、三好本宗家が再興された。本宗家は阿波三好家と一致して、信長に対抗していくかに見えた。

　ところが、元亀四年（天正元年、一五七三）、両家は再び分裂する。長治が対信長主戦派の篠原長房を粛清し、長治の弟の存保は信長に同盟を申し入れ、義継を滅ぼそうと画策したのだ。結局、信長は単独で義継を滅ぼし、阿波三好家と対立する毛利輝元の意向を重んじる形で、阿波三好家の申し入れを拒否した。

### 阿波三好家と三好本宗家の名跡争い

　天正二年（一五七四）、存保は十河から三好に改姓し、義継の後継者になろうとしたが叶わなかった。畿内の三好勢力を糾合したのは、三好康長であった。翌年に康長は信長に服属すると、その信を得て、義継の遺臣の若江三人衆を与力とした。また、長慶に因む「慶」の字を用い、「咲岩《しょうがん》」から「康慶」と改名している。

　信長は旧守護家の細川信元や真之《さねゆき》を支援し、天正四年末に長治を自害に追い込んだ。この危機的な状況の中、存保は天正六年に信長と対立する毛利輝元や本願寺の支援を受け、堺から阿波に下向し、阿波三好家を再建した。これにより、阿波三好家は反信長派の存保と、信長派の康長に

篠原長房供養塔　徳島県吉野川市

分裂したのであった。

信長は存保に対抗するため、長宗我部元親と結んだが、元親の阿波攻めが難航しているのをみると、康長に阿波や讃岐を平定させる意向を固めていく。信長としては、元親と康長を併用するつもりであったが、四国を自領としたい元親は、信長から離反した。天正十年、信長は三男の信《のぶ》孝《たか》を康長の養子として、三好氏を織田一門に取り込み、自ら四国へ出陣しようとしていたが、本能寺の変で沙汰止みとなった。

存保は阿波の中富川《なかとみがわ》の戦いで元親に敗れ、勝瑞に籠城したが、その後讃岐に退去した。信長の後継者となった秀吉は、畿内や四国戦略の中で、三好康長との関係を重視し、甥の秀次を康長の養子として「三好信吉《のぶよし》」と名乗らせた。こうした状況に危機感を持ったのは、長宗我部氏を共通の敵とし、秀吉の支援を受けていた三好存保であった。存在感の低下を危惧した存保は、三好本宗家の義興や義継の通字である「義」を用い、「義堅《よしかた》」と改名し、自分こそが三好氏の惣領《そうりょう》であることを宣言した。

存保は讃岐の虎丸城に籠もり戦い抜いたが、秀吉は四国を平定した後の国分《くにわけ》案の中で、存保を阿波の大名家である三好姓ではなく、讃岐の国人の家である十河姓で呼び続け、阿波に復帰させなかった。存保は秀吉から讃岐を拝領した仙石秀久の与力とされ、天正十四年に豊後の戸次《へつぎ》川の戦いで島津氏と戦い討ち死にした。

康長の後継者であった秀次も、小牧・長久手の戦いの後に秀吉の下に戻っており、大名家としての三好家は断絶したのである。

## おわりに

豊臣秀吉画像　個人蔵

三好氏は、畿内で活動する比重が高まる中、惣領に権力を一元化するのではなく、三好本宗家と阿波三好家を生み出した。両家は相互に補完し合い、近畿と四国に領国を拡大していった。しかし、三好本宗家の内紛が、分家筋の阿波三好家の介入により解決したという歪みが、分裂を招いてしまう。そして、この分裂を激化させたのは、織田信長への対応であった。両家はついに一致団結して、信長に対抗することができなかった。さらに、信長や秀吉に服属した康長と、信長や長宗我部元親と戦う存保が対立し、相互に正当性を主張する中で、三好本宗家の名跡を利用しあうことになった。

大名家としての三好家は滅んだが、三好三人衆の一人である三好宗渭の弟為三《いさ》が旗本として河内で、義継の妹の子の三好生勝《なりかつ》が広島藩士として、江戸時代を生きることになる。

［参考文献］

天野忠幸編『論集戦国大名と国衆10　阿波三好氏』（岩田書院、二〇一二年）
天野忠幸『三好長慶　諸人之を仰ぐこと北斗泰山』（ミネルヴァ書房、二〇一四年）
天野忠幸『増補版　戦国期三好政権の研究』（清文堂出版、二〇一五年）
天野忠幸『三好一族と織田信長　「天下」をめぐる覇権戦争』（戎光祥出版、二〇一六年）

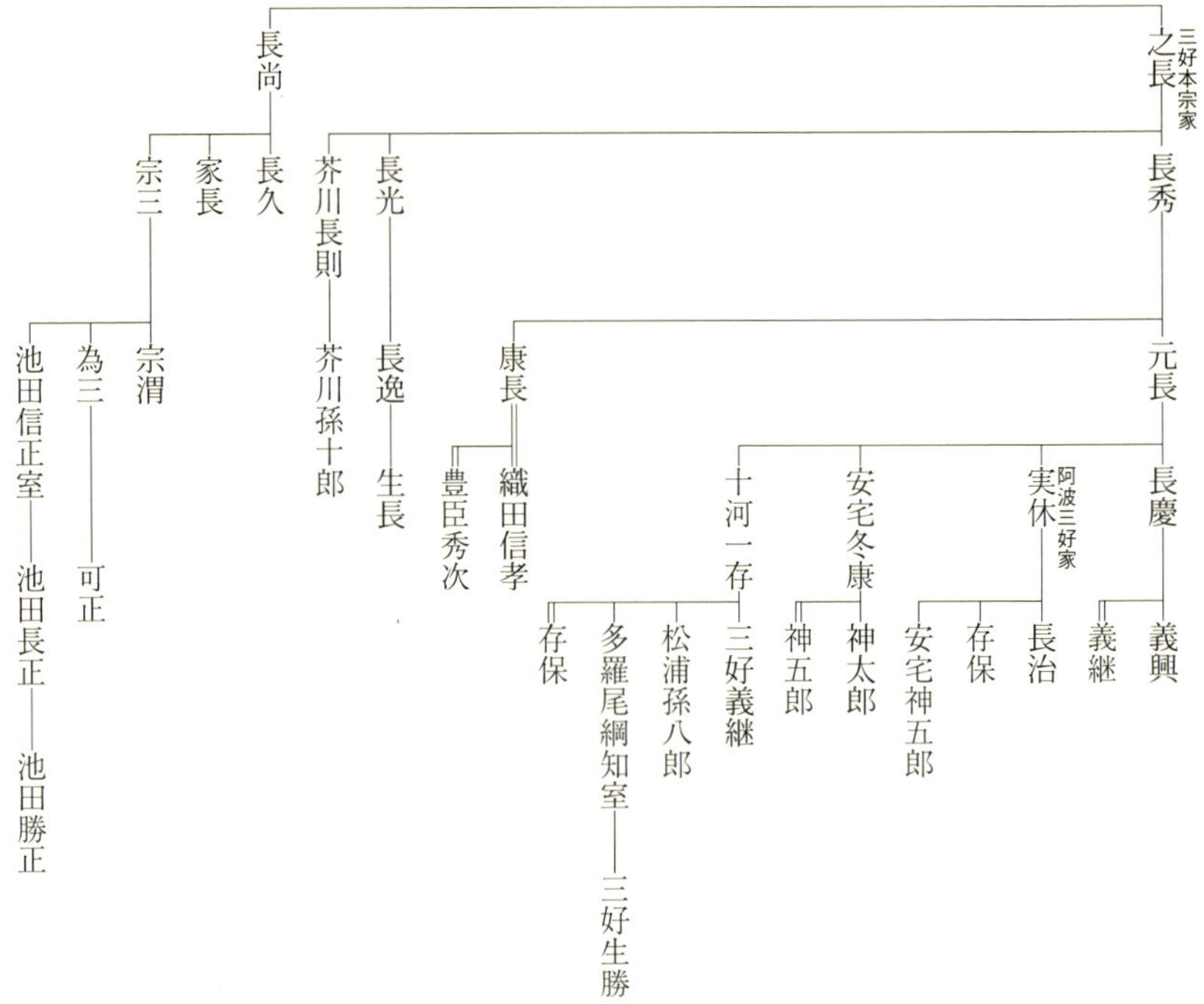
三好本宗家
之長
長尚
長秀
宗三
家長
長久
芥川長則
長光
宗渭
為三
池田信正室
芥川孫十郎
長逸
康長
元長
可正
池田長正
池田勝正
生長
豊臣秀次
織田信孝
十河一存
安宅冬康
阿波三好家
実休
長慶
存保
多羅尾綱知室
松浦孫八郎
三好義継
神五郎
神太郎
安宅神五郎
存保
長治
義継
義興
三好生勝

三好氏略系図

# 第二章　阿波三好家の本拠地勝瑞と周辺の諸城

徳島県の中世城館の特徴として、平地城館が多いことがあげられる。なかでも、阿波三好家が本拠とした勝瑞城館跡の周辺には、多くの平地城館が立地する。吉野川下流域の沖積平野には微高地が点在し、微高地上には集落が展開することが想定でき、それぞれの集落の拠点として平地城館が築かれていたようである。平地に築かれた城館の宿命ではあるが、開発の手が加わり、現状ではほとんどその姿を留めていないのは残念である。

この地域にあった城の姿を、構造がある程度明らかになりつつある勝瑞城館から推測すると、おそらく防御的な機能が発達した城は築かれておらず、「居館」と表現するのがふさわしいものであったであろう。

阿波では、細川氏や三好氏の強大な軍事力や政治力・経済力の影響で、小さな争いは起きるものの、とくに阿波の中心地である勝瑞を巻き込むような戦乱は天正期まで起こらない。阿波国内の城は発達した縄張りをもたず、平地城館が多いのもその影響だろう。勝瑞城館跡では庭園跡が発掘され、優雅で文化的な生活が想定されているが、周辺の諸城でも勝瑞城館の影響を大いに受けることは十分に考えられ、この地域は阿波の文化の中心として繁栄したのである。

しかし、天正期に入り、土佐の長宗我部氏の阿波侵攻で状況は一変する。徐々に土佐勢が勝瑞に迫りくるなか、勝瑞城館は部分的にだが大きな土塁を持ち、防御的な機能を高める意識を持つ。周辺地域の諸城とも防御的なネットワークが形成されたのだろう。

勝瑞城の範囲として、文化年間に成立した藩撰地誌の『阿波志』には、「南貞方に至る。北馬木に至る。南門西貞方小島の間に在り。台を距る千二百歩許り。延元二年源頼春此に居る。（略）池を穿つ三重。貞方、吉成、住吉、音瀬、矢上、笠木、高房等羅城中に在り。」と、非常に広い範囲が記されている。これを城域、あるいは城下町の範囲と考えると、あまりにも広い。こうした表現が、勝瑞城館を中心として、関連する諸城を結んだ防御ネットワークを表していると考えられないであろうか。

天正十年（一五八二）八月、中富川の合戦で三好勢は大敗を喫し、約一か月の間勝瑞城館に籠城するが、城を明け渡して讃岐へ退いた。この地域の諸城も、このときにほとんどが廃城となるのである。

〈重見高博〉

**阿波の中心となった三好氏の本拠**

# 1　勝瑞城館《しょうずいじょうかん》

①所在地　板野郡藍住町勝瑞字東勝地
②立　地　沖積平野
③時　期　戦国期
④城主等　三好氏
⑤遺　構　土塁・濠・庭園・礎石建物跡・掘立柱建物跡　等

【概要】　阿波三好家の本拠と推定される城で、平成十三年一月二十九日に国史跡に指定された。平成六年度から発掘調査が進められており、大規模な濠で囲まれた複数の曲輪からなる城館と推定され、枯山水《かれさんすい》庭園と池泉《ちせん》庭園の二つの庭園が見つかっている。検出された遺構や出土遺物からは、三好氏の文化的な生活がうかがわれる。

勝瑞城館跡航空写真（口絵参照）

【立地】　吉野川水系で形成された沖積平野に立地し、周辺の平均標高は約三メートルである。旧吉野川南岸に形成された自然堤防帯の東端に位置する。旧吉野川を介して木津《きづ》や撫養《むや》、別宮《べっく》川を介して別宮といった当時の流通の拠点となる港町と直結する。また、旧吉野川北岸のさほど遠くない位置（勝瑞城館跡から北に直線距離で約二・五キロ）に主要な陸上交通路である南海道が通り、水陸両方の交通の要衝を掌握できる位置にある。

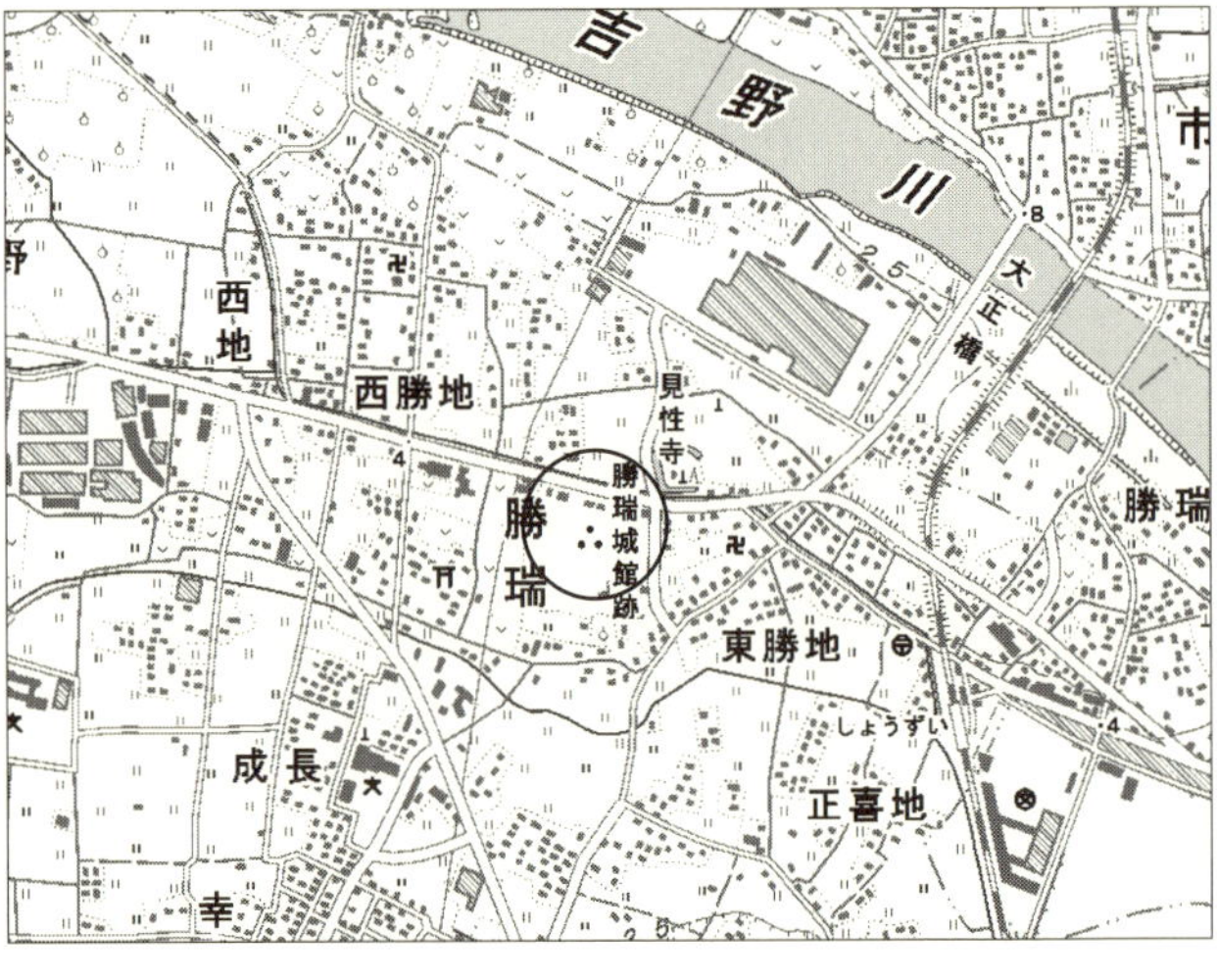

【歴史と背景】　勝瑞は、室町時代に阿波守護・細川氏が守護所を置いた地である。その後、阿波の実権を握った三好氏もこの地を本拠としたため、中世阿波の政治・経済・文化の中心地として栄えた。古代には井隈郷《いのくまのごう》の一角に比定され、このことは勝瑞城館跡の下層から一〇世紀前後の遺物を包含する層が確認されていることにより裏付けられる。この時期の遺物を見ても、当時、役人の食器として使われたと考えられる緑釉《りょくゆう》陶器や、大量の貝類の出土から、豊かな土地であったことは想像できる。また、信憑性は低いが、鎌倉時代の守護小笠原長清《ながきよ》が守護所を置いたとする説や、土御門《つちみかど》上皇の行在所《あんざいしょ》が置かれたとする説などもある。

さらに、大永七年（一五二七）二月二日付の三好元長寄進状[*1]に「井隈之内勝瑞」と見えることから、中世には井隈荘の一部であったことがわかる。井隈荘は、源頼朝が住吉大社に寄進した荘園といわれており、[*2]正平九年（一三五四）の「造営金銅金物用途支配注進状[*3]」には、「預所九貫八百文　禰宜三貫文　田所三貫文　上司三貫文　案主三貫文　内公文三貫文　庄役二十八貫文　惣追捕使三貫文」とあって、多くの荘官の存在が確認できるとともに、合計五十五貫八百文という住吉大社領中最高額の金物用途拠出が割り当てられている。金物用途の拠出は、その土地の経済力に比例して割り当てられるため、井隈荘の経済力の高さがうかがわれる。このように勝瑞は、古くから地域の中枢を占めうる土地であったし、さらに、畿内への進出に最も適した位置でもあった。

管領細川家の祖となった頼之を輩出した阿波守護家は、管領細川家と最も近い系統として重んじられ、管領家に養子に迎えられたり、管領代に就任することもあった。しかし、永正三年（一五〇六）には管領細川家の家督を巡る争い「両細川の乱」に巻き込まれる。この内輪もめは、天文二十一年（一五五二）に三好長慶が細川氏綱を家督継承者とするまでの間、断続的に続き、細川氏の勢力が衰えるきっかけとなった。

---

＊1　「見性寺文書」
＊2　片山清「住吉大社領井隈荘私考覚書」（『すみのえ』通巻二三五号、二〇〇〇年）
＊3　『住吉松葉大記』

細川氏に代わって台頭するのが、細川氏の阿波支配の一翼を担っていた三好氏である。三好氏は、鎌倉時代の阿波守護・小笠原氏の後裔と伝えられる氏族で、三好郡内に居住した小笠原氏が、その土地の名前を名乗ったのが始まりといわれる。三好氏の名が初めて史料に見えるのは、寛正六年（一四六五）二月二十四日付「細川成之奉行人飯尾真覚奉書写」[*4]で、阿波三郡守護代の三好式部少輔が登場する。

その後、史料に実名が見えるのは三好之長で、之長は永正三年（一五〇六）に、管領細川政元の養子になった阿波守護家出身の澄元の後見人として上洛し、畿内で名の知られる存在となる。しかし、永正十七年（一五二〇）五月十一日、澄元と家督を争った細川高国に敗れて百万遍《ひゃくまんべん》（京都市左京区）で自害した。

之長没後は、孫の元長が跡を継ぐ。元長は之長とともに畿内へ出陣していたが、之長が没すると阿波へいったん帰国する。しかし、大永七年（一五二七）には、管領細川晴元とともに足利義《よし》維《つな》を擁して堺へ再び渡海した。元長は、細川高国や足利義晴を軍事的に圧倒し、ついには堺を拠点として幕府政治を左右するほどにまで力をつけた。だが、次第に晴元と対立するようになり、享禄五年（一五三二）六月四日、顕本寺《けんぽんじ》（大阪府堺市）で自害に追い込まれた。このとき、千熊丸（のちの長慶）と千満丸（のちの実休）もともに畿内へ進出していたが、阿波勝瑞へ逃れる。

その後、元長の跡を継いだ長男の長慶は、翌年の天文二年（一五三三）に再び畿内へと進出する。阿波では、次男の実休が勝瑞を拠点に阿波と讃岐・淡路南部を支配した。阿波三好家は、以後、実休→長治→存保と継承される。

実休は、天文二十二年（一五五三）に阿波守護の細川持隆を自害に追い込み、阿波の実権を握るようになる。永禄三年（一五六〇）、長慶の命で河内高屋城（大阪府羽曳野市）に移り、河内南

---

＊4　「細川三好両家消息」（『阿波国徴古雑抄』所収）

部や和泉方面も勢力下に収めた。永禄四年三月には御相伴衆《ごしょうばんしゅう》となり、実休の存在はますます大きくなるが、永禄五年三月、和泉久米田の合戦で戦死した。

実休の跡を継いだ長治は、反三好勢力に追いつめられ、天正五年（一五七七）に長原（板野郡松茂町）の地で自害する。長治の弟で阿波三好家を継いだ存保は、天正十年の長宗我部氏の勝瑞侵攻を受けて讃岐へ退く。これにより、勝瑞では三好氏の時代が終わり、同時に細川氏の守護所として、また、三好氏の戦国城下町として発展した町も終わりを告げることとなった。

**【構造と評価】**

（1）かわらけの分布と勝瑞城館の範囲

勝瑞城館の範囲や構造の詳細は、いまだ明らかではない。しかし、発掘調査の成果などから、おおよその範囲はかわらけの分布状況で推定することができる。かわらけとは、宴会や儀式の場で多く使用される素焼きの土器皿で、これが大量に出土することは盛んに饗応がなされていたことと、その地域の中枢の館であることを示している。勝瑞の発掘調査では、図1に示した範囲の外ではかわらけの出土割合が低くなることから、この範囲に勝瑞城館が推定されるのである。

（2）発掘調査で見つかった濠と想定される複数の区画

勝瑞城館跡では、発掘調査によって縦横に張り巡らされた幅一〇メートルを超す大規模な濠が各所で見つかった。

まず、濠1001は、勝瑞館跡のほぼ中央を南から一二〇メートルほど北へ延び、東へ曲がる。幅一〇〜一五メートル、深さは三〜三・五メートルで、濠底には常時帯水していたことを示す有機質粘土層が堆積し、大量の木製品の出土が見られた。構築年代は一六世紀後半である。

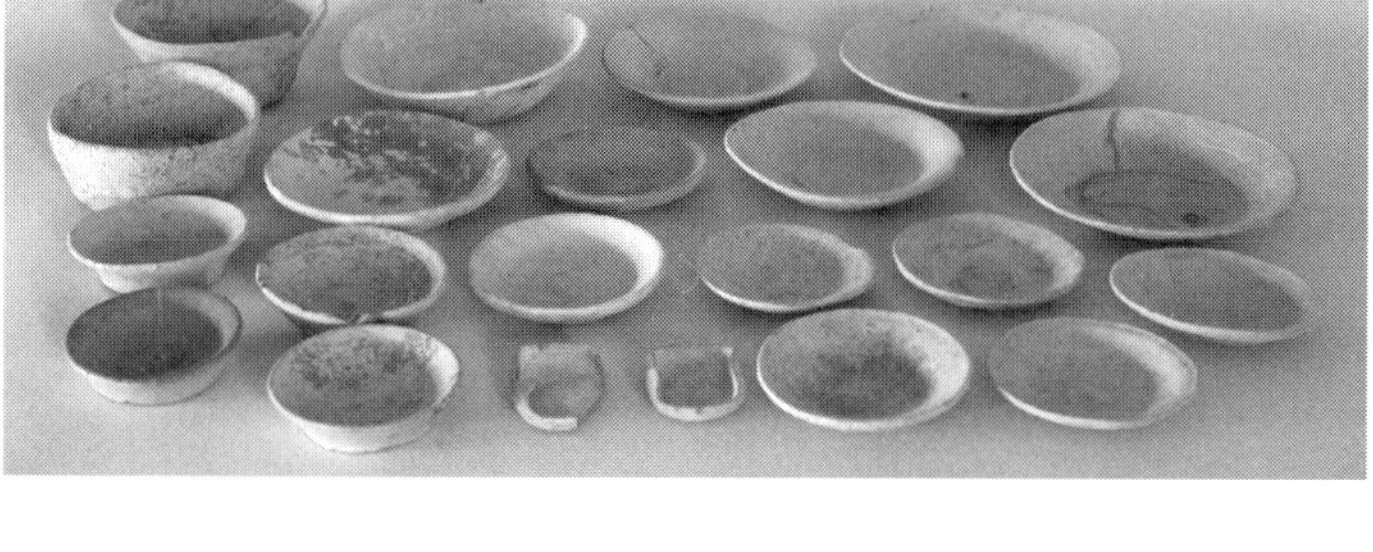

出土したかわらけ

勝瑞館跡の濠

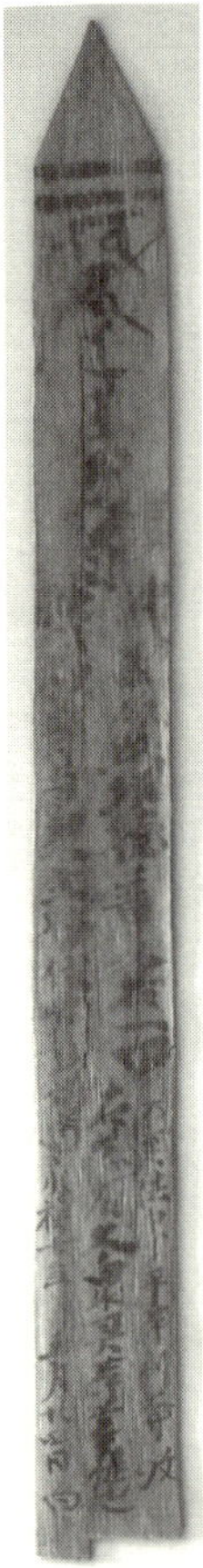

A地点から出土した卒塔婆　以下のように記されている

願以此功徳普及於一切／我等与衆生皆供成仏道／乃至法界平等利益／右為者□泉霊等菩提也／永禄七年五月廿四日

次に、濠1002は、この北端が近年まで〝かじ池〟と呼ばれるため池があったところで、これが濠の痕跡といわれていた。調査によって、深さ二メートルほどの濠跡が確認された。濠はここから南へ延びた後、東へ曲がり、西町の北側を東へ延びると推定される。

濠1003は、勝瑞館跡の北部を東西方向に延び、幅五～七メートル、深さ二メートルを測る。濠底には常時帯水を示す有機質粘土層が堆積しており、A地点から「永禄七年五月廿四日」の紀年銘《きねんめい》の入った卒塔婆《そとば》が出土している。

濠1004は、勝瑞館跡の西側を南北方向に延び、部分的な確認であるが幅一〇メートル以上、深さ二メートルほどと思われる。勝瑞館跡の南西部、濠1004の東側に東西方向に延びる濠2001も確認されている。幅約五メートル、深さ約二メートル、断面V字形の薬研堀で、濠1004の前段階のものである。

濠1005は、濠1001から西方向へほぼ垂直に分岐する濠で、約八〇メートル延びて収束する。幅約一一メートル、深さ約二メートルで、濠底には有機質粘土層が堆積する。構築年代は濠1001と同時期の一六世紀後半である。

濠1006は濠1003から分岐する濠で、幅一〇メートル程度。深さは約二メートルで、濠底には有機質粘土層が堆積する。

以上、濠1001～1006はほぼ同時期に構築された濠と考えられ、これらにより五つの区画が想定できる。興味深いのは、土塁が付随しないことである。これらの濠には防御的な意図は薄く、治水を兼ねたものであったのだろう。

［区画Ⅰ］　北と西を濠1001で画す区画で、三枚の遺構面が確認されている。第一遺構面ではかわらけの焼成窯と礎石建物跡、複数の土坑、第二遺構面では礎石建物跡と池泉庭園、第三遺構面では礎石が検出された。第一遺構面は勝瑞の最終段階の生活面で、一六世紀中葉から天正十年（一五八二）、第二遺構面は一六世紀第一四半期から一六世紀中葉に比定される。

第二遺構面の池泉庭園は、東西約四〇×南北約三〇メートルの範囲に広がる大規模な池を中心とした庭で、池の規模は発掘庭園としては全国的にも最大級である。池からは砂岩の積石による護岸、庭の景色を演出する洲浜《すはま》護岸や緑色片岩の立石などが見つかっている。池から北へ約一〇メートル

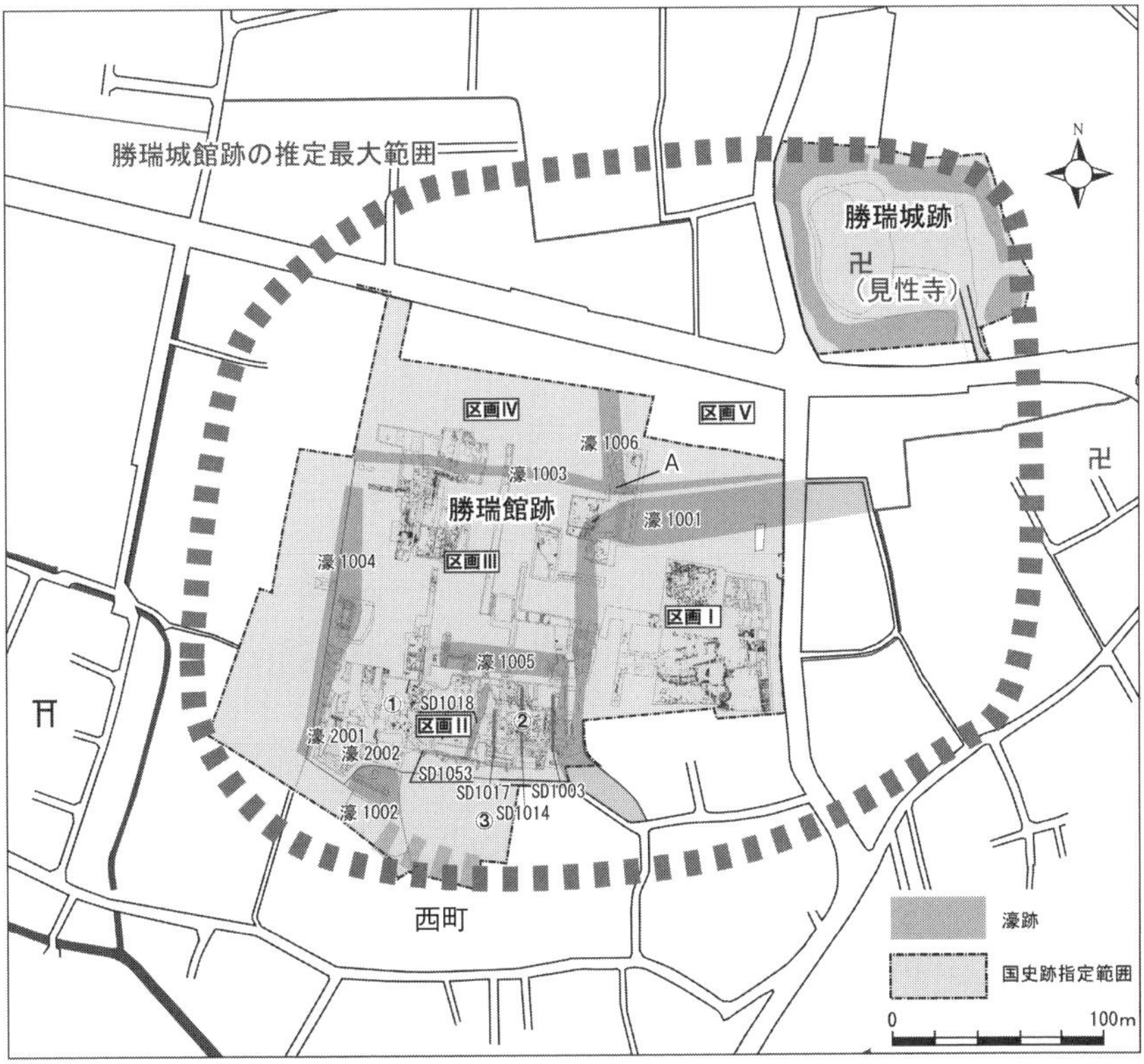


図1　勝瑞城館跡遺構配置図　作図：重見髙博

勝瑞城跡の土塁

の地点では建物群が検出され、これらは主殿《しゅでん》や会所《かいしょ》などの建物なのかもしれない。こうした権威の象徴となる空間を持つ区画Ⅰは、第二遺構面の時期には勝瑞城館の中枢の曲輪と考えられる。しかし、最終段階にはかわらけの焼成窯が築かれ、区画の性格が一変する興味深い空間である。

［区画Ⅱ］　北を濠1005、東を濠1001、南を濠1002、西を濠1004で画し、内部を溝SD1018や溝SD1053によって三つの区画に細分される。

区画Ⅱ-①では、二枚の遺構面が確認されている。

第一遺構面では、枯山水庭園とそれに伴う礎石建物跡が確認されている。枯山水庭園の景石として検出した一二個の景石は、いずれも五〇センチから一メートルほどの大きさで、それらを組み合わせずに単独で配置しており、特徴的な造りが見られる。礎石建物跡は、庭園の景石から約三メートル北側で検出されており、会所跡と推定できる。時期的には、一六世紀第三四半期以降に造営された庭と建物で、一六世紀末に廃絶する。

第二遺構面では、庭と建物跡の下層で南北方向に延びる溝SD2001が確認され、溝は一六世紀第三四半期に埋没する。また、やや西側では南北方向に延びる幅約五メートルで断面がV字形を呈する濠2002が確認されており、庭が造営される以前の区画だろう。濠2002の埋没時期は一六世紀中葉である。

区画Ⅱ-②では、区画Ⅱ-①より遺構面がやや低くなり、出土する遺物は鍋・釜などの煮炊具や

整備された礎石建物跡と枯山水庭園

壺や甕《かめ》などの貯蔵具の割合が増える。また、建物を復元していないが、多数の柱穴が検出されており、掘立柱建物も想定される。これらのことから、①の空間が庭のあるハレの空間であるのに対して、②はケの空間だと想定できる。

また、この区画では、検出面は同じだが、多くの柱穴に切られた溝がSD1003、SD1014、SD1017と三条等間隔に並ぶ。これらは前段階の区画溝と考えられる。濠2002や、これらの溝の存在から、勝瑞城館は小区画を統合しながら拡張された可能性がある。

勝瑞館跡礎石建物跡

［区画Ⅲ］　北を濠1003、東を濠1001、南を濠1005、西を濠1004で画される。この区画では西側で、二棟の礎石建物跡と一棟の掘立柱建物跡が検出されている。また、北側では高い密度で遺構が検出され、遺物の出土量も多い。出土遺物では、人形手の青磁碗《せいじわん》や交趾三彩《こうちさんさい》の桃形水滴《ももがたすいてき》、青白磁梅瓶《せいはくじめいびん》など、希少な中国磁器が認められることは特筆すべき点である。現時点で曲輪の性格はよくわからないが、曲輪の北西部は遺構の切り合いも激しく、使用頻度の高い地区であったことがうかがわれる。

［区画Ⅳ］　東を濠1006、南を濠1003で画される。この区画では遺構面が低くなるが、多くの柱穴が検出され、遺構の広がりが確認できる。かわらけの出土割合も高く、城館の曲輪の一つだろう。

［区画Ⅴ］　南を濠1001、西を濠1006で画される。勝瑞城跡との間に広がる曲輪と考えられるが、調査がほとんどされていないため、内容は不明である。礎石建物跡が検出されている。

勝瑞遺跡出土遺物

勝瑞城跡

〔勝瑞城跡〕　勝瑞城館跡の史跡指定地は、県道松茂吉野線によって、見性寺《けんしょうじ》の境内となっている勝瑞城跡と勝瑞館跡に分断される。二つの遺跡は、おそらく最終段階には一体のものとして機能していたと考えられる。

勝瑞城跡は、現状でも周囲を幅約一三メートルの濠で区画されており、一部に土塁が残っている。規模は、濠を含めて東西約一〇五×南北約九〇メートルで、北西部に張出を有した不整方形である。

勝瑞城跡の発掘調査は、平成六年から十年にかけて実施された。発掘調査の結果、勝瑞城の築城にあたり、七〇センチほどの盛土が施されていることが確認された。その下層から、一五八〇年頃を上限とする備前焼V期新段階の擂鉢《すりばち》が出土しており、勝瑞城は土佐の長宗我部氏が天正十年（一五八二）に勝瑞へ侵攻する直前に築かれたものだと判明した。

この時期、勝瑞を取り巻く軍事的緊張は高まり、天正九年（一五八一）には羽柴秀吉から、勝瑞の防備を固めるよう命じる書状が送られている。[*5] 勝瑞城跡の構造を見ると、幅約一三メートルの大規模な濠とともに、基底部幅約一二・五メートル、高さ約二・五メートルの土塁が築かれている。勝瑞館跡に対して、防御的な意識が強く感じられる。これらのことから、勝瑞城跡は長宗我部氏の勝瑞侵攻に対抗する砦だったと考えられるのである。また、大量の瓦の出土が特徴的で、織豊系城郭の影響を受けていたこともうかがわれる。

勝瑞城跡出土の備前焼擂鉢と瀬戸美濃焼皿

＊5　「九鬼文書」（『阿波国徴古雑抄』所収）

（３）勝瑞城館の構造の変遷と居館整備の画期

まず、一六世紀第一四半期には区画Ⅰが整備され、池泉庭園が造営される。大規模な池を持つ、権威を表象する空間が整備されたのである。一方、区画Ⅱでは、これに先行して薬研堀《やげん》（濠2001・2002）や小規模な区画溝（SD1003・1014・1017）があったといえる。

次に、一六世紀後半になると薬研堀は埋没し、溝で区画された小区画は統合され、幅一〇メートル以上で深さ三〜三・五メートルの大規模な濠で区画された曲輪が形成される。大規模な濠は、治水を兼ねて掘られたものと考えられ、永禄七年（一五六四）頃には成立していたようだ。そして、徐々に城館は整備され、一六世紀の第三四半期には区画Ⅱ―①に枯山水庭園が造営される。区画Ⅰの池泉庭園は一六世紀中頃には廃絶し、その跡にはかわらけの焼成窯が築かれた。そして、最終段階の一五八〇年前後には勝瑞城が築かれることになる。

勝瑞館跡の池泉庭園

こうした変遷の背景にある歴史事象としては、権力者の移り変わりや、社会情勢の大きな変化があげられるだろう。

まずは、細川氏や三好氏の勝瑞居住である。細川氏については、一五世紀前葉と考えられる守護所設置時、あるいは細川成之が阿波在国をはじめる文亀二年（一五〇二）である。また、三好氏は三好元長からであろう。元長は、阿波小笠原氏が宝治二年（一二四八）に創建したといわれる宝珠寺《ほうじゅじ》を永正年間に岩倉（美馬市脇町）から勝瑞に移転させ、祖父・之長の院号「見性寺殿」に因んで見性寺に改称したという。[*6] そして、大永七年（一五二七）に元長は管領細川晴元とともに足利義維を擁して

＊6　板野郡教育会『板野郡誌』（名著出版、一九七二年）

堺へ渡海するが、このとき「井隈之内勝瑞分壱町壱段」を見性寺に寄進している。[*7] このことから、この頃には三好氏は勝瑞に居住していたと思われる。三好氏は見性寺の移転に際し、岩倉の馬木の住人も移住させたともいわれており、[*8] 三好氏が勝瑞を拠点するにあたり、大きな画期となったのかもしれない。

つづいて注目したい点は、元長の死後に、長慶の本宗家と実休の阿波三好家に分かれたことだ。実休は天文二十二年（一五五三）に守護の細川持隆を殺害し、実質上、阿波の実権を握る。

発掘調査では、これ以後の時期に勝瑞城館が拡張され、整備されていく様子がみられるが、三好氏の権力の伸長があらわれているのではないか。

天正八〜十年（一五八〇〜八二）頃には城主のめまぐるしい変遷が見られる。三好長治の没後に阿波三好家を再建した十河存保は、織田信長や羽柴秀吉と通じて、当時阿波に侵攻していた長宗我部元親や一宮成助《いちのみやなりすけ》を引き込んだ篠原松満らと対立し、一時讃岐へ退去する。このとき、一宮成助が勝瑞に入るが、その後、信長と本願寺の和睦に反対して本願寺を退去した牢人や紀伊・淡路の軍勢が勝瑞を奪い取り籠城する。これに対して秀吉は、黒田孝高《くろだよしたか》や生駒親正《いこまちかまさ》、仙石秀久《せんごくひでひさ》らを阿波へ派遣して勝瑞を攻略した。しかし、阿波への介入はさほど深入りしなかったため、最終的に、天正九年（一五八一）正月には十河存保が再び勝瑞を奪還することとなる。

さらに、翌年には土佐の長宗我部氏の勝瑞侵攻もあり、戦国時代を通じて軍勢が迫るような危機的な状況がなかった勝瑞に、信長による広範な地域を巻き込む大規模な戦争が迫り、この時期に一気に勝瑞は戦乱の渦中に入る。この時期がまさに、勝瑞城が築かれた時期だったのである。

〈重見高博〉

---

＊7　三好元長寄進状（「見性寺文書」）

＊8　天野忠幸「戦国期阿波の政治史から考える勝瑞」（『勝瑞―守護町勝瑞検証会議報告書』徳島県教育委員会、二〇一四年）

室町時代の守護の館

# 2 細《ほそ》川《かわ》氏《し》守《しゅ》護《ご》館《やかた》

①所在地　板野郡藍住町勝瑞
②立　地　沖積平野
③時　期　室町期
④城主等　細川氏
⑤遺　構　不明

【概要】　室町時代に勝瑞に置かれた阿波守護細川氏の館跡。元亀三年（一五七二）正月の奥書を持つ『故城記《こじょうき》』には、「細川屋形　掃部頭真之」と「勝瑞屋形　三好豊前守長治　三好孫六郎存保」が併記されており、勝瑞には当時、三好氏の屋形と細川氏の屋形が併存していたと考えられる。

【立地】　吉野川下流域の沖積平野に立地する。

【歴史と背景】　足利尊氏の命で阿波に入部した細川氏は、当初、足利氏の所領であった秋月（阿波市）を本拠とする。室町時代初頭には秋月に守護所を置き、寺院を建立するなど整備に努めたが、のちに勝瑞に移転する。

細川氏の歴代については、初代守護を和氏《かずうじ》とする説と頼春《よりはる》とする説があり、代数の数え方は一定しないが、和氏から数えて三代目の頼之《よりゆき》は、将軍足利義満の後見役として幕府の管領に就任し、管領細川家の祖となった。阿波守護家は弟頼有が継承した後、甥の義之に譲られ、その後は義之の子孫が阿波守護家を代々世襲し、満久→持常→成之→政之→義春→之持→持隆→真之と続いた。

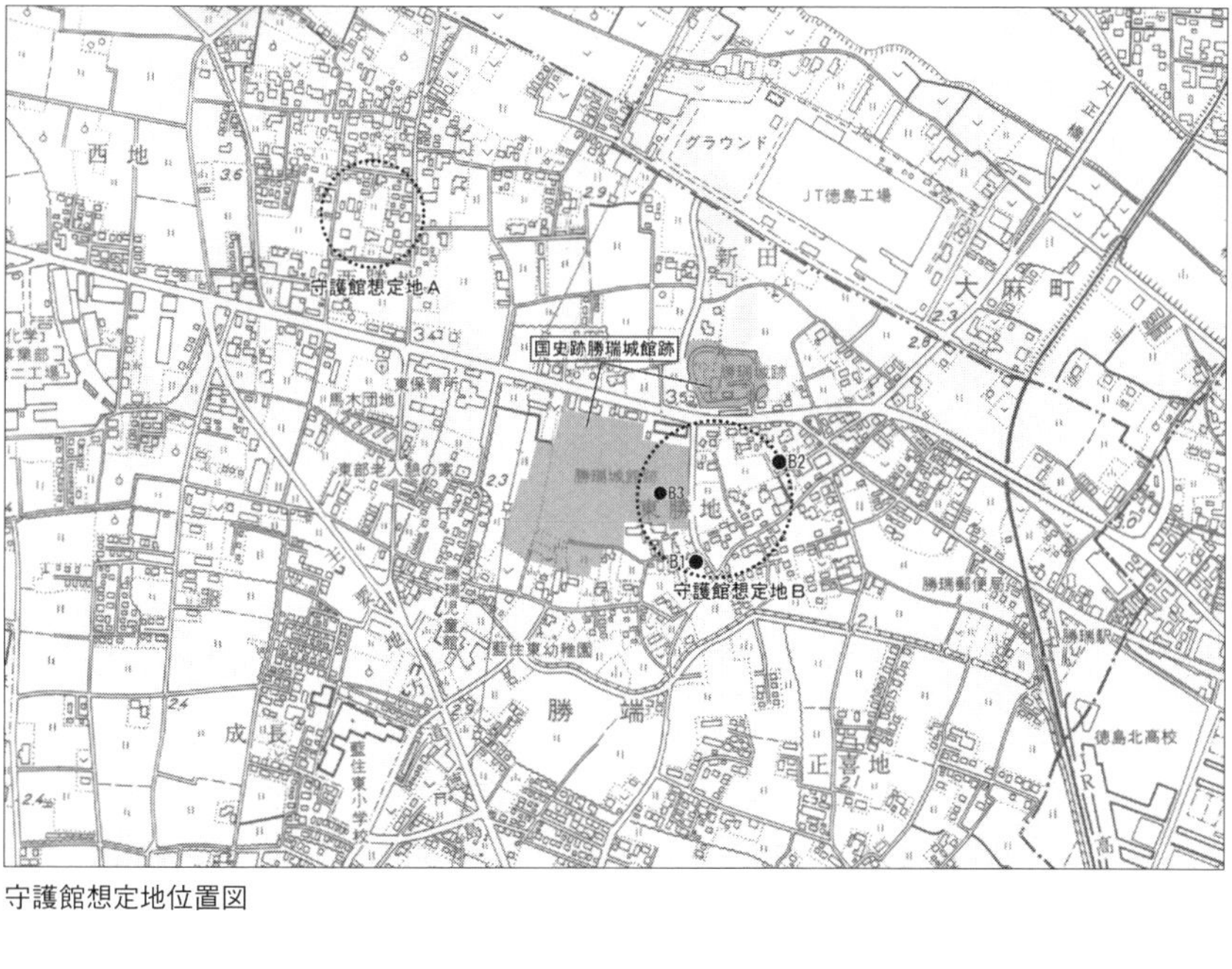

守護館想定地位置図

勝瑞に守護所を構えた時期は、「秋月荘八幡宮鐘銘」の初鋳時と改鋳時の願主の違いや、一五世紀前半の史料と考えられる『仏通禅寺住持記』に「阿州勝瑞津聖記寺」と見られることなどを根拠に、一五世紀前半で永享七年（一四三五）までとする説を福家清司氏が提唱した。[*1] 勝瑞の発掘調査で出土する貿易陶磁器を見てみると、一五世紀中葉頃からまとまった日常生活具のセットが見られるようになる。阿波守護が義之あるいは満久のときに、勝瑞の守護所が成立したのだろう。

移転当初、在京していた細川氏は文亀二年（一五〇二）には阿波に下向し、在国するようになる。この時期が勝瑞発展の一大画期であるとされる。[*2] この頃、阿波細川家の中心として活躍した成之は、後に京兆家を継いだ澄元の祖父で、将軍からの信任が厚く、幕府の中枢で重きをなした人物であった。また、文化人としてもよく知られており、丈六寺《じょうろくじ》が所蔵する「細川成之画像」は自画像と伝えられている。また、能楽や造園にも長じており、京都の将軍邸の庭石の選定にも招かれている。

天文二十二年（一五五三）、勝瑞で大きな事件が起きた。守護持隆が三好実休によって自害に追い込まれたのである。その後実休は、当時幼少であった持隆の子真之を守護に推戴したが名目的なもので、実権は三好氏が握るようになる。天正四年（一五七六）十二月五日、真之は密かに勝瑞を抜け出し、仁宇谷《にうだに》で反三好の旗を揚げた。真之は一宮氏らの反三好勢力や土佐の長宗我部氏と結び、天正五年には勝瑞の主であった三好長治を滅ぼした。しかし、真之は勝瑞の守護所に戻ることはなく、天正十年十月、茨ケ岡城《いばらがおか》（那賀郡那賀町）で「山林の逆徒」に攻められ自害する。[*3] このことにより、阿波細川家は滅亡した。

**【構造と評価】** 細川氏守護館跡の所在地は明らかではないが、現在のところ、大きく二ヵ所（四地点）の想定地がある。

---

＊1　福家清司「文献史料に見る細川氏の守護所」（『勝瑞城シンポジウム―阿波の守護所を考える』勝瑞城シンポジウム資料、二〇〇四年）、「勝瑞津と聖記寺の創建」（『守護所・戦国城下町の構造と社会―阿波国勝瑞』思文閣出版、二〇一七年）

＊2　天野忠幸「戦国阿波の政治史から考える勝瑞」（『守護所・戦国城下町の構造と社会―阿波国勝瑞』思文閣出版、二〇一七年）

＊3　『阿州古戦記』

＊4　重見髙博「阿波の守護所」（『守護所と戦国城下町』高志書院、二〇〇六年）

＊5　小野正敏「勝瑞館の景観と権威空間としての意味」（『守護所・戦国城下町の構造と社会―阿波国勝瑞』思文閣出版、二〇一七年）

一ヵ所は、勝瑞字西勝地（守護館想定地A）で、ここでは直線道路と方形区画からなる町割りが見られる。[*4] 想定地は一町四方の区画で、同時代の守護館の規模としては一般的なサイズである。さらに、その北側には文治年間創建という地福寺《じふくじ》が建ち、境内には永正十八年（一五二一）の紀年銘の入った細川澄賢《すみかた》の墓と伝えられる一石五輪塔や、大永七年（一五二七）の紀年銘が入っていたとされる石造仏がある。しかし、同地における試掘調査では遺構・遺物ともに希薄で、ここに守護館を想定するのは難しい。

もう一ヵ所は、勝瑞館跡の付近（守護館想定地B）である。B1地点では、一五世紀代の屋敷の区画溝が検出されており、そこからは大型の青磁鉢や古瀬戸後期様式Ⅰ～Ⅱ期（一四世紀後葉～一五世紀初頭）に比定される燭台《しょくだい》など、希少な遺物の出土が見られる。屋敷地内には多数の柱穴も見つかっている。また、B2地点では幅一〇メートル近くになる屋敷の区画溝が検出されており、溝中からは大量に投棄された京都系土師器皿の出土が見られた。出土遺物の約九割がかわらけで、そのうち八割以上が京都系という特異な様相を示す。その他、青磁盤などの希少な陶磁器や、鏃《やじり》や小札《こざね》などの武具類も出土している。

B3地点では、大規模な池泉庭園が検出されている。池泉庭園はその世界におけるヒエラルキーを顕著に反映する装置であり、その視点に立てば、ここで発掘された池庭は、最も家格が高い細川氏の館にふさわしいとする。そして、一六世紀後半には池泉庭園が造営された空間にかわらけの焼成窯を築き、権威の象徴となる空間を積極的に否定している。この行為が行われた契機は、単に三好氏の代替わりではなく、細川氏から三好氏への権力交代も含め、もっと大きな変化であったのではないかとの指摘もある。[*5] 今後の調査等により明らかにされるべき大きな課題である。

〈重見高博〉

伝細川澄賢墓　板野郡藍住町・地福寺

石造物　板野郡藍住町・地福寺

勝瑞の西を固める城

# 3 板《ばん》西《ざい》城《じょう》

①所在地　板野郡板野町古城字城ノ内・城ノ西
②立　地　沖積平野
③時　期　室町期～戦国期
④城主等　赤澤信濃守宗傳
⑤遺　構　—

【概要】戦国期に三好実休の姪婿の赤澤信濃守が居城し、勝瑞の西の備えとして重視されたとする城。吉野川下流域の平野部の微高地に築かれた城館で、当時の景観が現在もよく残る。

【立地】旧吉野川左岸の沖積平野に立地する。現状でも、周囲の水田から一・五メートルから二メートル高くなった、およそ四〇〇メートル四方の微高地が確認でき、城跡はこの微高地上に所在する。周辺は低平な土地で、微高地の北側は犬伏谷川、南側は「ほり」と呼ばれる小河川、西側には黒谷川が南北に流れる。

城跡碑

【歴史と背景】平安時代の近藤六親家《ちかいえ》の居城だという伝承がある。[*1] 親家は、屋島を目指す源義経の道案内人「板西の六親家」として、『平家物語』巻十一「勝浦付大坂越」に登場する。

戦国期には、三好実休の姪婿の赤澤信濃守宗傳《そうでん》が居城する。城内には板西城三人衆と称される赤澤出羽守・坂上備後守・安芸飛騨守がいたとされる。[*2] また、一族の大寺松大輔・犬伏左近・阿部采女・赤澤鹿之丞・板東紀伊守・高輪幸内・赤澤美濃守・新開右近・七条孫四郎らも周辺に城を構えており、彼らは

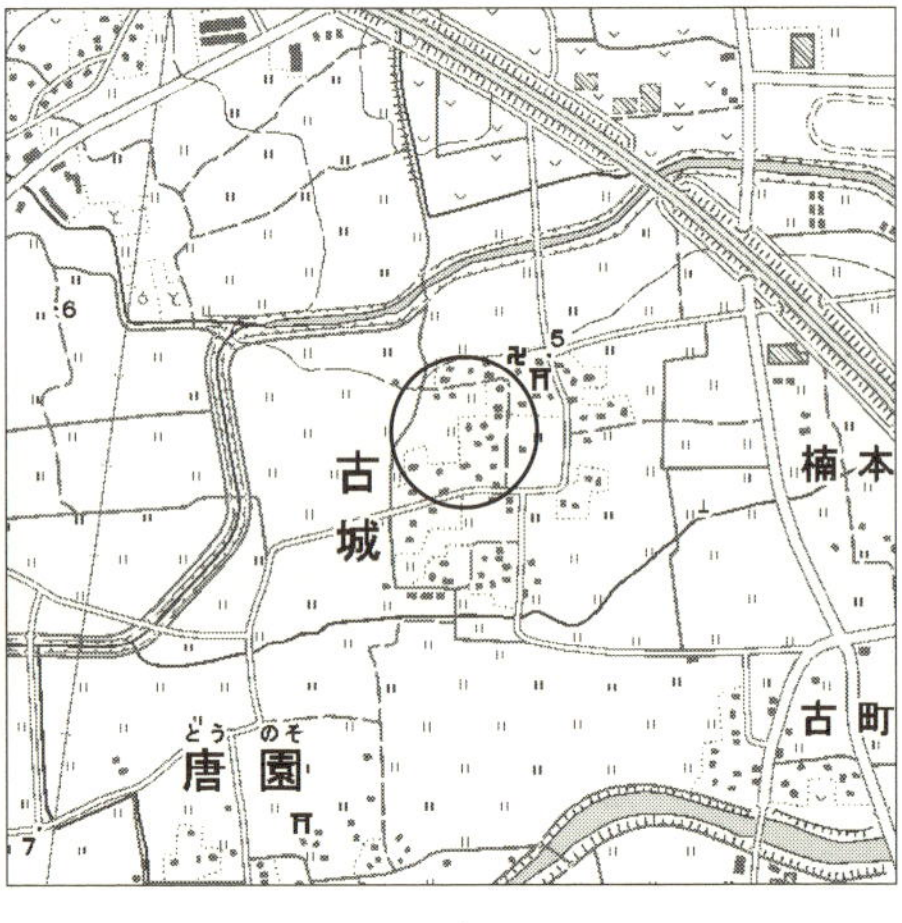

赤澤信濃守祠

板西城三人衆とあわせて赤澤家十二人衆と称される。[*3] 宗傳は、天正十年（一五八二）の中富川の合戦のときには約二千の兵を率いて三好方の先陣を務め、壮絶な討ち死にを遂げたという。[*4] その後、城も落とされることとなった。那東の愛染院《あいぜんいん》には、赤澤信濃守宗傳の廟所がある。

**【構造と評価】** 板西城には本城・北城・新城の三つの城があるというが、[*5] 現地で城に関連する遺構は確認できない。城跡は、昭和三十年に板野町の史跡に指定され、字城ノ内のA地点に碑が立っている。

　地元での聞き取りによると、この碑から北側に城があったとされ、ここには、地籍図でほぼ一〇〇メートル四方の地割りが見られる。この地点が『阿波志』のいう「本城」に相当するのだろう。

　A地点は、南から延びる道が突き当たる位置にあり、門跡と呼ばれる。Aから南へ向かうと、幅約八〇メートルの低地を挟み、字南屋敷にも約一〇〇メートル四方の区画が見られる（B）。

　さらに、微高地の北西部の字城ノ西にもやや高くなる地点があり（C）、旧家が軒を連ねる。この一角には赤澤信濃守宗傳を祀った祠が建てられており、夫人の墓という五輪塔もある。

　B・Cも城の曲輪である可能性が高く、「北城」や「新城」に相当すると考えられる。〈重見髙博〉

＊1・2・3　『古城諸将記』
＊4　『昔阿波物語』（『阿波国徴古雑抄』所収）など
＊5　『阿波志』

板西城跡地籍図　『徳中城』より転載

水上交通の要衝を押さえた城館

# 4　住《すみ》吉《よし》城《じょう》

①所在地　板野郡藍住町住吉字神蔵
②立　地　沖積平野
③時　期　室町期〜戦国期
④城主等　山田陸太夫・赤松則房
⑤遺　構　―

【概要】勝瑞城館の南西約二・五キロに位置する。付近には三好実休が神官を務めた住吉神社や、住吉神社の別当寺で文亀元年（一五〇一）中興の福成寺《ふくじょうじ》が所在する。福成寺の境内には、室町時代前期といわれる凝灰岩《ぎょうかいがん》製の地蔵菩薩坐像や宝塔などの石造物が残る。また、コウヤマキも室町期に植えられたという。

【立地】正法寺川左岸の沖積平野に立地する。周辺の標高は約四メートルである。

【歴史と背景】戦国期には三好氏の家臣山田陸太夫の城で、天正年中に落城したとされる。*1

天正十四年（一五八六）には、四国攻めに功のあった赤松則《のり》房《ふさ》が羽柴秀吉から一万石を拝領し、播磨置塩《おじお》（兵庫県姫路市）からこの地に移った。赤松氏が支配した中富・本・鳴瀬・乙瀬・矢上・住吉・奥野（藍住町）、大寺・矢武・唐園（板野町）、神宅神宮寺（上板町）、宮河内（阿波市）、高房・北（北島町）、宮島（徳島市）、辻・松・板東・萩原・高畠・西馬詰・姫田・大代（鳴門市）の二十二ヵ村・一万石は置塩領と呼ばれ、徳島城下佐古に構えた屋敷は置塩殿と称された。

しかし、則房の死後、養子の細山帯刀《たてわき》は牛岐城に入り、置塩

城跡遠景

住吉神社

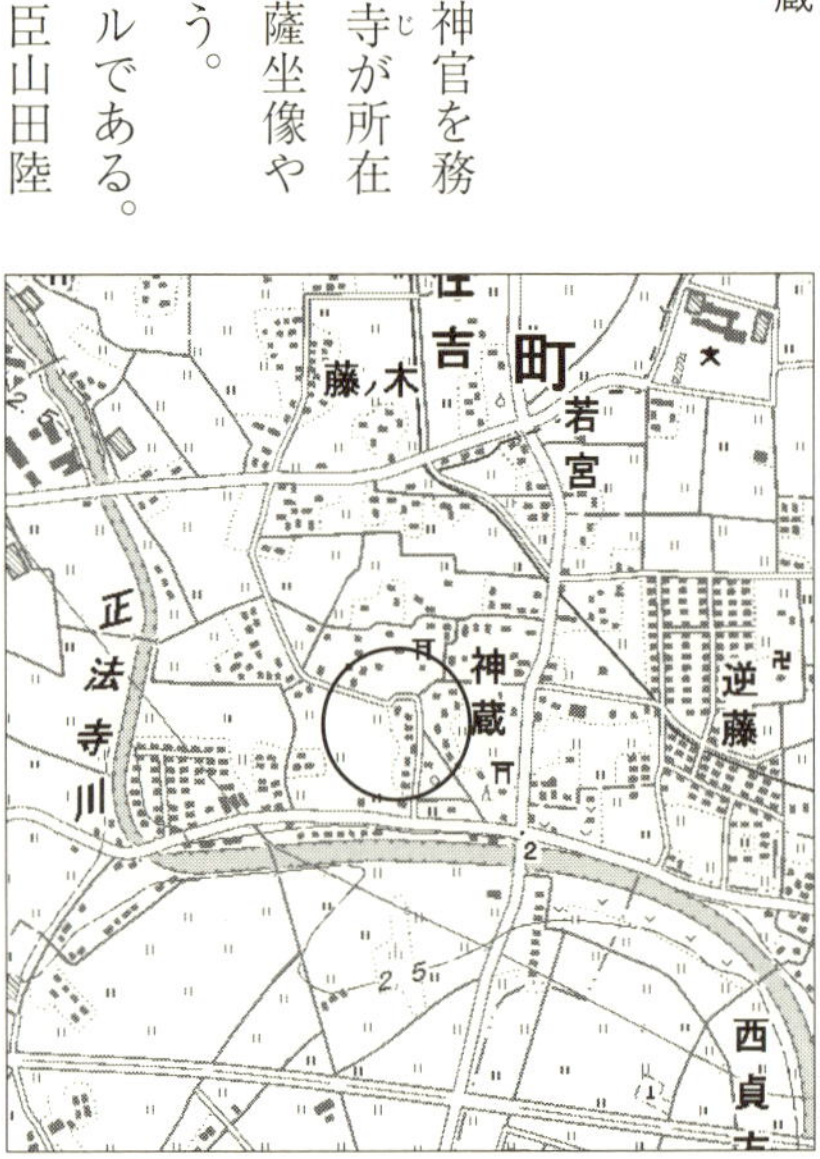


*1『城跡記』

領は蜂須賀至鎮《よししげ》に与えられた。以後、住吉城は放棄されたと考えられる。

『板野郡村誌』に、「住吉城」として「本村中央字神蔵にあり東西五十八間、南北四十八間の角形を呈し、天正八年（一五八〇）に山田陸太夫が拠り、今は末孫の宅地となる」とあり、「赤松次郎則房ノ居址」として「本村西ノ方神蔵ニアリ大屋敷ト云方壱町五反計今畑トナル」とある。

**【構造と評価】** 住吉字神蔵の住吉神社から西へ一〇〇メートルほどの畑地内に「城神さん」と呼ばれる石殿があり、地元ではそこが城の中心部だといわれる。現地では城の遺構は認められないが、A一帯が「オオヤシキ」と呼ばれていたという。現況で微高地はその北東部Bに展開し、ここが中心部である感が強い。事実、Bでは開発に伴う立会調査で中世の遺物が出土した。

南には正法寺川が流れ、千鳥ヶ浜といわれる地域がある。『板野郡住吉村住吉四社明神由来書』によると「右社地原ヲ千鳥ヶ浜ト申伝候、先年ハ上郡筋通船海船等モ入込従景宜敷場所」であり、付近には江戸時代の川湊の跡もある。このことから、往事は微高地の縁辺に立地し、水上交通の要衝を押さえた城館だったといえる。

〈重見髙博〉

石殿（城神さん）

住吉城跡周辺地籍図　作図：重見髙博

勝瑞の守りを固める重要拠点

# 5 矢上城《やかみじょう》（勝興寺城《しょうこうじじょう》）

①所在地　板野郡藍住町矢上字西
②立　地　沖積平野
③時　期　戦国期
④城主等　矢野備後守
⑤遺　構　—

**【概要】**　矢上城は、『城跡記』に「勝瑞西大手口の枝城」とあり、勝瑞の防御上重要な城だと推定される。天正十年（一五八二）の長宗我部氏の勝瑞侵攻では三好勢の拠点となり、当時の阿波国主十河存保は当城に入り自ら指揮を執ったという。

**【立地】**　吉野川の支流・正法寺川左岸の自然堤防上に立地する。周辺の標高は約五メートルである。正法寺川は、現在は河跡湖だが、吉野川から北に分流し、東へ曲がり正法寺川とつながる旧河道が歴史地理的な分析で復元され、これが中富川とする説もある。

**【歴史と背景】**　築城年代は明らかではない。城主だった矢野伯耆守と子の備後守は、中富川の合戦で先陣を切って討ち入るも敗死し、同年に落城する。*1 近代のものだが、備後守の墓が中富川の古戦場付近という東中富の畑の中にある。

**【構造と評価】**　城に関する遺構は残っていない。A周辺は「ビンゴハン」と呼ばれ、昭和十年に建てられた矢野備後守の墓があった。墓石は現在、正法寺に移されている。この付近には、地籍図でほぼ一〇〇メートル四方の方形区画が確認できる。本田昇氏の聞き取り調査によると、この地は、通称「矢野備後守」といわれ、大きな榎木があったという。*2 矢野備後守の屋敷地跡だろうか。この地の東にある正法寺は、中世には正岡寺《しょうこうじ》という禅宗寺院だったとされる。同じく本田氏の聞き取り調査の成果によると、正岡寺は、当時Bの位置にあり、十河存保は中富川の合戦の

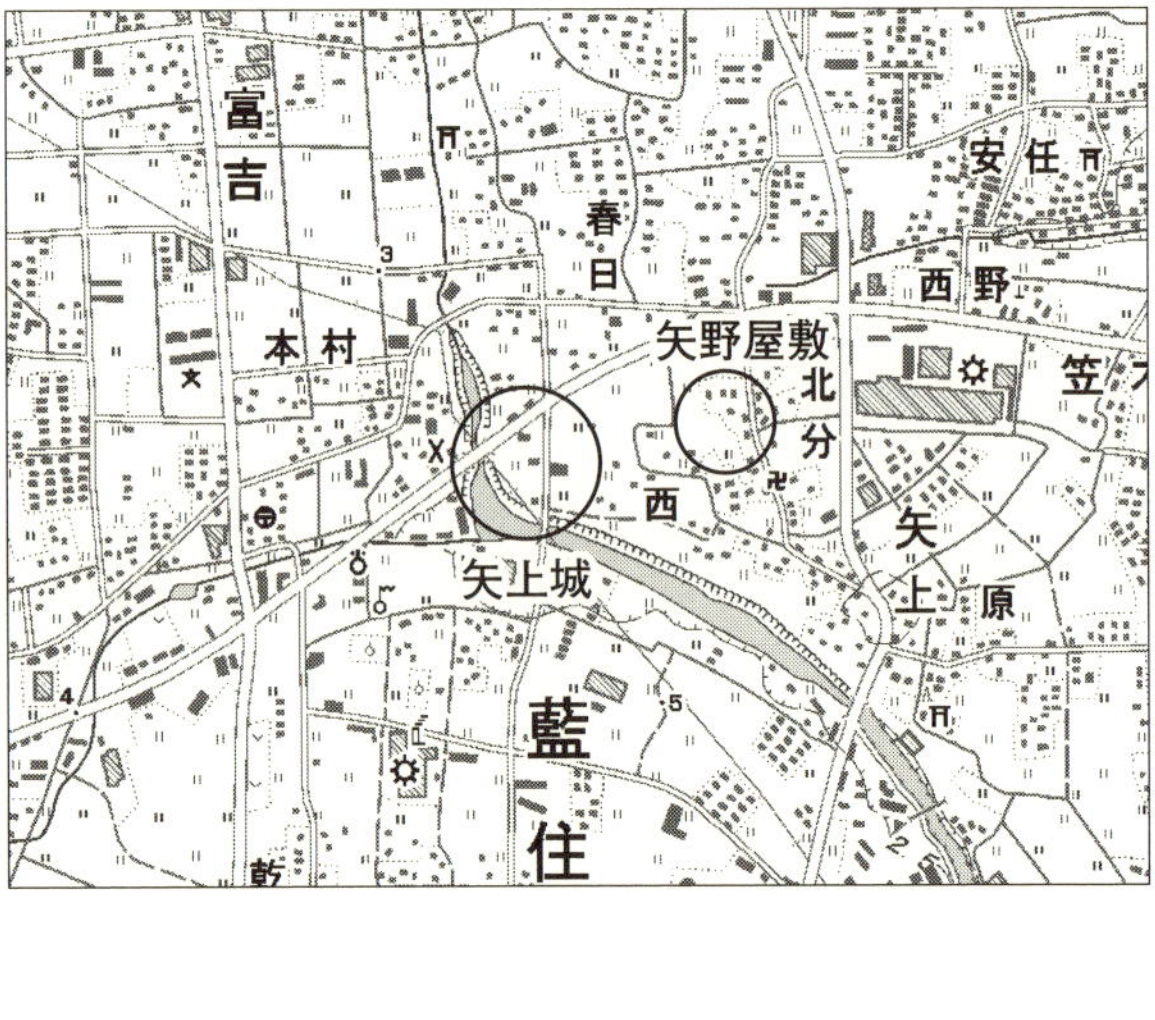


*1 『故城記』
*2 「勝瑞城跡の地理的研究」（『立正大学教養部論集 LOTUS』第二号、一九六八年）

とき、ここに本陣を構えたようだ。ここには、石殿が建てられている。

『板野郡村誌』には「勝興寺城址　本村西ノ方字西ニアリ境界詳ナラス今十二坪計ノ地ニ城主ノ霊ヲ祭ル小祠アリ」とあり、この小祠が石殿だろう。地元の方によると、かつては石殿の横に松の木があり、大きな土地だったという。地籍図では東西一三〇×南北一五〇メートルほどの区画が旧河道を切った形で確認できる。矢上城の城主は矢野伯耆守とされるが、なぜかこの付近は「スルガハン」と呼ばれる。矢野駿河守は徳島市の矢野城主である。

　現在の正法寺北側の町道では、下水道工事に伴う立会調査で古代の土器が出土しており、周辺の集落が古くから形成されていたことを裏付けている。

〈重見高博〉

上：矢上城跡石殿　下：矢野備後守墓

矢上城跡周辺地籍図　作図：重見高博

沖積平野に立地する平地城館

# 6 犬《いぬ》伏《ぶし》城《じょう》

①所在地　板野郡板野町犬伏字殿屋敷
②立　地　沖積平野
③時　期　戦国期
④城主等　犬伏左近
⑤遺　構　―

【概要】吉野川下流域の沖積平野に立地する平地城館。板西城主で三好実休の姪婿である赤澤信濃守の家臣、犬伏左近が入ったとされる。

【立地】犬伏谷川左岸の標高五メートル前後の沖積地に位置する。詰城跡は標高五三メートルの尾根頂部に立地する。

【歴史と背景】『古城諸将記』に、犬伏城が見える。築城年代や廃城年代は不明である。城主の犬伏左近は赤澤家十二人衆の一人であり、中富川の合戦で討ち死にしたという。「犬伏家文書」によると、犬伏家の一族は勝瑞落城後に農民となって、藍住町東中富に移り住んだという。東中富には犬伏左近を祀った大富彦神社があり、近くの老人憩いの家の敷地内には、子孫が祀った犬伏左近の墓がひっそりと建っている。

【構造と評価】城に関連する遺構は確認できないが、字殿屋敷一帯に伝承が残る。地籍図では、約一二〇メートル四方の区画が確認でき、これを城跡と推定する。

四国縦貫自動車道建設に伴い、隣接地で徳島県埋蔵文化財センターが発掘調査を実施し、弥生時代の水田跡や古墳時代から中世にかけての集落跡が検出されている。集落はⅠ期（奈良・平安時代）とⅡ期（鎌倉・室町時代）の二時期が確認され、Ⅱ期には幅三～五メートルの溝で囲まれた約半町四方の屋敷地が複数見つかっている。遺跡周辺では連続する方形区画屋敷地によって集落が形成されていたと考えられており、この地域の中世集落景観を特徴づけている。屋敷地内か

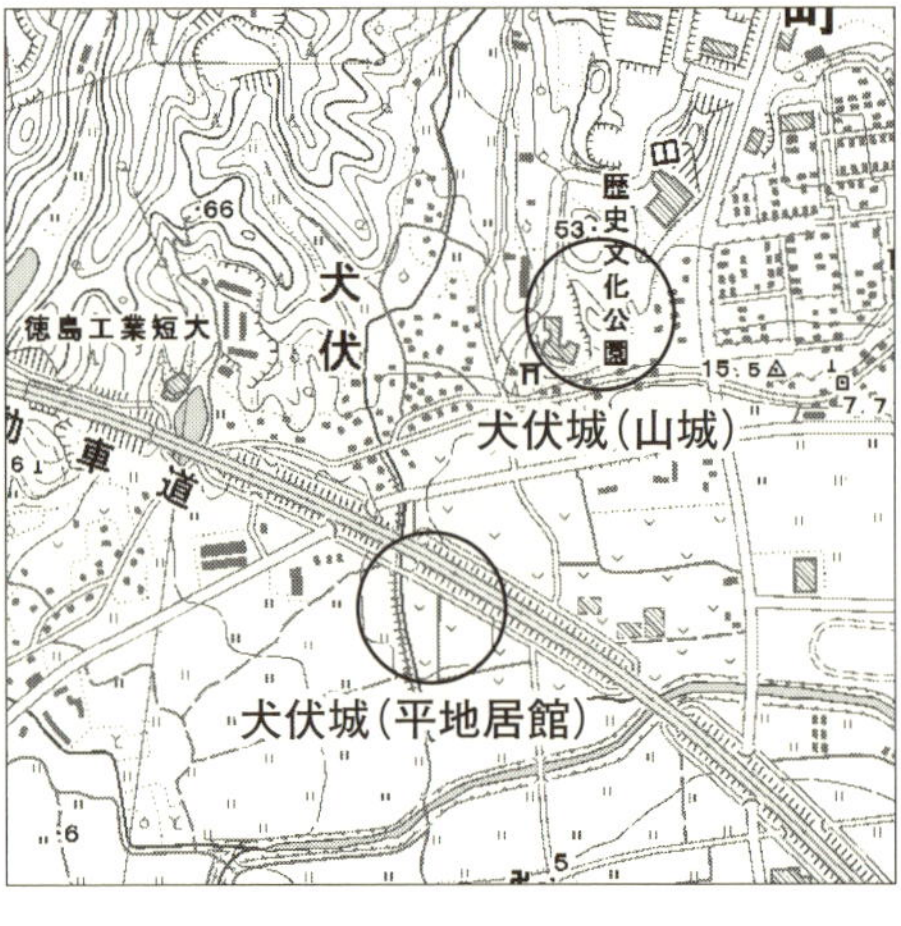

犬伏左近の墓

らは掘立柱建物跡や柵列、土葬墓などが検出され、和泉型瓦器椀や東播《とうばん》系須恵器鉢、そのほか国内外産の陶磁器類が多数出土している。出土遺物から屋敷地は一六世紀前半には廃絶したと考えられ、集落廃絶後は近世を通じて周辺は水田化し、現在へと至っている。

この地域の沖積平野部では、近接する古城遺跡や宮ノ前遺跡でも同時期の集落が確認されている。その形成と消滅は時期を同じくしていると考えられているが、周辺の中世城館の廃絶が一六世紀後半であり、時期的に隔たりがある理由はいまだにわからない。

なお、犬伏城の詰城跡と考えられる遺構が字殿屋敷から北へ約七〇〇メートル、徳島県立埋蔵文化財総合センターの裏山で確認されているが、城郭の遺構かは判断が難しい。

〈重見高博〉

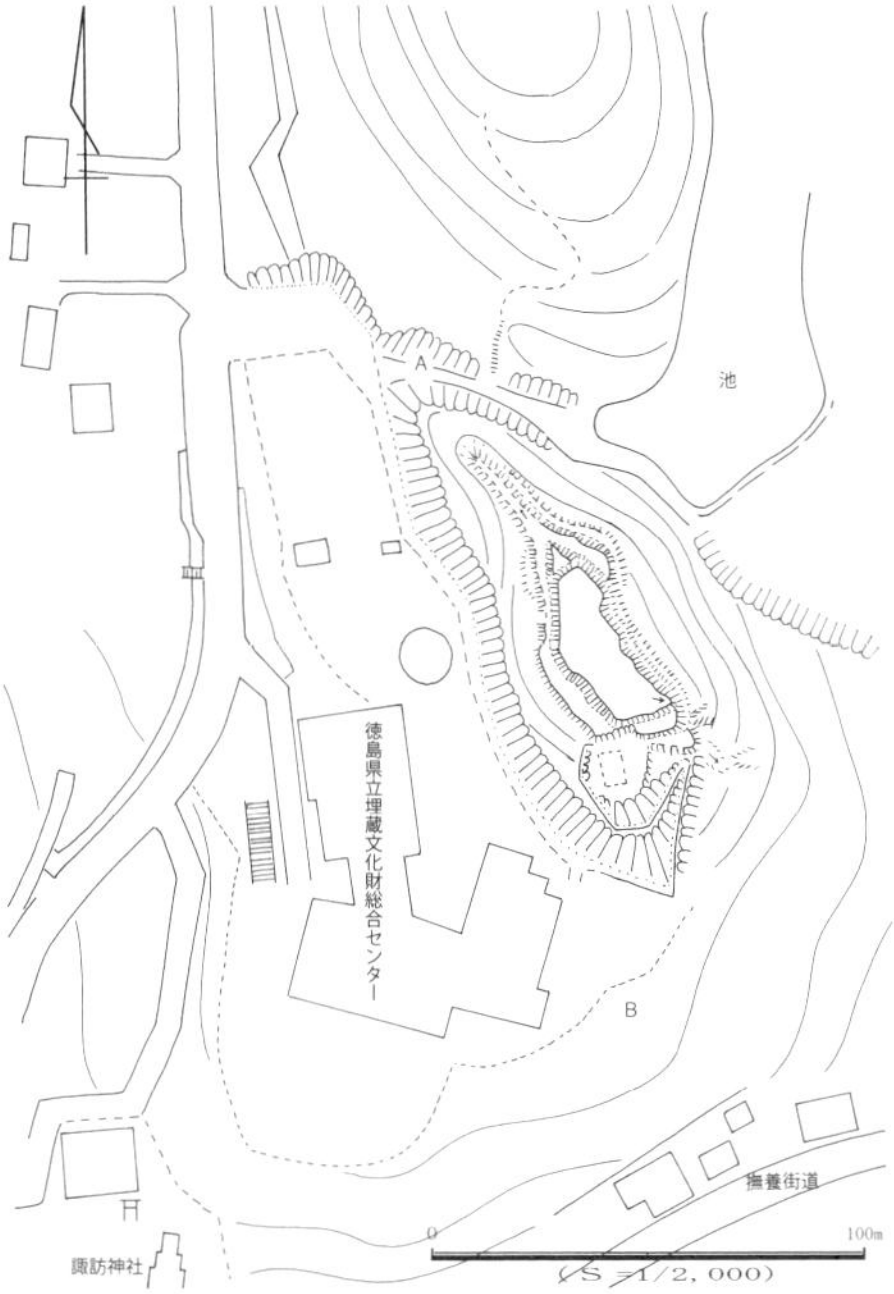


犬伏城跡縄張り図　作図：杉原賢治 『徳中城』より転載（以下、同）

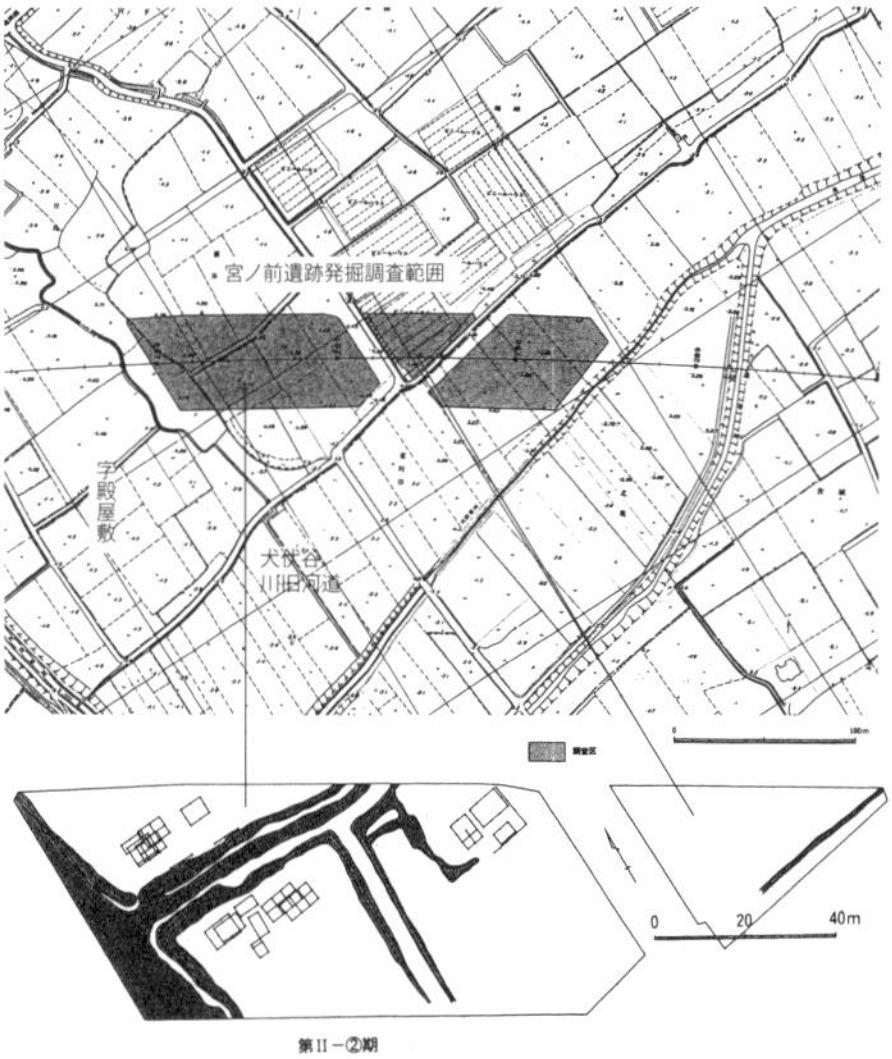


上：字殿屋敷と黒谷川宮ノ前遺跡の発掘調査箇所
下：黒谷川宮ノ前遺跡の室町時代の屋敷地の遺構配置

黒谷川宮ノ前遺跡発掘調査区空中写真　写真提供：徳島県教育委員会

搬入土器が物語る流通関連の屋敷地

# 7 大松遺跡《おおまついせき》

①所在地　徳島市川内町字大松
②立　地　吉野川河口デルタの沖積平野
③時　期　室町時代
④城主等　―
⑤遺　構　方形区画屋敷地

【概要】　大松遺跡は室町期の集落遺跡で、溝に囲まれた屋敷地が二区画見つかっている。出土遺物をみると、吉野川流域では稀少な播磨型煮炊具が多量に出土した。

【立地】　吉野川河口デルタに形成された、標高〇～一メートルの島状の微高地上に営まれた集落遺跡である。周囲には、かつての吉野川本流である旧吉野川や今切川のほか、小河川や水路が交錯し、航空写真や地形図では旧河道がはっきりと確認できる。遺跡の東側は、ラグーン状の入り江だったようである。調査地には、近世の徳島城下と鳴門の木津を結ぶ下板街道が通る。

遺跡全景　写真提供：徳島県埋蔵文化財センター（以下、同）

【歴史と背景】　京都石清水八幡宮領の荘園である萱島荘《かやしまのしょう》は、大松遺跡が所在する徳島市川内町や隣接する応神町および板野郡北島町一帯を荘域とした広域荘園である。康治三年（一一四四）の法印某下文案《くだしぶみあん》（「葛原文書」）や保元三年（一一五八）の官宣《かんせん》旨《じ》（「石清水文書」）など、一二世紀半ばより文献に登場する。一四世紀半ばには守護細川氏の支配下に置かれたとみられ、＊1 応永七年（一四〇〇）には、細川頼長の所領として別宮《べっく》嶋院

＊1　足利義詮宛行状案（「安宅文書」）

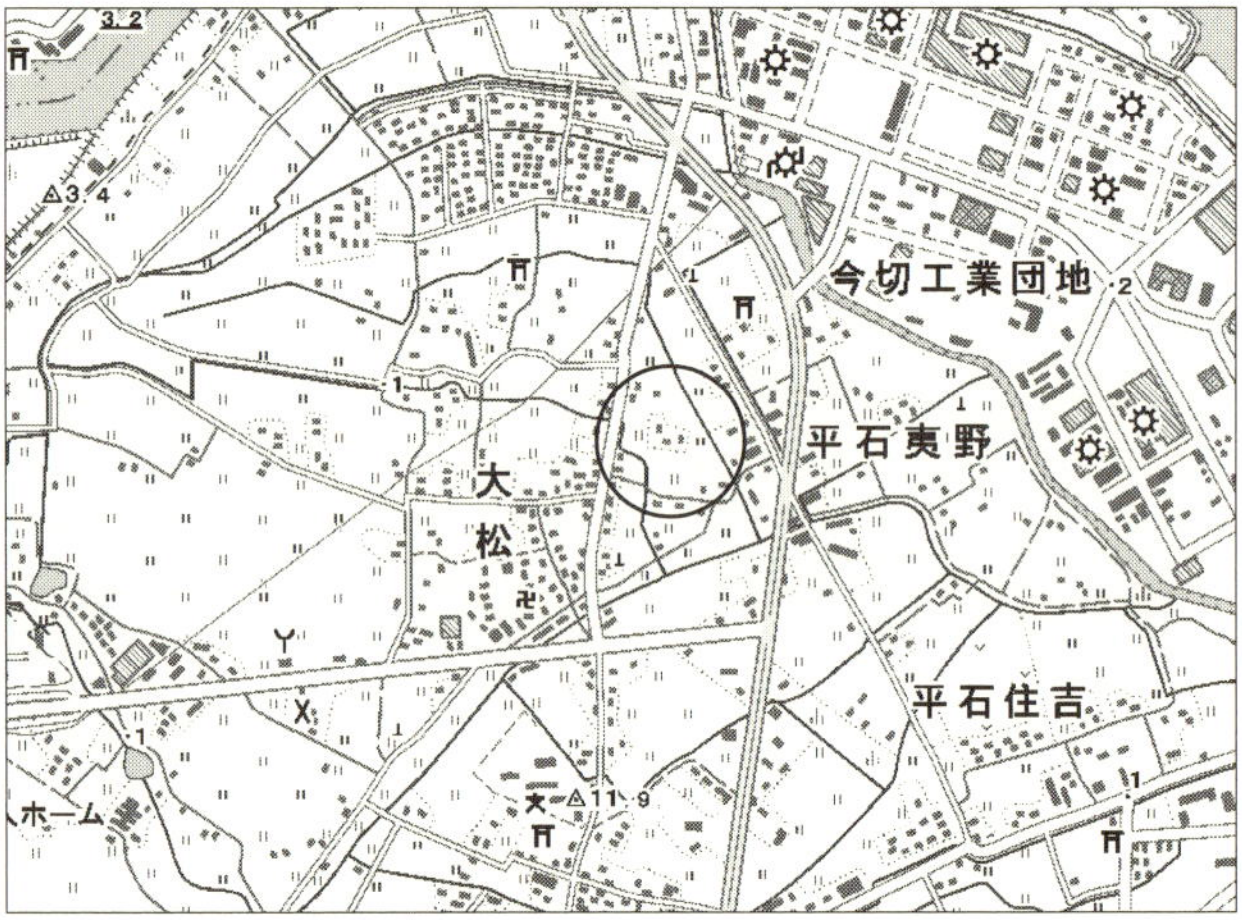

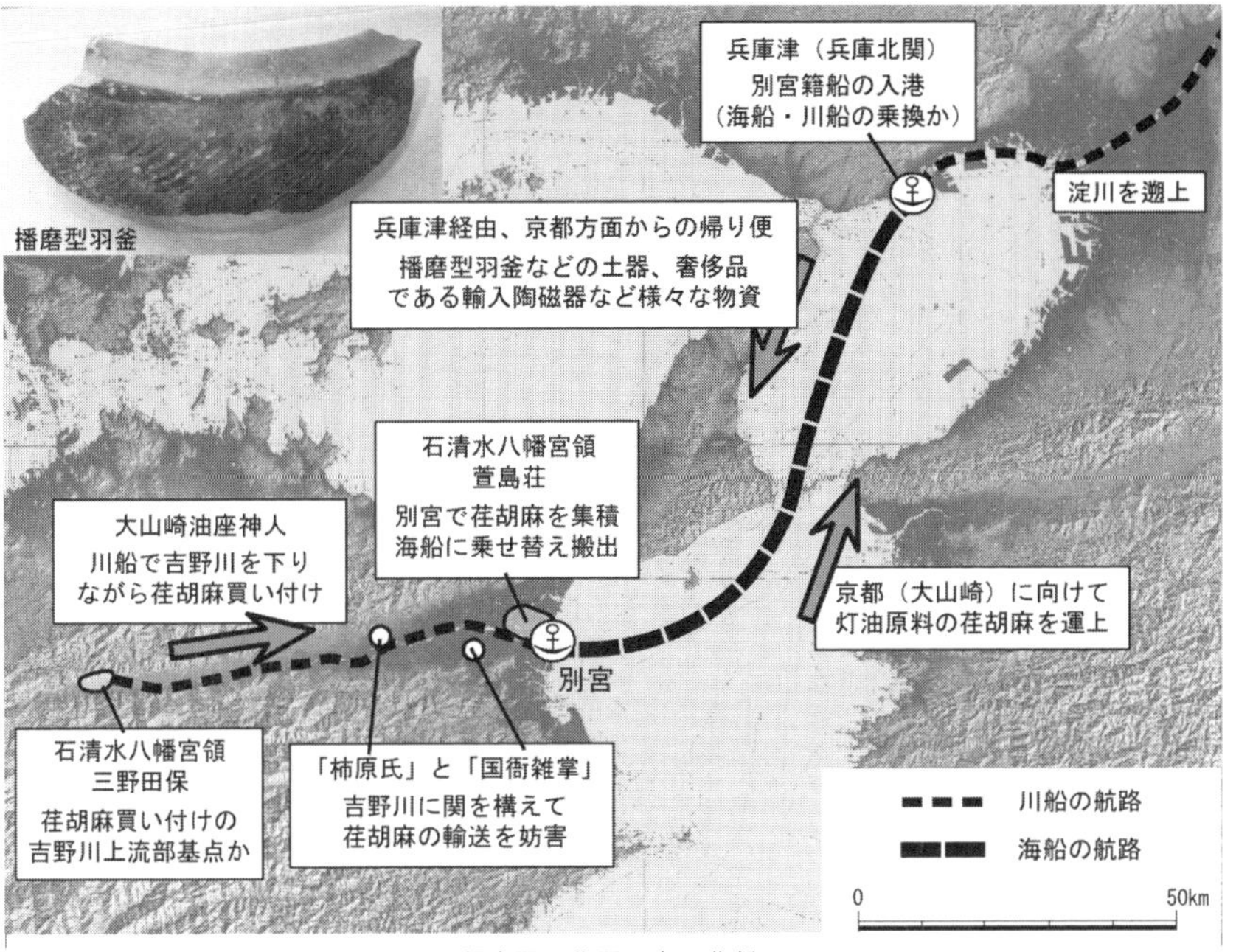

荏胡麻搬出・播磨型羽釜搬入ルートの想定図　作図：島田豊彰

主職がみえる。*2 別宮嶋は大松遺跡から南へ三キロ、吉野川河口部北岸の上別宮あるいは下別宮付近とみられ、『兵庫北関入船納帳』*3 に記載される船籍地「別宮」の湊が存在したとみられる。この史料には、別宮籍の船が兵庫北関を一回通関し、積み荷は「山崎コマ四一石五斗」と記録されている。

山崎コマは、京都大山崎の離宮八幡宮油座神人《じにん》が生産した灯油原料のエゴマ（荏胡麻）である。応長元年（一三一一）の伏見上皇院《いん》宣《ぜん》案には、吉野川に新たに設置された関の停止を朝廷に訴えており、元徳元年（一三二九）には油座神人が関料免除の特権があるにもかかわらず、関でエゴマを押し取られている。このことから、油座神人は吉野川を下りながらエゴマを

*2　管領畠山基国施行状（「細川家文書」）

*3　文安二年（一四四五）の、兵庫北関の通関記船籍地・積荷・船頭・船主等が記載される。

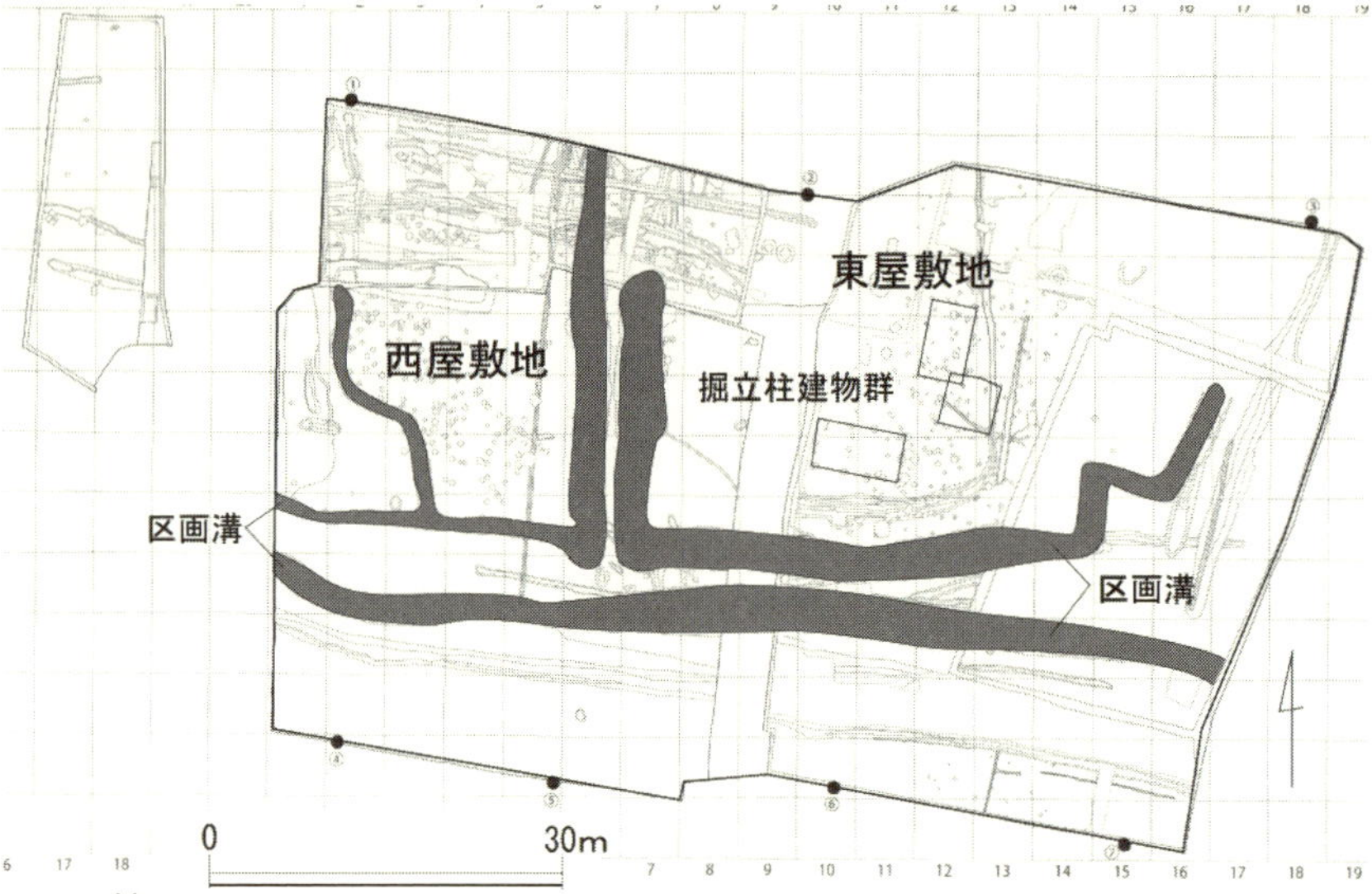


平面図（報告書掲載図に筆者加筆）

買い集め、河口部の別宮で海船に積み替えて搬出していたと考えられる。

なお、石清水八幡宮は吉野川上流域の三野田保（三好郡東みよし町）を領有しているので、荘官館である円通寺遺跡あるいは、川湊的性格をもつ東原遺跡を拠点にした可能性がある。

**【構造と評価】**　大松遺跡でみつかった屋敷地は二区画が隣接し、西屋敷地は東西二〇×南北三二メートル以上で、南西角は隅入り角状になっている。東屋敷地は東西三六×南北二五メートル以上の方形区画で、南東隅を隅入り角状に作る。

屋敷地はそれぞれ溝で囲われ、西屋敷地の区画溝は一メートル前後、深さ〇・五メートル前後で防御力は乏しい。一方、東屋敷地の区画溝は四・五メートル、深さ一・二メートルで、ある程度の防御力を有する。さらに南側に幅一・七〜九・六メートルの東西溝を設け、屋敷地を二重

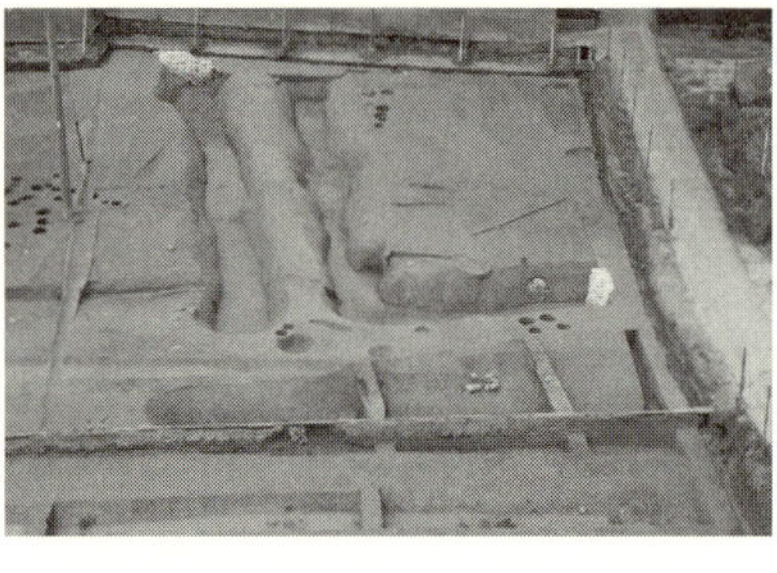

大松遺跡屋敷地区画

区画溝土層堆積状況

の溝によって囲う。それぞれの屋敷地では、小規模な掘立柱建物が確認された。

遺物は主に区画溝から出土した。吉野川下流域での煮炊具は、外面に格子タタキを施す讃岐系が九割超を占めるが、本遺跡では平行タタキ成形で作る播磨型煮炊具（鍋・羽釜）が煮炊具全体の七割を占める点が特異である。このことから筆者は、エゴマを兵庫津経由で京都に輸送した帰り便の積載品としてもたらされたと考えている。このほか、大松遺跡では県下では稀な大阪南部産の瓦質甕や瓦質擂鉢が一定量出土しており、堺方面との往来を示すのだろう。

別宮は吉野川の河口に設けられた河海の結節点で、勝瑞の外港として重要な位置を占める港津であることから、守護細川氏が一四世紀に別宮を押さえたのも頷ける。天正五年（一五七七）、細川真之に追われた勝瑞城主三好長治が脱出を図って目指したのも別宮湊である。大松遺跡は、別宮湊に近接し、流通の一端を担った遺跡であるといえる。

なお、大松遺跡の西三〇〇メートルに比定される宮城城をはじめ、沖ノ島城・鈴江城・段ノ城・久木城・北原城などがあり、これらは自然堤防や砂州《さす》、ラグーン内の島などに構えられたものとみられる。いずれも明瞭な遺構は残っていないものの、鈴江城や久木城のように、地形や地籍図あるいは伝承などで位置やプランが推測できるものもある。

〈島田豊彰〉

[参考文献]『徳島県埋蔵文化財センター報告書　第八十五集　四国横断自動車道（徳島～鳴門）建設に伴う埋蔵文化財発掘調査試掘遺跡調査総括・大松遺跡』（公益財団法人徳島県埋蔵文化財センター、二〇一五年）

視点1

# 守護町勝瑞遺跡の構造

守護町勝瑞遺跡とは、勝瑞城館や細川氏の守護館を中心に、その周辺に栄えた城下を含めた遺跡の総称である。室町時代、勝瑞は阿波の政治・経済・文化の中心地として栄えた土地で、城下には当時、阿波最大の町が形成されていただろう。勝瑞の町については、絵図や文献などの同時代の資料が皆無なため、ここでは近世に編纂された軍記物語や地誌、地理・地形、伝承、発掘調査の成果などから垣間見られる町の姿を紹介しよう。

まず、町の範囲は藍住町の発掘調査や試掘調査、工事立会などの成果の積み重ねにより、おおよその範囲が確認されている。ほぼ、現在の勝瑞字東勝地と字正喜地の一部に収まることがわかる。東勝地の南端には千間堀が東西に流れ、町を区画している。千間堀は、もともとは小河川であったが水路として整備されたことが、周辺の地形や堀際での発掘調査の成果から推定されており、その時期は一六世紀中頃と考えられている。また、東勝地には旧河道や水路などに影響されたと考えられる、緩やかなカーブを描いた地割りが他にも多く見られるのが特徴である。そのなかの微高地上に遺跡は広がっており、舟戸や浜・渡り・城ヶ淵などの地名が残っている。そうした河川や水路を活用した、水上交通を媒介とした都市が形成されていた名残なのかもしれない。

次に、町が形成された時期は、いつ頃だろうか。勝瑞城館跡の下層から一〇世紀頃の生活の痕跡が見つかっており、遺物は一六世紀代まで連続して確認できるため、勝瑞の町が形成される基盤が古くからこの地にあったことがわかる。その基盤の上に細川氏が守護所を設置し、三好氏が城下町を形成したのである。一六世紀以降、勝瑞の町を拡張する様子が発掘調査成果より見られるが、三好氏が実権を握った後に、さらに整備が続けられたと考えられる。

城下の構成要素としては、発掘調査で確認された正貴寺跡をはじめ、寺院跡と考えられる地点が多数を占めていることが大きな特徴である。近世初頭に成立したという『阿州三好記大状前書』や『阿州三好記並寺立屋敷割次第』、『昔阿波物語』(いずれも『阿波国徴古雑抄』所収)、『阿波志』などの記述では、勝瑞には当時三〇を超す寺院の名が見える。『阿州三好記並寺立屋敷割次第』には、勝瑞にあった二七の寺院名があげられ、それぞれの建物や規模、敷地面積が記されている。それらを合計すると二四町九反余(約二四九、〇〇〇平方メートル)となり、町の大半を寺院が占めることとなる。面積については検討が必要だが、発掘調査成果とあわせ考えると、勝瑞の町の多くを寺院が占めていた可能性は高い。

町の様子が少しずつ解明されてきているのは事実だが、まだまだ多くの課題が残されている。そのなかでも、商工業者の拠点となる市場などの経済活動の痕跡がいまだ見つかっていないことは大きな課題である。『昔阿波物語』には、勝瑞の町に市が立っていた様子や、そこに盗賊が横行していた様子が描かれている。また、その盗賊に対して町人が団結して立ち向かう様子も描かれており、活発な経済活動が想像される。また、「阿州三好記大分前書」(『阿波国徴古雑抄』)には、三好氏配下の被官・奉行人が記されており、一〇九〇人に及ぶ商職人が含まれている。彼らの居住地はどこなのだろうか。

『藍住町史』によると、西町は「日枝神社の東にある。地下に石が多い。勝瑞の全盛時代には人馬が多く往来した処か」と記されており、また、短冊形地割りが見られることから、勝瑞の市や町が想定できるエリアである。しかし、西町だけだと阿波一国の経済核としてはあまりにも狭く、他の地点にもそうした機能を求めることが必要だろう。勝瑞の対岸に市場という地名があり、ここに想定することもできるが、さほど広くない。こうしたことから、吉野川河口の諸港など、水運で結ばれる別の町が大きな経済機能を持っていた可能性が高いとされる。

今後、発掘調査などの進展により、さらに踏み込んだ中世都市「勝瑞」像が明らかになっていくことだろう。

〈重見高博〉

大規模建物群をもつ方形屋敷地群

# 8　町口《まちぐち》遺跡《いせき》

①所在地　阿波市吉野町町口
②立　地　吉野川北岸の沖積平野
③時　期　室町後半～近世初頭
④城主等　―
⑤遺　構　区画溝・掘立柱建物群

【概要】　一辺約九〇メートルの方形区画屋敷地二区画と、県下最大級の掘立柱建物跡が検出された。のちに阿波九城のひとつとなる西条東城や、近隣の西城に付随する屋敷地群、あるいは西条東城の前身となる居館の可能性がある。

【立地】　吉野川下流域北岸に形成された、標高約一二メートルの沖積平野に立地する。町口遺跡から現在の吉野川河道までは四五〇メートルの距離にあるが、至近距離には旧河道跡とされる大牛堤《おおぎゅうてい》がある。

遺跡全景　写真提供：徳島県埋蔵文化財センター（以下、同）

調査地点から北東に四〇〇メートルの地点には岡本氏の居城とされる西条東城が、西に九〇〇メートル地点には佐々木氏の居城とされる西条西城の比定地がある。

【歴史と背景】　鎌倉末期には「松嶋西条地頭佐々木壱岐三郎氏綱」[*1]などとみえ、阿波市吉野町西条から上板町七条にかけての宮川内谷川《みやごうちだにがわ》下流から泉谷川一帯には、佐々木氏を地頭とする松島西条荘が成立していた。一方、同荘の北西に隣接する阿波市吉野町柿原から宮川内一帯は柿原荘の荘域で、同荘宮河内郷地頭柿原氏と松島西条荘地頭佐々木氏との間で、弘安元年（一二七八）以来、宮川内谷川の水利権をめぐる相論

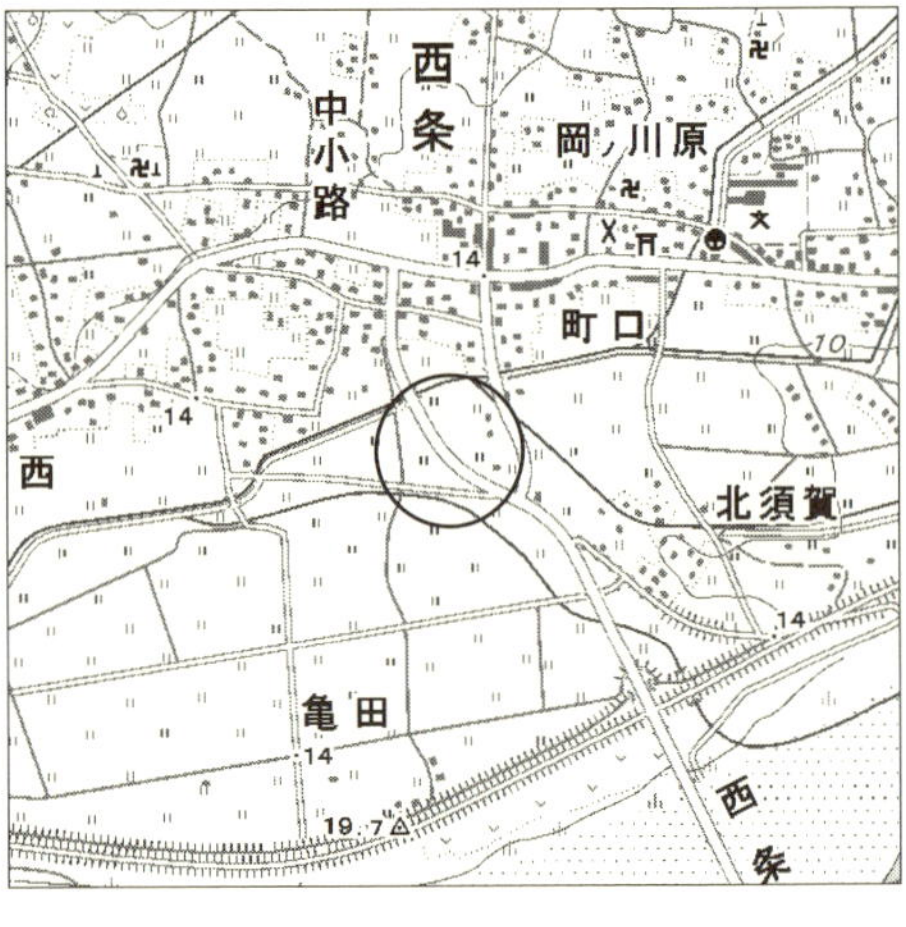


＊1　宮河内郷地頭柿原義氏越訴状断簡写（「原田家文書」）

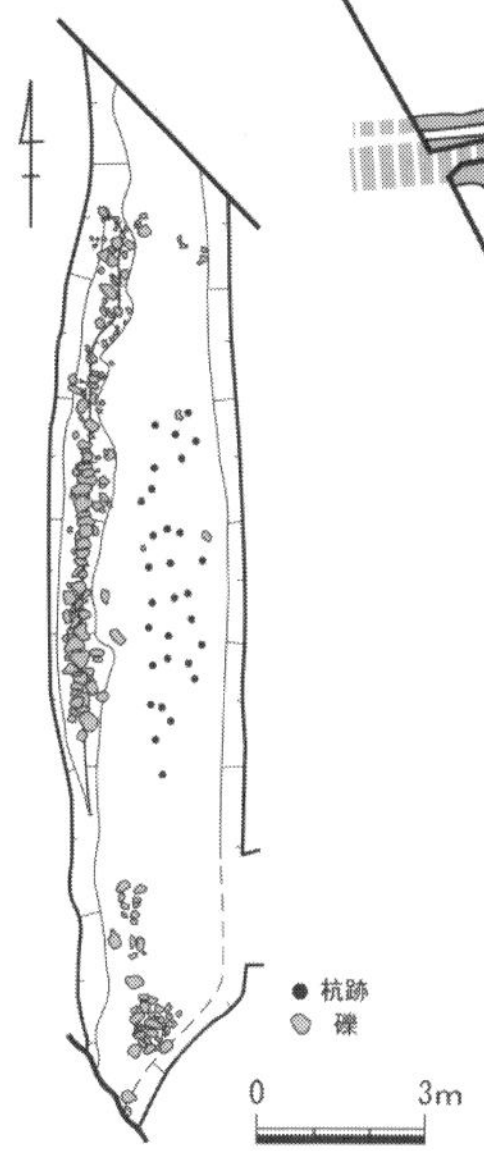


石列と杭跡（船着きか）

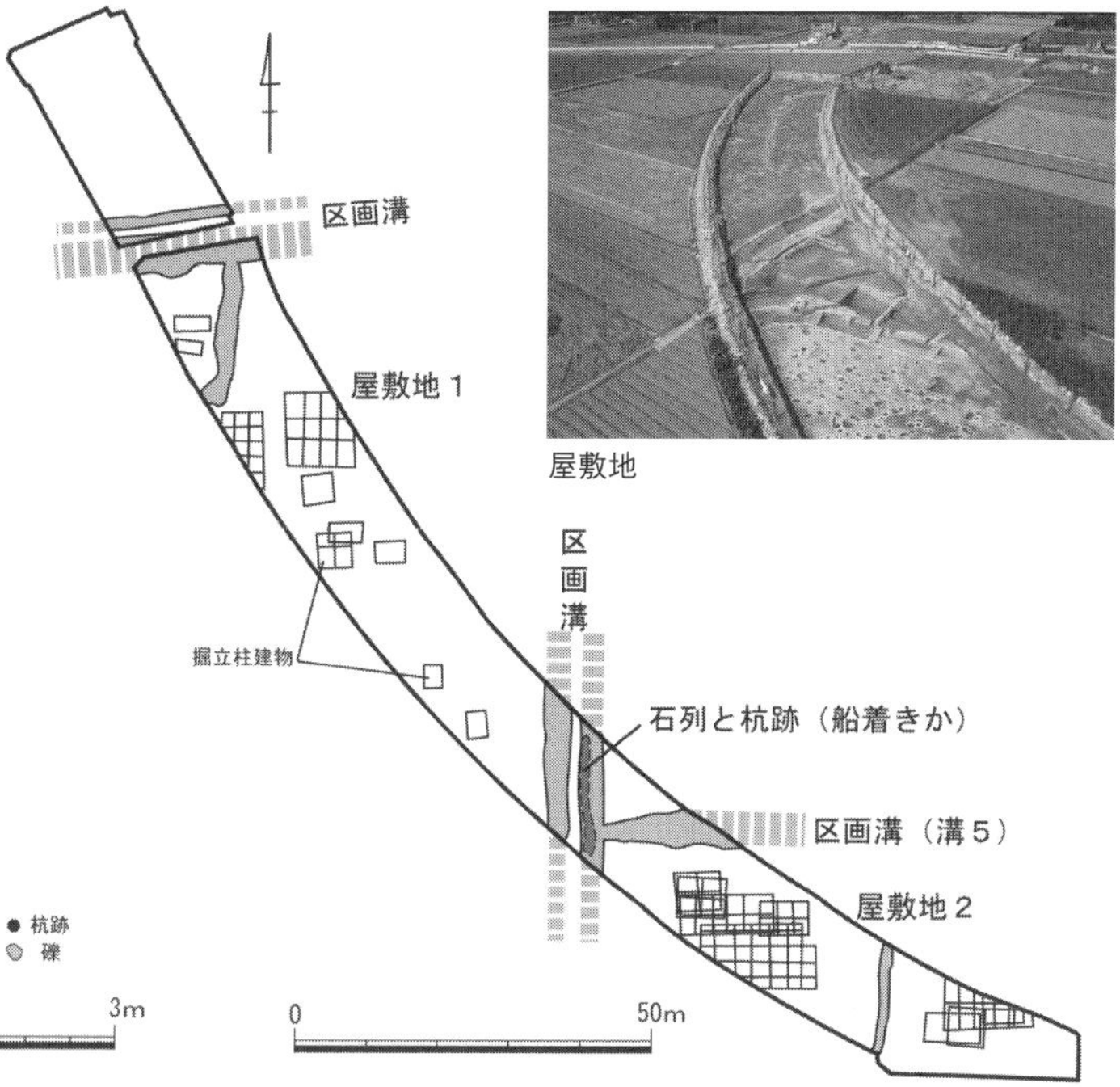


平面図（報告書掲載図をトレース・一部改変）『発掘調査報告書―町口遺跡―』より転載

屋敷地

があった。以後、両氏とも守護細川家の有力被官となったとされる。

【構造と評価】　町口遺跡は、古墳時代・平安時代・鎌倉～近世初頭にかけての集落遺跡である。平成十一～十四年に県道改良工事に伴って発掘調査が行われ、一五～一六世紀代の方形屋敷地二区画が隣接して検出された。規模は推定で、東西一一〇×南北九〇メートルであり、幅約五メートル、深さ約一メートルの溝二条で区画される。

区画溝の一部には、船着き場とみられる石列やテラスが設けられ、繋留用とみられる杭跡も確認された。区画内部では掘立柱建物二十五棟が復

町口遺跡の屋敷地一区画溝と建物群

船着き場とみられる石列

元された。最も大きな建物は四×七間、床面積一二三平方メートルで、県下最大である。

出土遺物は青磁・白磁・染付などの貿易陶磁器が多く、なかには県下で二例しかない青磁酒海《しゅかい》壺が一点見つかっている。また、県内では出土遺跡が城館や流通拠点に限定される瀬戸美濃焼もまとまって出土している。吉野川流域における播磨型煮炊具の分布は、町口遺跡が西の限界となる。

本遺跡は立地が吉野川にほど近く、船着き場とみられる遺構も見つかっていることから、西条東城や西城に付随する流通拠点的な性格の屋敷地群とみられる。しかし、屋敷地や区画溝および建物の規模が大きいことから、西条東城の前身となった居館である可能性も捨てきれない。

なお、西条西城は松島西条荘地頭の佐々木氏を祖とする西条氏が戦国期の城主であったとされ、中富川合戦で討ち死にしている。*2 城は近世絵図にある「蛇池《じゃいけ》」に面してあったと伝えられ、*3 地籍図や現地形に痕跡が残る。

また、西条東城は、戦国期には岡本美作守が拠ったとされる。詳細は「西条東城」の項を参照。

〈島田豊彰〉

［参考文献］徳島県埋蔵文化財センター報告書　第四十九集『町口遺跡　県道川内牛島停車場線道路改良工事に伴う埋蔵文化財発掘調査報告』（財団法人徳島県埋蔵文化財センター、二〇〇四年）

区画溝

＊2　『城跡記』

＊3　『吉野町史』（吉野町、一九七七年）

# 第三章　吉野川流域の城館と水運の掌握

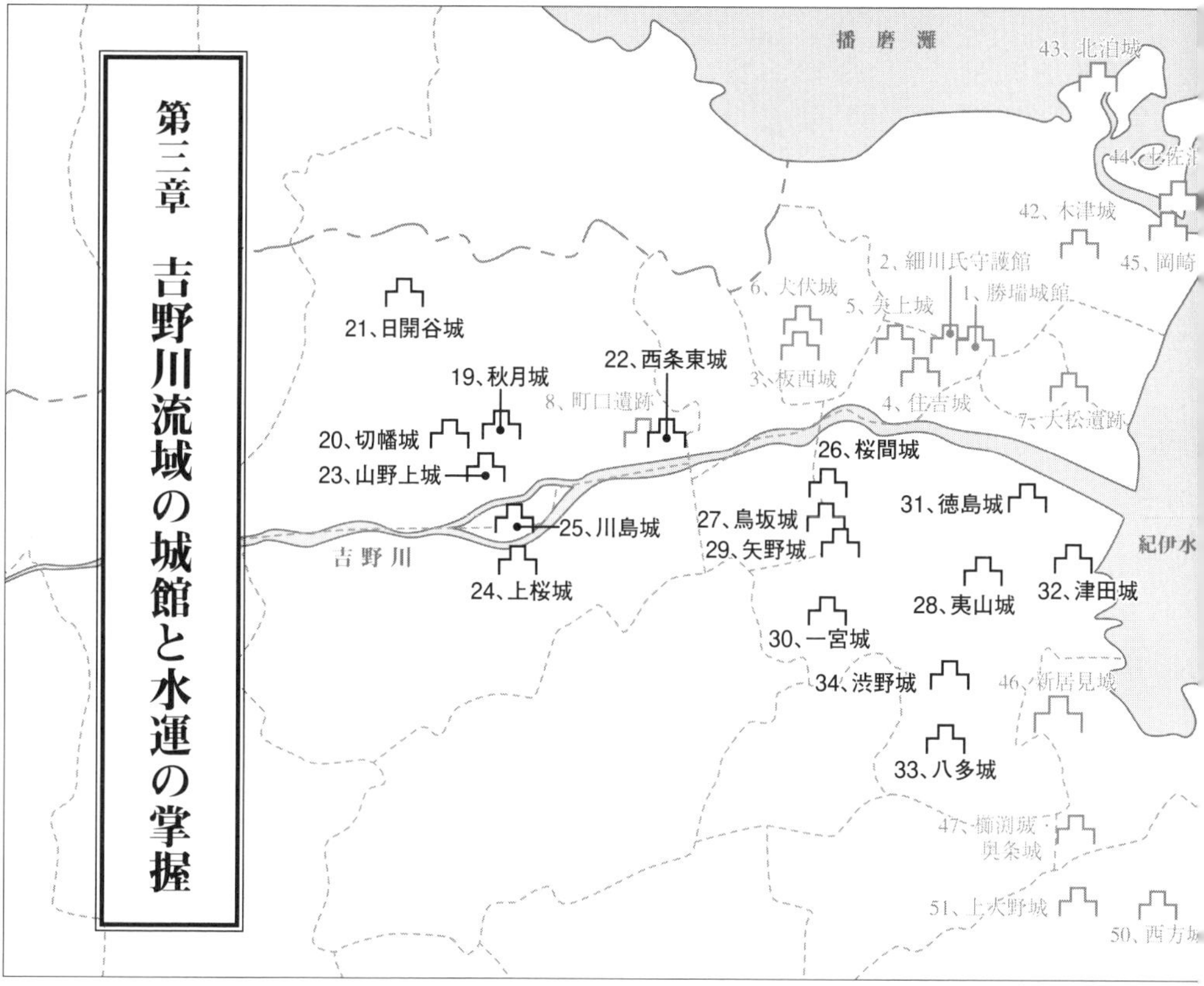


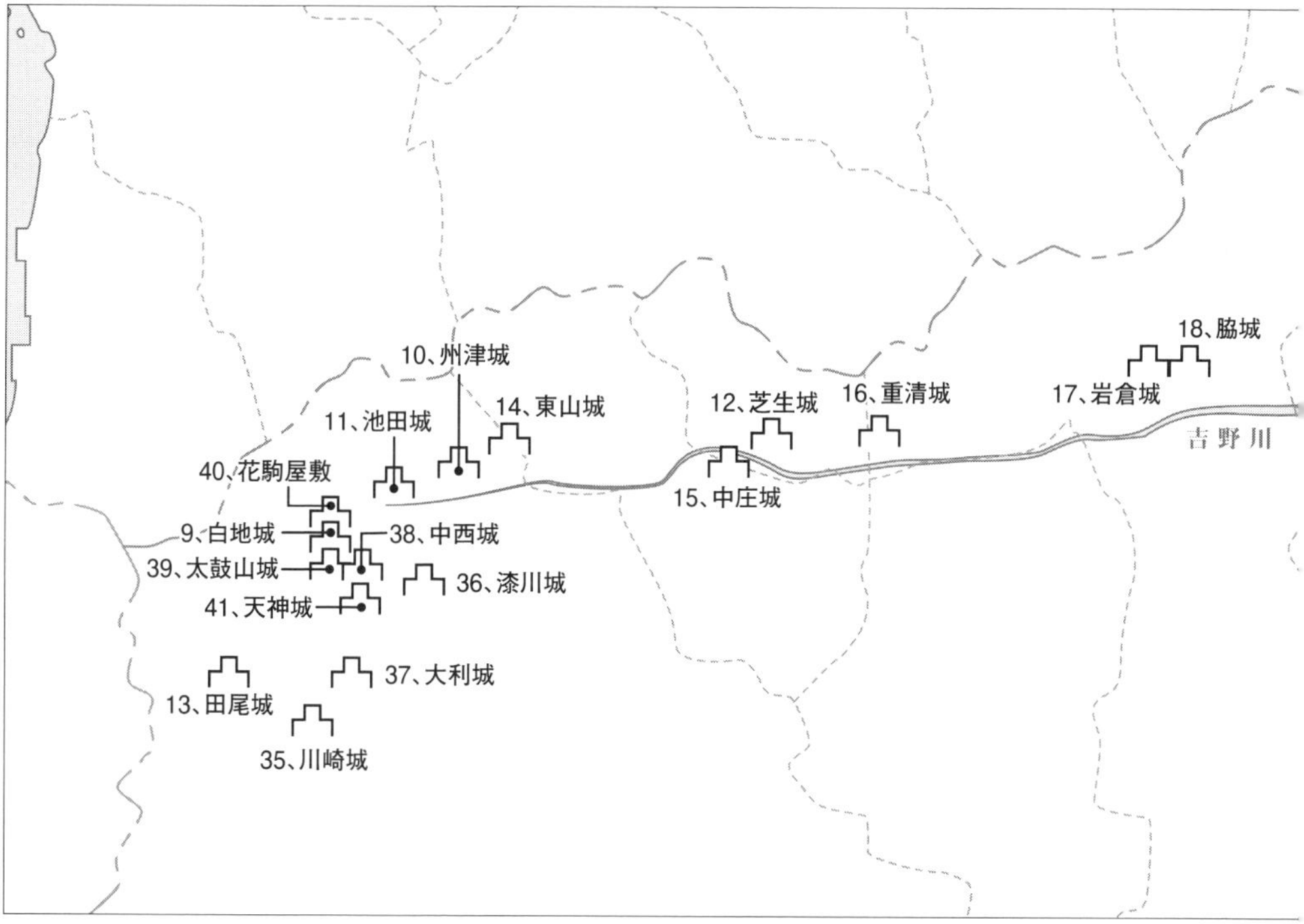

本章では、四国一の大河である吉野川の流域に展開する諸城について、とくに河川水運との関係を念頭に置きながら、地形の状況に応じて、西から東へと三地域に分けて概観したい。

第一の地域は、阿波国最西部で吉野川上流域に位置する旧三好郡である。この地域は山峡部を吉野川が南北に貫流しており、川沿い直近まで山地が迫る。城館はこの山地前山部に築かれており、吉野川を直接目視できること、また、隣接する他の城館を相互に望見できる立地にあることなどを特徴とする。これらの諸城については、本書「視角2」も併せて参照されたい。

第二の地域は、吉野川中流域の旧美馬《みま》郡、阿波郡、麻植《おえ》郡に含まれる地域である。流路を東西方向に変えた吉野川の開析作用により、典型的な河岸段丘が形成されており、城館の多くは上位段丘面の先端部に、段丘崖を天然の切岸として立地している。

第三の地域は、吉野川下流域の旧板野《いたの》郡、名方《なかた》郡域である。吉野川が形成する自然堤防上や、デルタ地帯の微高地に数多くの平地城館が立地している。この三地域に共通する特徴として、河川水運の中心である吉野川と、これに接する街道の交点を把握する位置に城館が立地していることがあげられる。築城にあたって、戦略的な重要性に加え、流通や経済活動の把握を念頭に置いた選地がなされているのである。

〈石井伸夫〉

西阿波最大級の城郭

# 9 白地城《はくちじょう》

①所在地 三好市池田町白地
②立　地 河岸段丘上
③時　期 鎌倉時代〜戦国時代
④城主等 大西氏・長宗我部氏
⑤遺　構 大手道・切岸・堀切？

【概要】 南北二〇〇メートル以上の規模を有する、西阿波最大級の城郭である。初め大西氏の居城であり、のちに長宗我部氏の四国経営の一大拠点とされた城であったが、阿波九城の一つを池田城に定めた蜂須賀氏の手により廃城となった。昭和四十三年の保養施設建設にともない、城郭遺構の大部分が削平を受けたため、現在では往時を忍ぶ姿はごくわずかとなっている。

花駒屋敷から白地城を望む

【立地】 高知から徳島にかけ北流する吉野川左岸に形成された、標高一五三メートルの河岸段丘上に位置する。城の東の段丘崖は比高差四〇メートルに及び、北方と南方は谷川の浸食を受けているので、城域は半ば独立した丘陵状を呈している。馬路《うまじ》川を挟んで北に構えられた「花駒屋敷跡」など、近辺の防衛を固める出城《でじろ》を配し、四国のほぼ中央部、土佐・伊予・讃岐の三国に向かう交通の要衝にあるので、軍事的に重要な役割を担っていたとみられる。

【歴史と背景】 白地城は、鎌倉時代末期に西園寺家の荘園「田井ノ庄《たいのしょう》」荘官として京から派遣されていた近藤氏が、建

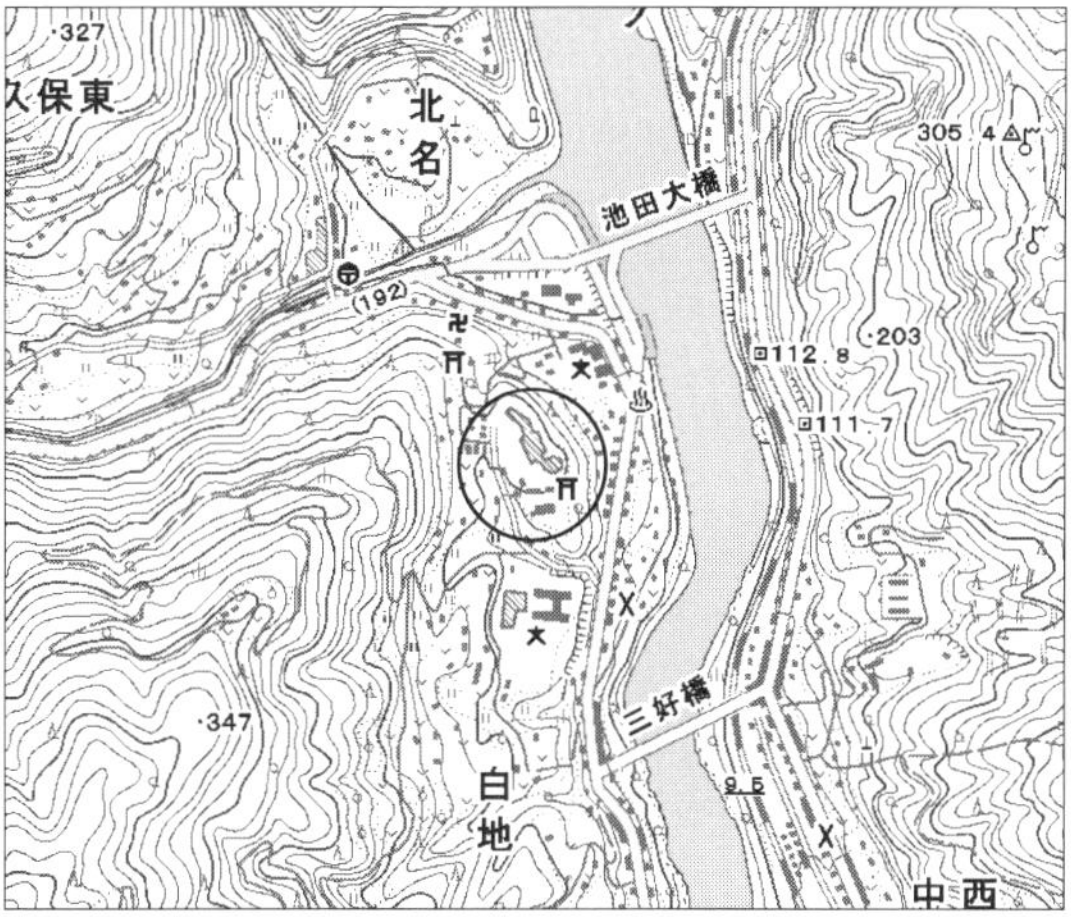

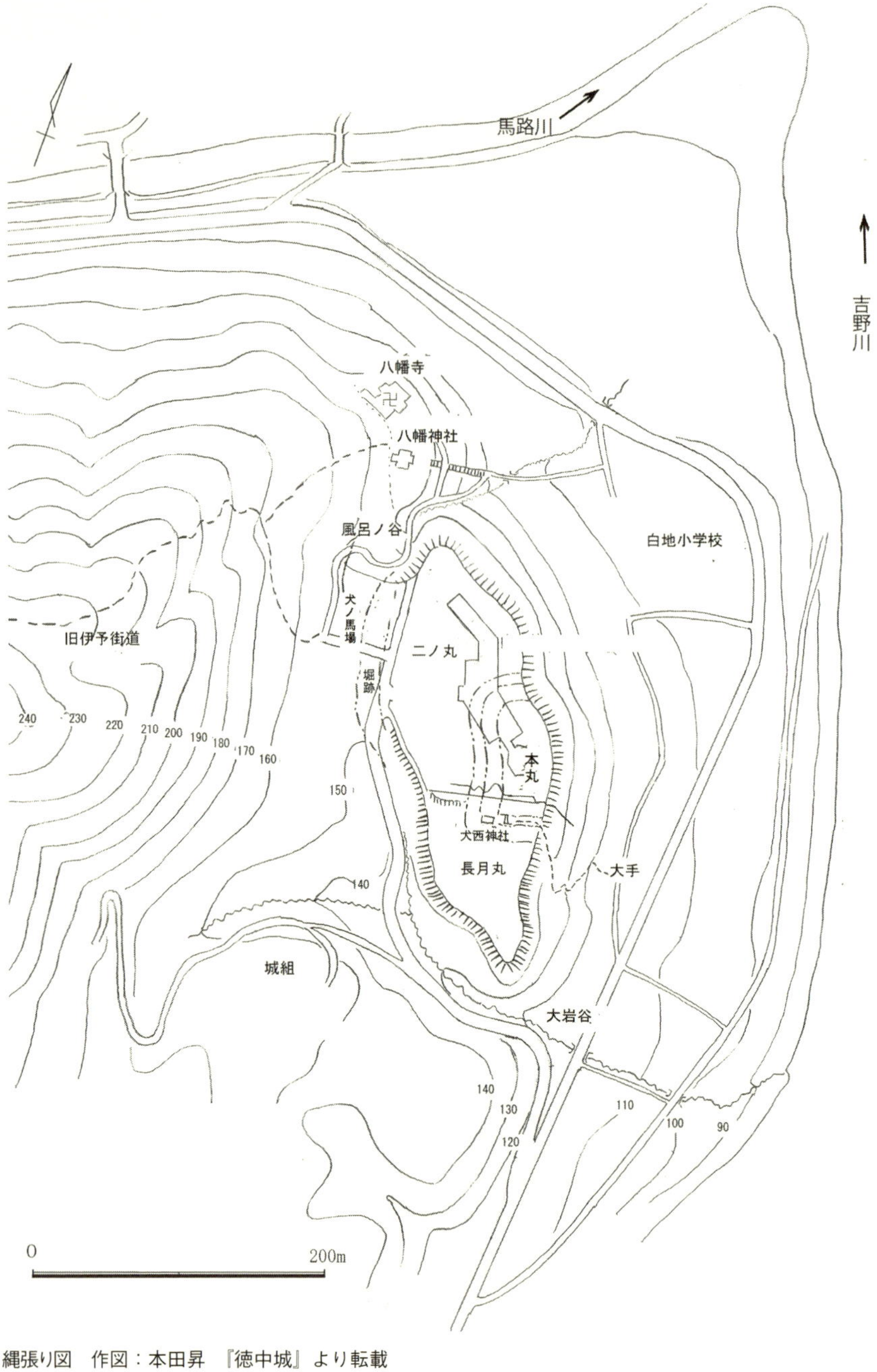


縄張り図　作図：本田昇　『徳中城』より転載

武二年（一三三五）に荘官館を構えたのが始まりとされる。近藤氏はその後、大西と姓を改め、三好地方に土着し、武士として力を蓄えていった。

建武三年、足利尊氏の命で、細川顕氏・和氏が阿波に配置された。当初、白地城の大西氏は池田城の小笠原氏と南朝方に与《くみ》して共闘していたが、康永二年（一三四三）、ともに北朝方である細川氏の支配下に属した。以後、大西氏は小笠原氏の被官となり、戦国時代に入ると三好氏の勝瑞移住に際し、池田城も管理下に置くなど三好郡西部で存在感を高めた。

大西頼武《よりたけ》の長男覚養《かくよう》は、叔父の元武《もとたけ》とともに、土佐（高知県）長岡郡立河、伊予（愛媛）宇摩郡関山、讃岐（香川）豊田郡七邑と次第に四国中央部まで勢力圏を広げていく。一方、大西頼武も三好長慶の妹を妻に迎え、三好氏と結びつきを強めて畿内で活躍した。

天正四年（一五七六）、土佐の長宗我部元親が四国統一に向けて三好郡に侵攻すると、覚養は弟の頼包《よりかね》を人質として差し出すことでいったん降伏の意思を示すも、すぐさま反旗を翻した。ところが天正五年、元親が田尾城を攻め落とし、ついに四国攻めの要衝であった白地城攻略に取り掛かると、覚養は讃岐麻城へ逃亡、畿内から戻っていた老年の頼武も自決し、あえなく白地城は長宗我部軍の手に落ちた。

天正十三年、今度は羽柴秀吉が四国平定に乗り出した。長宗我部氏は白地城を本陣として戦ったがこれに敗れ、土

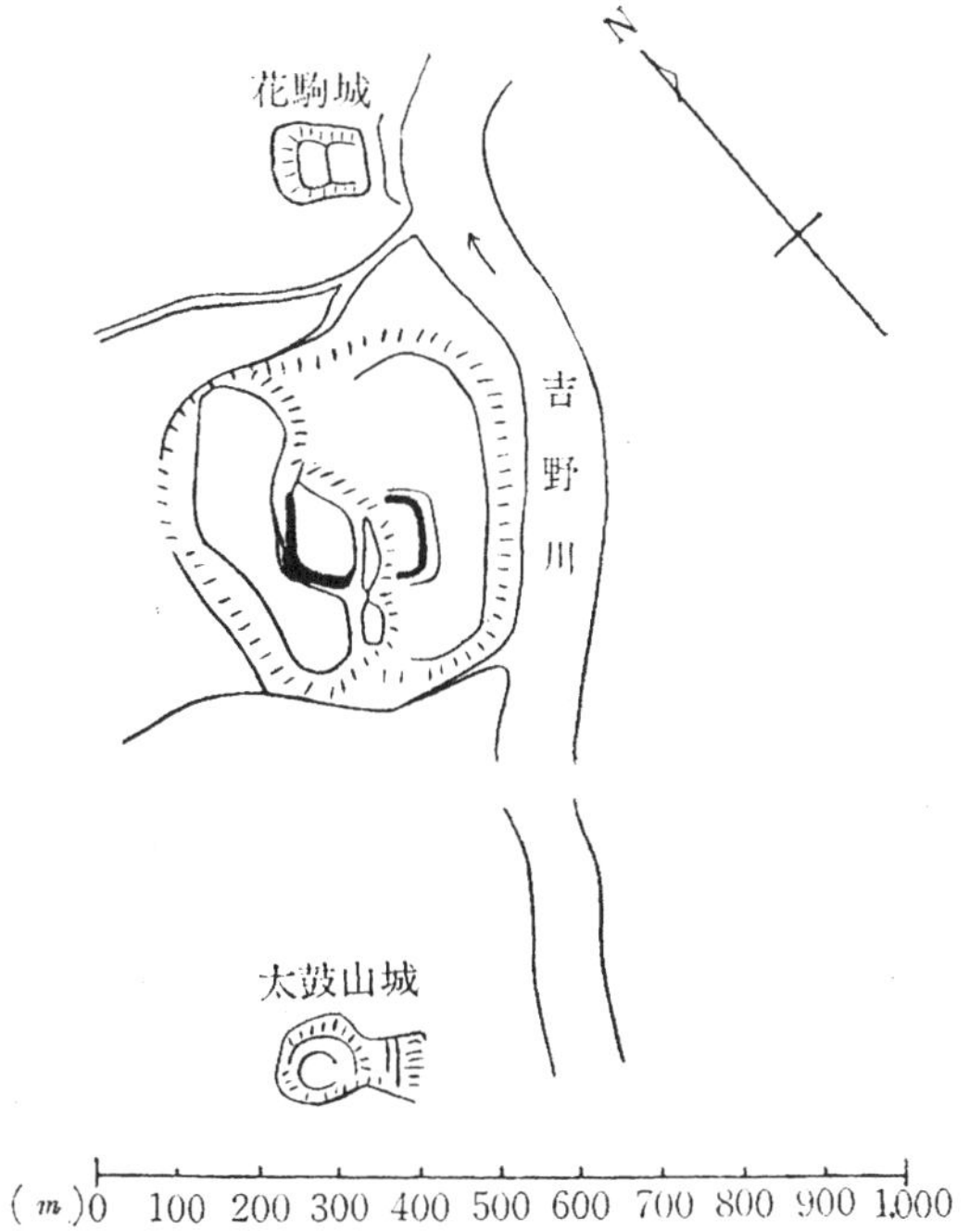


白地城跡略図　提供：三好市教育委員会

切岸

大手道

佐へ敗走すると、白地城は阿波に入部してきた蜂須賀家政《いえまさ》によって廃城に至ったとされる。

**【構造と評価】**　白地城の規模を記した『阿波国三好郡村誌』には、東西を四拾間（約七三メートル）、南北を壱町四拾間（約一八二メートル）、西と南の二方に幅三間（約五・五メートル）の堀跡があり、東と北の二方は藪となっており、「中央高キ所」は壱間四尺（約三メートル）の高まりで、その上面は広さが弐拾五坪許（約八二・五平方メートル）としている。また、大西神祠が祀られていることと、四方に堀切ノ址が幅弐間（約三・六四メートル）残っていると記述する。

『白地城址文政図（写）』[*1]は、南面する曲輪を「長月丸」（六五間、五〇間／一一八・三メートル、九一メートル）、北西部に「二の丸」（一二〇間、六五間／二一八・四メートル、一一八・三メートル）、二の丸の西側に「犬の馬場」、そして中央部からやや東を「本丸」（六〇間、三三間／一〇九・二メートル、六〇・〇六メートル）とし、「本丸」は土塁囲みで西と南に堀を廻らせ、その東に池を挟んで「大手門」が配された形状を描いている。

『徳島県の中世城館』では、『元親記』で長宗我部元親が羽久地（白地）に新城を築いたとあることから、白地城は大西氏から長宗我部氏の支配に移った際、四国統一の根城として大規模な改修を受けたとみられ、近世に描かれた『白地城址文政図』が、元親改修後の城の形態を表したも

「白地城址」記念碑

＊1　田村左源太『佐馬地村史』（佐馬地村教育会、一九五一年）

のだと考えられている。

白地城跡には、昭和四十二年に阿波池田簡易保険保養センターが建てられ、つづいて昭和四十七年に池田第一中学校寄宿舎竣工、さらには平成六年のデイサービスセンター建設と、これまでたび重なる後世の開発を受け、本丸をはじめ大部分が削平された。『三好郷土史会誌』では、「昭和三十年代半ばまで空堀や武者走りの跡などが見られた」と伝える。工事前の昭和三十九年三月に撮影された写真には、今は見られない石組の祠のような場所がみえる。

現存する白地城の遺構としては、本丸まで通じる東崖面の大手道に、文政図で長月丸と描かれた曲輪部分の周囲に切岸が残る。また、風呂の谷川に沿うように二の丸と八幡神社の間を寸断する巨大なたて堀切状の掘削地があるが、直接白地城に伴うものかどうかは判然としない。

その他、記念碑や周辺の寺社仏閣は、次のとおりである。

○「白地城址」記念碑……昭和十五年十二月、幅一三〇センチ×高さ二二五センチ×奥行二二センチ、白地城址にある記念碑で、裏面に白地城の来歴を刻む（昭和四十六年に池田町〈現三好市〉が史跡指定）。

○大西神社（大西廟）……白地城址内で大西覚養（一部文献ではともに頼武）を祀っている。『白地城址文政図』では、堀で切られた本丸内にあったものと思われる。

○八幡寺……大西氏の菩提寺といわれる。報恩寺が火災に見舞われたのを機に、八幡宮の側へ移された。境内には中世まで遡る五輪塔がある。

○八幡宮（八幡神社）……近藤京帝から三代目の大西元高の時代に、西園寺家の領地で伊予の宇和荘にあった八幡宮を分神し、白地城の北側に創建した神社。

〈秋田愛子〉

八幡寺五輪塔

**長宗我部氏の侵攻に対した城**

## 10 州津城《しゅうづじょう》（多子城《たごじょう》・田子城《たごじょう》）

①所在地　三好市池田町州津
②立　地　丘陵端部
③時　期　南北朝〜戦国時代
④城主等　不明
⑤遺　構　土塁・曲輪・横堀・虎口・塚状積石

城跡遠景　北方より

【概要】　標高一七四メートルの丘陵上にある山城。現在は雑木林に覆われており、全体像を観察しにくいが、遺構は良く残存している。南北朝時代の築城ともいわれるが、戦国時代の長宗我部氏の阿波侵攻に関連した伝承が多数存在することから、戦国期に使用された城郭と考えられている。

【立地】　吉野川北岸に沿って東西に延びる撫養街道、阿波と讃岐を繋ぐ箸蔵越《はしくら》など、主要な交通路を押さえる地点に位置する。鮎苦谷《あいくるしだに》川を挟んで北東には、天長五年（八二八）に開創したとされる箸蔵寺がある、標高約六三三メートルの箸蔵山がそびえる。

【歴史と背景】　南北朝期に、小笠原義盛が北朝方の細川氏に対抗するため築城したという説がある。[＊1]

『徳島県の中世城館』では、「阿波では横堀を伴う縄張りは、戦国期に見られるものであり、地元でも長宗我部軍に攻め落とされたとの伝承が残ることから、当城は戦国期に使用された城郭」と考察し、州津城は戦国時代の山城という説を取っている。

＊1　『池田町史』（池田町史編集委員会、一九八三年）

曲輪Ⅱの社

【構造と評価】最高所に位置する主郭Ⅰは、西側に低い段を持つ長径一五メートルの楕円形の曲輪であり、北東隅に礫《れき》の集積とみられる塚状の遺構を有する。

主郭Ⅰの北側は、小規模な曲輪を二段配するのみで、北方の尾根続きには堀切などの施設は見られない。曲輪Ⅱは主郭の南側に巡らされた帯曲輪で、これに続く曲輪Ⅲとの比高差は九メートルを測る。曲輪Ⅲの西側には、西方に下る緩斜面が広がる。周囲の切岸は不明瞭であるが、さらに西方に位置する（C）を横堀ととらえるのであれば、この部分も曲輪であり、城域に含まれると考えることもできる。城跡の大半は雑木林であり、曲輪、堀切等の遺構の保存状態は良好である。

〈秋田愛子〉

縄張り図　作図：辻佳伸『徳中城』より転載

西堀切

曲輪Ⅰから塚状石積頂部をのぞむ　北東部から

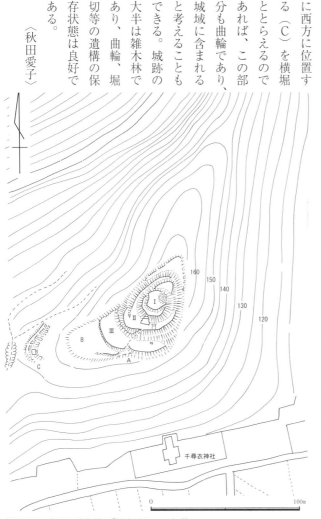

土佐・伊予・讃岐と接する国境防衛の城郭

# 11 池《いけ》田《だ》城《じょう》

①所在地　三好市池田町
②立　地　河岸段丘上
③時　期　鎌倉時代～江戸時代
④城主等　小笠原氏他
⑤遺　構　石垣・空堀？

【概要】中世は大西覚養の居城であり、土佐・伊予・讃岐と隣接することから国境防衛の役割を果たした。「大西城」や「大西池田城」とも称す。阿波が蜂須賀氏の支配に移って以降、阿波九城の一つとして管轄地域の行政・経済を担う城番の駐屯地となった。

【立地】池田町市街地の北にある、標高一二七メートルの見晴らしの良い河岸段丘上に位置する。四国の中央とも呼ばれる交通の要衝の地であり、北は吉野川、南は中央構造線の断層による急な崖壁に守られ、自然地形を巧みに利用した防御形態を有する。

池田城全景　東より　写真提供：徳島県立博物館

【歴史と背景】阿波の守護佐々木氏に代わった信濃の小笠原長清が鎌倉時代に築城したとされるが、[*1] 二代目長経《ながつね》、三代目長房《ながふさ》の築城とする説もあり、[*2] 定かではない。文永四年（一二六七）、郡領平盛隆《もりたか》が反乱を起こし、三代目長房がこれを池田城で撃退した。南北朝時代になると、小笠原氏は当初、南朝方に与したが、康永二年（一三四三）、八代目義盛《よしもり》のときに細川頼春の誘いで北朝方へ転じ、阿波守護細川氏の勢力下で三好郡一帯を支配した。戦国期には、小笠原（三好氏）の勝瑞移住により、城は白地城主大西氏の支配下に入ったとされる。[*3]

天正十三年（一五八五）、四国を統治した長宗我部氏が羽柴

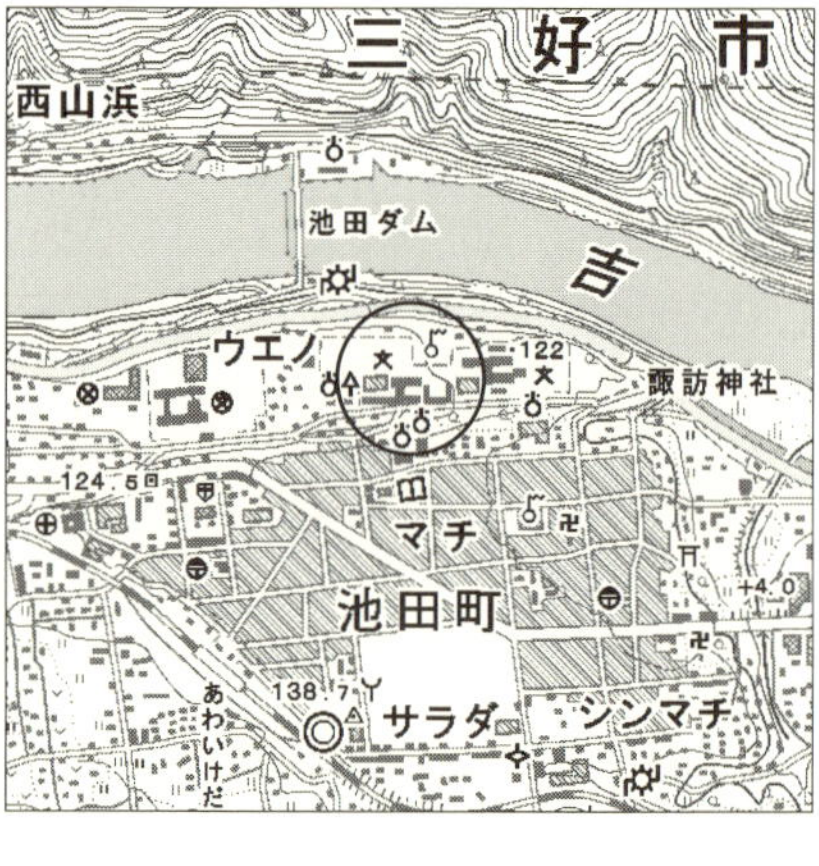

保存された石垣

秀吉の侵攻に敗れると、蜂須賀家政が阿波に入部。阿波九城の一つと定められた池田城には牛田《うしだ》一長《かずなが》（後に掃部《かもん》一長）が入城した。慶長三年（一五九八）、家政は一長に隠居を命じ、従兄弟の益田長尚を一長の養子にして城番職に就けた。長尚が職を解かれると、中村重勝が代わって池田城城代となった。その後、寛永十五年（一六三八）、幕命を受けた徳島藩の施策により池田城は廃城に至った。石垣などは地中へ埋められ、城跡には畑や竹藪が広がっていった。＊4

【構造と評価】明治十四年（一八八一）の『三好郡村誌』は、規模について「池田城又大西城トモ云フ　本村北ノ方字上野ニアリ東西二町　南北壱町　回字ノ形ヲ為ス　今畑トナレリ　東西ニ濠跡アリ　東ニ城門ノ跡アリ」と記す。城の全体像は東西約二一八・二×南北約一〇九・一メートルの規模で、回字状の構造とされる。東西には、南北方向に走る堀をつくらせ、城門を東に設けたようだ。西の堀の位置は、かつて池田中学校のプール付近に約二・七×一・五メートルの堀があり、両側は石垣が積まれていたことが、古老への聞き取りでわかっている。＊5西の堀北端には「馬がくし」と、そこから諏訪公園の方向へ延びる馬場があったとか、池田幼稚園の西北端から北の墓地付近までやや狭い堀（中の濠）も存在したとされる。

つまり、西側は二重の堀で守られていたことになるが、今回の現況調査で北面を踏査したと

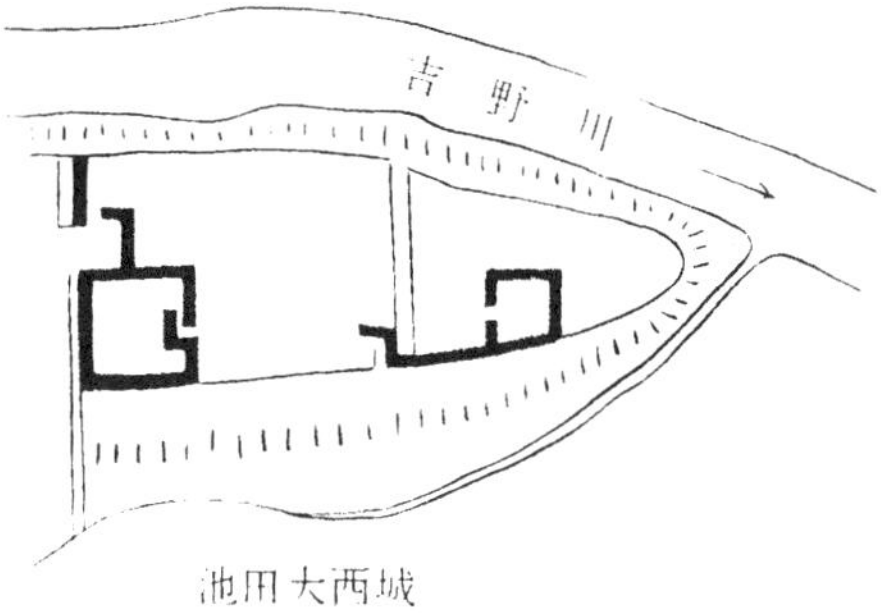

池田城跡略図　提供：三好市教育委員会

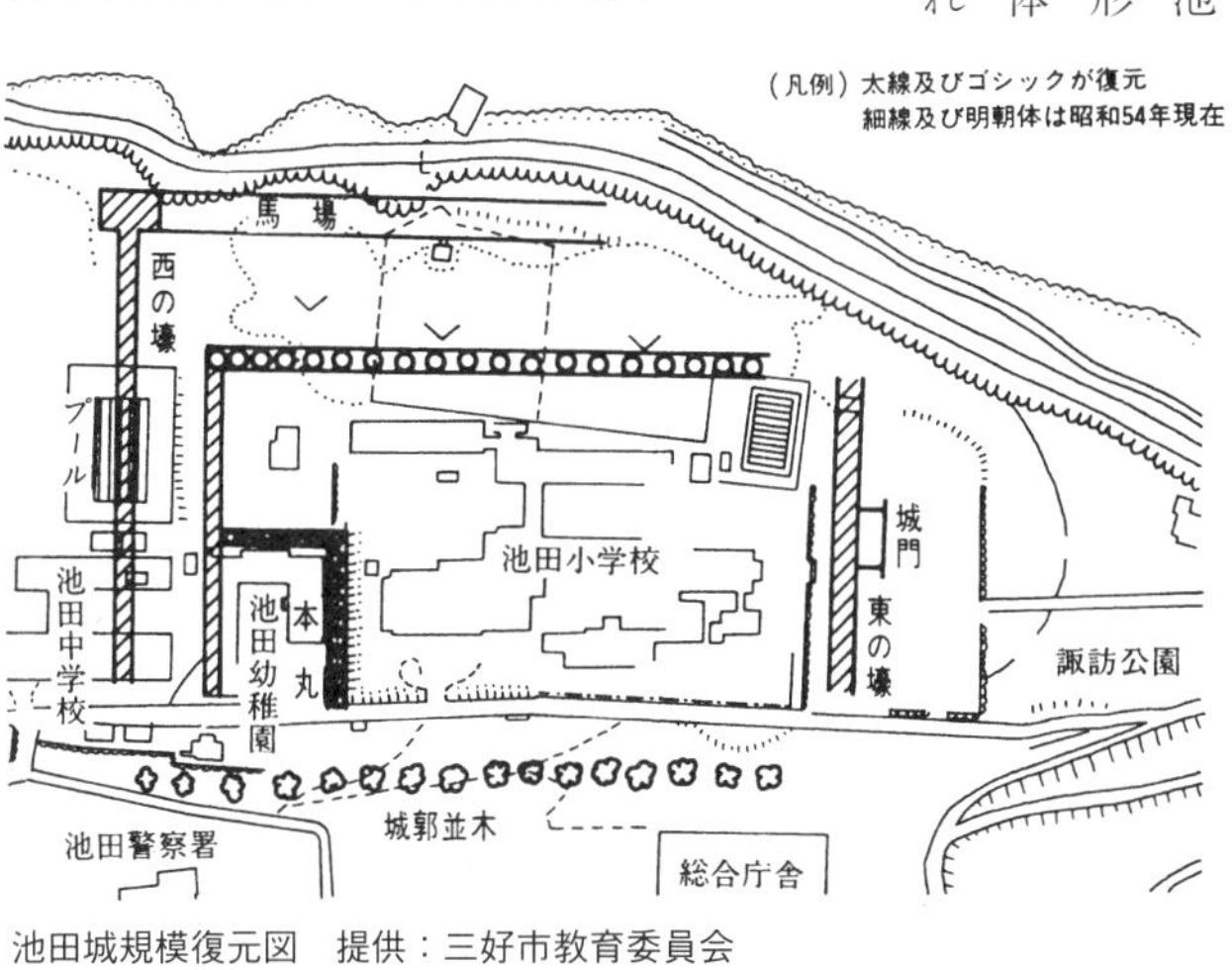

池田城規模復元図　提供：三好市教育委員会

＊1　『阿波志』
＊2　『古城諸将記』・『徳島県史』（徳島県史編纂委員会、一九六四年）
＊3　『城跡記』・『阿波志』

ころ、周辺より一段低い堀の残欠と思われる窪みはみられたが、確信できる遺構は見つけられなかった。東の堀は、『三好郡村誌』の東西二町に基づき、現在の池田小学校校庭西側にあったと想定されている。[*6] この他、池田中学校校庭の北西角付近に、石垣地形ともとれる急崖があった。城北側の防御に関係する遺構かもしれない。

明治二十三年（一八九〇）年に開通した三好新道開削の際、池田城跡の石垣は「大具渡《おおぐわたし》より八十良渓《やじゅうろうだに》までの間に使用された」とある。[*7] 昭和二年、池田小学校体育館建設時に長く埋もれていた城跡が発見され、昭和三十二年には池田町（現三好市）指定史跡になった。昭和五十三年に池田幼稚園改築工事に伴う発掘調査が行われ、戦国期に属する遺物（土師器皿・備前焼甕・青磁碗・白磁皿・青花皿）などが出土した。調査後、東面の石垣は観察できるように一部露出させ、北面の石垣は東端隅角を残し、敷地下に再度埋設された状態となり現在に至る。石垣は、東面が南北二九メートル、北面が三メートルの範囲で観察できる。[*8] 周辺には「姫塚」・「諏訪神社」・「大西城郭並木」といった関連の史跡などがある。

「姫塚」は、池田中学校グラウンド南側の墓石を指す。「古大西城主牛田掃部配安富也墓」と刻まれ、牛田掃部の妻もしくは愛妾を祀ったものとされる。「諏訪神社」は、小笠原長経が信州松本城にある氏神「諏訪大明神」の分霊を城の東に祀り守護神としたとされる神社で、本殿は信濃方面に向いて建てられたという。

上野台地から南に下った「矢塚通り」と呼ばれる道沿いには、文永四年（一二六七）、平盛隆の反抗による池田城での戦で落命した兵士たちを、武具と共に埋葬したと伝わる祠「矢塚」が残る。池田幼稚園正面側に道を挟んで御嶽神社があり、境内から東に向かい並列する数本の並木は「大西城城郭並木」として、昭和四十六年に池田町（現三好市）指定天然記念物になった。〈秋田愛子〉

石垣の東端隅角

*4　『三好郡の城址』（三好郡郷土史研究会、二〇〇六年）

*5　前掲*4

*6　『徳中城』

*7　『三好郡史』

*8　『池田城跡発掘調査報告書』（池田町教育委員会、一九七九年）・『徳中城』

三好氏発祥の地

# 12 芝《しぼ》生《う》城《じょう》

①所在地　三好市三野町芝生
②立　地　河岸段丘先端
③時　期　室町～戦国時代
④城主等　三好之長・三好元長
⑤遺　構　—

【概要】三好之長《ゆきなが》・元長《もとなが》の居城だったとされ、[*1]三好氏発祥の地とする説がある。

【立地】吉野川左岸の標高八一メートルの河岸段丘の先端に位置する。城跡の南五〇〇メートルにある芝生の町を撫養街道が東西に通過し、吉野川畔の芝生津[*2]には、南岸と結ぶ渡しが設けられていた。藩政期には吉野川南岸から芝生に渡り、真鈴峠や樫の休場を越え讃岐に至る阿讃越えの道は、阿波国西部の主要ルートの一つであった。

主郭跡

【歴史と背景】『阿波志』には、「芝生村山麓に在り源之長及び男元長此に璩る」とあり、三好之長・元長の拠った城であるという。これにより、芝生城を三好氏発祥の地とする説がある。

また、『三好郡の城址』[*3]には、太平洋戦争中の区画整理で陶器のかけらが多数出土したことが記されており、『徳島県の中世城館』の調査の際には、字寺ノ前で土師器片や一六世紀代の細蓮弁青磁碗の破片などが採集された。また、字大善寺の長山先端の墓地周辺で、小型の凝灰岩製五輪塔の集積を確認している。

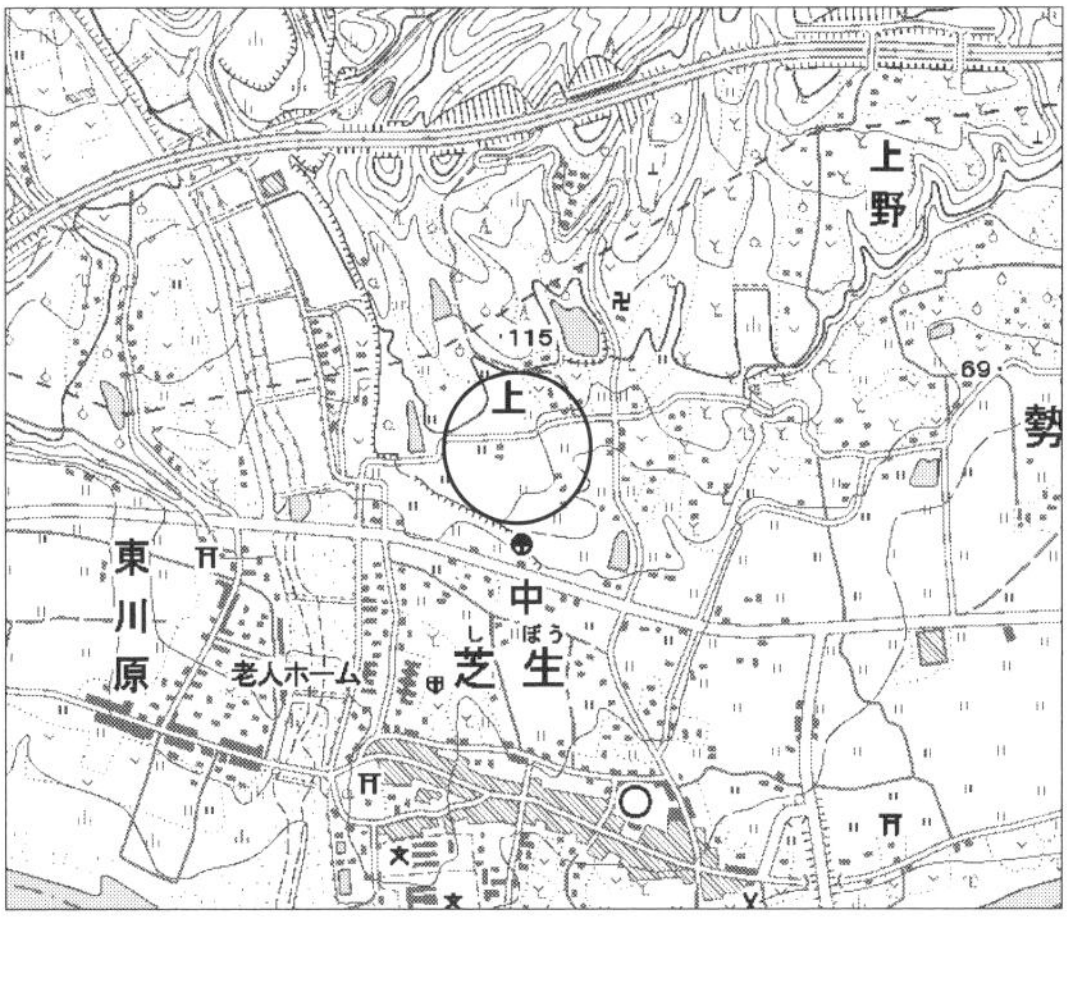


＊1　『阿波志』
＊2　前掲＊1
＊3　『三好郡の城址』（三好郡郷土史研究会、二〇〇六年）

**【構造と評価】**『三好郡村誌』には、「字殿屋敷ニアリ西南切岸東北堀跡アリ回字形ヲナス地面凡壱町三反歩」とあり、西と南は段丘崖を利用した切岸、北と東に堀を巡らせた一辺一町ほどの方形館だとわかる。殿屋敷の現状は水田・畑・宅地であるが、伝承地は平坦ではなく、後世の造成により、北から南に向かい一五〇〜二五〇センチの段差をもった耕作地が連続する。

大正五年の地籍図では、字殿屋敷の東側と北側に字大善寺との字界となる不定型な細長い水田地割がみられる。現状では道路にあたるこの部分が、『三好郡村誌』にある堀跡と考えられる。

芝生城跡地籍図　『徳中城』より転載

主郭跡より東南を望む

主郭跡に立つ案内板

幅は推定で一〇～一二メートル程度である。切岸は西の字風呂谷との字界、南の字犬の馬場との字界となる竹林地割とみられる。この部分は段丘崖で、下段との比高差は五メートルを越える。地籍図と現況から考えられる城跡は、堀と切岸に囲まれた東西一四〇×南北九〇～一七〇メートルの台形状の範囲と推定できる。『三好郡の城址』でも、この範囲を城跡ととらえている。殿屋敷周辺の地名には、北に大善寺、東に馬場・門所、南には犬ノ馬場（犬追物《いぬおうもの》に関連か）・市、南西には土居・島土居などがみられ、段丘上や段丘下に城に関連した施設や町屋が広がっていたようである。また、城の西約二キロの太刀野山が吉野川に迫る狭隘な地点には「木戸口」の地名がある。

三好市教育委員会では、殿屋敷周辺において、芝生城の構造把握のため、奈良文化財研究所埋蔵文化財センターに委託し、平成二十年度以降、四次にわたり地中レーダー探査を実施しており、一定の成果をあげている。

山城については、『三好郡の城址』に田所眉東氏による伝承や遺構などの報告が記されている。まず、殿屋敷の北西に延びる「亭山《ちんやま》」山頂には平坦面があり、古伝として三好氏が亭を設けた跡とする。また、殿屋敷の北に延びる「長山《ながやま》」の北方には大城・小城と呼ばれる小突起が二ヵ所あり、伝承ではこの大城と小城が芝生城の引き城（山城）であったとする。

大城の背後には幅二～三間、深さ一間、長さ六〇間の堀切があったという。亭山は殿屋敷と谷を挟んで西側にあり、谷間に大正七年（一九一七）に作られた亭山池がある。かつて、北方に長く延びていたとみられる亭山の尾根筋は、河内谷川の浸食や後世の土取りによって大きく削り取られているものとみられ、亭山の大半は消滅している。

また、長山については、北方に延びる尾根から後方の小突起周辺が、徳島自動車道の建設や周辺の開発により改変されており、堀切などの遺構は現状では確認できない。〈岡本和彦〉

主郭跡より南西を望む

**土佐勢と戦った最初の舞台**

# 13 田尾城《たおじょう》

①所在地　三好市山城町黒川・岩戸
②立　地　山頂
③時　期　戦国期
④城主等　小笠原氏・大西氏
⑤遺　構　曲輪・土塁・堀切・竪堀

**【概要】**　吉野川沿いの旧街道筋に位置する山城である。南北朝期の築城と伝わるが、戦国期に長宗我部氏の侵攻に備えて築城されたともいわれる。天正五年（一五七七）の土佐勢の阿波西部への侵攻にあたり、最初の攻防の舞台となった。南北二城からなり、とくに南城には三条の連続堀切が良好に残る。

**【立地】**　城跡は、山城町北部、吉野川の支流銅山《どうざん》川右岸の標高四六二メートルの山頂部に位置する。田尾城は吉野川左岸にあって、阿波から土佐に至る旧街道に接している。城名の「タオ」は尾根の鞍部、峠を意味する語であることから、当地点は街道上の峠の一つであり、立地からは、街道を押さえるための築城とみることができよう。城は、南北に延びる尾根の二ヵ所のピークを利用して築かれ、それぞれ南城・北城と称される。南城は天神社の境内地、北城は植林地及び畑として利用されている。ともに部分的な損壊を除いて、保存状態は良好であり、昭和五十年に山城町（現三好市）の史跡に指定された。

城跡遠望

**【歴史と背景】**　南北朝時代に南朝方の小笠原頼清が築城した

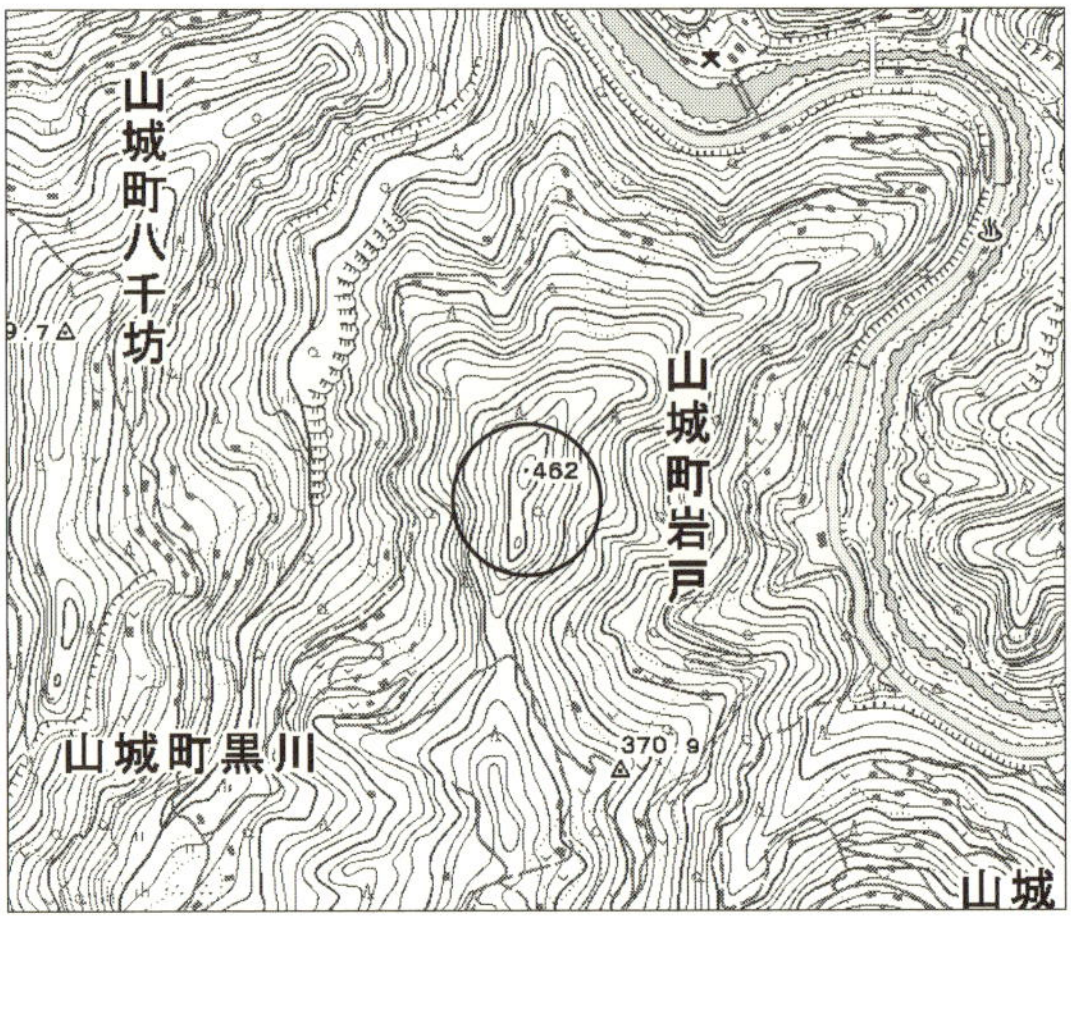

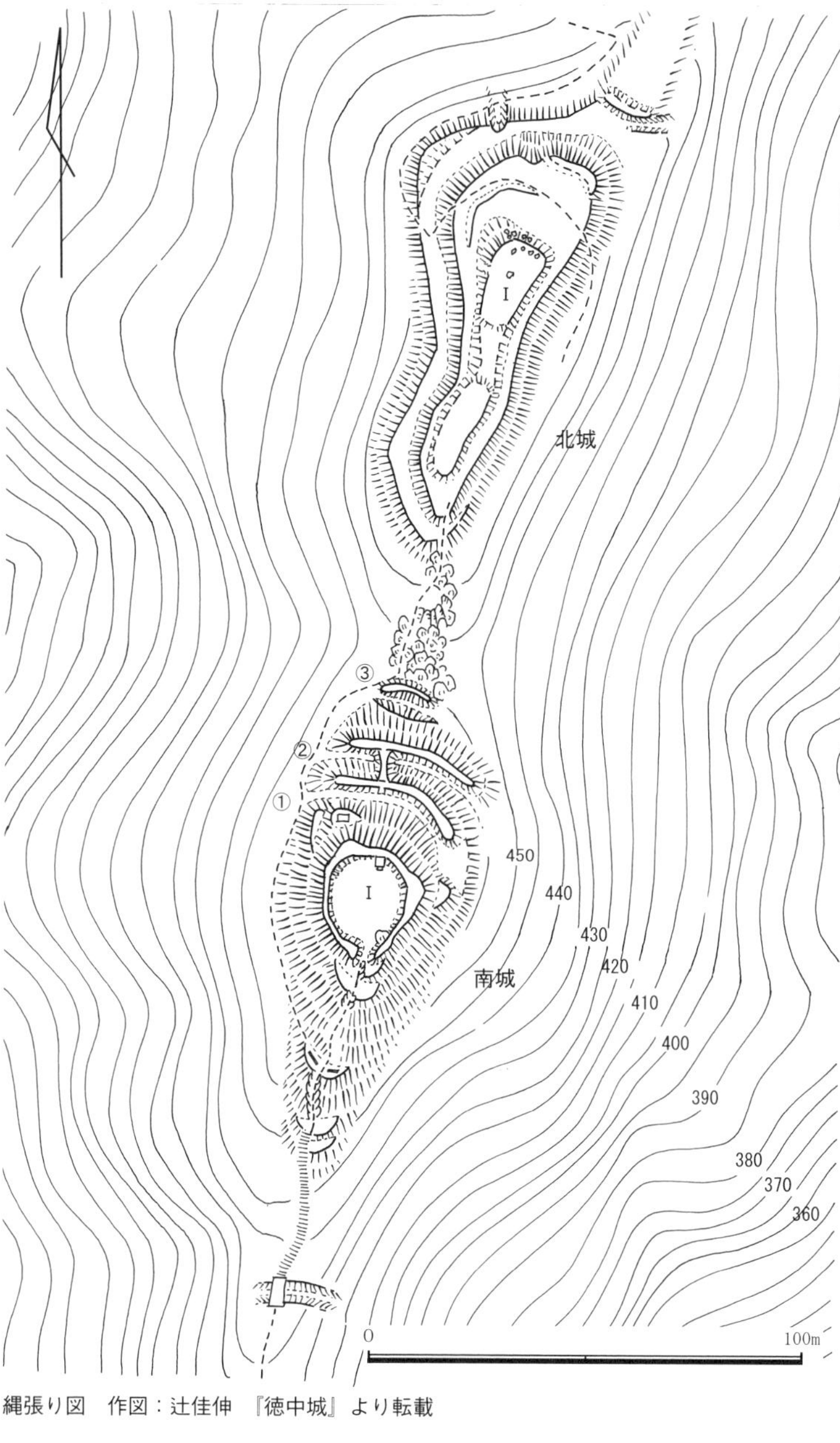


縄張り図　作図：辻佳伸　『徳中城』より転載

というが、詳細を示す文献はない。『山城谷村誌』では、土佐の長宗我部氏の三好郡侵攻に対するため、白地城主大西氏が国政や三名の土豪を督して築城したものとされる。『城跡記』や『阿波

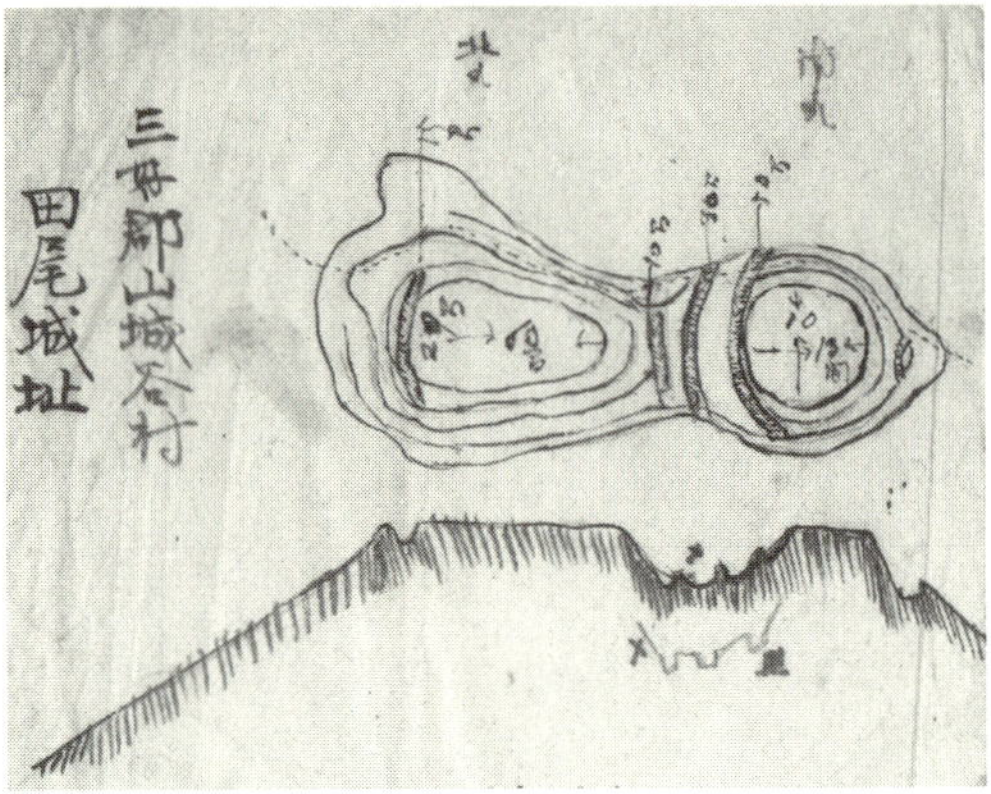

近藤辰郎「古城址地図」田尾城跡縄張り図　徳島県立博物館蔵　『徳中城』より転載

志』には、白地城主大西覚養の弟・大西右京進頼信が守っていたとある。天正五年、三好郡に侵攻した長宗我部軍は、大西氏の拠る白地城を目指し、難所の吉野川左岸を大西上野介頼包の先導により攻め上り、まず田尾城を攻略した。

田尾城は、阿波西部の対長宗我部戦の嚆矢となった城で、周辺には「元親最前線指揮所」跡地・「屍の田尾（かばんたお）の堀」・「横畠の堀」など、合戦に関する遺構や伝承が数多く残る。

**【構造と評価】**　現在、城跡に向かうには、標高四〇〇メートル付近の鞍部から尾根を北に伝い、南城に至るルートが一般的である。鞍部に相対して南側の尾根上に、前述の元親指揮所跡伝承地が位置する。

南城の主郭Ⅰは直径二〇メートルのほぼ円形で、周縁に土塁を巡らせ、南側に虎口を開口する。虎口側の尾根は南に向かい急傾斜で、途中に小規模な曲輪を四段配し、八〇メートルほど降った傾斜変換点に幅五メートルの堀切を施す。『古城址地図』には、主郭南側の直下にも小さな堀切が描かれているが、現在は確認できない。主郭北側は三条の連続堀切と土塁で遮断する。主郭寄りの堀切①は幅一〇メートルと最大で、これに向かい主郭側からの横矢掛かりを意図したとみられる小規模な腰曲輪二ヵ所が配される。中央に土橋を持つ堀切②は幅八メートル、堀切③は幅五メートルである。また、その先は三〇メートルに及ぶ岩石露頭が続き、南城と北城の間の天然の

城跡遠望

障壁となっている。

北城は、南北一〇〇×東西五〇メートルの南北に長く延びた形状である。最高所の主郭Ⅰは二〇×一〇メートルで、西側に虎口らしき凹所が認められる。主郭の東側には一段、西側には二段の帯曲輪を巡らせ、北東方向の尾根筋を堀切・土塁で遮断し、北側には竪堀を施す。堀切は現状では尾根半ばで途絶えているが、『古城址地図』には主郭北側に尾根を断ち割る堀切がはっきりと描かれており、現在は埋没しているのだろう。また、竪堀は描かれておらず、後世の崩落によるものかもしれない。

南城は土塁と堀切の多用による防御、北城は曲輪の連続と切岸による防御というように、築城手法に明瞭な差異が認められる。本田昇氏は、南城の連続堀切を長宗我部氏の築城手法だとして、落城後に長宗我部氏が改修を加えて南城を使用し、北城は廃絶したものと考える。[*1] また、梅本利廣氏は、田尾城は南北朝時代に小笠原頼清が築城し、南城は戦国時代に大西氏が改修したものと考える。[*2] ともに、南北両城に構築時期の差を認める見解である。

元親最前線指揮所

『三好郡村誌』では、田尾城跡について「東西拾弐間南北拾六間面積千若北ニ空壕址アリ」と記す。曲輪の規模や北側の空壕の記述からすると、南城のみを城跡と認識しているようだ。江戸から明治にかけて、北城は存在が忘れられつつあったのかもしれない。こうした点からも、南北両城に時期差がある可能性は高いといえる。〈辻 佳伸〉

＊1 「阿波の中世城郭」上・下（『史窓』17・18号、徳島地方史研究会、一九八六・八七年）
＊2 『三好郡の城址』（三好郡郷土史研究会、二〇〇六年）

**街道の結節点に築かれた城**

# 14 東《ひがし》山《やま》城《じょう》

①所在地　三好郡東みよし町東山字柳沢
②立　地　阿讃山脈南縁部
③時　期　戦国期
④城主等　大西氏
⑤遺　構　曲輪・土塁 竪堀・横堀

**【概要】**　徳島平野の西部に位置し、吉野川北岸の東西交通路である撫養街道と、讃岐西部の満濃《まんのう》や財田《さいた》に繋がるルートの結節点に築かれた城である。保存状況は良好で、縄張りの特徴から、長宗我部氏による改修を受けたとみられる。

**【立地】**　吉野川上流域北岸、阿讃《あさん》山脈の南縁の標高四〇一メートルの城山《じょうやま》山頂に位置する。山麓の敷地集落との比高差は、三〇〇メートルにも及ぶ天然の要害だ。

城跡遠望

**【歴史と背景】**　一般に南北朝期の南朝方の城とされるが、[*1]資料に基づく推定ではない。『阿波志』では、戦国期に白地城主大西氏の一族である大西備中守が拠ったとされる。

**【構造と評価】**　主な遺構は、山頂部の東西一〇〇×南北一六〇メートルの範囲に広がる。主郭Ⅰは南北六〇×東西二五メートルの長方形状で、北東部が入り角状となる。主郭北端には、櫓台とみられる低い高まりと土塁がある。投石用とみられる拳大から人頭大の砂岩礫《さがんれき》が、主郭中央に塚状に積み上げられているほか、同様の礫が周囲に散在している。

主郭の南西は一段下がって曲輪Ⅱが配され、西には幅五

＊1　『三好町史』（三好町史編集委員会、一九九七年）など

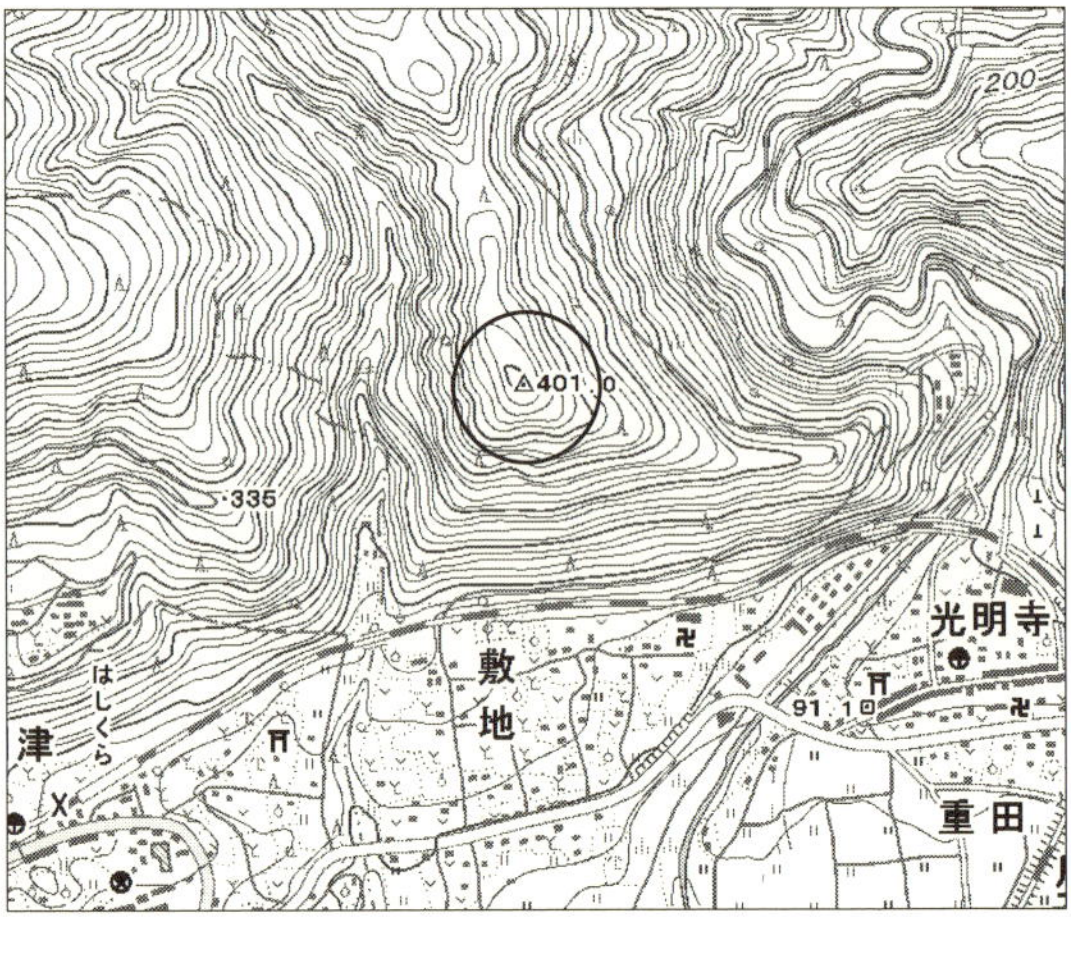

メートルの曲輪Ⅲが配置される。曲輪Ⅲには、主郭西側中央に通じる平入りの虎口が設けられる。主郭の南から東側にかけては横堀を廻し、南西・南東・北東の三ヵ所の竪堀により、横方向の動きを遮断している。

　主郭の南東には曲輪Ⅳが配され、その先に続く尾根を遮断するための堀切が設けられている。南東方向に延びる尾根は比較的緩やかで、現在

縄張り図　作図：本田昇『徳中城』より転載

も登山道となっているが、曲輪や堀切が配されていることから、当時の登城ルートであった可能性が高い。

主郭の北側は三条の堀切が連続して設けられ、北側尾根からの侵入ルートを遮断している。さらに、北一五〇メートルの尾根でも小規模な堀切がある。

このような連続堀切や竪堀を多用する堅固な構造をもつ城は、徳島ではきわめて異例であり、長宗我部氏による改修を受けたと考えられている。ただし、時期や目的については、天正六～七年（一五七八～一五七九）に長宗我部氏が落城させた後に改築し、阿波侵攻の前線基地としたという説[*2]と、天正十三年の羽柴軍による四国攻めに際して、讃岐方面からの侵攻に備えるために築城したという説[*3]がある。

さて、東山城は遺構の残りも良く、平成四年には三好町（現東みよし町）史跡に指定された。また、「城山を守る会」により登山道の整備や草刈りなどが行われているので、ぜひ訪れていただきたい。

なお、東山城の南麓に位置する田ノ岡城について、本田昇氏は東山城の山麓居館と考えている[*4]ので、付記しておきたい。東と西に谷が走り、舌状に張り出す標高九〇メートルの河岸段丘上に立地する平地城館である。かつては一町四方規模の方形居館であったというが[*5]、現在は東を流れる小川谷川の浸食などで、西側土塁の一部が残るのみである。土塁は基底部の幅十一メートル、上端幅三～五メートル、高さ三メートルを測る。中央南寄りに虎口とみられる七メートル幅の開口部がある。土塁の西には、幅約八メートルの堀跡が水田区画や地籍図から確認できる。水田区画が北端部で東に屈曲することから、城域の北西端は遺存するだろう。虎口を西辺の中央と仮定し、小川谷川の現河道が東限とすると、南北約一〇〇×東西約九〇メートルほどの方形居館が復元できる。

〈島田豊彰〉

---

＊2　村田修三編『図説中世城郭事典』第三巻（新人物往来社、一九八七年）本田昇説

＊3　「阿波東山城」（『歴史群像』No.九十四、新人物往来社、二〇〇九年）西股総生説

＊4　村田修三編『図説中世城郭事典』第三巻（新人物往来社、一九八七年）

＊5　田村正編『三名村史』（山城町役場、一九六八年）

**有力者が拠った居屋敷**

# 15　中庄城《なかしょうじょう》

①所在地　三好郡東みよし町中庄
②立　地　吉野川中流域南岸に沿った自然堤防上
③時　期　一三〜一七世紀
④城主等　—
⑤遺　構　方形区画屋敷地・区画溝

【概要】　吉野川中流域南岸の三加茂地区東半部に成立した醍醐《だいご》寺領金丸荘の荘官館（一三世紀後半〜一四世紀代に機能）とみられる一町四方規模の方形居館と、中世後半期から近世初頭にかけての有力者の屋敷地の総称。

【立地】　吉野川中流域の南岸、東みよし町三加茂の東半部の中庄地区で、吉野川沿いに形成された自然堤防上に位置する。周辺の標高は約六五メートルである。付近一帯は中庄東遺跡に該当する。

中庄西屋敷遠景　写真提供：徳島県埋蔵文化財センター（以下、同）

【歴史と背景】　中庄城（塁）は、『阿波志』に「又壘在り中荘道側に在り蓋し三好肥前守居る所也」、『三好郡村誌』には「阿佐紀伊守城址」として記述される。『三加茂町史』では、三好越後守勝時《かつとき》・政長《まさなが》・政勝《まさかつ》の三代が拠ったとするなど、城主についてはさまざまである。

中庄城比定地がある三加茂地区は、吉野川中流域では最大規模の平野が形成され、縄文時代以来、数多くの遺跡が展開し、古代の条里区画もはっきりと残る。平野

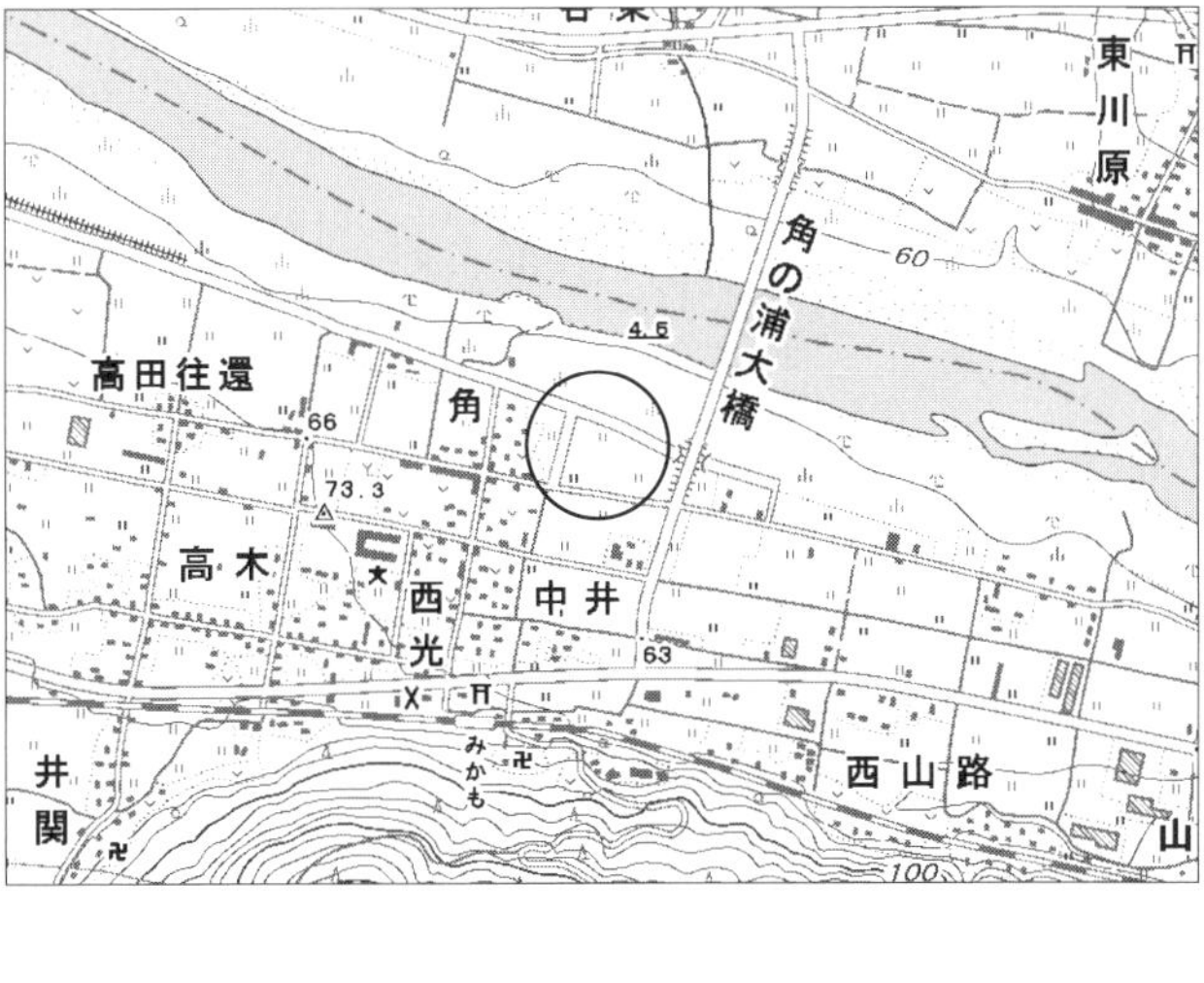

西側屋敷地の区画溝

西側屋敷地の区画溝土層

は加茂谷川によって東西に二分され、東半部が金丸荘の荘域となる。当荘は、建久三年（一一九二）には天台宗妙法院《みょうほういん》の境外仏堂である蓮華王《れんげおう》院《いん》（三十三間堂《さんじゅうさんげんどう》）領としてみえ、寛喜三年（一二三一）には真言宗醍醐寺遍智院《へんちいん》領となる。その後、康暦元年（一三七九）には西庄・中庄・東庄の三庄に分裂する。

**【構造と評価】**　中庄東遺跡は、平成十年から六年間にわたって築堤や道路整備事業などにともなう大規模な発掘調査が実施され、中庄城の伝承地である字城ノ内も一部が調査対象地となった。伝承地では一町四方の方形区画と、その周囲を取り巻く濠跡とみられる細長い区画が確認できた。

調査の結果、中庄城の北辺東半部から北東隅部にかけてと、南辺の中央部で区画溝が確認された。溝は幅約五メートル、深さ約一・五メートルで、北東隅部の下層では宴に使用された後に廃棄されたとみられる大量の土師器杯のほか、東播系こね鉢や貿易陶磁器が出土した。これらの出土遺物から、一三世紀後半～一四世紀前半にピークがあることが判明した。区画溝の最終埋没は

## 91　中庄城

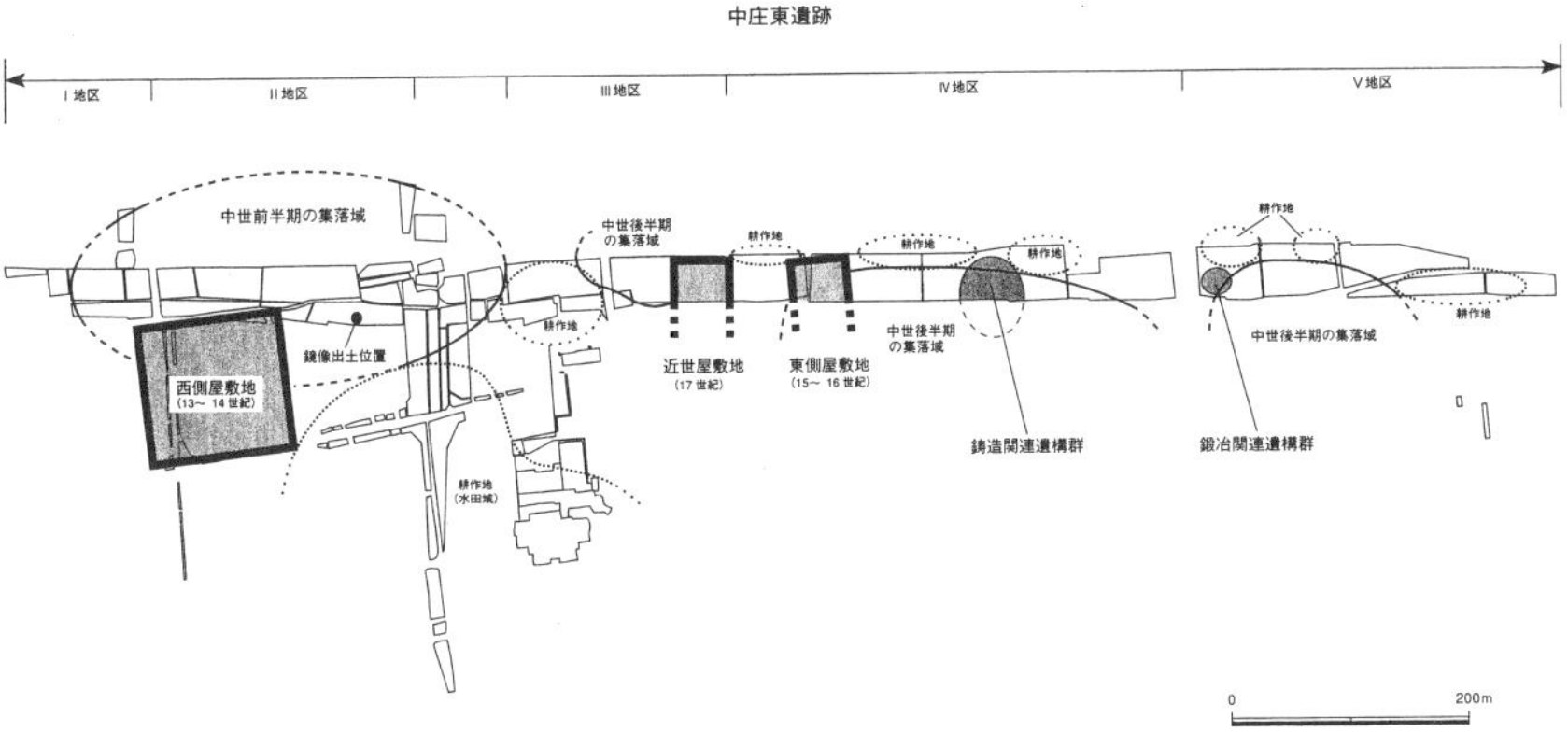


中庄東遺跡遺構配置図　『徳中城』より転載

近世前半だが、中世後半期～戦国期の遺物はごくわずかで、この時期の再掘削は認められない。したがって、発掘調査の所見では、字城ノ内で区画溝に囲まれた方一町の屋敷跡（西側屋敷地）は確認されたものの、これが戦国時代の遺構であるとは考えにくく、中世前期の蓮華王院領のち醍醐寺領金丸荘荘官の屋敷跡であった可能性が高い。

　屋敷地区画内の西部で南北方向のトレンチ調査を実施した結果、柱穴・土坑が数多く検出された。出土遺物に、鍔部が退化した羽釜や底部静止糸切りの土師器皿など一五～一六世紀代の遺物が散見されるので、区画溝が埋没しつつある中世後半期に、区画内の一部は居住域として利用されていたといえるが、これが中庄城の遺構に相当するかは不明である。

　また、西側屋敷地の北から東にかけて、東西四〇〇×南北二〇〇メートルの範囲に集落域が形成されている。西側屋敷地から東へ約六〇メートル地点で、鏡像一点が廃棄された状況で出土した。鏡像は宋鏡式和鏡の鏡面に天台法華特有の転法輪印《てんぽうりんいん》を結ぶ釈迦如来を蹴彫《けりぼ》りしたもので、鏡背には「あみたほとけ」「五」の文字が毛彫《けぼ》り

鏡像実測図

出土した鏡像（鏡面側）

東側屋敷地

される。鏡は一二世紀前半、仏像の彫刻が一二世紀末で、蓮華王院領であった時期と符合する。鏡背の文字が一三世紀初頭、廃棄年代は共伴する瓦器椀から一三世紀前葉と考えられ、本家が真言宗醍醐寺領に交代した時期と重なり、領主交代が鏡像廃棄の原因となったのかもしれない。

　西側屋敷地の廃絶と前後して、東五〇〇メートル地点に屋敷地（東側屋敷地）が営まれる。屋敷地の北辺は、吉野川に向けて下る緩斜面に高さ〇・五メートルの石積みを施して造成し、東西は幅一～三メートル、深さ〇・一～〇・七メートルの溝二条で区画するが、その規模から防御的には脆弱で、単なる区画溝だろう。屋敷地は東西三二×南北三一メートル超で、約三分の一町となる。区画内では掘立柱建物九棟のほか、備前焼の大甕を用いた埋甕遺構が検出された。出土遺物から、東側屋敷地は一五世紀までには造営され、一六世紀後半まで存続したとみられることから、金丸荘の三庄分裂が契機となって、東側屋敷地が造営されたのかもしれない。

　なお、東側屋敷地の東約一四〇メートル地点で鋤先・鍋・鰐口《わにぐち》などの鋳型《いがた》と甑炉《こしきろ》の廃棄土杭などの鋳造関連遺構群が、さらに一五〇メートル東で一・八トンもの鍛冶滓《かじさい》が出土した廃滓土坑などの鍛冶関連遺構群が確認されたため、鉄製品生産が大規模に実施されていたことがわかった。ただし、吉野川流域を含め、徳島県では鉄をほとんど産出しないため、原料となる鉄材は吉野川の舟運でもたらされたと考えられる。製品を搬入せずに、この地で鉄製品を大規模生産していた

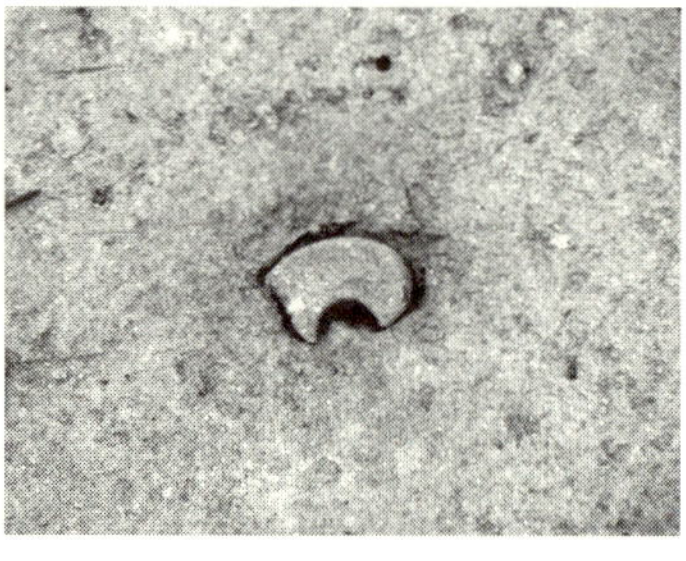

近世屋敷地から出土した、鍍金された鏡台飾り金具

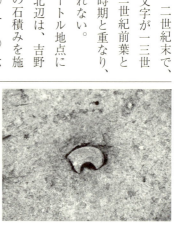

理由は解明されていない。なお、徳島平野でもとくに県西部は西風が強く、屋敷地や集落域から東に十分に離れた位置に、火を用いる鋳造・鍛冶関連の工房を置いたのは理にかなっている。

一六世紀末になると、東側屋敷地から西に六〇メートル地点に屋敷地（近世屋敷地）が遷る。屋敷地の東西は、幅約二メートル、深さ〇・五メートル前後の浅い溝で区画され、屋敷地規模は東西四九メートルでおおよそ半町、南北三七メートル超となる。屋敷地内部には六棟の掘立柱建物が検出され、遺物にはベトナム産陶器壺や京都系土師器皿、鍍金された鏡台飾り金具などの優品が見つかっており、かなり有力な者の住まいであったことがわかる。

以上のように、文献に現れる中庄城の記述とは合致しないものの、中庄東遺跡では屋敷地の変遷過程や集落構造が明らかとなった、優れた内容をもつ遺跡だといえる。〈島田豊彰〉

［参考文献］徳島県埋蔵文化財センター報告書第五四集　中庄東遺跡　道路改良事業 県道出口太刀野線の事業に伴う埋蔵文化財発掘調査報告書（財団法人徳島県埋蔵文化財センター、平成十六年）／徳島県埋蔵文化財センター報告書第七四集　末石遺跡 中庄東遺跡　加茂第一地区堤防の事業に伴う埋蔵文化財発掘調査報告書（公益財団法人徳島県埋蔵文化財センター、平成二十一年）

特徴的な横矢の折れがある城

# 16 重《しげ》清《きよ》城《じょう》

①所在地　美馬市美馬町字城
②立　地　吉野川北岸中位段丘上
③時　期　鎌倉時代～戦国時代
④城主等　小笠原氏など
⑤遺　構　主郭・副郭・二重堀・二重土塁・井戸

【概要】　徳島県下では非常に珍しい、横矢の折れをともなった二重の堀と土塁を持つ城郭である。長宗我部氏の阿波侵攻に際し、土佐方と阿波方が三度にわたって奪い合ったという、阿波と土佐の攻防を考えるうえで重要な城郭である。平成十三年に美馬町（現美馬市）指定史跡となった。

二重土塁と堀

【立地】　吉野川中流域北岸の標高一〇〇メートルほどの河岸段丘上に位置し、西側には船屋谷川、東側に黒谷川、北岸には船屋谷川に注ぐ城ヶ谷がはしる。美馬市内など周辺のその他の城跡は、吉野川を見渡せる位置に城郭を築いているが、重清城跡からは吉野川を望むことはできない。城跡がある段丘の下には、吉野川の川中島である中鳥島に中鳥城が存在した。以上から、重清城跡は現在よりも南側に拡がっていた可能性がある。

【歴史と背景】　鎌倉時代末期に岩倉城や池田城（大西城）を築いた、阿波二代守護小笠原長房の孫の小笠原長親《ながちか》が築

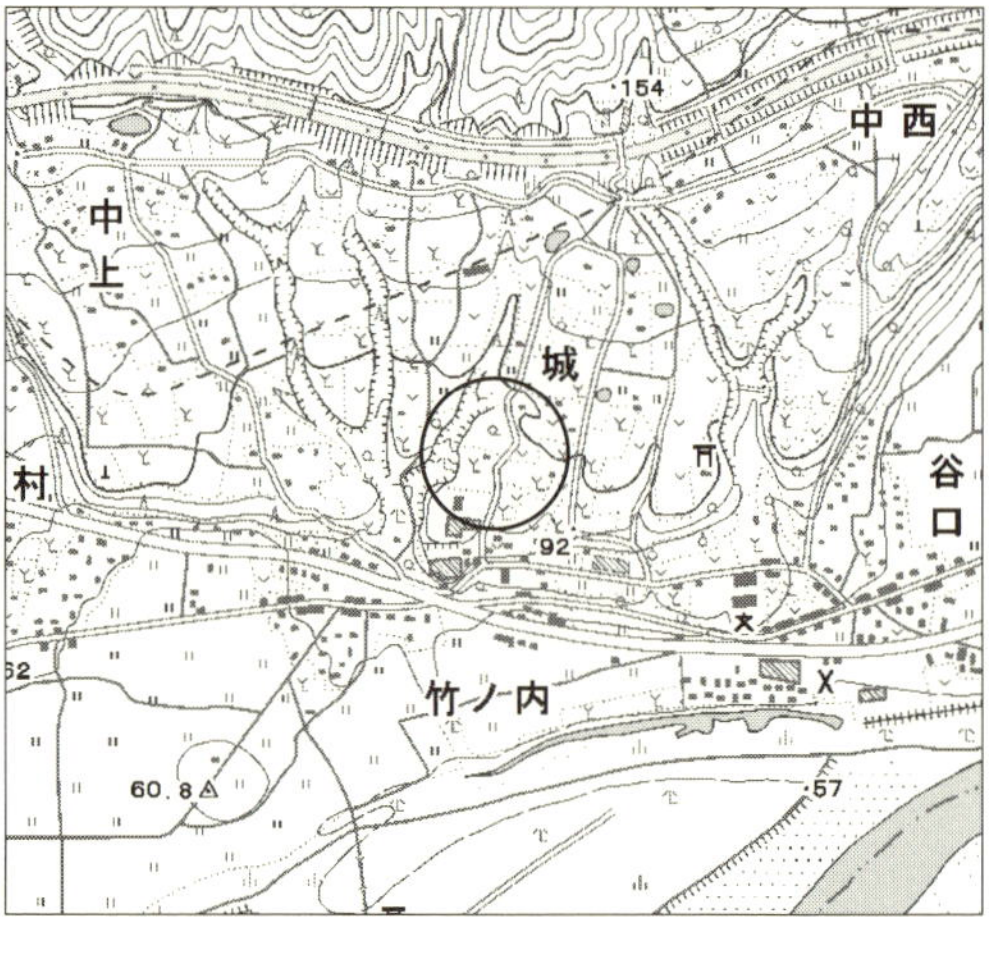


＊1　『美馬町史』（美馬町史編集委員会、一九八九年）など

城したとされる。[*1] その後、南北朝期に入り、当初南朝方に属していた一宮城主の小笠原成宗《なりむね》が、正平十八年（一三六三）、北朝方の細川頼之に降伏し、成宗が重清城に退去したという記録がある。

　戦国時代も終わりに近づき、比較的平穏だった阿波も戦渦に巻き込まれるようになる。四国平定を目論む土佐の長宗我部元親は、天正五年（一五七七）に阿波侵攻を始める。元親は阿波侵攻の足がかりに白地城を攻略し、軍を東へ進めた。翌年、元親の命を受けた大西上野亮頼包は、久米刑馬と共謀し、降伏を勧告する場で重清城主の小笠原豊後守長政と子の重平《しげひら》、孫の長重《ながしげ》、重継《しげつぐ》を謀殺した。そして、重清城は長宗我部方に渡り、大西覚養を城番とした。

　『古城諸将記』には、「重清城、重清豊後守長政、小笠原氏、二百貫、紋松皮二ツ双ビ、角養ノ舎弟七郎兵衛久米刑馬亮ト、重清父子を指殺セリ」とある。二〇〇貫の貫高は旧美馬郡内では岩倉城について大きく、重清城の重要性を知りうる。同年、十河存保がただちに重清城を奪取したが、六月、元親は大軍で重清城に押し寄せ、阿波方は敗走し、元親が再び重清城を手に入れる。その後、元親は重清城を足がかりに岩倉城・脇城を攻め落とし、美馬・三好郡を手中に収めた。

　城跡南側の段丘先端には、天正十年の長宗我部氏の阿波侵攻の際に焼失したという、圓通寺跡に建立された枯木庵や城主の小笠原氏一族の墓がある。また、城跡の南側で埋納銭《まいのうせん》（開元通宝《かいげんつうほう》など）が出土した

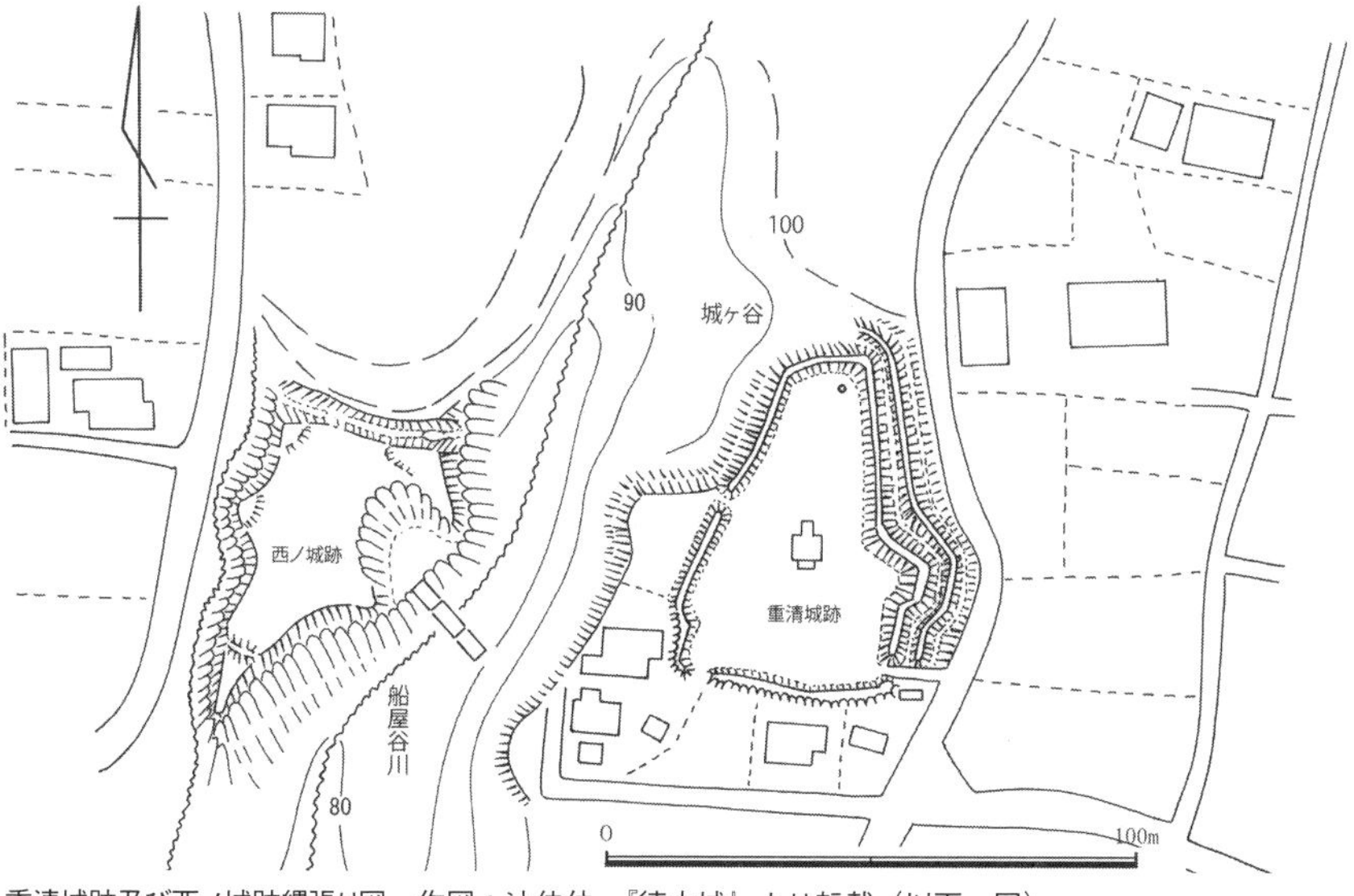


重清城跡及び西ノ城跡縄張り図　作図：辻佳伸　『徳中城』より転載（以下、同）

との伝承があり、重清城跡と関連する施設が存在したことをうかがわせる。

城跡の中心部には、歴代の城主であった小笠原氏を祀る小笠原神社が鎮座し、そのとなりに昭和三十七年に建立された「重清城跡」の碑がある。

城跡は、地元住民によって大切に守られてきており、周囲にはサクラやツツジなどが植えられている。城跡

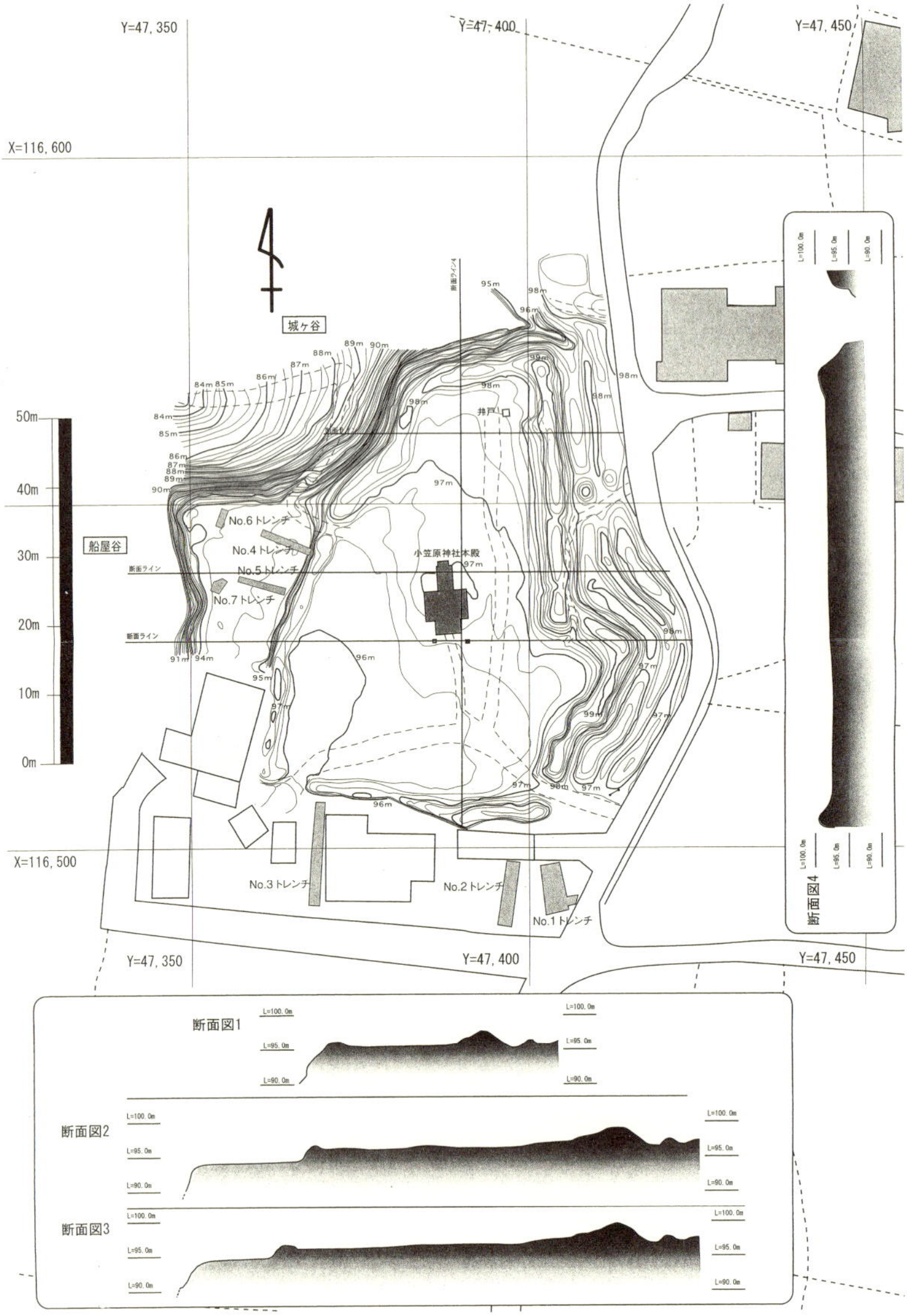

重清城跡測量図

の南側は一部宅地となり、遺構が破壊されているが、二重の堀と土塁、石組みの井戸が良好な状態で残っており、土塁の一部には土留めと考えられる石積みが確認できる。

【構造と評価】　主郭と、主郭西側の一段下がった位置にある副郭から成り立っている。主郭と副郭をあわせた城域は一〇〇メートル四方で、阿波では有数の規模を誇る。堀は、内側が幅七メートル、外側が幅四メートルで内側の堀の規模が大きい。土塁は、高さ〇・六メートル～二メートルほどで、虎口が存在する南東側でとくに高くなっている。

主郭は、南北六五×東西四五メートルを測り、平面形はひずんだ台形となっており、北から南側に向かって拡がっている。中央には小笠原神社が鎮座し、北東隅には石組みの井戸を配する。北側には城ヶ谷が切れ込み、東側には二重の堀と土塁が巡っている。南東隅には東向きに虎口を設け、虎口の北側は二重の堀と土塁が屈曲し、方形に張り出しを設け、虎口に押し寄せる相手方に横矢を掛けられるようになっている。このような構造は、徳島県下では類例が非常に少なく、長宗我部氏の改修によるものだろう。

土塁には、ところどころで補強のための石積みが確認できる。南側は現在一部宅地となっており、部分的にしか土塁が確認できない。徳島県埋蔵文化財センターが平成十五年に実施した発掘調査によると、幅四メートルほどの堀跡が確認されるため、主郭を切り離す構築物があったと推測される。主郭西側の土塁に隣接する副郭は、主郭と比べ一メートルほど低く、平面形は長細い逆台形となっているが、南側に民家が建っていることから、全容は判然としない。また、主郭との間に幅二・四メートル、深さ〇・三～〇・七メートルの堀切が確認されている。出土遺物では土師器・陶器・磁器・金属製品などがあり、一五世紀代のものが多い。その他、一四世紀代にさかのぼる遺物もわずかに確認されたが、築城年代を特定するまでには至っていない。〈小島靖彦〉

二重堀と土塁

主郭内の井戸

**天然の要害に築かれた三好康長の本拠**

# 17 岩《いわ》倉《くら》城《じょう》

①所在地　美馬市脇町字西田上
②立　地　吉野川北岸河岸段丘上
③時　期　鎌倉時代～戦国時代
④城主等　三好氏
⑤遺　構　主郭・帯曲輪・堀切

【概要】戦国期には三好康長《やすなが》（咲岩《しょうがん》）の本拠であり、天然の要害の地に築かれた阿波国西部の拠点的な城郭の一つである。

【立地】脇町の中央部、旧岩倉町の東端、標高一一一メートルの河岸段丘上に立地する。新町谷川で城の東側を開析され、西側も深く谷が切れ込んでいる。南側は比高差五〇メートルほどの段丘崖で、通称「丹波の鼻」と呼ばれている。このように、自然の要害ともいえる位置にある。

主郭跡

【歴史と背景】鎌倉時代の文永四年（一二六七）に、阿波守護・小笠原長房が三好郡で反乱を起こした平盛隆を鎮圧するために築城したと伝わるが、詳細は不明である。戦国期の永禄年間に入ると三好康長の本拠となり、阿波西部の押さえの城として改修を行い、息子の徳太郎康俊《やすとし》に任せた。

戦国期の後半には、長宗我部元親の阿波侵攻が始まる。天正五年（一五七七）に白地城を落として阿波侵攻の足がかりを得た元親は、徐々に勢力を東に拡げていく。翌年には、同じ美馬郡西部の拠点・重清城などを次々と攻略し、岩倉城を守る康俊も、天正七年（一五七九）に元親に降伏した。

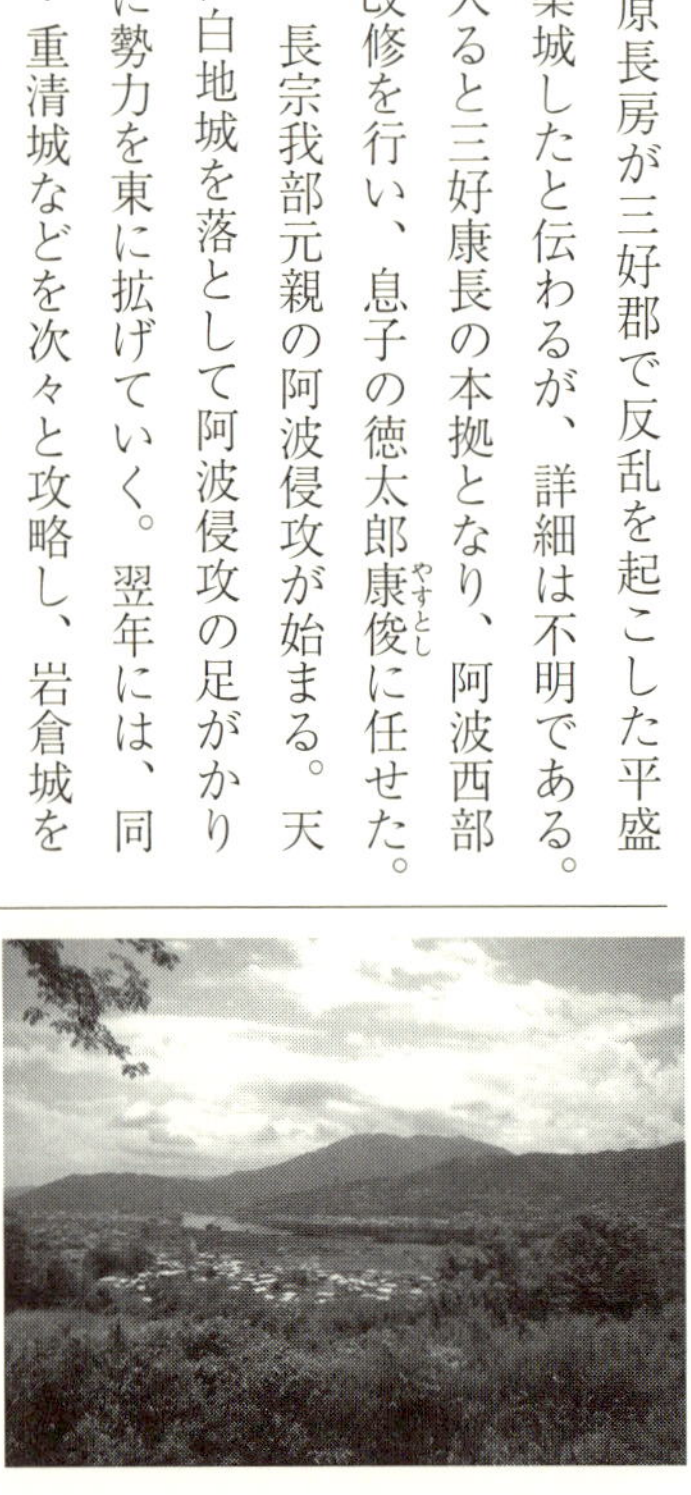
岩倉城からの眺望

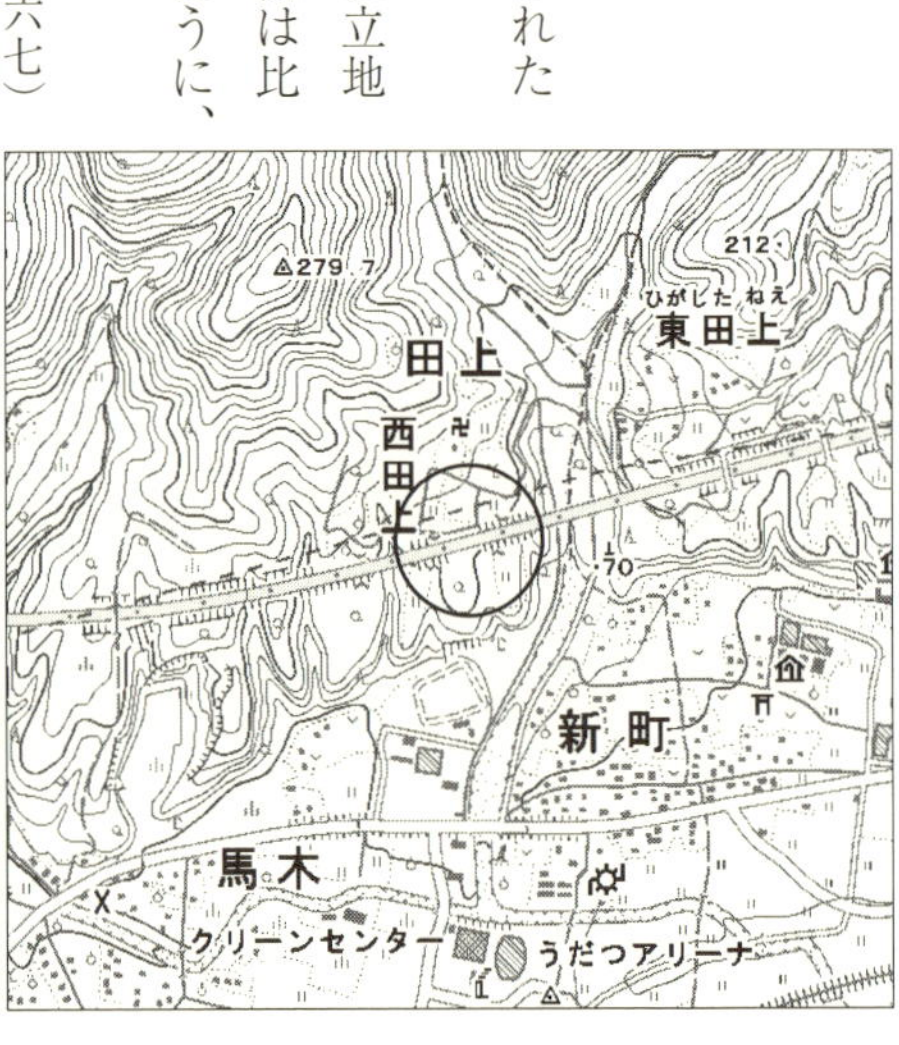

元親の配下となった康俊は、脇城主の武《たけ》田《だ》信顕《のぶあき》と協力して、脇城外で阿波方の主力を撃退している。この勝利で、元親が美馬・三好郡を治めるようになった。知らせを聞いた織田信長は元親征伐に乗り出し、先鋒として三好康長を送り込み、元親の支配下にあった一宮城や夷山城を攻略し、これを機に康俊を含む多くの阿波の武将が元親から離れた。

　しかし、天正十年に本能寺の変が起きると、形勢が逆転する。康長は畿内へ逃亡し、勢いを取り戻した元親が大軍で阿波侵攻を始めた。十河（三好）存保を中富川の戦いで破った元親は、勝瑞城や脇城などを次々と攻略し、岩倉城へとせまった。康俊や城兵はよく守り抜き、二〇日間持ちこたえたが、ついには開城した。岩倉城には長宗我部掃部頭《かもんのかみ》を城代とし、脇城とともに阿波北部の支城となった。

　天正十三年、羽柴秀吉の四国平定で、岩倉城は羽柴秀次《ひでつぐ》に攻撃され落城した。その後、阿波には蜂須賀家政が入り、阿

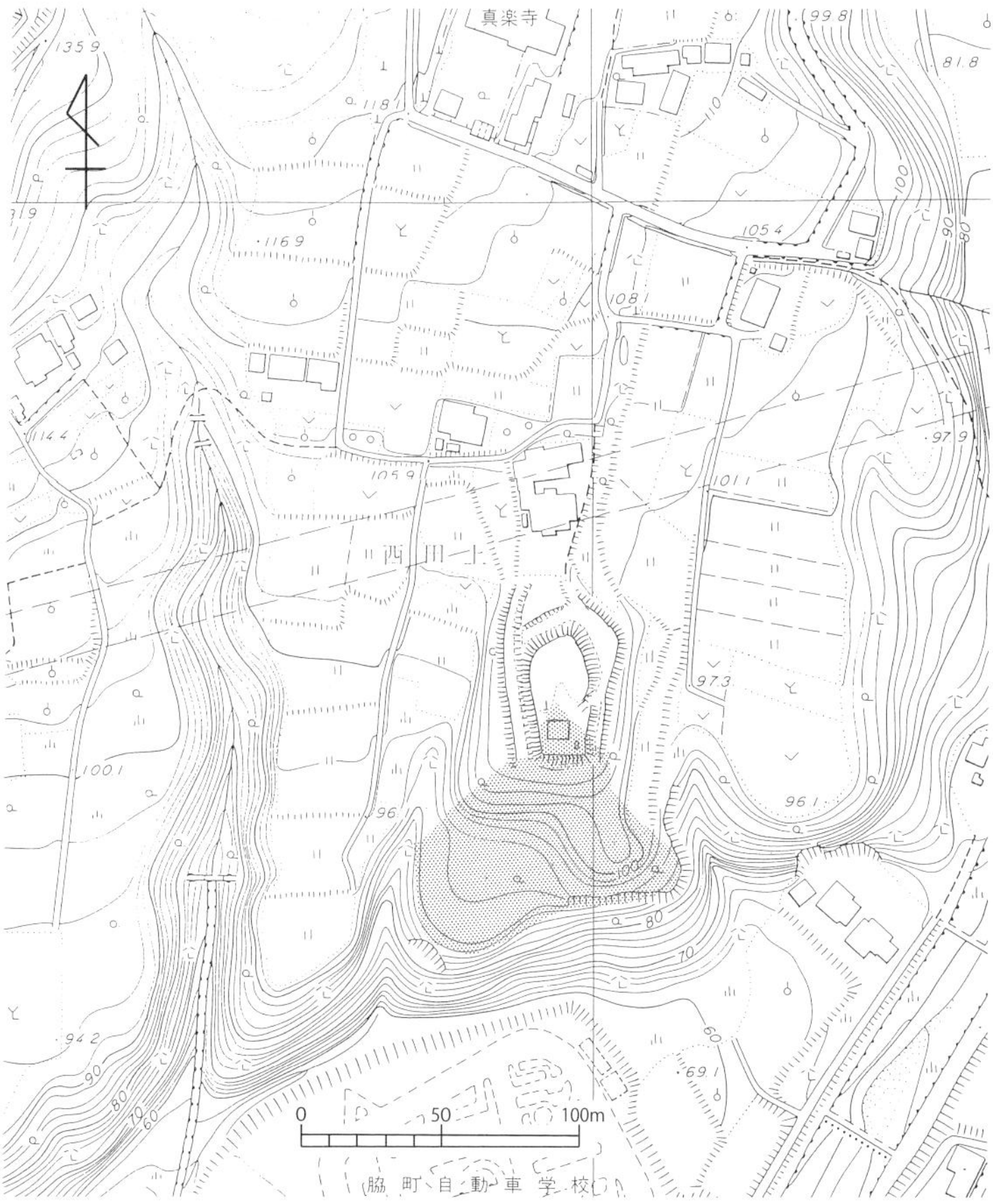


縄張り図　作図：本田昇　『徳中城』より転載

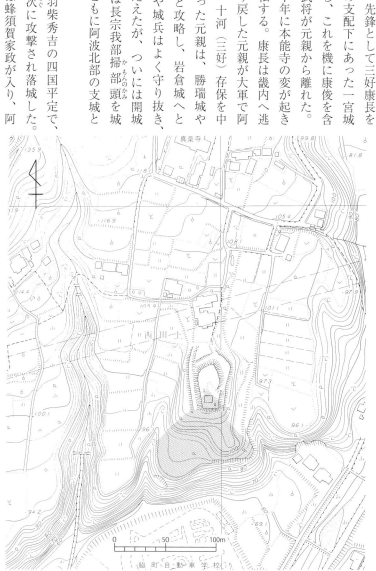

波九城として脇城に稲田氏が入ったことによって、岩倉城は廃城となった。

**【構造と評価】**　主郭は南北三九×東西一七メートルで、平面形は長方形である。文政年間の「岩倉村分間絵図」には、「古城跡」の表記があり、現在、城主の墓と伝わる砂岩や凝灰岩製の五輪塔が二〇基ほど建てられている。そのなかには「棟屋善梁大居士」などと、名があるものも存在する。南側は昭和四十一年の農業構造改革事業の造成工事の影響で遺構は確認できないが、工事の際に地表より約七〇センチ下の地山層直上で焼土層が確認されたという。北側には幅九・三メートル、深さ四メートルの堀切が設けられ、北からの攻撃に備えている。また、昭和四十一年の造成事業などではっきりと判断できなくなったが、周囲には帯曲輪を配していた。

岩倉城の最盛期には、東の坊（観音坊）・窪の坊・南の坊・北の坊・西の坊（宝冠坊）・丹波坊の六坊から構成されていたという。これらは戦時に連携し、塁や望楼として利用されていたと考えられている。城跡からほど近い真楽寺に残る古い資料によると、次のようにみえる。

①東の坊＝観音坊ともいう。②西の坊＝別名宝冠坊。いま、小さな庵と庭園が残っている。③南の坊＝場所不明。南方平地にあったと思われる。④北の坊＝真楽寺のことか。あるいはその付近にあったという。⑤丹波坊＝本丸西南端の作業小屋のある付近を昔から丹波の鼻というので、この付近にあったのだろう。⑥窪の坊＝丘東南の一段低い大地にあった。真鍋利夫氏は、脇町自動車学校の真北の台地を「丹波ノ坊」とし、その東隣の台地を「窪ノ坊」、西隣を「南ノ坊」、さらに西隣を「宝冠坊」、真楽寺周辺を「北ノ坊」、新町谷川を越えた観音堂付近を「観音坊」としている。

城跡の北側で実施された四国縦貫自動車道の建設に先立つ発掘調査では、戦国期の遺物が一定量出土した。掘立柱建物関連の柱穴など遺構も検出されたが、岩倉城と関連すると確実にいえるものではない。　〈小島靖彦〉

堀切

五輪塔

土佐方との争奪の舞台

# 18 脇《わき》城《じょう》

【概要】 中世以来、阿波国西部の拠点城郭の一つで、戦国期には土佐方との争奪戦の舞台となった城である。天正十三年（一五八五）に阿波に入国した蜂須賀家政が設置した阿波九城のひとつで、阿波を代表する城郭である。

【立地】 脇町中心部より北西側に位置する。吉野川北岸の標高約一一〇メートルの河岸段丘上に築かれ、城の谷川の開析を受け、舌状台地の様相を呈している。

城跡全景　南西より

①所在地　美馬市脇町大字脇町
②立　地　吉野川北岸河岸段丘上
③時　期　戦国時代～江戸時代
④城主等　三好氏・稲田氏
⑤遺　構　曲輪・堀・土塁・石垣・井戸

自然の要害化している舌状台地の先端に主郭のⅠ郭を配し、大規模な堀切をもって台地上にⅡ郭・Ⅲ郭を設けている。

居館跡は、山城部分の麓にあったと推定され、地割りや絵図などから位置を推定できる。国選定重要伝統的建造物群保存地区の「美馬市脇町南町」から北西へ数百メートルの位置にある。

【歴史と背景】 築城したのは藤原仲房《なかふさ》といわれ、戦国期の初め頃には脇権守《ごんのかみ》という人物が館を構えたというが、詳細は不明である。天文二年（一五三三）になると、三好長慶が城を築き、三河守兼則《かねのり》に守らせ、同時に城下の発展を

推進したとされている。天正年間に入り、土佐の長宗我部元親が阿波侵攻を始める。元親は天正五年（一五七七）に阿波西部の戦略的要衝である白地城を攻め落とし、これを足がかりに東進する。天正七年に重清城や岩倉城をはじめ、脇城を含む美馬郡の諸城は土佐方に降伏する。脇城主の武田信顕は、岩倉城主の三好康俊などと土佐方に与し、阿波方の諸将を撃退した。

その後信顕は、織田信長の四国平定軍の先鋒として三好康長が阿波に侵攻すると、これに呼応し再び阿波方に属する。天正十年、信長が本能寺で家臣の明智光秀に謀反を起こされ、自刃する。その結果、信長の支援を受けていた康長をはじめ阿波方の勢いがなくなり、この機に乗じて元親が大軍をもって阿波へ侵攻した。十河（三好）存保を中富川の戦いで破った元親は、勝瑞城など阿波の諸城を次々と攻略する。武田信顕・信定《のぶさだ》親子の懸命の防戦もむなしく脇城も落城し、土佐方の手に渡る。信顕は讃岐へ逃亡し、子の信定は自害したという。脇城は、阿波を統一した元親の支配下におかれ、元親の叔父親吉《ちかよし》を置き土佐方の支城とした。

天正十三年、羽柴秀吉による四国平定が始まると、脇城を守る親吉は羽柴秀次・黒田孝高《よしたか》の大軍に攻められ、人質を出して開城する。しかし、親吉は土佐へ帰国の途中に殺害されたという。秀吉の四国平定が終結すると、阿波には蜂須賀正勝《まさかつ》の子、家政が入国する。家政は阿波九城と呼ばれる九つの支城をおき領国を支配した。阿波九城とは、一宮城・撫養城・西条東城・川島城・大西城・海部城・牛岐城・脇城・仁宇城である。脇城は筆頭家老である稲田《いなだ》植元《たねもと》に兵五〇〇を与えて守らせた。家政の隠居で蜂須賀家の当主となっていた至鎮は、慶長十九年（一六一四）の大坂冬の陣および翌年の夏の陣の論功行賞で、阿波に加えて淡路を徳川家康より拝領する。これにより、稲田植元の後を継いでいた示植《しげたね》は淡路へと移り、脇城は蜂須賀家の直轄となる。

その後、寛永十五年（一六三八）に幕命を受けた徳島藩の政策によって廃城となった。なお、

堀切

＊1　庚午事変　旧徳島藩の本藩士が稲田氏家臣を襲った事件。この結果、淡路が兵庫県に帰属することになったと言われる。

稲田氏は脇城の支配権は失ったものの、脇町東部の猪尻地区に屋敷を構え、幕末までこの地区を支配していたので、同地区は明治三年（一八七〇）に起こった庚午《こうご》事変*1の舞台ともなった。

**【構造と評価】** 脇城は、大きく分けると山城部分と居館部分に分類することができる。山城部分は、河岸段丘の台地を二重あるいは三重の大規模な堀切で遮断し、三つの曲輪を造りだしている。城の谷川が台地に深く切れ込み、舌状台地を形成し、この部分を山城部分の城域としている。

山城部分の麓にある居館部分には、かつて脇城が健在であった時代の土塁や堀は残っていないが、現在でも「大屋敷」や「畳屋敷」など、居館に関係

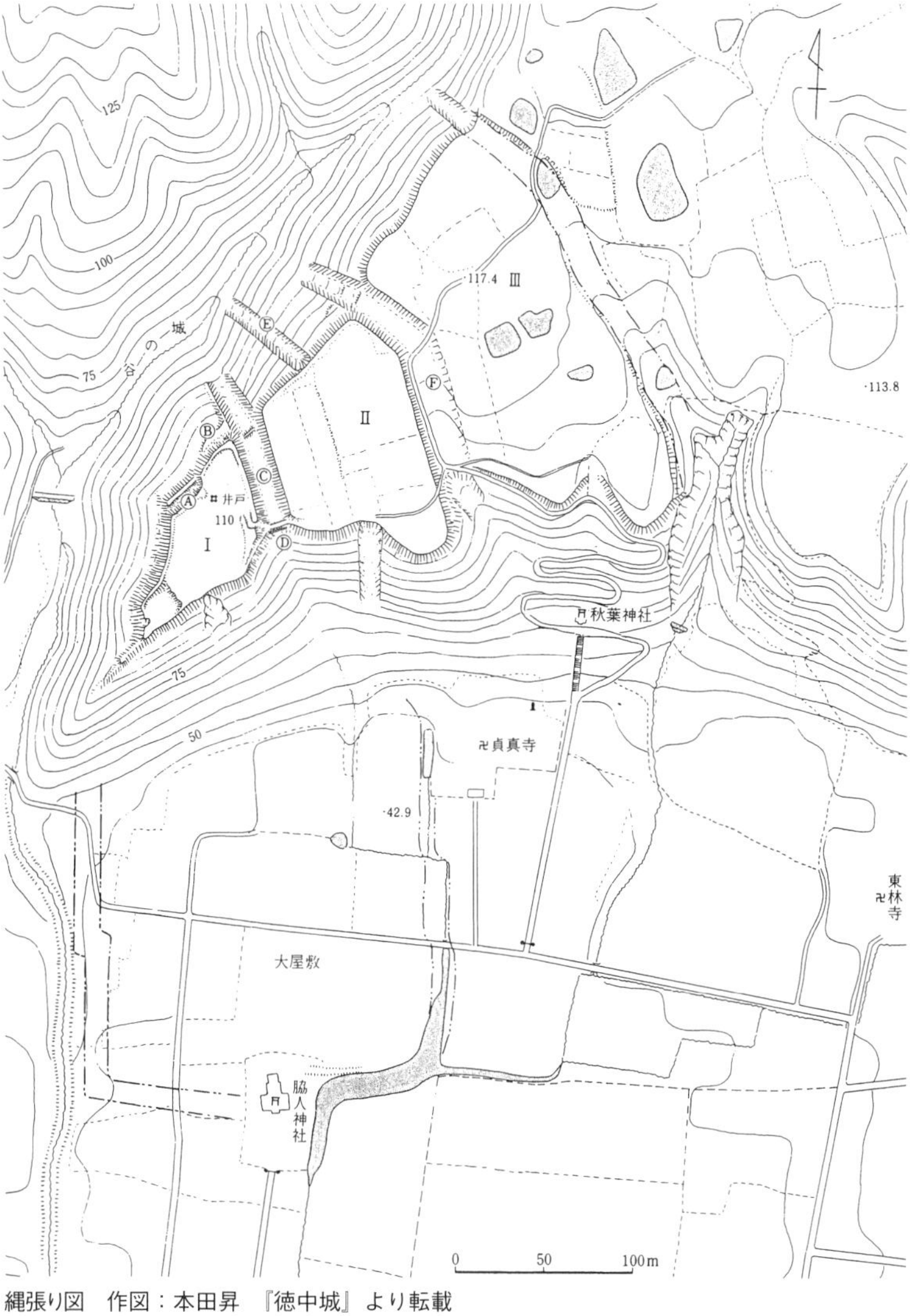


縄張り図　作図：本田昇　『徳中城』より転載

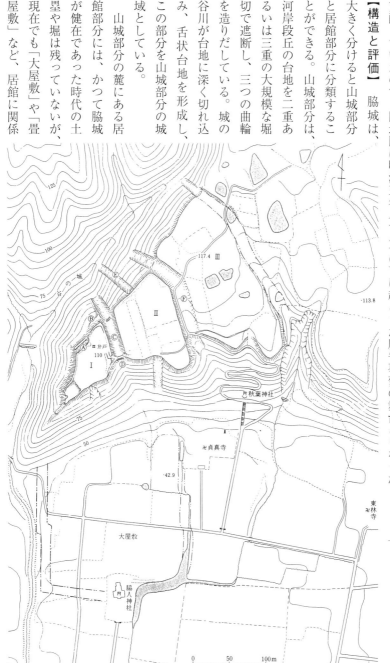

する地名が残っている。また、『美馬郡村誌』は、これらの地名に加えて、「奥丸」や「株木門」、「薬研堀」、「大堀」などの地名があったとしている。稲田氏の菩提寺である貞真寺《ていしんじ》の西側には、現在でも水堀の名残であると推定される池がある。

脇城跡の構造は、山城部分と居館部分に分けて論じる。

［山城］　吉野川中流域の北岸、比高差六〇メートルほどの河岸段丘上、城の谷の開析によって舌状台地となっている部分に築かれている。主郭となるⅠ郭は、南北八〇×東西六〇メートルで、舌状台地の先端に位置し、平面はほぼ三角形である。

中央やや北側には石組みの井戸が残っており、郭の南側を除いて土塁で取り囲んでいる。城の谷に開析されている北側部分は、緩斜面となっているため、横堀や段を設け、防御を補完している。また、Ⅰ郭南西、舌状台地先端にも段を設けている。昭和四十五年、同五十七年の本田昇氏作図の縄張り図では、南東に内枡形の虎口が確認できる。しかし、近年の破壊でこの枡形は現存しない。周辺には石材や瓦が散らばっており、枡形は石垣作りで瓦を使用していたことをうかがわせる。

規模から推定すると、阿波九城の一つとして、稲田氏が脇城に入城する前は、Ⅰ郭のみを利用していたのではないかと考えられる。Ⅰ郭の北東に位置するⅡ郭は、南北一二〇×東西八〇メー

脇城居館跡付近地籍図　『徳中城』より転載

トルで台形状を呈している。現状は田畑がひろがっており、遺構の残存状況は良くないが、北辺に土塁状の高まりを確認できる。Ⅰ郭とは大堀と呼ばれる幅二〇メートルの堀切で隔絶しているが、堀切の南端で土橋を渡しており、Ⅰ郭とⅡ郭の連絡をしている。堀切の北、城の谷で開析された斜面には、堀切と連続する形で竪堀が設けられている。

Ⅱ郭の南東は、張り出しを持ち、両脇に竪堀を配している。Ⅱ郭の北東には、南北一二〇×東西八〇メートルの台形状を呈するⅢ郭を配す。ここは、現在宅地となっており、遺構の残存状況は良くない。Ⅱ郭とは幅三〇メートルの堀切で隔絶し、堀切の北、城の谷で開析された斜面には、堀切と連続する形で竪堀が設けられている。Ⅲ郭の南東は、Ⅱ郭同様、張り出しを持っている。

［居館］ 脇城跡の山城部分の麓には、現在でも「大屋敷」や「畳屋敷」などの地名が残る。城跡の裾部には、稲田家の菩提寺・貞真寺があり、居館跡推定地の中には、長宗我部元親に破れた武田信定といわれる千勝丸を祀る脇人神社が存在する。貞真寺の西には、居館跡の東を区切る水堀と考えられる池が残存している。水堀は、貞真寺の西を南進し、脇人神社の東で西へ折れると考えられ、現在の水路からも復元が可能だ。脇人神社の北東には、土塁状の高まりが確認でき、現状の水路もここで屈曲し南進する。居館跡の西は、城の谷川と推定され、規模は東西二二〇メートルとなる。

このように、脇城跡は大規模な堀切や広大な曲輪を有しており、徳島県下において非常に重要な城跡であるが、枡形が破壊されるなど危機に瀕しているといえる。

〈小島靖彦〉

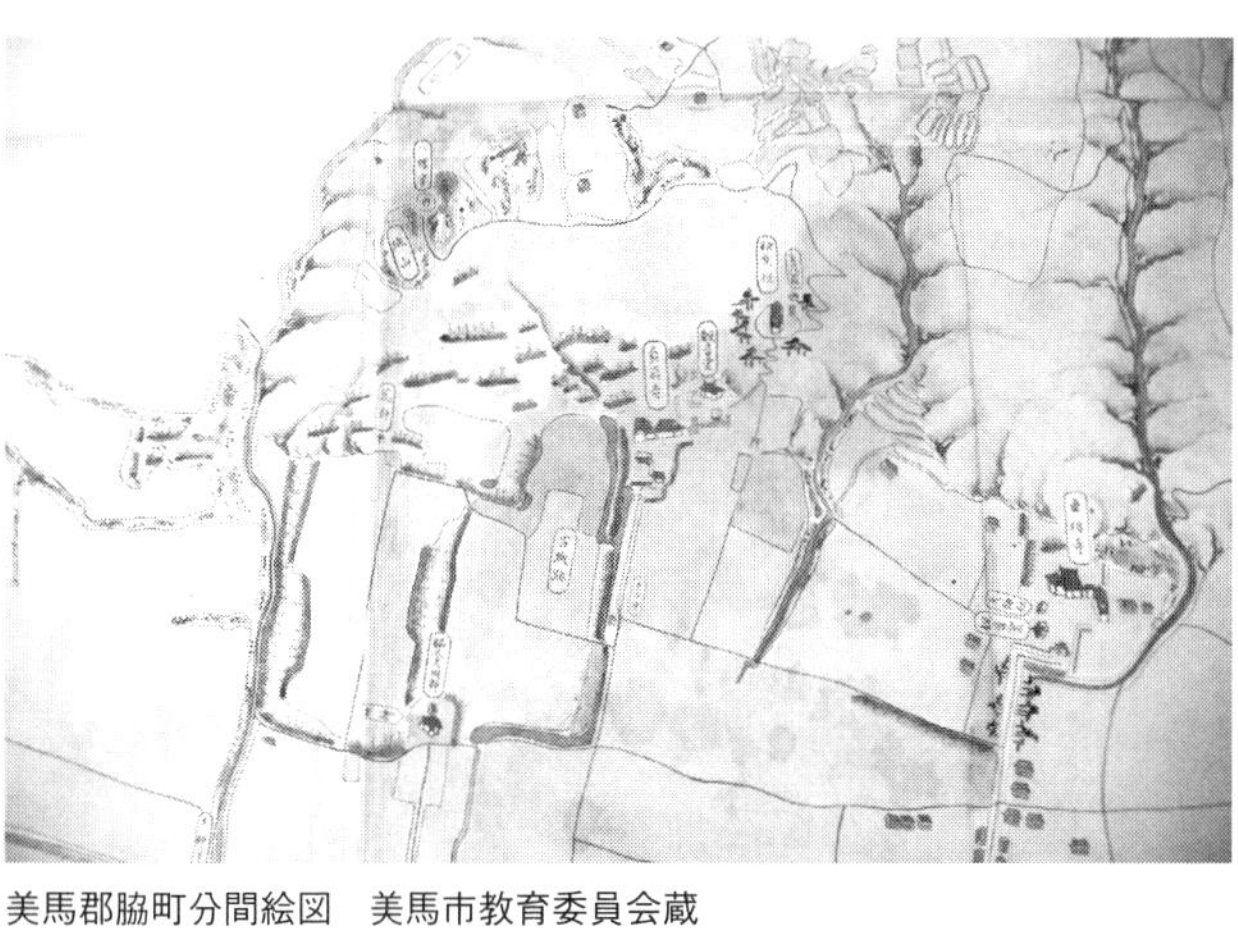
美馬郡脇町分間絵図　美馬市教育委員会蔵

室町時代の初期阿波守護所

# 19 秋《あき》月《づき》城《じょう》

①所在地　阿波市土成町秋月
②立　地　扇状地扇頂部
③時　期　南北朝・室町期
④城主等　細川和氏・細川頼春・細川頼之
⑤遺　構　—

【概要】　建武三年（一三三六）に阿波に入国した細川和氏《かずうじ》らが拠点とした城で、室町時代の初期阿波守護所であるとされる。*1　周辺には、安国寺跡・細川和氏の墓・社の跡・的場の跡・竈の跡などの関連遺跡もあり、市史跡に指定されている。

【立地】　吉野川中流域の北岸に位置し、阿讃山脈から南方へ張り出した枝尾根に沿って流れる指谷川《さしだにがわ》が形成する複合扇状地扇頂部に所在する。標高は約五〇メートルで、自然地形を利用して築かれた城であるとされている。

堀跡　指谷川旧河道　北より

【歴史と背景】　建武二年、足利尊氏は後醍醐天皇の建武新政に反旗を翻した。尊氏は、足利軍討伐のため京都から進軍してきた新田義貞軍を箱根で破り、敗走する新田軍を追って京都に入り、一時京都を占領したものの、北畠顕家の奥州勢に敗れ九州に逃れた。建武三年、尊氏は敗走途中の室泊《むろのとまり》（兵庫県たつの市）で軍議を開き、細川一族を四国に配した。このとき、阿波国秋月荘に入った細川和氏らが築いたのが秋月城とされており、室町幕府が成立した後は阿波守護所となった。

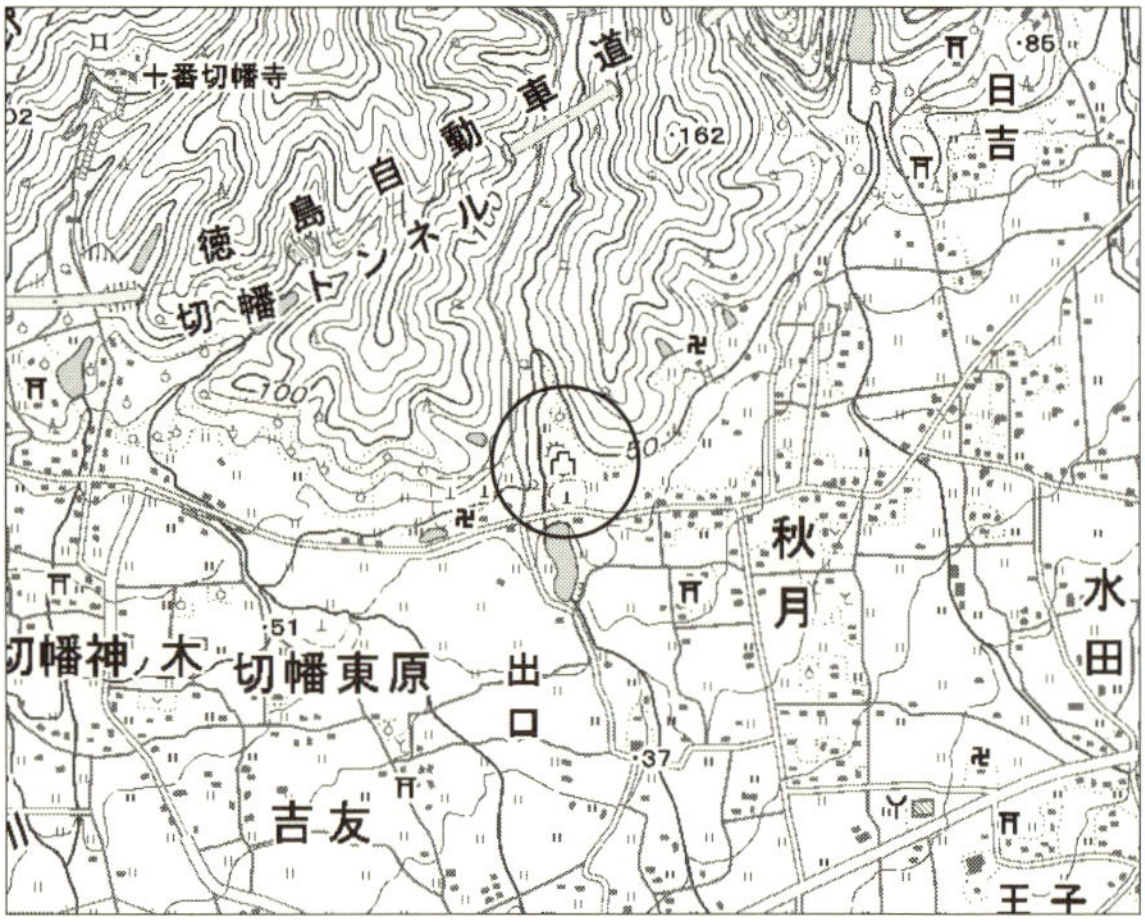


*1　本文にも記されているが、当地での発掘調査では守護所と比定するだけの成果はあがっていない。しかしここでは、通説で秋月城とされてきた地域について解説する。

*2　『夢窓国師語録』

和氏は、まず暦応二年（一三三九）に夢窓疎石《むそうそせき》を開山として補陀寺《ふだじ》を建立する。*2 のちに、この寺は安国寺となった。その後、頼之のときにも貞治二年（一三六三）に春屋妙葩《しゅんおくみょうは》を開山として光勝院《こうしょういん》*3、至徳二年（一三八五）には絶海中津《ぜっかいちゅうしん》を開山として宝冠寺《ほうかんじ》*4を建立するなど、秋月の整備に努めたが、のちに勝瑞に守護所を移す。守護所の移転時期については所説あり、明らかでは

的場北端部　北より

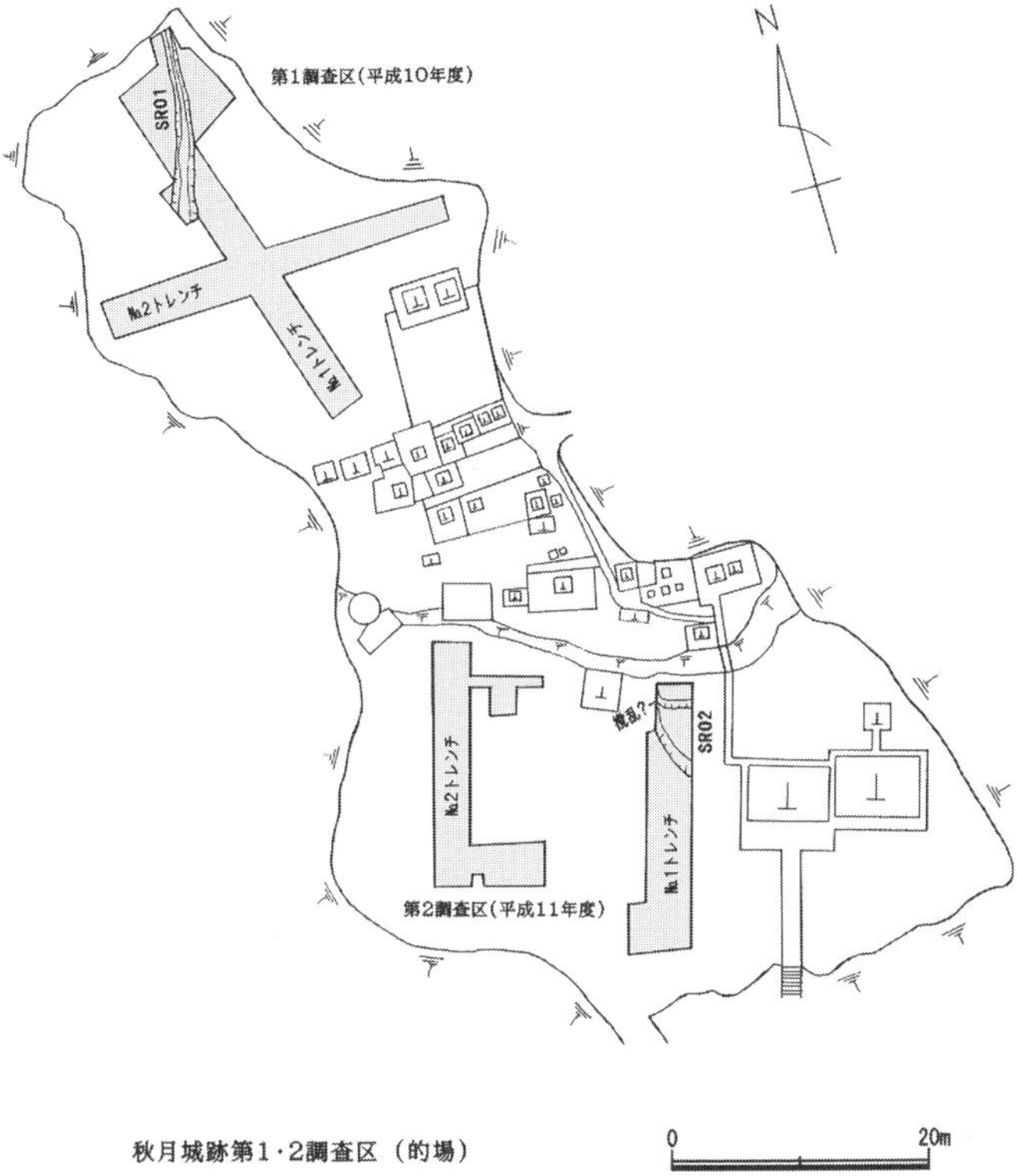


秋月城跡（的場北端部・南側）『秋月城跡・阿波安国寺跡発掘調査概要報告書』（阿波市教育委員会、2006年）より転載

*3 『妙葩法語』
*4 『絶海年譜』
*5 『城跡記』など

ない。守護所の移転後は、秋月氏一族が秋月城に入った。*5

【構造と評価】　史料に裏付けられたものではないが、秋月城跡及びその周辺部には、城にまつわる伝承や地名が残り、関連遺構と伝わる地形が見られる。

『阿波郡誌』*6によると、東北側に堀跡（指谷川旧河道）、西南側には指谷川を巡らし、中心部と考えられる東西約一町、南北三町半の台地状地形の内郭を持つとされる。この範囲が現在、「秋月城跡」として阿波市史跡に指定されている。内郭は県道船戸切幡上板線（遍路道）で南北に分断され、北側は「的場」、南側の広い部分は「馬場屋敷」と呼ばれている。また、外郭として堀の東側に方二町の「御屋敷跡」があるとされる。

『土成村史』*7では、「蓋し屋形御屋

秋月城付近遺構図　作図：本田昇　『徳中城』より転載

敷の謂なるべく」としており、「御屋敷跡」を守護館と想定している。「御屋敷跡」の区画内では、「御原泉《おはらのいずみ》」と呼ばれる井戸が民家内にある。また、「もんじょう」という屋号の民家もあり、ここは城門跡と考えられている。さらに、三宝荒神社付近は「お竈場」、御屋敷跡の南側の端と推測されている段差は「城藪《しろやぶ》」と呼ばれている。

秋月城跡から東三〇〇メートルにかけて、細川氏が建立した南明山補陀寺（のちの阿波安国寺）跡の寺域が推定され、背後の山林中腹には補陀寺の「経蔵跡」（現輪蔵庵）が伝えられている。補陀寺の東隣には、頼之が父・頼春の菩提を弔うために建立した「光勝院」があったという。後に補陀寺と光勝院は合併して、板野郡荻原（現鳴門市萩原）へ移転した。

また、至徳二年（一三八五）、頼之は補陀寺西隣に絶海中津を招いて大雄山宝冠寺を

経蔵跡基壇状遺構　北北西より

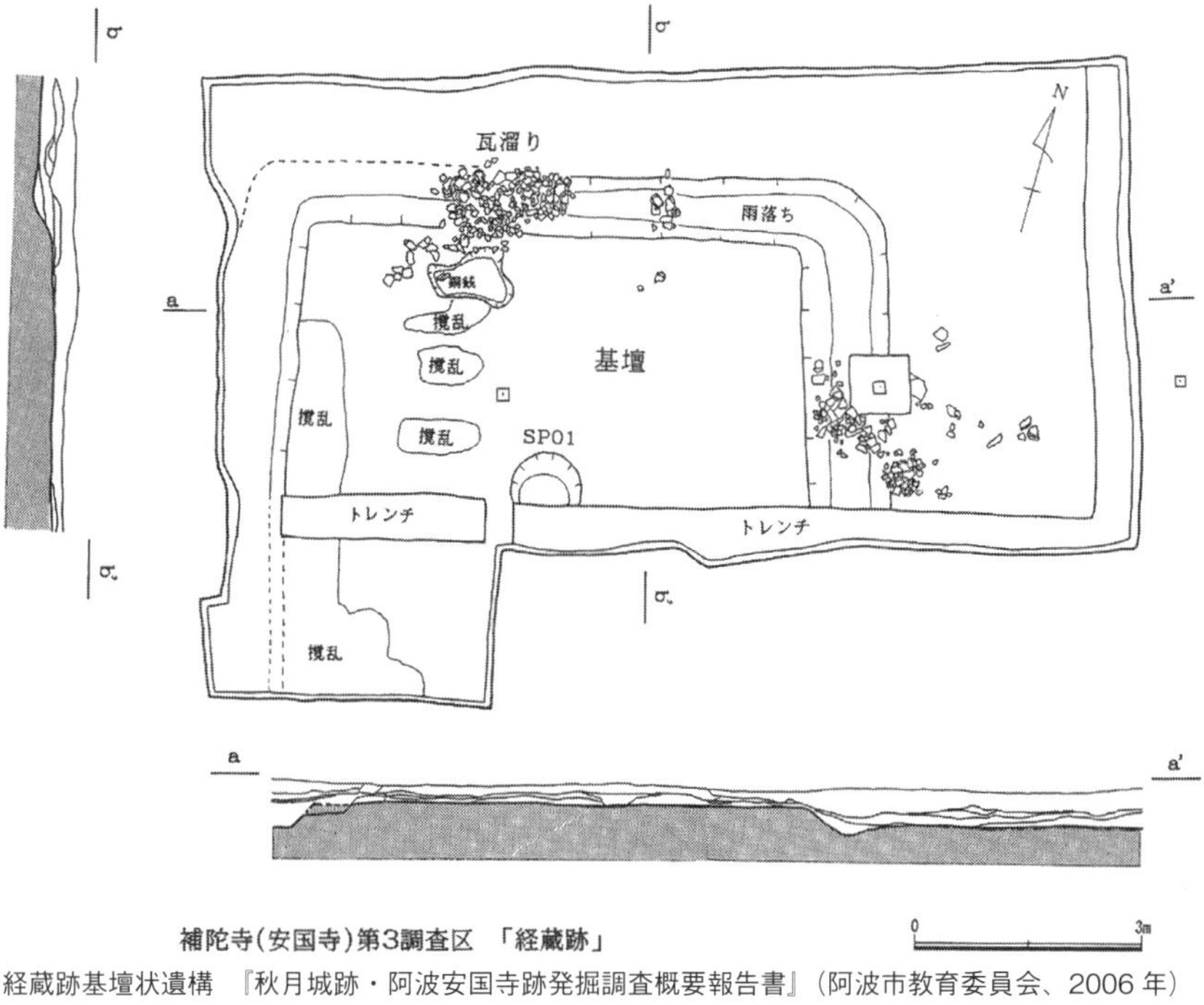


補陀寺(安国寺)第3調査区　「経蔵跡」　0　3m

経蔵跡基壇状遺構　『秋月城跡・阿波安国寺跡発掘調査概要報告書』（阿波市教育委員会、2006 年）より転載

建立したとも伝えられている。これらの寺院跡は、のちに補陀寺の経蔵跡地に建てられた輪蔵庵南側の山裾から、遍路道までの間にかけて所在していたと推定されている。

　そのほか、寺院推定地付近で確認されている遺物遺構として、補陀寺の什器《じゅうき》と考えられる水瓶《すいびょう》、安国寺に瓦を供給した蛭子瓦窯跡、細川和氏の墓と伝えられている凝灰岩製五輪塔・宝篋印塔、和氏の蔵骨器《ぞうこつき》と推定される古丹波蔵骨器（鎌倉後期）などがあげられる。

　平成八年度から十七年度にかけて、秋月城跡及び関連寺院跡の範囲・内容確認調査が実施された。調査地点は、城跡関連では的場北端部（❶）、的場南側（❷）、馬場屋敷中央部・三宝荒神社北側（❸）、城藪南側（❹❺）の計五地点、寺院関連では、阿波安国寺の経蔵《きょうぞう》跡とされている輪蔵庵敷地（❻）、古丹波蔵骨器出土地点（❼）、安国寺跡推定地（❽❾）、宝冠寺跡推定地（❿）の計五地点である。

　城跡関連の❶❷の地点は、従来内郭と考え

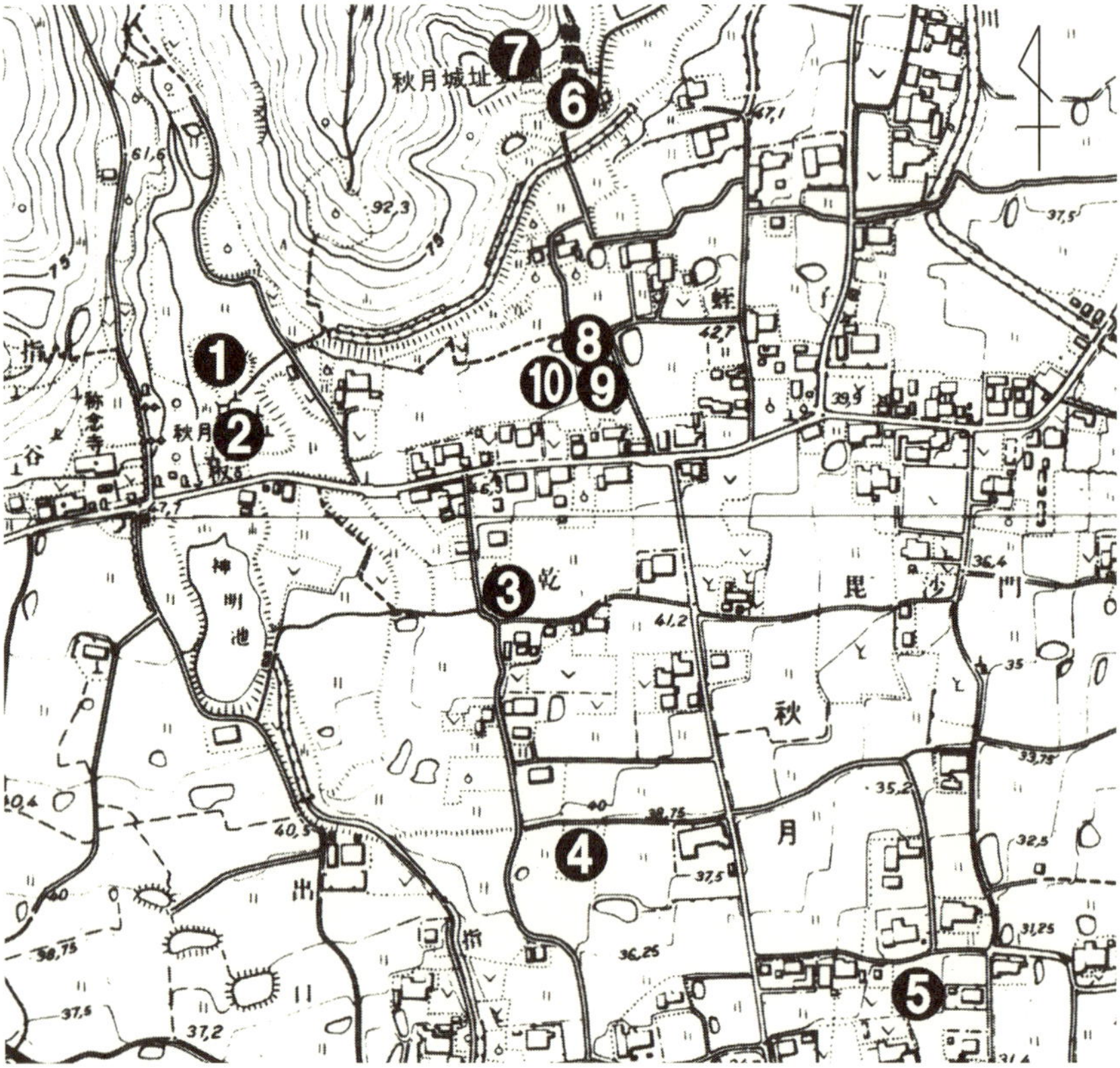


発掘調査位置図　『秋月城跡・阿波安国寺跡発掘調査概要報告書』（阿波市教育委員会、2006 年）より転載

られてきた地点であり、❸～❺の地点は、外郭のお屋敷跡にあたるが、発掘調査の結果からは、初期守護所と認定できるような成果は得られていない。

寺院跡の調査では、輪蔵庵敷地（❻）で庵の本堂下から地山を成形した一辺六・四メートルの方形で、高さ三〇センチと推定される基壇が確認された。基壇には雨落溝をともなっていた。基壇中心には、心礎《しんそ》の抜き取り痕と思われる直径一メートル・深さ四〇センチのピットが検出され、雨落溝から多量の丸瓦・平瓦片、数点の鬼面瓦、基壇上には一緡《ひとさし》の銅銭が出土した。

古丹波蔵骨器出土地点（❼）では、底部二・三×三メートル、上部一・五×二・二メートルの土壇を砂岩で囲み、外表を白円礫と緑色片岩平石で覆った基壇が検出された。基壇は砂岩で二分割に区画されており、二基の古墓があったと推定された。

安国寺跡推定地（❽❾）では、経蔵（輪蔵庵に比定）以外の伽藍配置は、地普請などの影響で特定には至っていない。遺物は量的にはさほど多くはないが、整地層から青磁碗（一二世紀後期～一三世紀）、青磁碗（一五世紀）、備前焼擂鉢（一五世紀前期～中期：Ⅳ前期）・備前焼甕片、瓦器片（前田型）、土師器杯片、羽口片などが出土している。瓦片は、経蔵跡より軒瓦を含め多数出土しており、蛭子瓦窯跡出土瓦との類似性から、蛭子瓦窯から供給されたものだろう。現段階では、細川氏との関連を裏付ける直接的な考古資料はないものの、従来の説とあわせて考えると、現在の推定地が南明山補陀寺（阿波安国寺）跡と考えたい。

発掘調査からは、秋月城が初期守護所だと考えられるような成果はあがっていないが、周辺に整備された寺院関連については一定の成果が得られており、寺院が所在したことは推定できる。

〈林　泰治〉

＊6　近藤有地蔵『阿波郡誌』（阿波郡役所、一九二四年）

＊7　『土成村史』（土成村史編纂委員会、一九五一年）

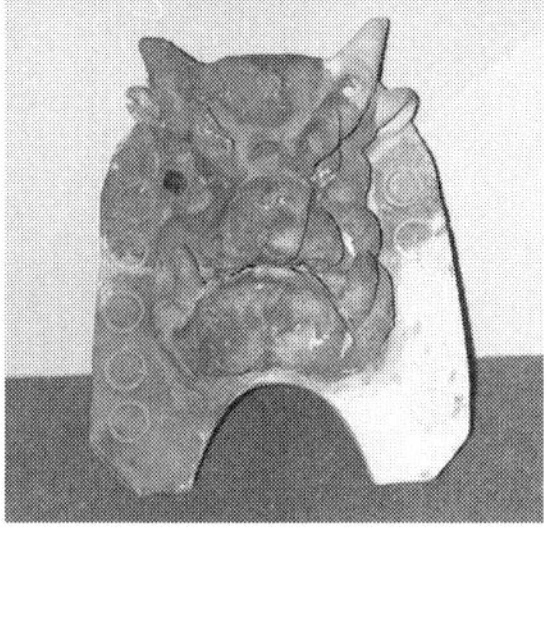

経蔵跡出土鬼面瓦

古丹波蔵骨器（鎌倉後期）

**三好氏の被官・森飛騨守の拠点**

# 20 切幡城《きりはたじょう》（神ノ木城《かみのきじょう》・山野上北城《やまのうえきたじょう》）

①所在地　阿波市市場町切幡字神ノ木
②立　地　扇状地
③時　期　戦国期
④城主等　森氏・伊澤氏
⑤遺　構　―

【概要】　三好氏の被官であった森飛騨守が拠点とし、近隣の細川氏初期守護所とされる秋月城や、細川氏の隠居所との説もある山野上《やまのうえ》城との関係が考えられる城である。

【立地】　阿讃山脈から南流する観音谷川や柿ノ木谷川などにより形成された扇状地の中央部に位置している。

城跡遠望　南より

【歴史と背景】　『古城諸将記』・『三好記』・『阿波志』などに記載があるが、これらの史料の共通点として、森飛騨守の居城であり、森氏が脇城外の合戦で戦死した後は伊澤越前守が管理し、羽柴秀吉の四国制圧の年である天正十三年（一五八五）に落城したことがうかがわれる。

細川詮春《あきはる》の居城との説があるが、これは秋月城との連携的な位置づけであったことを物語るものだろう。

【構造と評価】　東側は観音谷川、西側は柿ノ木谷川に挟まれ、両河川が天然の濠となっている。Y字状に合流する両河川をつなぐように東西方向の濠が確認され、これが南限と考えられている。

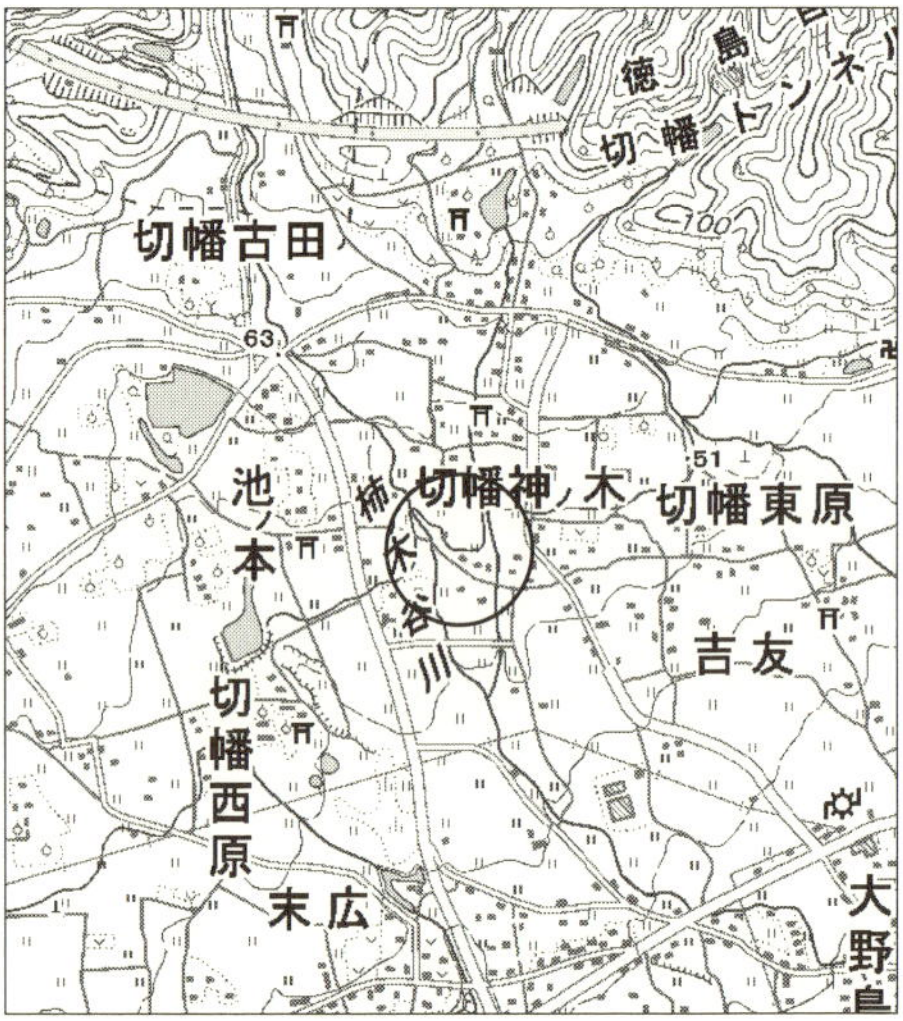

濠の北側中央部（A）、地籍図で方形の一筆（南北六六×東西二四メートル）が周辺より一メートルほど高い平坦地となっており、ここが城の中心部であったと想定できる。中央付近（B）には、凝灰岩製の五輪塔などの残片がまとめられる。やや小振りの五輪塔一二基分以上、凝灰岩製の石仏などが現在も確認できる。『市場町史』[*1]では、文化四年（一八〇七）の「阿波郡切幡村分間絵図」にみられる、二軒の屋敷地北側に柿ノ木谷へ東から合流するわずかな谷状地形を濠と捉え、北限としているが、現状は濠跡を想定できる地形痕跡をみることはできない。

平成十一年に南濠跡部分で発掘調査が行われ、東西方向で幅約六メートル・長さ七七メートル以上、深さ二～三メートルで断面逆台形の「溝」が検出された。水流による砂堆や土師質土器片、近世遺物は検出したが、構築時期は特定できていない。

〈林　泰治〉

＊1　『市場町史』（市場町史編纂委員会、一九九六年）

鎮守明神北側の切幡城跡碑

切幡城跡地籍図　『徳中城』より転載

「阿波富士」を利用した山城

# 21 日開谷城《ひがいだにじょう》

（城《じょう》が丸城《まるじょう》）

①所在地　阿波市市場町日開谷字岩野
②立　地　山頂
③時　期　南北朝期
④城主等　新田義宗・脇屋義治
⑤遺　構　曲輪・堀切

【概要】南北朝の頃、新田義宗《よしむね》（新田義貞の三男）と脇屋義治《よしはる》（義貞の弟義助《よしすけ》の子）が築いた城と伝えられており、讃岐山脈を横断して南流する日開谷《ひがいだに》川と、その東側を流れる仁賀木谷《にがきだに》川に囲まれた城王《じょうおう》山の頂上を利用した山城である。

【立地】日開谷川の東側にそびえる城王山山頂にある。城王山は南に広がる日開谷扇状地から仰ぐ山容が秀麗で、「阿波富士」とも称される。標高六三二メートルは周辺の山嶺に比べ、飛び抜けて高くはないが、吉野川流域を見下ろす位置に立地する。

山頂部は、五〇〇メートル前後の尾根が南北に約二・二キロ延びるが、日開谷川・仁賀木谷川・西仁賀木谷川によって西・南・東の三方を浸食され、いずれも急斜面となっている。西側の麓には標高二二〇メートルほどの段丘があり、ここに山と断崖で隔絶された岩野集落がある。また、日開谷・仁賀木谷沿いの街道は、讃岐との主要交通路である。

【歴史と背景】『城跡記』の記述や、[*1]『阿波志』収録の新田氏関係の伝承から、南北朝期に築かれた新田氏関連の城であることが推定される。『阿波志』によると、現地にある城王神社（新

城跡遠望　南西より

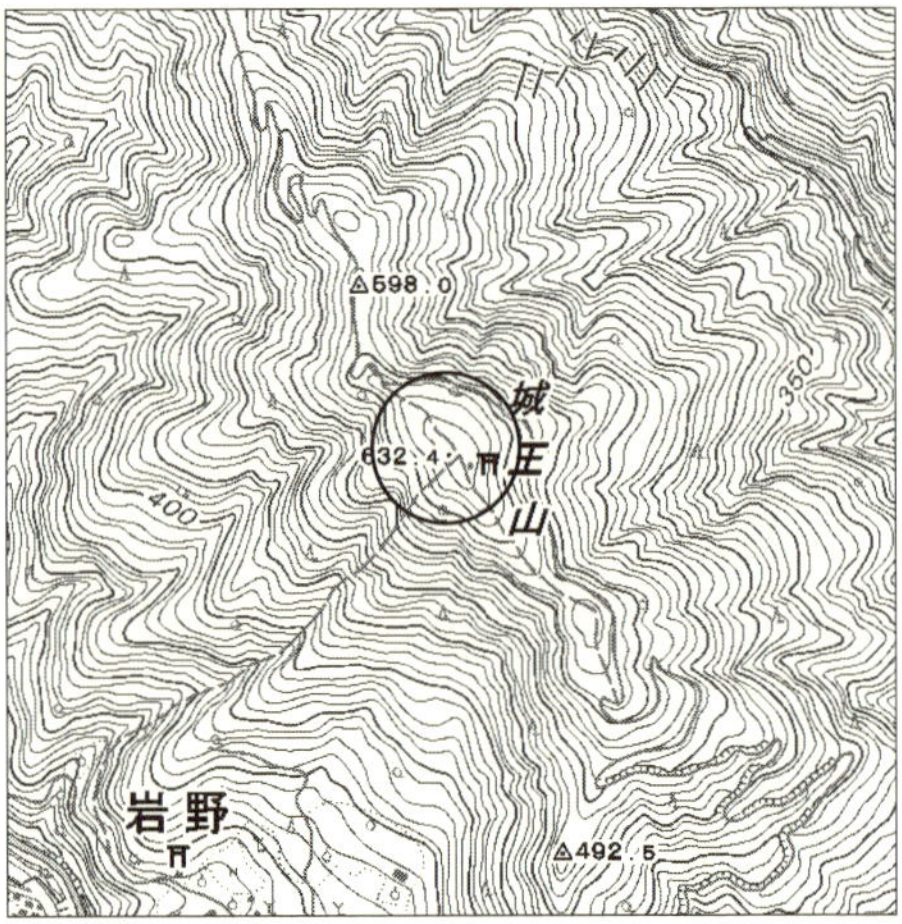


＊1「城丸城　時代不詳　日開谷村　主将新田武蔵守義宗　脇屋右衛門佐義治　自出羽ノ国当所ニ蟄居ス　後人祭其霊為神　子孫在讃州凡内郡」

田神社）には、義治の墓があり、弓矢や剣などの新田氏関係の遺物が伝わっていたようである。

【構造と評価】　城王山山頂部には城王神社があり、従来から社地部分が本丸とみなされている。城王神社の鳥居から新田池まで尾根に沿って約八〇メートル、幅約三〇メートルの平地および池の北側の一メートルほど高くなった約四〇メートルで幅約六〇メートルの平坦地はやや傾斜を持っており、自然地形そのままである。北にやや下ったところに幅約七メートルの堀切の跡がある。ここが唯一人工的な部分とされるが、現状は林道の切り通しとなっており、堀切の斜面両端を確認できない。

　神社の南側は五〇メートルあまりやや緩い傾斜がつづき、その先は尾根幅が狭く、いわゆる馬の背のような状況になる。そのさらに南側は傾斜のごく緩やかな尾根で、隼人《はやと》丸（城）ないしは小太郎丸と呼ばれる支城というが、自然地形に造作を加えた痕跡は見られない。本丸の北側または隼人丸の南側にあるという幟立丸も同様である。日開谷城は、後詰めの城といわれるが、実際に戦闘に使用されたことはなく、むしろ山容の秀麗さを利用した象徴的な存在で、伝説的要素が大きい城郭と考えられる。

〈林　泰治〉

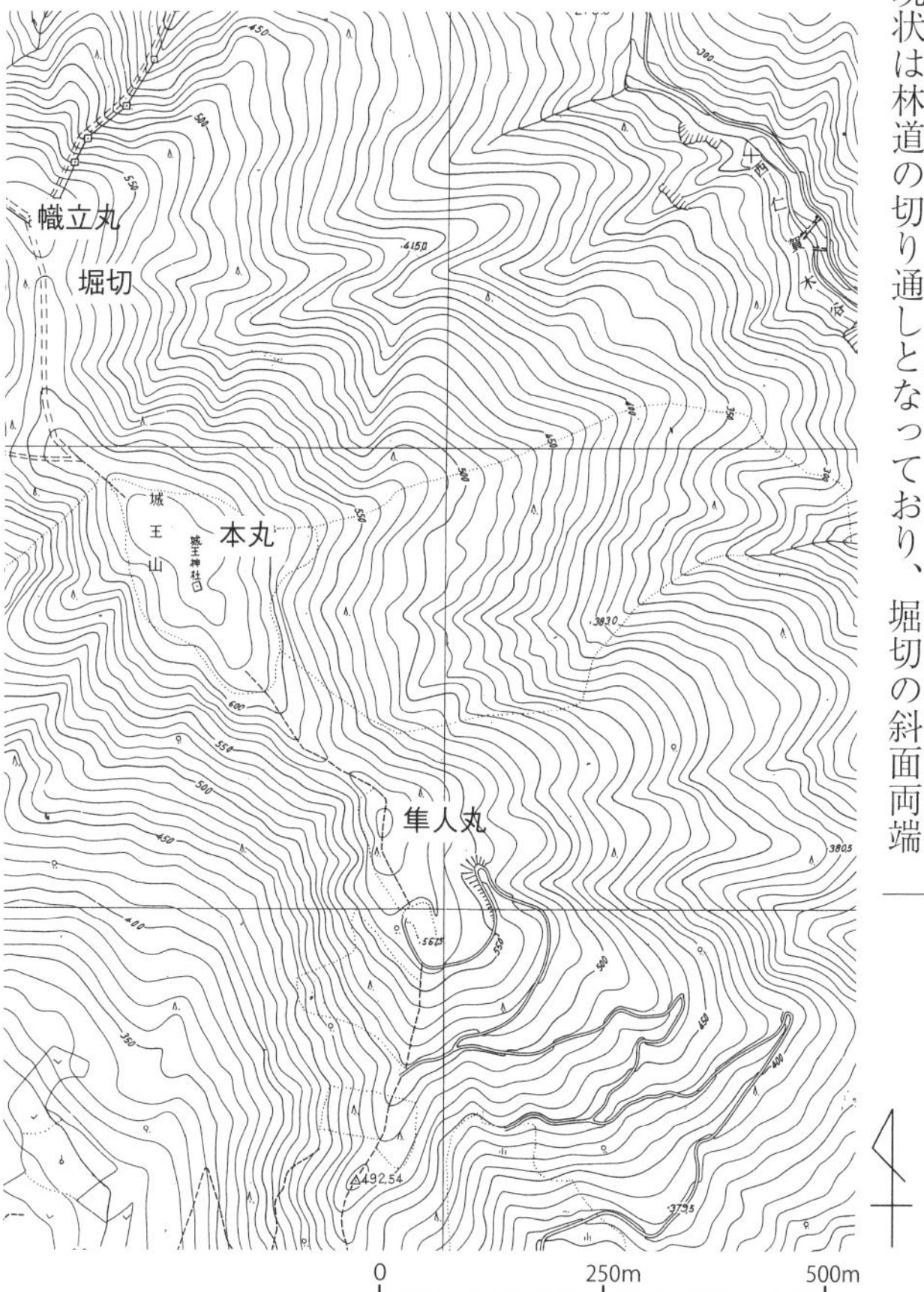


日開谷城跡周辺図　徳島県森林基本図に加筆『徳中城』より転載

讃岐方面への備え

# 22 西条東城《さいじょうひがしじょう》

【概要】　戦国期は、守護細川持隆《もちたか》や三好実休《じっきゅう》の舅である岡本美作守の居城であったとされる。江戸時代初期には阿波九城の一つとして、蜂須賀氏の重臣森監物《けんもつ》が置かれ、讃岐方面への備え、阿波郡統治の要としての役割を果たした。古絵図によると、天守台を持ち、水濠と土塁に囲まれた広大な平城であったことがわかるが、現在は田畑に埋もれ、わずかに水田の地割に濠の面影をとどめるだけである。

①所在地　阿波市吉野町西条字町口
②立　地　平野
③時　期　戦国～江戸初期
④城主等　岡本氏・森氏
⑤遺　構　—

【立地】　城跡は、吉野川の沖積平野に臨む扇状地の扇端部に位置する。南約三〇〇メートルに吉野川の旧堤防の大牛堤があり、かつては吉野川に近接していたことがわかる。

また、城の北辺は近世以来の主要道の一つである八幡街道に面しており、河川と街道を意識した占地といえる。城跡は田畑として利用され、一部は宅地となっている。城跡の西およそ一・九キロには、西条西城と呼ばれる平城跡がある。

現在の城跡　南東より

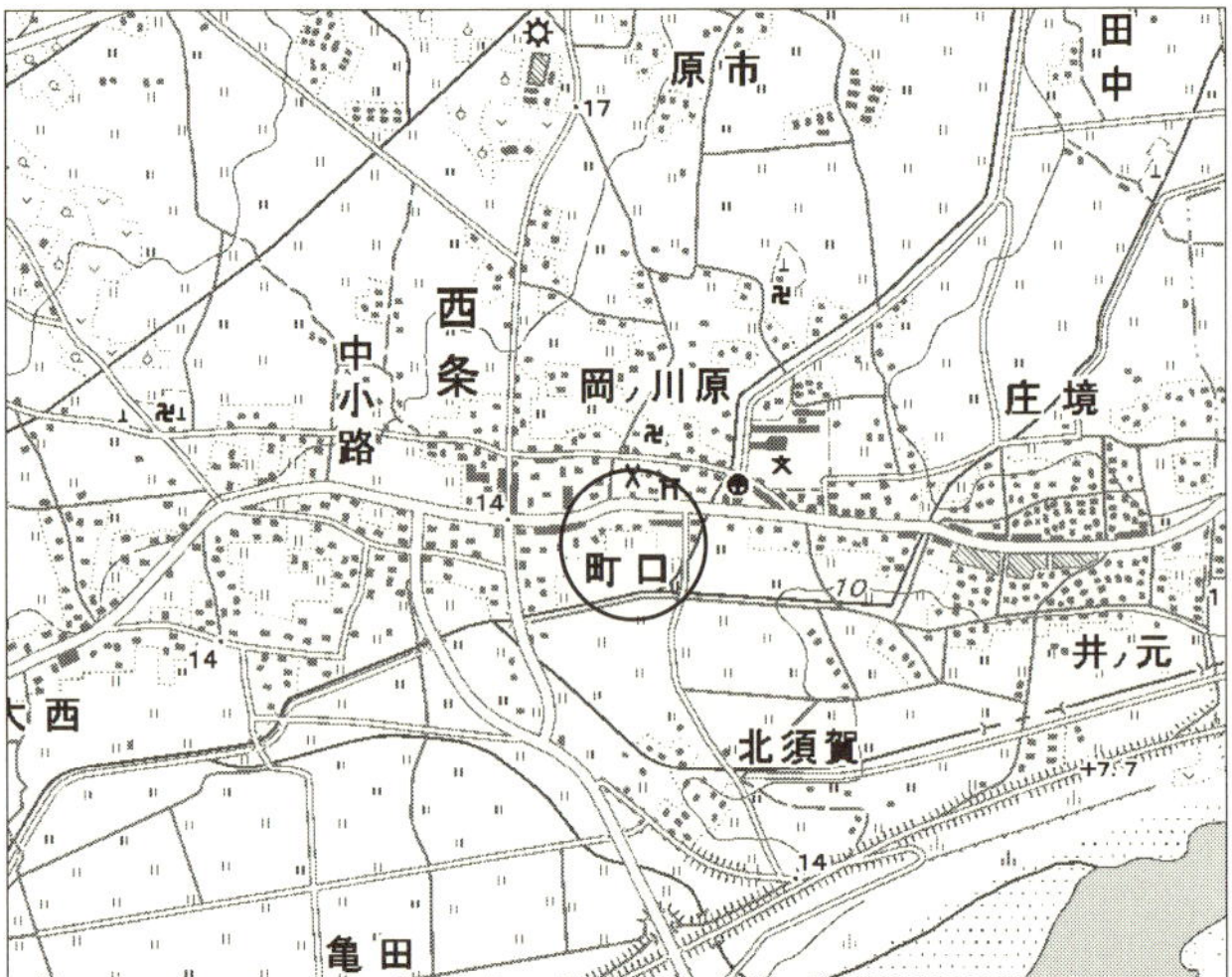

【歴史と背景】『古城諸将記』は「一西條城　西條壱岐守　佐々木氏、百五十〆、紋四ツ目結　西條城ト称ス、泰綱ノ三男長綱ノ嫡子也　一同所　岡本甚之丞　一同所　岡本美作守」と、西条西城と区別なく記載する。『城跡記』には「西條東城　右同時（天正十年落城）主将岡本美作守入道牧西　是牧西カ女、細川家へ奉仕ス　小少将局ト云、小少将真之ヲ産、後三好義賢妾トナル、大形殿ト云、長治、存保ヲ産ム、天正十四年、公、森監物ヲ置、与力ノ士三百人、以後一国一城御定ニ依テ廃セリ」として、岡本美作守と娘の小少将と細川家・三好家の係累について、また、蜂須賀入国後の阿波九城の讃岐方面の守りとして森監物を配置したことを述べる。

『阿波志』も「板野郡　堀江美濃守此に拠る或は岡本美作守と為す土塁存す天正十三年森監物之を戍り兵三百を置く九城の一也祠あり監物を祀り森神と称す」と、堀江氏の名もあげる。藩政期後半には城主、東城・西城の伝承に混乱がみられる。

【構造と評価】現在の城跡は、耕作地や宅

西条東城跡地籍図　『徳中城』より転載

地として利用され、土塁や濠などの遺構はみられない。城の構造を伝える文献としては、『板野郡村誌』に「西條東城址　本村中央字町口ニアリ境域詳ナラス村民天守臺ト唱ルモノ凡圓形ニシテ周囲拾七間直立弐間其南ニ東西参拾五間ノ堀跡アリ余ハ耕宅地トナル」と記され、天守台や濠があったことがわかる。

また、『吉野町史』に掲載される「三木家系図」の注記には「城は西条戎台の上に高櫓あり其周囲に館構えにて東西二百歩南北百五拾歩その内外に濠を繞らし大樹あり櫓の台地は高さ二丈周囲六拾歩櫓の高さは二丈五尺ありき」とし、より具体的に城の様子を記述している。天守台は後世に取り崩され、現地に建つ石碑で存在が偲ばれる程度である。

西条東城の構造については、近年、羽山久男氏が『板野郡西条村給地絵図（仮称）』（阿波市立吉野町笠井図書館蔵）の分析に基づき詳細に論じている[*1]。同絵図は、図中に記される給人[*2]の氏名から文化～天保期（一八〇四～四三年）頃の作成と推定され、筆[*3]ごとに小字名・面積・収穫高・名負人[*4]・給人などが書き込まれている。羽山氏は、絵図の地割りと現区画がほぼ一致していることから、県道宮川内牛島停車場線の東八〇～一五〇メートル付近（現在の字町口）の方形地を絵図に描かれた城跡と推定する。

絵図では、藪に囲まれた方形地と、さらにその東と南には、外郭

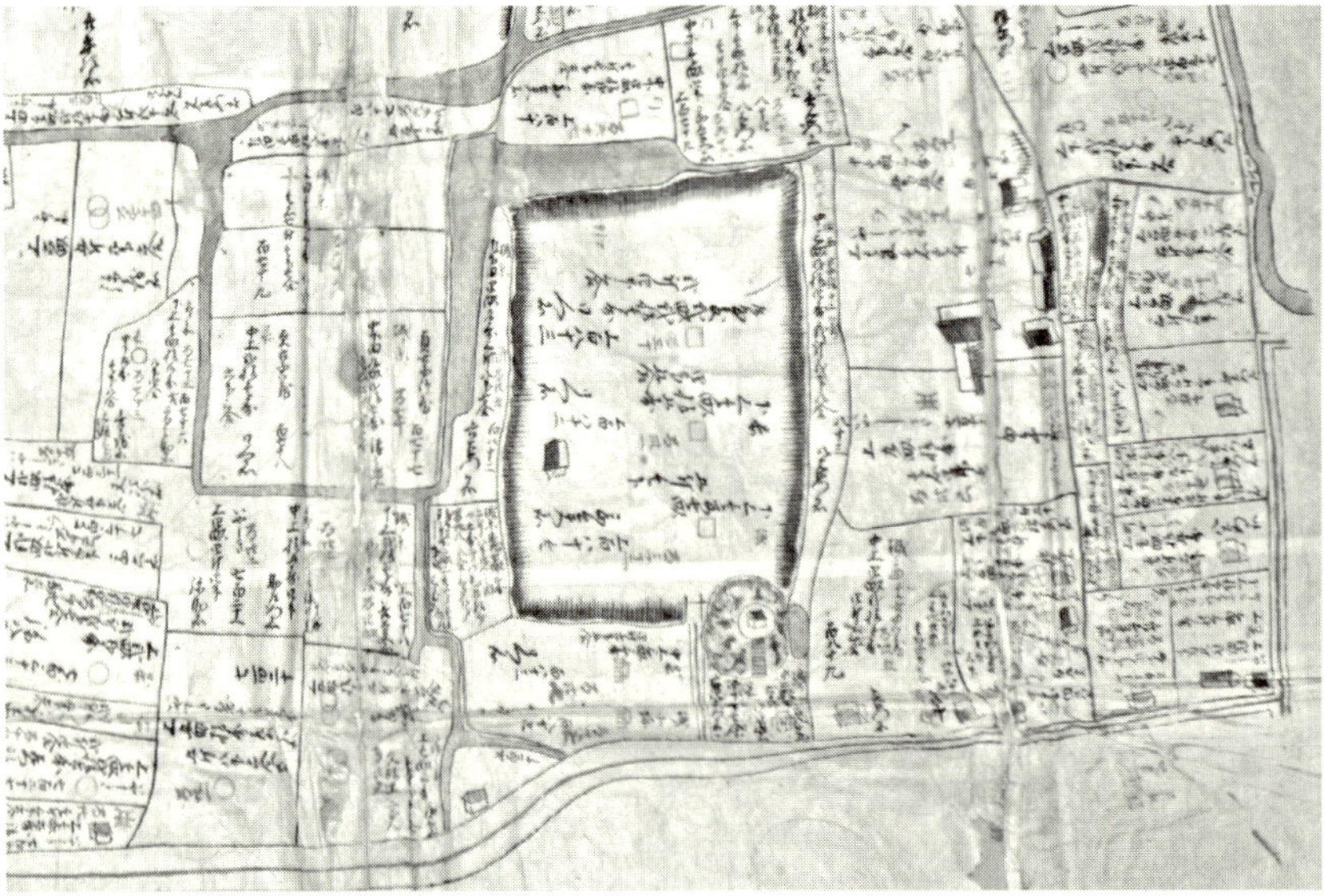

「板野郡西条村給地絵図」（部分）江戸時代後期　阿波市立吉野町笠井図書館蔵

を囲むとみられるL字形の水路が描かれる。藪に囲まれた方形地の北二筆の小字は「城」、南一筆は字「居屋敷」とあり、ここが主郭であったことをうかがわせる。さらに、天守台とみられる北西部の石段が描かれた小山には、小祠と推定できる建物があり、「城ノ北」と記される。あわせて、その隣の地は「城ノ北堀」と記される。一方、L字形の東側は「城ノ東」、藪に囲まれる方形地の西には「城ノ西」と記されている。羽山氏は、絵図に記載される各筆の面積を集計して、内郭の面積を六三六坪、外郭地の面積を五四八坪と推測した。

　文献や古絵図・地籍図の検討から想定される阿波九城時代の西条東城跡の規模は、八幡街道に面した北西隅に東西一五×南北二〇メートルの天守台を配した東西八〇×南北一三五メートルの主郭、その東側に副郭とみられる東西四五×南北六五メートルの方形区画が附属したものだと考えられる。主郭を取り囲む濠跡は、東側で幅一〇メートル、西側で一〇メートル、南側で二五メートルがその痕跡と捉えられるが、北側は宅地などで明確でない。

　平成十一年～十三年にかけて、当地から約五〇〇メートル西方の地点で県道改良工事にともない、約七〇〇〇平方メートルの発掘調査が行われ、一三～一四世紀と一六世紀の周溝屋敷地が検出されている。屋敷地を囲む溝は幅三～五メートルで、現在の水田区画もこの区画を踏襲して成立している。[*5] 城の南側でも水路・配水管埋設工事に際して、溝跡の落ち際が検出されている。こうしたことから、西条東城周辺には周溝屋敷地が連続して広がるものと推定され、城周辺の防御や城下の形態を表すものと考えられている。また、天守台跡地付近では住宅建設に際し、絵図に描かれた石段の一部が確認されており、削平された天守台の基礎部分は地下に残存しているとみられる。

〈辻　佳伸〉

＊1　羽山久男「西条東城跡の古絵図について」（『徳中城』）

＊2　給人　藩主からその土地を家禄として与えられている藩士等。

＊3　筆　田畑の区画。

＊4　名負人　検地帳に登録されている土地の所有者。

＊5　徳島県埋蔵文化財センター調査報告書第四九集『町口遺跡』、二〇〇四年

秋月城の別館

# 23 山《やま》野《の》上《うえ》城《じょう》（細川隠居《ほそかわいんきょ》城《じょう》・仏殿《ぶつでん》城《じょう》）

①所在地　阿波市市場町山野上字中山
②立　地　扇状地扇端の段丘面先端部
③時　期　南北朝・室町期
④城主等　細川頼春・細川頼之
⑤遺　構　曲輪・堀

【概要】　秋月城の別館または出城として、建武三年（一三三六）に阿波に入国した細川和氏の弟・細川頼春によって築かれたと伝えられている城で、細川隠居城・仏殿城とも呼ばれている。当城の北北東約一・七キロには秋月城が所在し、西〇・八キロには当城と同じ立地環境の香美《かがみ》城がある。

【立地】　阿讃山脈から生じた扇状地の扇端付近に形成された、段丘面先端に位置している。南側は約五メートルの段丘崖で、その先には沖積平野と吉野川を眺望することができる。

【歴史と背景】　『阿波志』に「山塁 山上村に在り細川某拠る所」と記され、明治初年にまとめられ写本として残った『阿波郡風土記』には、「屋形跡 細川氏屋形ありし跡と里人言い伝えり」、「土人は此の所を隠居屋形ともいえり」と記載される。隠居屋形とは、康暦元年（一三七九）の康暦の政変で失脚した管領細川頼之が、一族を連れて領国の四国へ下ってから、足利義満に赦免されたのち、明徳二年（一三九一）に管領となった弟の頼元の後見として幕政に復帰するまでの間、この地で閑居していたと伝えられているもので、細川隠居城とも呼ばれている。

段丘崖下　南西より

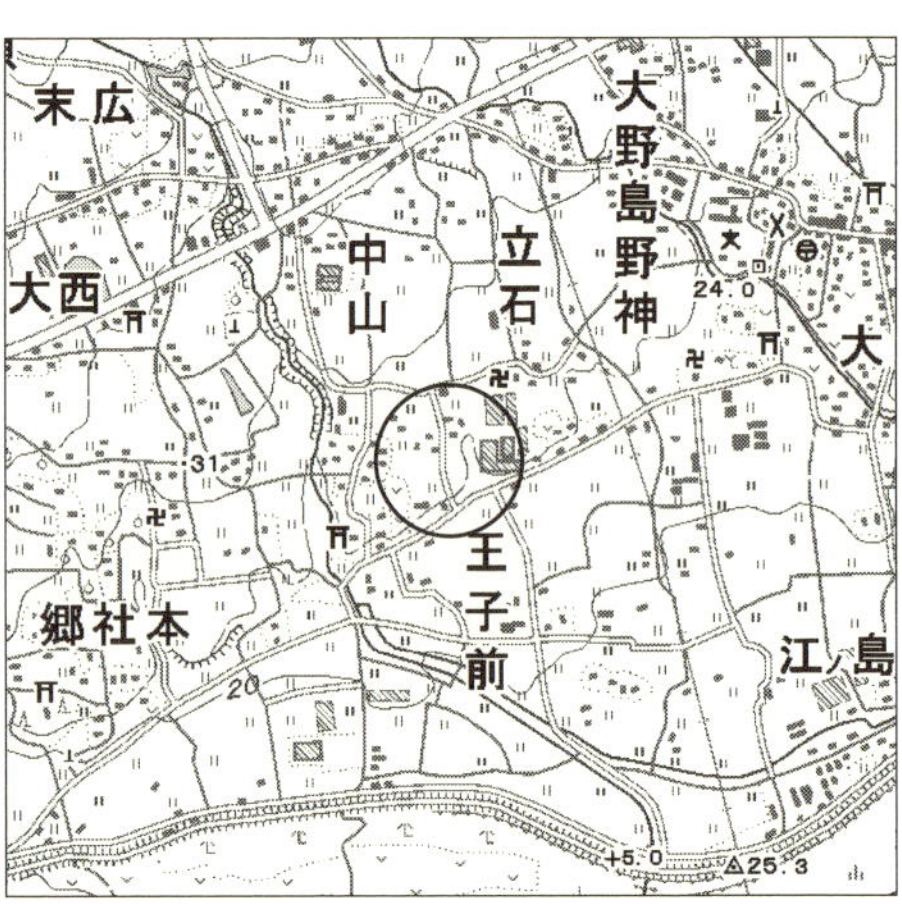

また、もう一つの別称である仏殿城は、当城から鬼門の方角にある仏殿庵に由来する。仏殿庵は、頼春の位牌と守本尊の如意輪《にょいりん》観音像を祀る持仏堂《じぶつどう》（仏殿）で、かつては「明月山阿定坊梵光寺」と称され、雄大な伽藍を持った禅宗寺院であったと思われる。梵光寺《ぼんこうじ》は、秋月荘の総鎮守といわれる秋月八幡宮（現市場町八幡字町屋敷の八幡神社）の別当寺《べっとうじ》として、暦応年間（一三三八～四二）に細川頼春が再興し、子の守格《しゅかく》を住職にしたとされる。同庵が所蔵する手水鉢には「寛文四甲辰年梵光寺観音御寶前手洗鉢」とあり、少なくとも寛文四年（一六六四）頃までは「梵光寺」の寺名が使われていた。

現存する八幡宮の梵鐘（広島県尾道市の耕三寺博物館所蔵）は、応永二年（一三九五）に奉納され、四十年後の永享七年（一四三五）に再鋳されたもので、銘文には大壇那《おおだんな》として「梵光寺 守格」「右京大夫 頼元」「兵部少輔 義之」の名を見ることができる。

**【構造と評価】**『阿波郡村誌』には「東西二十三間・南北四十五間、南断崖数仭、東北西の三方堀をめぐらし、北西塁尚存す」と記されている。また、当時の状況を示す地籍図では、東・北・西に幅五から一二メートル程度の細長い筆が、曲輪に相当する二筆（約八〇×四〇メートル）を取り囲む様子を確認でき、東側の谷には池や水路が描かれ、西・

縄張り図　作図：辻佳伸　『徳中城』より転載

北は堀・土塁と思われる痕跡が見られるが、のちの改変の影響もあり現在の姿は異なっている。

当城は南側が段丘崖、東側は開析谷による天然の堀に囲まれている。昭和三十年頃までは、東側斜面に凝灰岩製の五輪塔及びその残片が四ヵ所で一から数基ずつ残り、城跡の東南にあった池は深く水をたたえ、樹木はうっそうと茂っていた。現在は、堀や池は水路改修によってコンクリート水路となり、五輪塔もほとんど失われて昔の面影を残していない。北側にも谷部と同じ標高の耕作地があり、北堀に相当する（A）。北堀Aの西にある竹藪と曲輪Ⅰとの間には東流する水路があり、北堀の痕跡と考えられる。

西側には、文献や地籍図から土塁や西堀の存在が推定されている。大正末期には西北に高さ約三メートル、幅約六メートルほどの小山と、その外側に堀があったが、小山の土で堀を埋めたと伝えられている。昭和三十年頃までは、西側中央部に高さ約二メートル・幅約二メートルほどの土塁の一部と思われるものが残されていたが、今は水田となっている。現在、西堀や土塁に相当する部分は南北道路となっているため、痕跡は認められない。

このように、東西南北を谷や水路などに囲まれた二枚の耕作地が曲輪に相当し、北側の曲輪Ⅰは南側の曲輪Ⅱより〇・五メートルほど高くなっている。

当城の鬼門に位置する仏殿庵から南に下る坂は「門所坂」と呼ばれ、城門があった場所という。仏殿庵北方約一八〇メートルには通称「五輪」と呼ばれる里道交差点があり、その東側谷部に凝灰岩製の水輪と基壇石があったが、昭和六十一年完成の圃場整備を契機に県道十二号と柿ノ木谷川が交差する北側にある北谷と呼ばれる墓地に移された。当城は周辺地形や梵光寺を鬼門に置くことなどから、寺院と一体となった城館といえる。また、当地周辺の伊月から香美にかけて十六基の板碑が残り、うち紀年銘のある板碑十二基はいずれも南北朝時代のものである。〈林　泰治〉

仏殿庵　南より

曲輪Ⅰ・Ⅱ　南西より

上桜合戦の舞台となった城

# 24 上桜城《うえざくらじょう》

①所在地　吉野川市川島町桑村字植桜
②立　地　尾根筋頂部
③時　期　戦国期
④城主等　篠原長房
⑤遺　構　曲輪・土塁・堀切

【概要】 阿波戦国史の一つの画期である、上桜合戦の舞台となった城だ。曲輪などの残りも良く、昭和五十七年三月五日に川島町（現吉野川市）の指定史跡となり、昭和六十三年六月二日に徳島県の指定史跡となった。

【立地】 吉野川市川島町と美郷の境界となる山塊から北に延びた標高一四二メートルの尾根上に位置する。北面は吉野川中流域の平野部を見下ろし、四国三郎と称される吉野川を挟んで、対岸には阿讃山脈を望む。東面は吉野川の河口付近まで俯瞰できる。

城跡遠望　川島城・城山岩ノ鼻より

【歴史と背景】 築城年代は不明だが、戦国期には篠原長房の居城であった。篠原氏は、『故城記』・『城跡記』・『三好記』によると、木津城（鳴門市）、今切城（徳島市）、山口城（東みよし町）を一族で支配していたとされるが、出自は不詳である。篠原一族の中でも上桜城主であった篠原長房は、三好長慶の弟・三好実休に仕え、実休の死後も分国法である『新加制式』*1を制定するなど、阿波三好家の中心的な役割を果たした。

しかし、長房に反発する勢力も生まれてきており、また反信長であった阿波三好家が方針を変更し、信長と結ぶ動きを見せ

＊1　『新加制式』　三好氏の分国法で、実休が討ち死にした永禄五年（一五六二）から長房敗死の天正元年（一五七三）までの間に制定されたと推定されている。分国法というよりは家臣を対象とした家中法の性格が強い（勝俣鎮夫「新加制式」『国史大辞典』七、吉川弘文館、一九八六年）。

たことで反信長の主戦派であった長房は孤立することとなった。そして、ついに天正元年（元亀四年〈一五七三〉）に守護細川真之や三好長治らにより上桜城は攻め落とされた。これが上桜合戦（川島合戦）である。信長を中心とする広範な地域を巻き込む大規模な戦争の一端であり、以後、長宗我部氏の侵攻など、阿波が戦国乱世に巻き込まれるきっかけとなる。

**【構造と評価】**　昭和四十九年に国営の「麻植《おえ》パイロット開拓事業」によって切り開かれた道路（以下「麻植パイロット道」とする）沿いに設置されている城跡の説明看板横の尾根づたいの道を北東に進むと、上桜城の通称本丸がある。本丸は東西に長い二段の曲輪からなり、最高所の主郭Ⅰは東西二七×南北一七メートルで、東側に平入りの虎口を設ける。主郭西側の防御は、高さ三メートルの櫓台の下部に小曲輪を配し、尾根続きを堀切で遮断する。主郭南側には帯曲輪を廻らせる。南の尾根から主郭に入るには、堀切の際を抜け、帯曲輪の虎口を通り、大きく折れて主郭に達することになる。

現在、本丸は展望台として整備されており、祠が設置されている。本丸からは、北面に吉野川市の平野部を俯瞰し、吉野川を挟んで対岸には阿讃山脈を望む。水運路である吉野川と陸運路である伊予街道を一度に見渡せる眺望である。東面

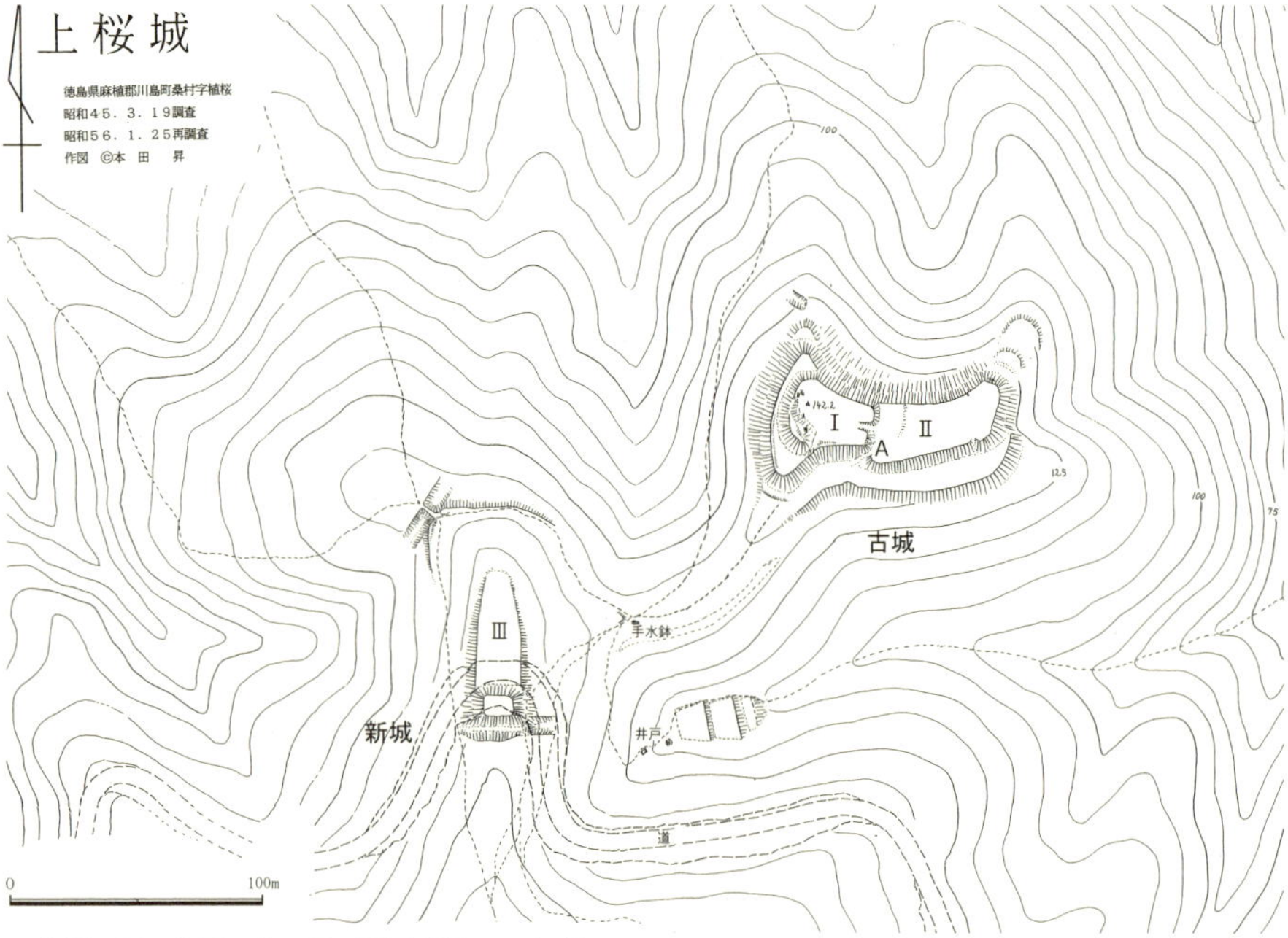


縄張り図　作図：本田昇　『徳中城』より転載

は、吉野川河口付近までを見渡すことができる。麻植パイロット道から本丸へ向かう尾根の途中には、石製の手水鉢がある。上桜城へ進入する各道は、この手水鉢の地点で交差する。手水鉢から南の斜面を下ると古井戸がある。

通称西の丸は、南北に長い一段の曲輪と櫓台からなる。曲輪の北側斜面を下ると、土橋をともなう堀切があり、稜線に沿うように小規模な土塁が残る。曲輪の南端と櫓台の南斜面を除く大部分は麻植パイロット道により切り崩されているが、本田昇氏の記録による復元で、破壊を受ける前は、曲輪は南北四〇×東西一四メートルの単郭であり、櫓台は東西一〇×南北八メートルであったことがわかっている。櫓台の後方尾根は、幅約八メートルの堀切状の遺構で遮断されているが、城にともなう遺構であるかは不明である。『麻植郡誌』には、櫓台は約四メートルの高さであったと記録されている。

本田昇氏は、上桜城の本丸は単独で成立しているいっぽうで、西の丸は西側の防御に特化した構造になっていることから、本丸の弱点である尾根続きの防御機能を補うために拡張された部分が西の丸であるとし、本丸を「古城」、西の丸を「新城」とした。加えて本田氏は、曲線的な造りである本丸に対して、西の丸の直線的な造りや土橋をともなった堀切に三好氏時代の城の特徴を見出し、篠原長房が三好長治からの攻撃に備えた急造の施設であると推定している。なお、篠原氏の居館については不明である。

〈井形玲美〉

西の丸櫓台の一部　北東より

西の丸堀切　南東より

西の丸　南より

上桜合戦の功績の証

# 25 川《かわ》島《しま》城《じょう》

①所在地　吉野川市川島町字城山
②立　地　丘陵突端部
③時　期　戦国末期～近世
④城主等　林図書助能勝（道感）
⑤遺　構　曲輪

【概要】　天正元年（一五七三）の上桜合戦で功績のあった河島兵衛之進が、三好氏から領地を与えられて築城したと伝えられる。蜂須賀氏の入部後は、徳島城の支城である阿波九城の一つとなり、林図書助能勝《よしかつ》（道感《どうかん》）が城番を務めた。遺跡は後世の開発により大きく改変されているが、昭和五十七年三月十五日に川島町（現吉野川市）指定史跡となった。

【立地】　標高四〇メートルの丘陵（以下、「城山」とする）に立地する。北麓は吉野川中流域右岸に面し、船着き場に適する湾入した地形である。また、南麓は伊予街道に面し、水陸ともに交通の要衝であった。

城山遠望　北より

【歴史と背景】　築城時期は不明だが、天正元年の上桜合戦で功績のあった河島兵衛之進が、三好氏から二〇〇貫の領地を与えられ築城したといわれる。南の上桜城に対して、「北の城」と呼ばれていた。[*1] 兵衛之進は天正七年十二月に脇城外の合戦で矢野駿河守・森飛驒守や麻植郡の諸将とともに討ち死にしたとされる。[*2] 天正十三年に羽柴秀吉から阿波を拝領した蜂須賀家政は、川島城を徳島城の支城である阿波九城の一つと

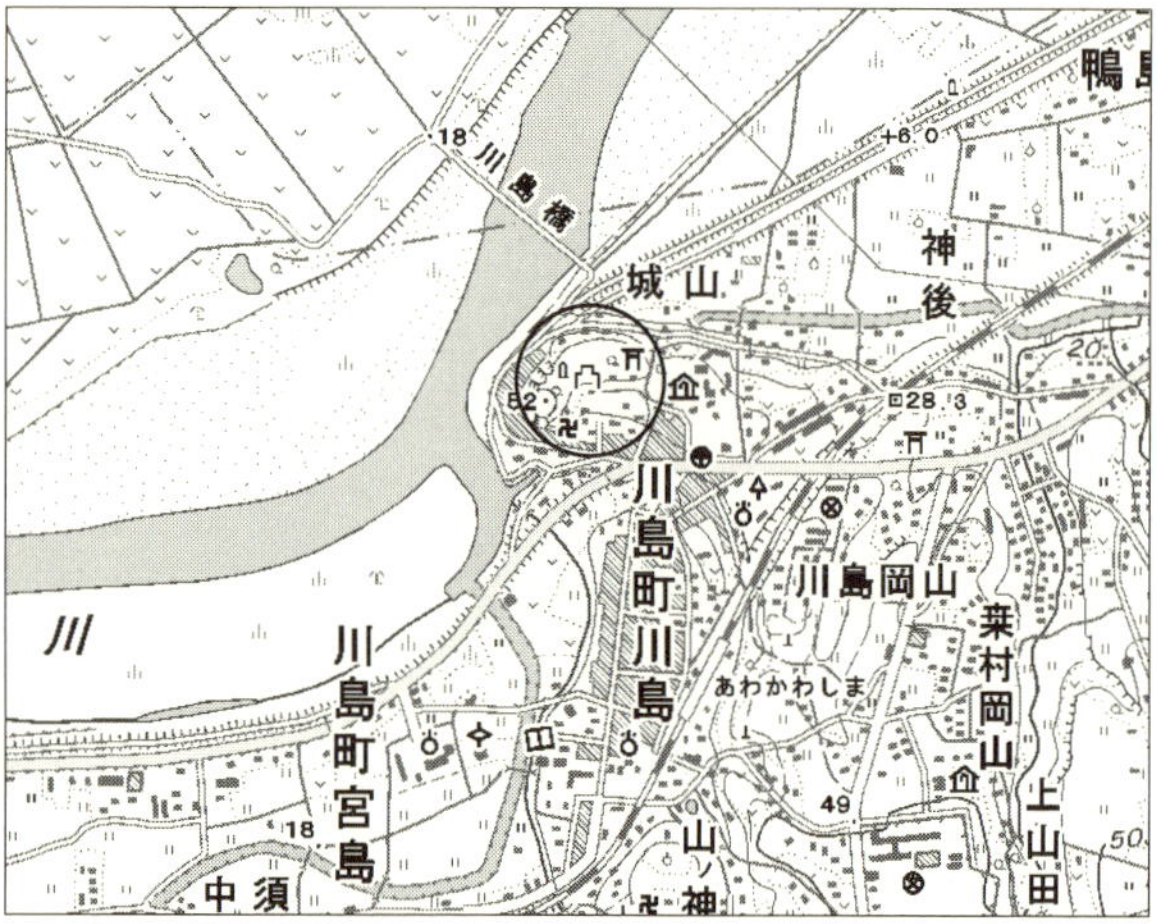


＊1　『川島町史』（川島町史編集委員会、一九八二年）
＊2　『古城諸将記』
＊3　『蜂須賀治世記』
＊4　『阿波志』・『古城諸将記』・『阿淡年表秘録』

し、「上郡筋路の押」[*3]として与力の林能勝に兵三〇〇を付けて城番とした。[*4]能勝は、武市《たけち》常三《じょうさん》とともに徳島城の縄張りを担当していたことでも知られる。阿波九城は、幕命による藩の政策により寛永十五年（一六三八）に廃城となった。

国道一九二号沿いの川島神社参道入り口にある石製の鳥居をくぐり、北に向かう坂道を進むと右手に見える層塔式の模擬天守は、昭和五十六年に勤労野外活動センターとして建設された建物である。城跡は、模擬天守がある丘陵西端一帯の城山に展開する。

**【構造と評価】**『麻植郡村誌』には、頂上に本丸、つづいて二ノ丸、

上：主郭　東より　下：主郭南廻りの帯曲輪　北より

縄張り図　作図：辻佳伸　『徳中城』より転載

曲輪Ⅱ　南より

曲輪Ⅲ　南より

城山の川島神社境内を西に進むと、「道感原」と呼ばれる高台に向かう階段がある。階段の両端は段状に削平され、段の外面を石積みが覆っているが、これは廃城以降のものと考えられる。石積みの一部には礎石が組み込まれている。これは、川島城から南東約五〇〇メートル付近にあったと伝わる古代寺院・大日寺《だいにち》のものであるとの伝承がある。大日寺の推定寺域内では、平成二十四年から平成二十七年にかけて吉野川市教育委員会による発掘調査が行われ、寺院金堂跡とみられる遺跡が見つかっている。[*5]

「道感原」西端の一段高い東西一三×南北八メートルの範囲が本丸（主郭Ⅰ）と考えられる。ただし、廃城以降の石材採取により地形は大きく改変されており、北西側が削られているため、正確な範囲は不明である。主郭北西部分は現在「青石」の岩盤が露出しており、通称「岩ノ鼻」

三ノ丸があったと記され、川島城は大きく三つの曲輪で構成されていたことがわかる。しかし、遺構は大きく改変されており、曲輪相互の関係性を述べることは難しい。そのため、ここでは現存するとみられる曲輪の現状に即して述べることとする。

＊5　『大日寺跡』（吉野川市教育委員会、二〇一五年）、『川島廃寺跡』（吉野川市教育委員会、二〇一六年）

という。主郭南東側の切岸は良好に残っている。切岸の裾は、ミニ四国八八ヶ所により若干破壊されているが、一定の幅を持つことから、本来は主郭南廻りの帯曲輪であったとみられる。主郭から東に一段下がった平坦地には、大正十三年（一九二四）建立の忠魂碑がある。ここも北側は削られて消滅しているが、主郭南の帯曲輪と連なる一連の曲輪で二ノ丸（曲輪Ⅱ）に相当すると推定される。曲輪Ⅱ直下には、真福寺や城山稲荷神社がある。真福寺は、天正年間の兵火により焼失した大日寺の本尊を移して河島兵衛之進が建立したとされる。境内には貞治五年（一三六六）や永和、応永年間の板碑及び凝灰岩製五輪塔がある。川島神社の社殿西隣の高まりは三ノ丸（曲輪Ⅲ）と考えられるが、川島神社の造成で大きく削られている。曲輪Ⅲ東方の南北道は、川島城の東の空堀跡とされる。

川島城南麓の伊予街道沿いに形成された城下町は、当地が水陸ともに交通の要衝であったことから、廃城後も郷町川島として発展した。江戸後期の川島城跡の状況は、「麻植郡川島町全図」に記されている。

〈井形玲美〉

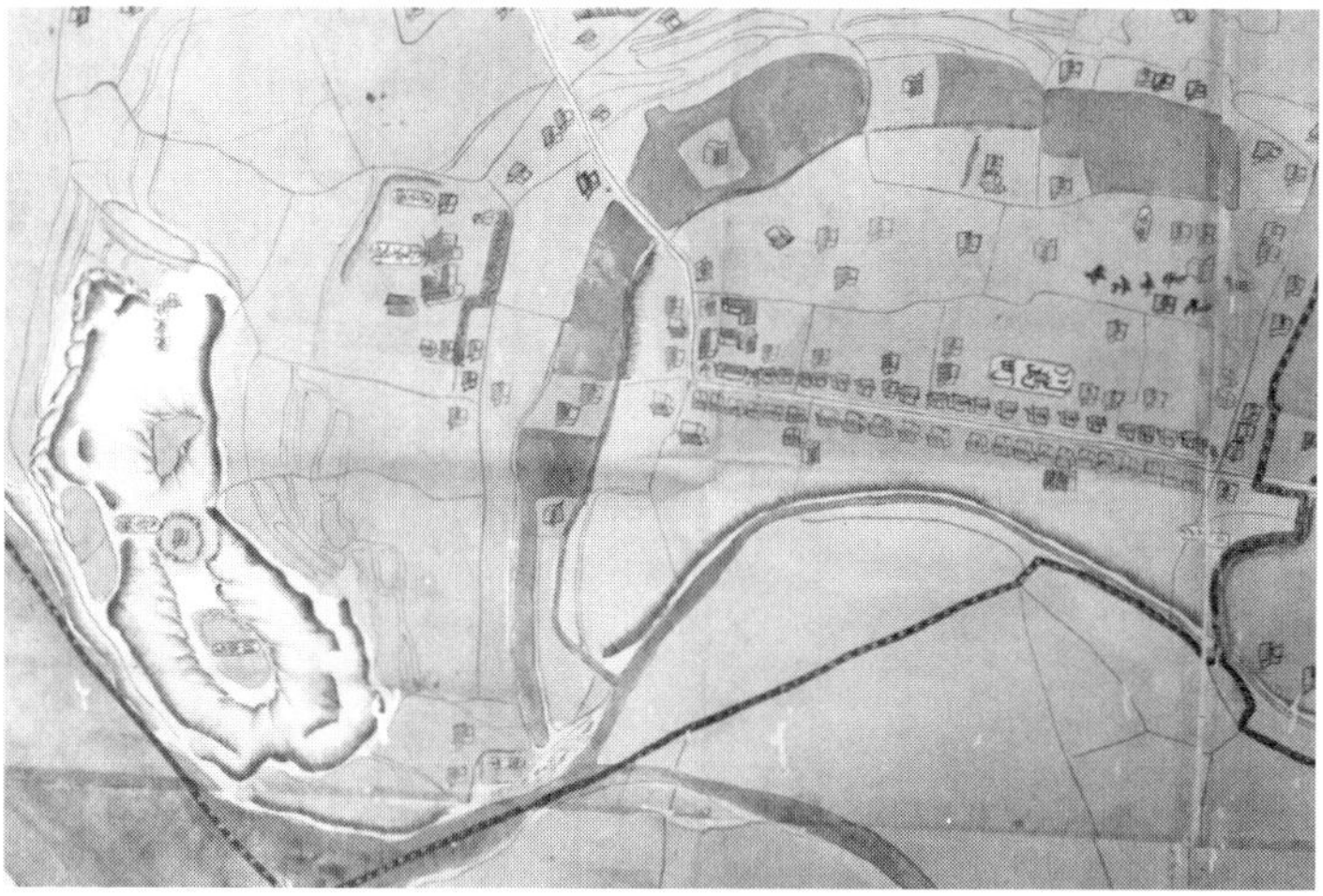

川島城跡と郷町川島　「麻植郡川島町全図」（部分）　徳島県立図書館蔵

城山稲荷神社

板碑・五輪塔群

田口成良の根拠地とされる平地城館

# 26 桜《さくら》間《ま》城《じょう》

①所在地　名西郡石井町高川原字桜間
②立　地　沖積平野
③時　期　平安～鎌倉期
④城主等　田口成良
⑤遺　構　地割

【概要】源平合戦で重要な役割を果たした田口成良《たぐちしげよし》の根拠地とされる平地城館である。現在では痕跡はほとんど残らないが、地名や地籍図などから城館の範囲が推定されている。

【立地】城館の痕跡がほとんど残らず、正確な範囲や構造は不明だが、地名や地籍図の検討からおおよその位置が推定されており、石井町と徳島市国府町の境界に接した標高六・五メートル前後の沖積地に立地していたと考えられる。阿波国府から約二キロの地点にあり、阿波国府を中心に展開する条理地割りが周辺にも認められる。[*1]『慶長九年御帳』[*2]の名西郡桜間村のくだりには、「城」・「との屋敷」・「的場」・「城北」・「北出口」など、城館に関連するとみられる地名が列記されている。

【歴史と背景】寛文四年（一六六四）以降の江戸前期成立とみられる『城跡記』や、文化十二年（一八一五）成立の『阿波志』では、桜間行直《ゆきなお》の子・田口成良の拠点と記されている。桜間行直は阿波国司の系統を引くとされる人物で、阿波民部太夫を務めた田口成良も、桜間にとどまらない範囲を勢力下においていた阿波の有力土豪であった。源平合戦では水軍を率いて平氏を助け、福原の港建設や屋島の内裏造営などに携わったとされ、『平家物語』や『源平盛衰記』、『吾妻鏡』などにその名が見える。推定地の南方にある八幡神社には、田口成良の墓といわれる鎌倉時代の

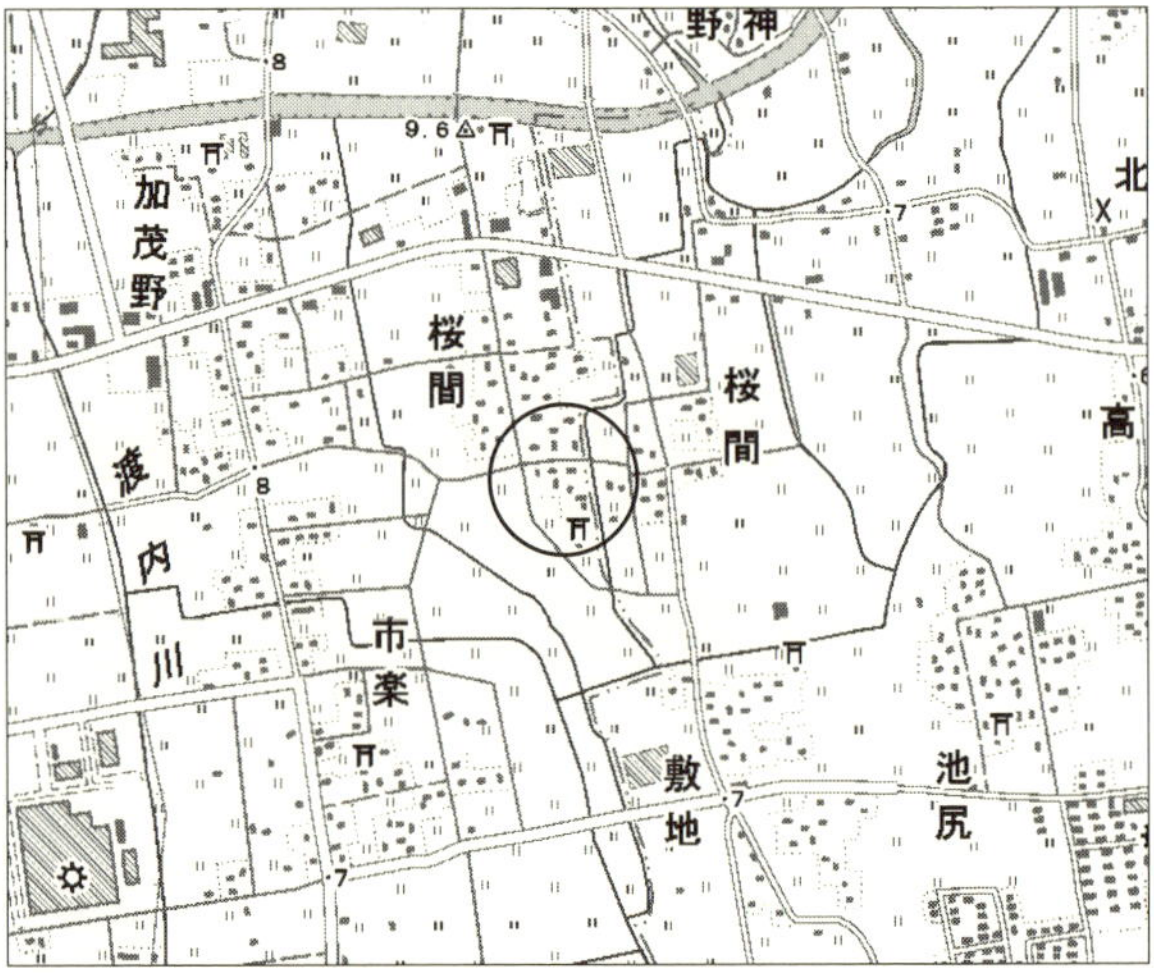


＊1　北から西に一〇度振った方角を主軸とする。

＊2　江戸末期～明治初頭頃の成立とされる『村邑見聞言上録』に収載。

五輪塔があり、『村邑見聞言上録』によると、嘉暦元年（一三二六）の紀年銘が刻まれていたという。

【構造と評価】　地籍図をみると、字「城」付近に水路や畑などの細長い地割で囲まれた東西一一〇×南北一二〇メートルの方形区画が認められる。方形区画内部でもコの字形の地割があり、小区画の存在をうかがわせる。北側の字「桜」も字「城」同様に水路や長方形地割に囲まれており、城館範囲の一部と考えられる。さらに、字「桜」の北側および字「城」の南側にも細長い長方形地割が東西方向にあり、これらが桜間城の北限および南限の可能性が高い。そして、東西の範囲は字「城」「桜」の東西幅とみて、これらを含む南北三四〇×東西一八〇メートルの範囲が桜間城の範囲と推定される。

当該範囲は、現地踏査が行なわれたのみで発掘調査などはされていないため、正確な城館範囲や年代は不明である。

〈壱岐一哉〉

八幡神社の五輪塔　田口成良の墓か

桜間城跡地籍図　『徳中城』より転載

特徴的な同心円状の曲輪をもつ山城

# 27 鳥《とっ》坂《さか》城《じょう》

①所在地　名西郡石井町石井字石井
②立　地　尾根先端部
③時　期　戦国期
④城主等　不明
⑤遺　構　曲輪・堀切

**【概要】** 伊予街道の要所を押さえる地に築かれた、同心円状の曲輪をもつ山城である。古い文献では、鎌倉期に阿波国守護を務めた佐々木経高《つねたか》＊1の守護所とされてきたが、構造的には戦国期の長宗我部氏の阿波侵攻にともなう城郭とみられる。

**【立地】** 石井町の南辺は前山山塊により画され、東端の最高所が徳島市国府町の平野を東に臨む気延山《きのべやま》である。鳥坂城は、気延山から北に延びる尾根の北端に隆起する茶臼山《ちゃうすやま》の山頂、標高七二メートルの地点に立地し、地元では茶臼山城とも別称されている。茶臼山の東麓は、国府町から東進してきた伊予街道が前山山塊に突き当たり、尾根の鞍部を越える鳥坂越という道になっており、交通の面でも要所にある。

城跡遠望

**【歴史と背景】** 寛文四年（一六六四）以降の江戸前期成立とみられる『城跡記』や、文化十二年（一八一五）成立の『阿波志』では、鎌倉初期に阿波国守護を務めた佐々木経高が当該地付近に守護所を置いたという伝承にもとづき、経高を城主としている。また、その他の古い文献にみえる情報として、文化九年の『名西郡分間郡図』の「茶臼山」付近に「古城」と記されるほか、文久二年（一八六二）の『名西郡白鳥村絵図』には同心円状の曲輪が描かれ、「古城跡」

＊1　佐々木経高は源頼朝の挙兵に従い、他の兄弟たちとともに頼朝に仕え、阿波・淡路・土佐の三ヶ国守護に任じられた。承久の乱では官軍に与し、宇治川の戦いで敗北、自害した。

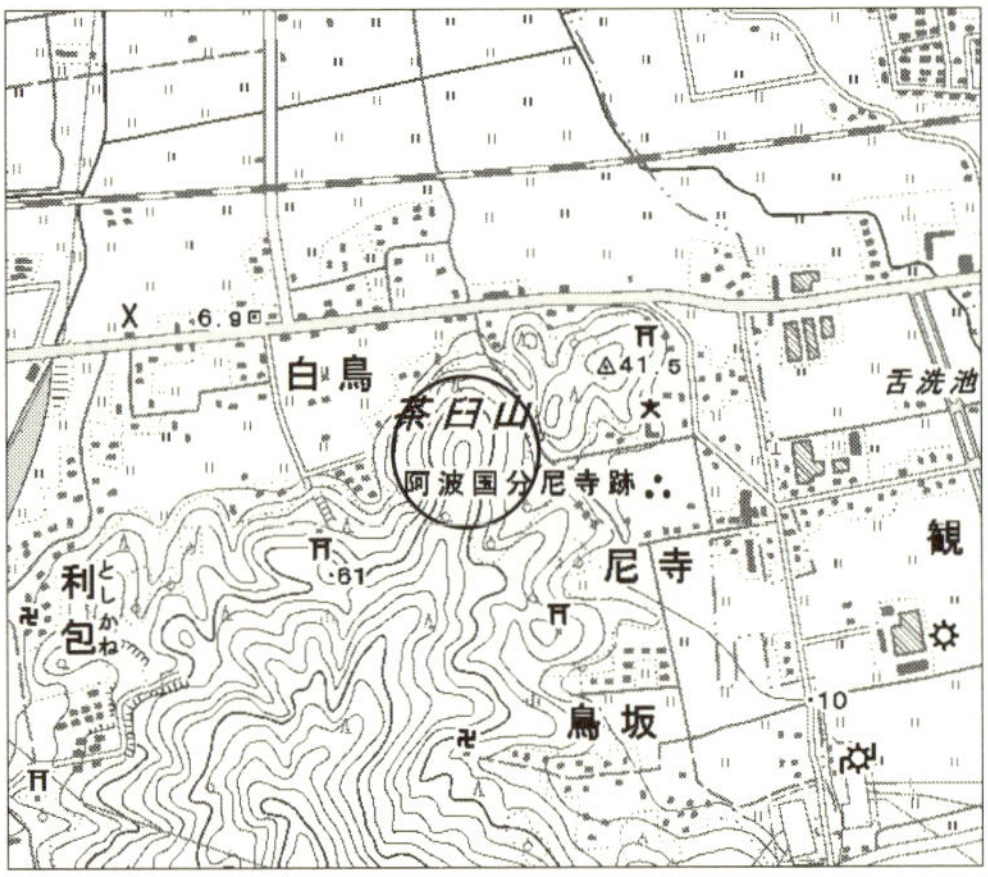

と記されるなど、近世から特徴的な地形をもつ山城と認識されていた。『阿波志』では、承久年間（一二一九～一二二二）に落城したとされている。『城跡記』ではより詳しく記述される。文治元年（一一八五）に阿波国・淡路国・土佐国の三ヶ国守護となった佐々木経高が築城し居住していたが、正治二年（一二〇〇）に守護を解任され、官軍として参戦した承久の乱の際に自害し、経高の残党も鳥坂城を追われ、現在の神山町鬼籠野の弓折で自害したとされる。このうち、経高が守護解任から自害へ至るくだりは『吾妻鏡』の記述とほぼ一致し、これに現地の鳥坂城落城伝承が付加されたと考えられる。これらの記述から、鳥坂城の城主は佐々木経高と見なされていたが、現地の遺構は切岸を多用し、複雑な構造を有するので明らかに戦国期の所産とみられ、鎌倉期の城郭とすることは困難である。

古い文献が佐々木経高城主説をとっているために、戦国期城郭としての鳥坂城の性格は明らかではないが、当時の情勢を考えると、鳥坂城が一宮城の北、長宗我部氏の阿波侵攻ルート上に立地することが注目される。長宗我部氏・三好氏のいずれの拠点であったかは定かでないが、阿波をめぐる攻防で重要な役割を果たし

堀切

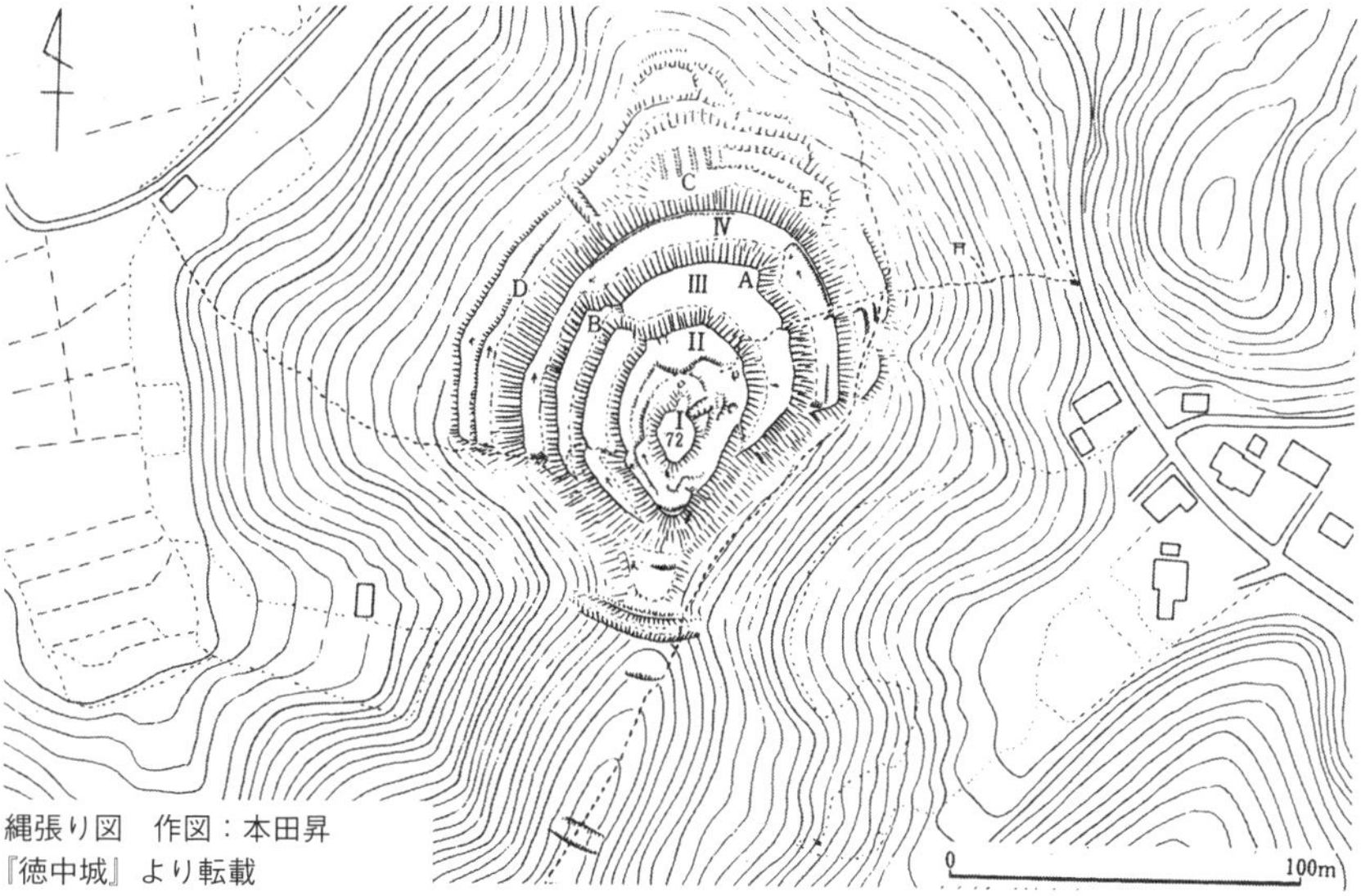


縄張り図　作図：本田昇
『徳中城』より転載

た城郭であっただろう。

**【構造と評価】**『名西郡白鳥村絵図』にも描かれているとおり、鳥坂城は山頂部の主郭を中心として、周囲に帯曲輪を同心円状に巡らせる構造をもつ。徳島県内では阿南市の畑山城（本書No.54）や花面城に類似する縄張りがみとめられるほかは類例がなく、鳥坂城の特徴となっている。最高所に設けられた直径一〇メートルほどの不整楕円形の小規模な平坦面が主郭で、東側は横穴状にえぐられており、岩を切り出した痕跡とみられる。主郭の南側は比高差一二メートルに達する急峻な切岸で、そのすぐ南に痩せ尾根を分断するかたちで三条の堀切が切られ、さらに四〇メートル南に一条の堀切を切ることで、後背となる南の山側からの侵入を防いでいる。北側には帯曲輪が主郭の北半をとりまくように最大四段が展開し、切岸により明確に段を造りだしている。四段目の曲輪が七から一二メートルの高さをもつ急峻な切岸をもつほか、三段目の曲輪には横矢掛かりとみられる小規模な張り出しが認められ、全体のつくりとしては北側への防御が意識されている。四段目の曲輪より下側の斜面にも段状地形や連続竪堀状の地形が見られるが、いずれも四段目までの曲輪と比べて地形の高低差が少なく、防御構造としての評価は難しい。よって、城郭の縄張りと見なしうる明確な曲輪は、四段目までと考えられる。

遺構の残存状況は全体的に良好で、縄張りの把握も容易である。先にも述べたように、現況地形の縄張りをみる限りでは戦国期の山城と判断されるが、これまで発掘調査は行なわれておらず、遺物などの年代を特定できる資料は得られていない。徳島県内において比較的城郭全体が良好に残存している山城である一方、文献などから得られる情報が乏しく、戦国期の県内で果たした役割などについては評価が難しいため、今後のさらなる調査の進展が待たれる。

〈壱岐一哉〉

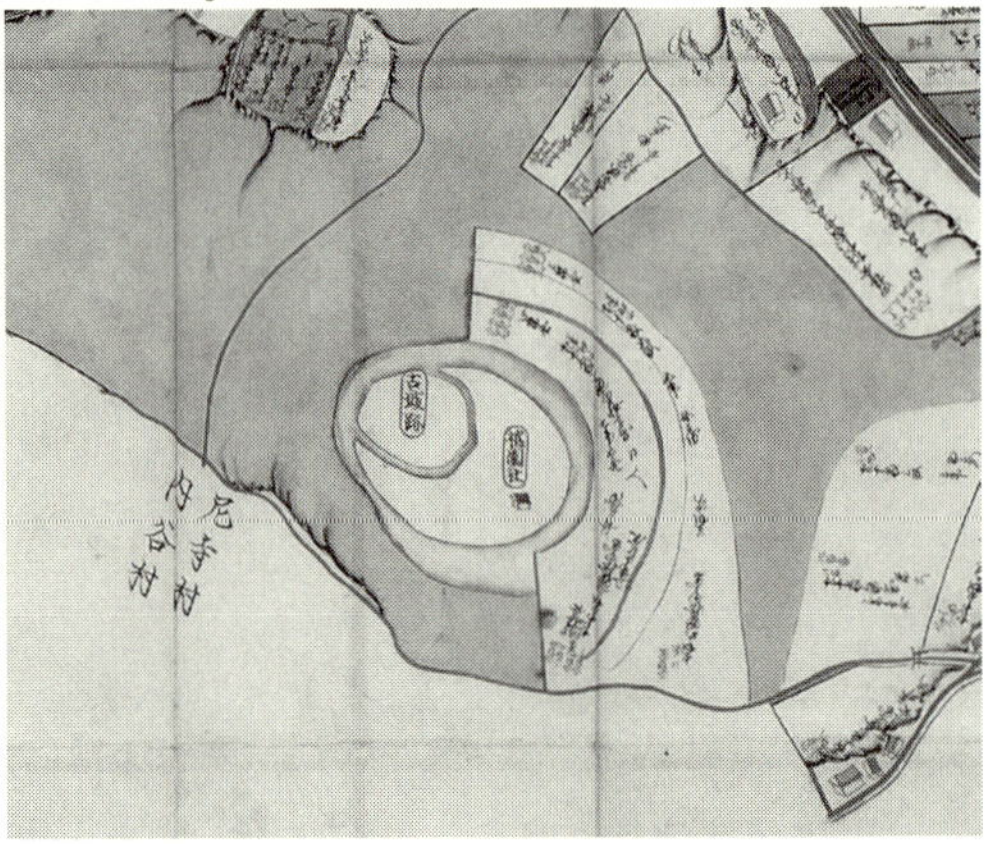

『名西郡白鳥村絵図』（鳥坂城跡部分）
徳島県立博物館蔵

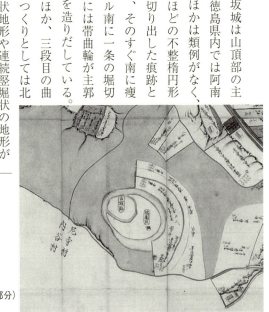

眉山南麓の平山城

# 28 夷《えびす》山《やま》城《じょう》

## （蛭子山城《えびすやまじょう》・八万城《はちまんじょう》・楯塁《たてのとりで》）

①所在地　徳島市八万町夷山
②立　地　丘陵上
③時　期　戦国期
④城主等　細川真之（天文年間？）・篠原佐吉兵衛（永禄年間）・荘野和泉守兼時（天正年間）
⑤遺　構　公園造成により消滅

【概要】徳島市南部の平野に築かれた小規模な城郭であるが、三好氏・長宗我部氏の争奪戦の対象となり、長宗我部元親による一宮成祐《なりすけ》謀殺の舞台になるなど、阿波の戦国史に欠くことのできない城郭である。

【立地】園瀬《そのせ》川左岸の独立丘陵上にある。現在、丘陵上は「夷山緑地公園圓福寺公園」として整備され、大きく改変されている。東側の丘陵直下には、真言宗御室派圓福寺《えんぷくじ》がある。

江戸時代末期までは、圓福寺に隣接して地名の由来ともなった蛭子神社があったが、明治の神仏分離令によって市内中心部の通町へ移転し、事代主《ことしろぬし》神社となった。

城跡遠望　北西より

【歴史と背景】天文年間に細川真之によって築城されたというが、定かではない。永禄期には、上桜城主篠原長房の弟である篠原佐吉兵衛が城主であった。『古城諸将記』によると、佐吉兵衛は永禄五年（一五六二）に和泉久米田の

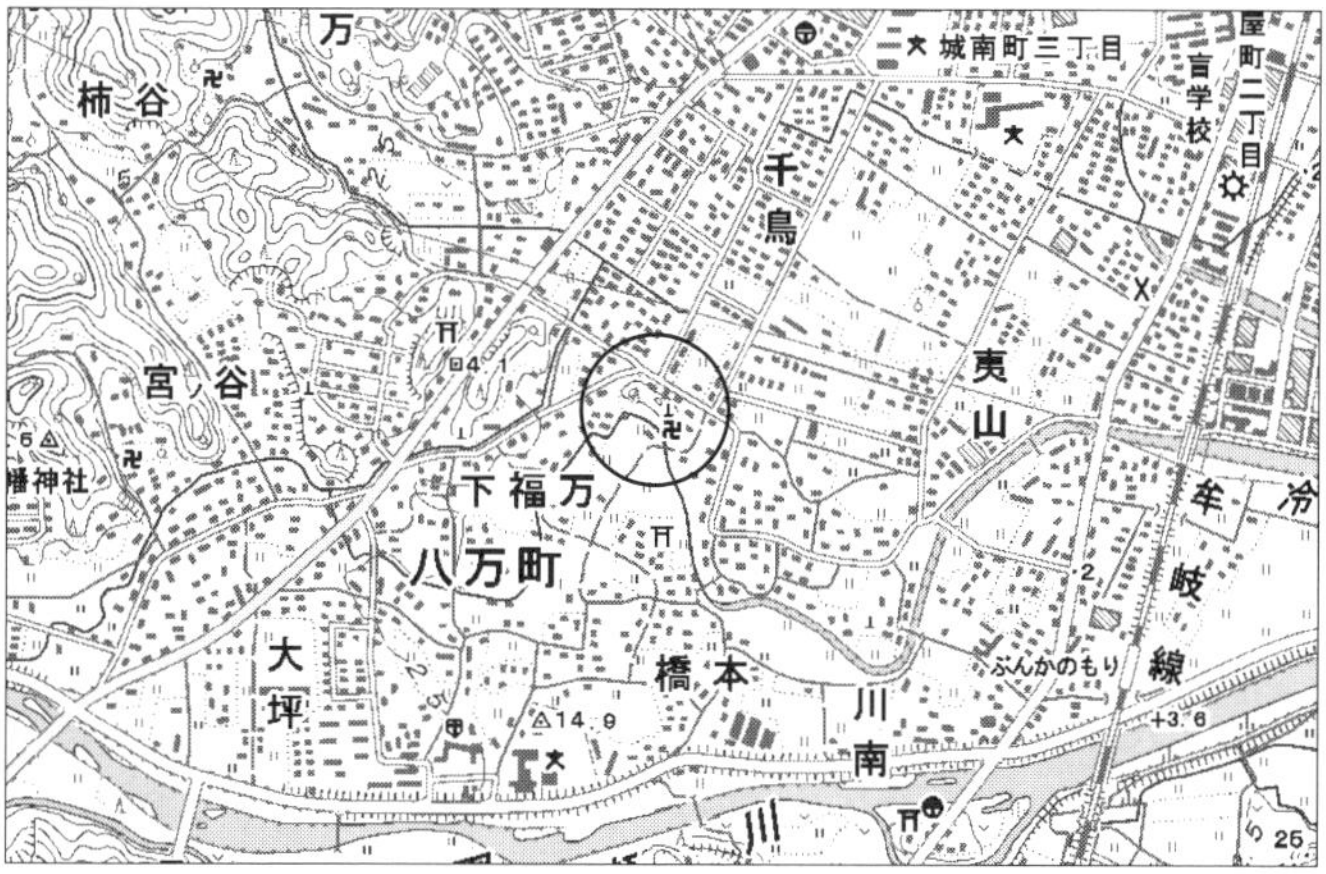

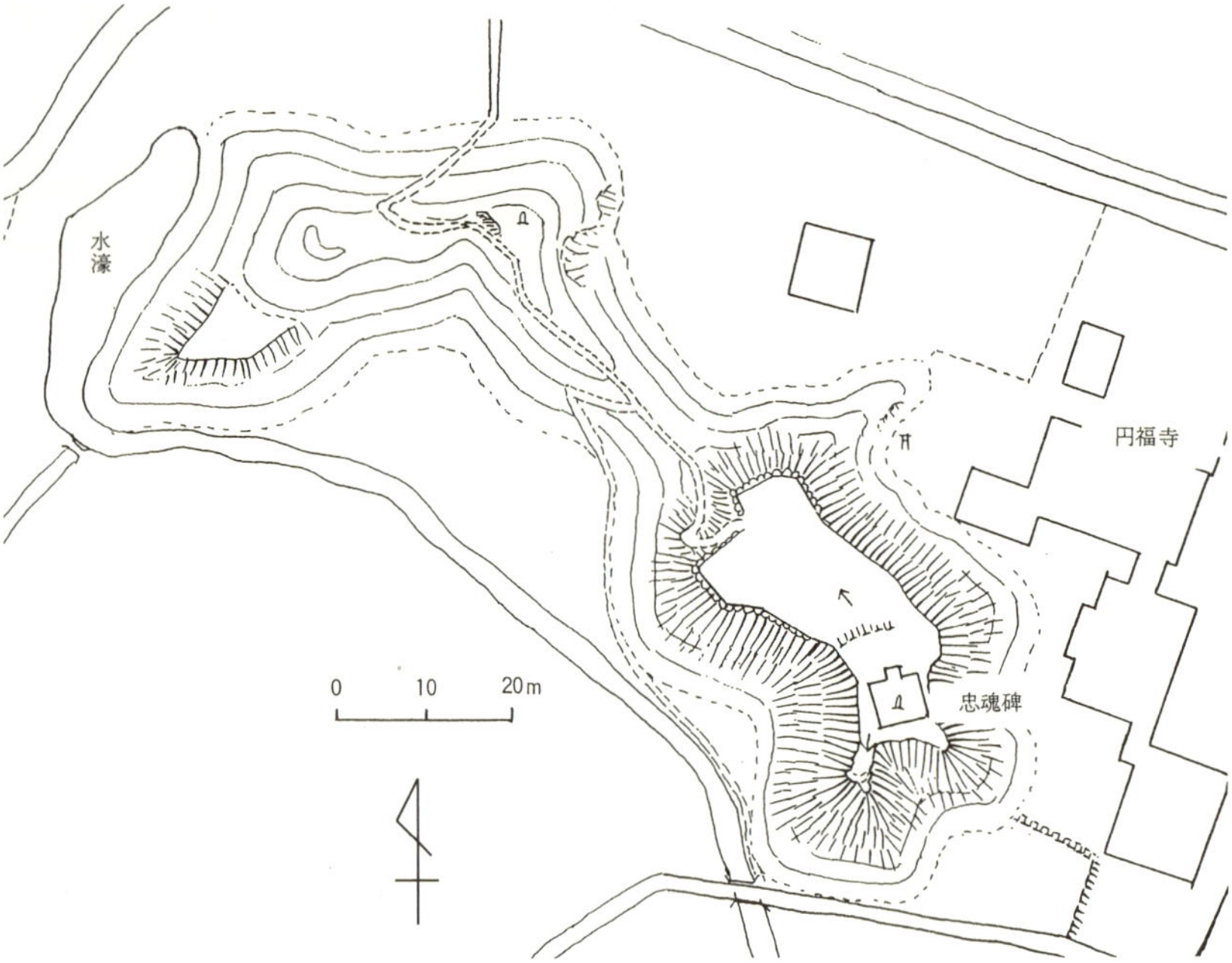


縄張り図　作図：本田昇　『徳中城』より転載

合戦で戦死し、長房はその遺児鶴石丸を養育したとする。現在も、近隣には佐吉兵衛の遺髪を埋めた祠を屋敷神として祀る家がある。

その後、『城跡記』によれば、天正期には篠原氏家臣の荘（庄）野和泉守兼時《かねとき》が守ったが、長宗我部氏の阿波侵攻で落城し、城には香宗我部《こうそかべ》親泰《ちかやす》（呉田五郎左衛門、東川荘左衛門ともいう）が入り、荘野氏は土佐方に属したという。

天正十年（一五八二）五月には三好氏の求めに応じ、織田氏の四国攻略軍の先鋒として阿波に入った三好康長（咲岩）が夷山城を攻略する。これにより、土佐方は一時撤退し三好方が入ることになったが、同年六月の中富川の合戦の前哨戦で再度落城する。阿波を制圧した長宗我部元親は、天正十年

夷山緑地の碑

十月十六日（諸説あり）に同盟関係にあった一宮成祐を夷山城に呼び出して謀殺したとされる。『阿波志』によると、荘野氏は元親により八万所領を再び安堵されたという。

夷山城跡から南に一〇〇メートルの位置にある集合住宅敷地内に、一宮成祐の墓として石碑と五輪塔が並んで建っている。石碑は、大正期に子孫が再建したものであるようだ。しかし、五輪塔の地輪には、慶安二年（一六四九）という年号と「秋月道運禅定門」という戒名《かいみょう》が刻まれており、成祐の墓ではないことがわかる。高田豊輝氏によると、この五輪塔は下八万村庄屋河原氏の先祖の墓といわれ、一宮氏の家臣の河原氏の縁者ではないかということである。[*1]

**【立地と構造】** 主郭は、南側の標高一七メートルの丘陵頂部で南北三一×東西一四メートルを測り、忠魂碑が建てられている南側は一段高く、櫓台と考えられている。北側虎口はいったん折れて曲輪に入るが、高さ一・五メートルの石垣で固められ、北側には横矢を意図した方形の張り出しが設けられる。北側丘陵は、本田昇氏の縄張図では北西方向の尾根に曲輪が記載されているが、平成七年の公園整備工事に際し削平され消滅した。また、本田氏の縄張図には城跡南辺に沿い水濠跡と思われる河跡湖が描かれているが、これも現在は公園整備等により現存しない。居館についてはよくわかっていないが、『徳島県の中世城館』では主郭直下の現・圓福寺にあったものと推定している。『阿波志』には荘野和泉守宅跡として、八万町向寺山の延生軒が挙げられている。延生軒は阿波藩家老の長谷川氏の別邸であるが、荘野氏の子孫が長谷川氏にこれを贈ったものとしている。

〈西本沙織〉

伝・一宮成祐五輪塔

圓福寺

＊1　高田豊輝『徳島の歴史民俗研究録』（二〇一一年）

三好氏の被官・矢野駿河守の拠点

# 29 矢《や》野《の》城《じょう》

①所在地　徳島市国府町
②立　地　丘陵尾根先端
③時　期　戦国期
④城主等　矢野氏
⑤遺　構　曲輪・横堀・土塁

【概要】戦国期に、三好氏の被官とされる矢野駿河守が拠った城である。丘陵尾根先端頂部に築かれ、曲輪・横堀・土塁の遺構が残る。現在、主郭には城主を祀った城山神社が鎮座している。

【立地】徳島市国府町の気延山から東方に派生する標高三〇メートルの丘陵尾根の先端部に位置する。周辺は山林となっており、保存状態は比較的良い。

【歴史と背景】戦国期の城主は矢野駿河守国方《くにかた》とされる。[＊1] 矢野氏は代々三好氏に仕え、三好氏家相二十三人のうちの一人とされ、[＊2] 軍記物にもたびたび登場する。『阿州古戦記』や『三好記』では、天正五年（一五七七）、三好長治が一宮・伊澤両氏に攻め滅ぼされたとき、矢野氏は讃岐の引田城にいたが、直後に勝瑞に帰り、矢野備後守・三好越後守とともに、板西に築城中の伊澤氏を山下の町屋に襲い討ち果たした。急を聞きつけた一宮氏は大兵を率いて板西に向かうが、角瀬川・住吉川の増水で渡河できず、川を挟んで矢野駿河守・森飛驒守・赤澤信濃守・篠原自遁《じとん》らと対陣したとされる。その後、矢野氏は篠原氏とともに、土佐方に奪われた桑野を取り返すべく南方

城跡遠望

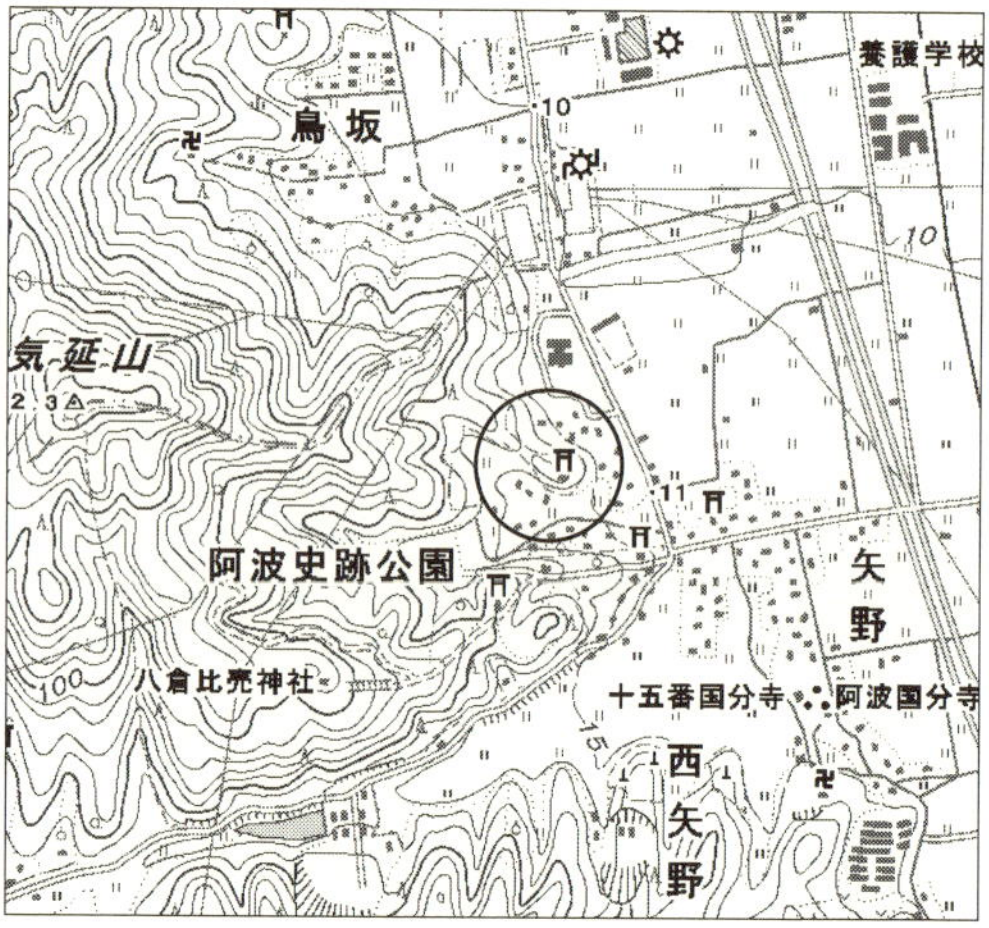


＊1『古城諸将記』・『城跡記』・『阿波志』
＊2『阿波志』

に出陣したり、一宮城を攻め立てるなど阿波方の要として土佐方と抗争を繰り返していたようだ。天正七年、脇城外の合戦で森飛驒守や麻植郡の諸将らとともに討ち死にしている。矢野城は天正十年の落城とされる[*3]が、駿河守の戦死後は、廃城に近い状態であったと推測される。

【構造と評価】主郭は尾根頂部を広く削平した東西七〇×南北二五メートルの半月状を呈し、中央には城主を祀った城山神社が鎮座する。社殿北西には五輪塔・板碑・地神が集積されているが、この中に一四世紀代の備前焼甕の口縁部が含まれる。備前焼甕の破片は、他の地点でも散布が見られる。主郭の東には、約五メートル下がって曲輪Ⅱが配される。

主郭後方は、西側から南側にかけて幅五～七メートル・深さ三～四・五メートルほどの横堀を巡らせて遮断する。横堀の外側には南西から南側にかけて土塁が残る。主郭の北側は現在段々畑となっているが、地形を見るかぎり横堀の続き、または帯曲輪が巡っていた可能性が高い。横堀の後方の尾根続きには駐車場となった平坦地があるが、これも曲輪の一部であったとみられる。その先は道路となっているが、尾根の最も括れる部分であり、堀切で遮断されていた可能性が高い。

〈勝浦康守〉

横堀

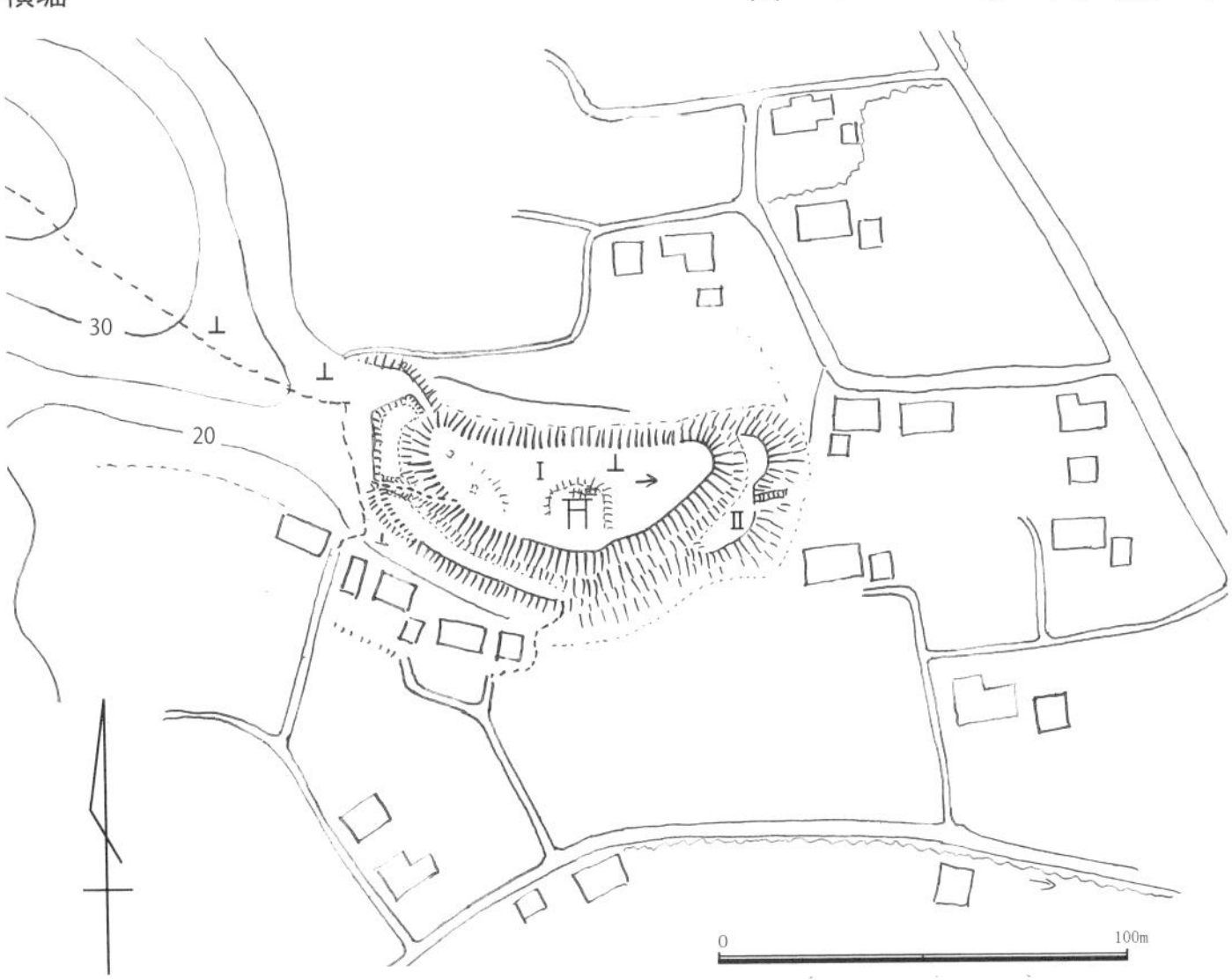

縄張り図　作図：本田昇　『徳中城』より転載

＊3　『城跡記』

徳島県下最大の堅牢さを誇る城

# 30　一《いちの》宮《みや》城《じょう》

①所在地　徳島市一宮町
②立　地　（山城）尾根筋及び尾根頂部（平地居館）沖積地
③時　期　室町～江戸初期
④城主等　小笠原氏・一宮氏・蜂須賀氏
⑤遺　構　曲輪・土塁・堀切

【概要】　一宮城の山城は、東西八〇〇×南北五〇〇メートルの範囲にわたり複数の曲輪や、これらを防御するための堀切や竪堀、また貯水池や井戸・湧水池を備え、徳島県下最大の規模と堅牢さを誇る。当城は、昭和二十九年に徳島県史跡に指定された。また、山麓には平地居館も想定される。

　阿波の中世の終焉を刻み、近世の幕開けを飾った城であり、文献史料が多く残っている城としても阿波城郭史にとって貴重である。とりわけ、羽柴秀吉の四国平定戦に関連して、城攻めの過程を知ることができる具体的な史料を含んでいる点でも興味深い。

〈須藤茂樹・宮城一木〉

【立地】　山城は徳島市の南西部、吉野川の支流鮎喰《あくい》川の流れが山間部から平野部へ変わる付近の南岸の山塊に位置し、眼下に鮎喰川、背後に東竜王山系の急峻な峰々を控えた要害である。平地居館は山城の北麓に位置するとされ、寄神社周辺には「御殿居《おどい》」・「おうまや」といった地名が残る。

〈宮城一木〉

【歴史と背景】　鎌倉時代の守護小笠原氏の系譜を引く一宮氏が、南北朝期初期に築城したといわれている。『故城記』には、「一宮城　一宮長門守」[*1]、『古城諸将記』に「一、一宮長門守成祐　小笠原氏　紋松皮菱　三千貫　諸城中ニテ大身ナリ」[*2]とある。

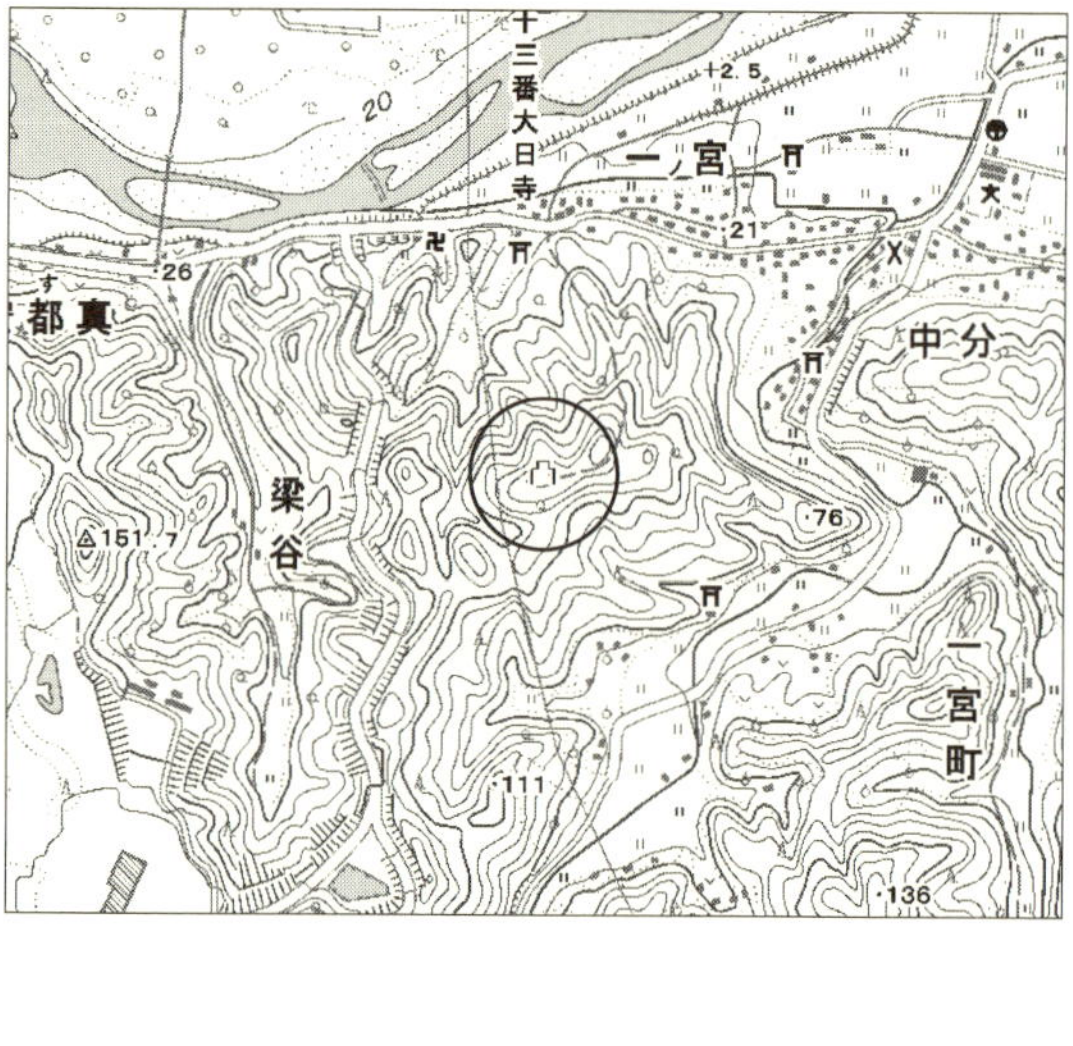


＊1　『阿波国徴古雑抄』三
＊2　『阿波国徴古雑抄』七

一宮城山城と居館推定地

暦応元年（一三三八）に、阿波守護小笠原長房の子・長久《ながひさ》の四男長宗《ながむね》が築いて居城としたとされる。観応二年（一三五一）七月二十八日の東条合戦に登場する小笠原宮内少輔は、長宗と考えられる。南北朝期の貞治元年（一三六二）まで、南朝方の拠点のひとつとして、長宗の子孫の一宮氏が在城したという。*3 一宮氏は北朝に降った後、細川氏の被官となり、両細川の乱*4では阿波守護細川氏に従って畿内へ出兵している。また、畿内の管領細川家にも一宮氏が従っている。

その後、一宮氏は三好氏に従ったようで、一宮成祐（成助とも）は三好実休の娘婿として、三好家臣団のなかで重要な役割を果たしたようである。天文二十二年（一五五三）春、久米義広《くめよしひろ》は主君細川持隆を誘殺した三好実休を討つため挙兵し、まず実休の娘婿である一宮成祐を討とうと一宮城を攻めた。成祐は城を脱出したが、妻子は義広に生け捕られた。*5

国主細川真之が勝瑞を脱出して仁宇谷に籠もり、三好氏と対立すると、成祐は細川氏に呼応し三好氏と争い、天正五年（一五七七）に阿波侵攻を開始した土佐長宗我部氏にも通じた。同年、一宮氏は三好方に破れ、一宮城を退き焼山寺《しょうさんじ》に逃れたこともあったというが、*6 同八年に一宮城に戻ることができた。天正九年（一五八一）、阿波三好家を継承した十河《そごう》（三好）存保《まさやす》は、紀州勢三〇〇〇余、淡路の田村康広二〇〇〇余騎の援軍を得て「一ノ宮」の一宮成祐を攻めたが、土佐の長宗我部元親が援軍を出したので退却したという。*7

近年、天野忠幸氏らにより、天正四年の三好長治滅亡後の阿波の動向について研究が進められた。三好存保（三好長治の弟）

---

*3 『日本城郭大系』第十五巻（新人物往来社、一九七九年）

*4 両細川の乱 細川政元の養子である澄元と高国が対立した、細川京兆家の家督継承をめぐる争い。

*5 「三好家成立之事」

*6 『昔阿波物語』（『阿波国徴古雑抄』所収）

*7 前掲*5

は、天正六年に阿波勝瑞に入り阿波三好家を再興するが、天正八年には讃岐に逃れ、一宮成祐が勝瑞を占拠する事件が起こった。しかし、その後大坂を退去した牢人や紀州衆、淡路衆が成祐から勝瑞を奪い、さらに一宮城を取り囲んだ。

　勝瑞の主は三好存保→一宮成祐→大坂牢人と変転したが、翌九年には再び、存保が復帰することになる。この時期の一宮城は、このような目まぐるしく変化する阿波の社会情勢のなかで考えなければならない。

　年が改まり、天正十年、織田信長は四国平定の軍を起こし、三好康長（咲岩）

縄張り図　作図：杉原賢治（口絵参照）

が先兵として阿波に入った。

近年、新たに確認された「石谷《いしがい》家《け》文書《もんじょ》」に、本能寺の変直前で、変の真相を語る史料だと注目された（天正十年）五月二十一日付け斎藤利三宛て長宗我部元親書状*8がある。この史料は、長宗我部元親の阿波侵攻、信長の四国政策と元親の対応などを考えるうえできわめて重要である。そのなかに「一宮を始、ゑひす（夷）山城、畑山城、うしき（牛岐）の城仁宇南方不残明退申候」との一節があり、信長の命令に従って、元親は阿波国内の一宮城・夷山城・畑山城・牛岐城などの一部の地から撤退している旨が記されている。この記述から、一宮城をはじめとする城名を出した四城は、元親が阿波で重要な城と位置付けていたことが推測されよう。

また、この史料で、織田の四国平定軍が間近に迫るという元親にとって最大の危機であったが、その十数日後に織田信長が本能寺の変で倒れると、元親は同年八月、大軍を率いて阿波に侵攻、中富川の戦いで三好氏を破り、阿波をほぼ平定したという状況もわかる。

一宮成祐は長宗我部方として活動したが、元親は成祐を夷山城に誘殺して、一宮城には家臣江村親俊《ちかとし》と谷忠澄《ただずみ》を城番として置いた。天正十三年、豊臣秀吉の四国平定戦の際、よくこれを守ったが、元親が降伏するに及んで開城した。

四国平定戦のうち、阿波侵攻に関する史料は比較的多く、一宮城についても散見される。天正十三年六月、羽柴秀吉は四国平定の軍を発したが、「顕如上人貝塚御座所日記」同年七月三日条には、「長曽我部自身阿州一ノ宮ト云所まて木津城ヲサヘノタメニ出タレトモ、何ノ不及行、土州打帰由也」とあり、羽柴秀長《ひでなが》が木津城（鳴門市木津）を攻めたため、長宗我部元親が一宮に出

＊8　「石谷家文書」一九号（浅利尚民・内池英樹編『石谷家文書　将軍側近のみた戦国乱世』吉川弘文館、二〇一五年）

張したという風聞があった。[*9] 検討を要する史料だが、同年七月二日付け羽柴秀長書状によれば、木津城の落城次第、一宮城を攻めるべきことを蜂須賀正勝に伝えており、[*10] 同年七月六日付け中川秀政・古田重然宛てで羽柴秀吉は木津城だけでなく、一宮城を攻めるよう命じている。[*11] 同年七月十八日付けの書状で羽柴秀吉は当城を「干殺」にするよう命じ、[*12] 同年七月十九日付け羽柴秀長書状には「一宮の儀、仕寄を以って塀際迄押し寄せ、只今城中江掘り入る体に候」と見える。[*13] 同七月二十三日付け吉川元長書状など、[*14] 当城攻略関係の史料は複数確認できる。

結局、一宮城を守っていた谷忠兵衛は七月下旬には開城したとの見解もあるが、[*15] 八月までに降伏したとすべきだろう。正勝の取り成しにより元親は秀吉に従ったが、七月二十九日の羽柴秀長宛て羽柴秀吉書状には、元親との和議の条件を記したなかで、「一、一宮・脇城両城主共、はや難儀におよひ候て、種々侘言せしめ、命をたすかりたる由申越候、併油断なく彦右衛門より以下、精入候へと思召事」「一、右之長曽我部ゆるす儀なく候はゞ、一宮城事は不及申、脇が城両城に楯籠奴原、一人も不残様に可刎首事」とあり、秀吉の心情が見え隠れして興味深い。

阿波を拝領した蜂須賀家政は、一宮城に入り、阿波支配の拠点として大改修を開始したが、まもなく徳島に本拠を移した。家政は阿波統治政策の一環として、いわゆる阿波九城を置いたが、そのひとつに一宮城を設定し、益田宮内少輔を城番として兵三〇〇で守らせた。[*16] 城の廃絶については、慶長五年（一六〇〇）頃とするもの、元和元年（一六一五）までとするものなど諸説あるが、遅くとも寛永十五年（一六三八）には廃城となっている。昭和二十九年八月に県史跡となった。

天正十三年、四国平定を成し遂げた秀吉は、蜂須賀正勝が辞退したため、その子家政に阿波を与えた。阿波に入部した家政は、まず一宮城に入ったが、秀吉の命令で渭津《いのつ》に移り、渭山《いのやま》に城を築き始め、「徳島」と号した。[*17] 天正十三年六月二十二日条には、「名東郡一宮ニ御居城、秀吉公ノ

＊9　『大日本史料』十一編十七
＊10　「阿波国古文書」『大日本史料』十一編十六
＊11　「中川家文書」
＊12　「武家事紀」『大日本史料』十一編十七
＊13　「小早川家文書」『大日本史料』十一編十七
＊14　「吉川家文書別集」『大日本史料』十一編十七
＊15　『日本城郭大系』第十五巻（新人物往来社、一九七九年）
＊16　『阿淡年表秘録』
＊17　前掲＊16

仰セニヨリ、名東郡富田庄猪山城［一ニ渭山ニ作ル］ニ御居城、御経営ヲ定メラレ、且ツフハ渭津ヲ改メ徳島ト号ス」とある。徳治主義に基づく改称と考えるが、今浜を長浜に改めた秀吉の示唆があったのかもしれない。しかし、秀吉の命令とは考えがたく、城地の選定は家政が防御を重視しながらも、政治・経済・交通の要衝になりうる場所として選んだものとする考えもある。家政が武市常三の進言を退けたとの逸話が残されているが定かではなく、[*18] 藩祖家政崇拝の過程で生まれた伝承とすべきである。城の設計者は武市常三と林道感とされるが、[*19] 具体的なことは不明とせざるをえない。

〈須藤茂樹〉

**【構造と評価】** 現在、登山道が整備され、城跡を周遊できるルートが設定されている。主要曲輪ならびに遺構について、登山道に沿って概観する。

一宮神社境内前からの登山道を登っていくと、標高約九〇メートル地点で最初の曲輪に至る。『一宮古城跡書』には「尤蔵床弐ヶ所アリ此地ニハ米麦大豆小豆之類今其粒委布相分リ居申候」とあり、ここから穀類が出土するので、倉庫跡と呼ばれる。谷を挟んで東側の曲輪とあわせて西の倉庫跡、東の倉庫跡といわれる。四十年ほど前までは、大雨の後に炭化麦などが採集できたといわれ、倉庫跡は一部地元の人に「ヤケムギ」とも呼ばれている。また、西の倉庫跡のすぐ南側の東斜面には二条の竪堀が配される。

西の倉庫跡を過ぎ五〇メートルほど進むと、目の前に急峻な崖が現れ、見た者に威圧感を与える。これは、才蔵丸《さいぞうまる》北側斜面に設けられた切岸である。才蔵丸は後述する明神丸《みょうじんまる》から東に延びる標高約一二九メートルの尾根頂部に築かれた曲輪で、東西約六一×南北一一～二一メートルと東西に

*18 『蜂須賀蓬庵』ほか
*19 『阿淡年表秘録』・「渭水聞見録」・『城跡記』

一宮城跡本丸と明神丸（大正時代） 徳島県立文書館蔵

細長く、虎口は西側の明神丸方向に開く。『名東郡史』に「三ノ丸の才蔵丸」とあるように、この曲輪を三の丸とする考え方もある。『一宮古城跡書』に「才蔵丸　竪三十三間幅七間小田才蔵と申家臣此丸持口ニ而才蔵丸と申伝ふ」とあり、家臣の名前が曲輪の名称になったとされる。また、才蔵丸と明神丸の間の通路は堀切（堀底道）となっており、北側斜面の急峻な地形や切岸とあわせて、当地点が本丸東面のもっとも厳重な防備がなされた箇所であるといえる。

才蔵丸と明神丸を隔てる堀底道を通り、竪堀を左手に見ながら登山道を進むと、T字路に突き当たる。ここは、幅一二メートルほどの低い石囲いの枡形が残り、門跡とされる。門跡は、本丸と明神丸をつなぐ長さ六四メートル・幅一三メートルの帯曲輪の東端に位置し、右手に明神丸、左手に本丸の位置関係となる。明神丸は、本丸から北東に延びる標高約一四一メートルの尾根頂

才蔵丸下の大切岸

本丸

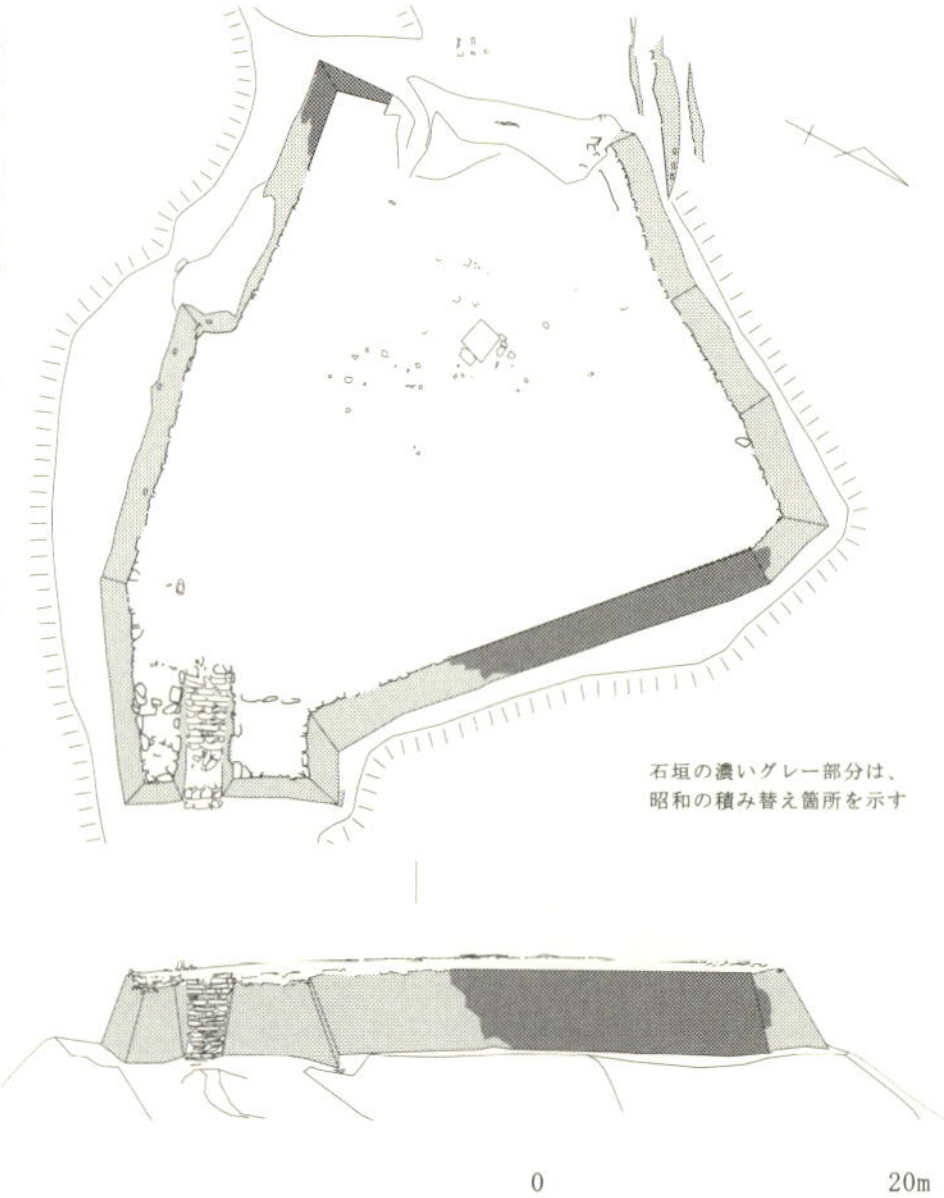

一宮城本丸測量図　徳島市教育委員会

部に築かれ、曲輪の規模は南北四〇×東西二五メートルで、南端の虎口は石段をともなう。虎口には門跡から二つ折れで入る。周囲には帯曲輪が巡り、北側の尾根には三条の堀切を配する。『一宮古城跡書』に「明神丸　竪拾八間横九間一宮明神社地跡」、『阿波志』には「一宮祠　在一宮山上明神峰天正以後移北麓」とあるように、当地に一宮明神が祀られていた伝承があることから「明神丸」の名称が付いたとされる。また、『名東郡史』には「二の丸とも称す」といった記述があり、明神丸は二の丸に相当すると考えられている。

門跡から左手に曲がり帯曲輪を進むと、正面に本丸が現れる。標高一四四・三メートルの山頂部に位置する本丸は、『一宮古城跡書』には「長拾六間幅拾壱間四方石垣高弐間ヨリ二間半東ニ木戸口幅壱間半門台石垣高弐間半幅弐間四方」と記されている。山城内で唯一の石垣造りの曲輪である。平面形は不整な五角形で、東側に虎口が突出する。虎口には石段が残り、曲輪部分との境には段差が認められる。櫓門が架かる構造であったと考えられる。石垣のうち北東部約二〇メートルの間と南西隅角部付近は、自然崩壊のため昭和六十年に徳島市が新補石材で修築した。他の箇所は、孕《はら》みなどが見られる部分があるものの、おおむね良好な状態で残っている。

本丸の石垣は、結晶片岩の割り石を用いた乱積みを基本とし、一部布積み崩しもみられる。また、本丸南側の石垣築石面には花崗岩三基と、砂岩一基の墓石が転用されている。石垣の構築状況（手法）を含め、徳島城の山城部中央から西側の石垣に共

本丸石垣

門跡

通する点が多く、一宮城本丸の石垣は文禄～慶長期に構築された可能性が高い。阿波九城段階の石垣だろう。

本丸から南へ竪堀沿いに降ると、左手側に堀切が見える。本丸から南に延びる尾根筋を分断したもので、城内最大規模の堀切である。さらに南に進むと、小倉丸の南裾にたどり着く。小倉丸は、本丸の南西一八〇メートルに位置し、標高一一三メートルの尾根頂部に築かれている。『一宮古城跡書』には「小倉丸　竪三拾間横六間小倉進之守といふ家臣此丸持ニ而小倉丸と申伝ふ」とあり、才蔵丸と同様に家臣の名前が曲輪の名称となっている。曲輪は北西—南東方向に細長く、虎口は曲輪の北側中央部に本丸を向いて設けられている。現在は、虎口が藪に覆われ判別しがたい。また、城外側となる曲輪の南西縁には、高さ二メートルの土塁を廻し、北西隅を突出した櫓台としている。曲輪の規模は、土塁内側の計測値で長さ五八メートル、幅は中央部虎口付近で一五メートルほどである。曲輪の南西裾には横堀を巡らせ、曲輪の壁をいっそう高くしている。城外側となる南側斜面は、横堀と大規模な土塁で遮断しており、本丸を背にして小倉丸が一宮城の南方防備の重要な拠点であったことがわかる。また、本丸から小倉丸に至る間の尾根には三ヵ所の曲輪や堀切などが巡らされ、東側への防備を固めている。

小倉丸から西方向に登山道を進むと、谷を挟んで西方約六〇メートルの標高一二七メートルの尾根頂部に椎の丸が築かれている。『一宮古城跡書』には「椎丸　拾間四方」とのみある。曲輪は東西・南北ともに約二〇メートルで、虎口は城内側である本丸方向に開く。東側から南側にかけて帯曲輪が配され、四方に竪堀や堀切が設けられ、小規模ながら厳重な防備がなされている。

椎の丸からは尾根づたいの土塁を挟んで北へ約六〇メートル、標高一一〇メートルの尾根頂部に水の手丸が築かれている。『一宮古城跡書』に「水ノ手丸　竪十八間横七間用心水囲置地ニ而

小倉丸土塁

水の手丸といふ此丸下今に水田」とあり、貯水池や陰滝のある谷筋の水を守備するために構えられた曲輪とされる。曲輪は全長三〇メートルで、北西—南東方向にやや長く、虎口は城内側の本丸方向に開く。城外側となる曲輪の西から南西縁には、高さ一メートルほどの土塁を廻しており、東側には比較的広い曲輪がある。北側には堀切と竪堀、西側にも堀切を配する。

また、水の手丸から北西約二七〇メートル、標高一〇五メートルの尾根頂部には西ノ丸台が築かれ、本丸からは西に四八〇メートルほど離れた位置関係である。かつては水の手丸から尾根づたいに行けたが、現在は道路によって分断されている。『一宮古城跡書』に記載はないが、『阿州名東郡一ノ宮古城之図』[＊20]に「西ノ丸臺」として描かれた曲輪である。西ノ丸台は、北西に延びる細長い尾根一五〇メートル間にわたって曲輪や堀切を連続的に配している。北端部に一辺一七メートルほどの小規模な曲輪を配し、北東の尾根に五段の削平段を配する。また、南の尾根筋には二連続堀切を南北二ヵ所に配置する。堀切はいずれも東側の斜面を竪堀としている。南側の二連続堀切部分では、東斜面にさらに一〜二条の竪堀を追加し、連続竪堀状となっている。簡易な曲輪配置のわりには、堀切・竪堀による防御が厳重である。この点について『阿州古戦記』は、天正九年（一五八一）、十河存保が一宮城を攻め立てた際に、土佐より久武親直《ひさたけちかなお》が救援に駆けつけ、「一宮の城に入り、附郭を築きて、番手を置き」土佐に帰国したと記す。軍記物の記載であるが、久武親直が一宮城に曲輪を付加したとするならば、一宮城の外縁部にあり、連続する堀切や竪堀を用いる西の丸台がその候補となろう。

〈宮城一木・三宅良明〉

阿州名東郡一ノ宮古城之図　四国大学附属図書館凌霄文庫蔵

＊20　近世後期・四国大学凌霄文庫蔵

［一宮城居館跡］

一宮城居館跡は「御殿居《おどい》」と呼ばれ、山城の東北麓五〇〇メートル、標高一八メートルほどの沖積地に位置する。北に鮎喰川、東に船戸谷川が流れ、南は上八万から入田方面に至る県道二〇八号線が東西に通過する。居館伝承地の現状は水田が大半で、宅地が一部含まれる。

『一宮古城跡書』には、居館跡が土井と呼ばれ、文化十四年（一八一七）頃には田地となっていること、蜂須賀家政が入国時に居館として使用していたことなどが記されている。明治期の地籍図では、土井は字「御殿居」と表記され、現在も御殿居の地称が使われる。「どい」（土井、土居）の地名は、一般に平地を囲繞する土塁を指し、本県の平城跡でも見られる。しかし、一宮城周辺の平城では「城ノ内」地名が卓越し、当該地域の「ドイ」地名は特異である。一宮城の居館が付近と異なり「ドイ」と呼ばれた背景には、顕著な土塁の存在も考えられるだろう。

居館跡と推定される範囲は、地籍図内の地点Aから地点Bを経由して地点Cへ到達する用水上のラインと、A—E—Cのラインで囲まれた東西二三〇×南北一二〇メートルであると考えられている。明治時代の地籍図には、土塁の痕跡とも見える地割があり、現在も一部が残る。また、虎口の痕跡と思われる桝形状の地割が地図にみえるが、現在は宅地のため確認できない。

徳島市教育委員会は居館の範囲を確認するため、平成二十三年度に地中レーダ探査にもとづき発掘調査予定箇所を選定し、平成二十四年度から平成二十五年度にかけて発掘調査を実施した。地中レーダ探査の結果から、居館推定地の北側に溝状の反応が見られたため、推定地縁辺部に計九ヵ所の調査区を設定した。

Tr・1からは幅約一二メートル・深さ約二メートルの堀が検出され、南側からは東西に延びる土塁の痕跡も確認された。また、Tr・2でもTr・1に対応する堀が検出されたが、調査区内で収束している。これらは、居館の北側を区画する堀ならびに土塁だろう。

Ｔｒ・３・Ｔｒ・５では、南北に延びる溝が二本並行して確認された。内側の溝は幅約三・六メートル・深さ一・三メートルを測り、その断面は片薬研堀的な形状を呈している。なお、これらの溝の時期は不明であるが、居館の西側の区画溝である可能性が高い。南側については、Ｔｒ・６で現在の用水と並行する溝状の遺構が確認されたので、区画の踏襲が考えられる。

一方、東側については居館を区画する遺構が検出されていない。今後の課題だが、地形的な面から居館の範囲は少なくともＥ―Ｃラインの内側である可能性が高いだろう。

出土遺物については検討中であるが、多くはＴｒ・３~Ｔｒ・５に集中しており、大半を土師質土器坏が占める。出土した瓦器椀は一二世紀後葉~一三世紀後半のものであり、南北朝期という一宮城成立の時期との差を考えることが必要である。

〈宮城一木〉

一宮城山城と居館推定地

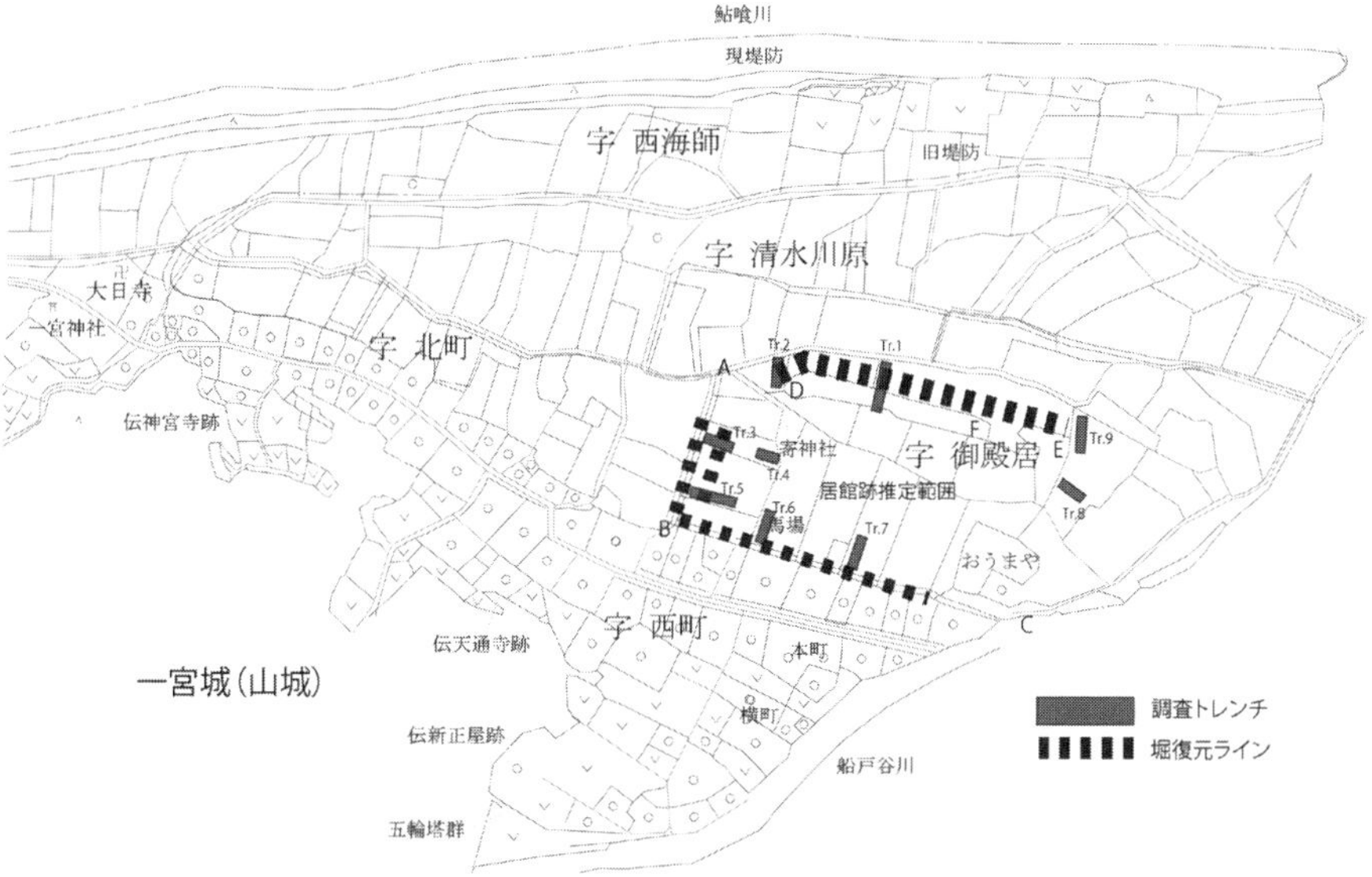

一宮城跡御殿居地籍図　提供：徳島市教育委員会

徳島藩政の中心地

# 31 徳島城《とくしまじょう》（猪山《いのやま》〈渭山《いのやま》〉城《じょう》・渭津城《いのつじょう》）

①所在地　徳島市徳島町城内
②立　地　沖積地独立丘陵上
③時　期　中～近世
④城主等　蜂須賀氏
⑤遺　構　曲輪・石垣・堀・旧表御殿庭園

【概要】　徳島市街地のほぼ中心部に位置する、標高約六二メートルの城山山上の山城と山下の御殿や西の丸等の平城からなる平山城である。近世の徳島城は、蜂須賀氏二五万七千石の居城で、藩政の中心であった。

【立地】　吉野川河口部付近に形成された海抜一メートル前後の沖積地に立地し、周囲を流れる助任《すけとう》川や新町川、旧寺島川などの河川を外堀や内堀として利用している。これらの河川は城の東方約四キロで紀伊水道に注ぎ、水運・海上交通の面でも絶好の立地環境だ。東二の丸からは、左手前方に淡路島、紀伊水道を挟んで東の彼方には紀伊山地を望むことができる。

助任川越しに城山を望む

【歴史と背景】　徳島城の前身は、城山山頂付近にあった中世城郭で、「猪山（渭山）城」・「渭城」・「渭津城」などともいう。[*1]「猪山」の由来は、山の形が猪が臥した形に似ているからだという。[*2]

至徳二年（一三八五）に阿波守護細川頼之が築き、家臣の三島外記《げき》に守らせたとの伝承が残るが、定かではない。その後の歴代城主も明らかでないが、戦国期には切幡城主森飛驒守が当城を有し、その家臣が守ったという。[*3]

＊1　『古城諸将記』
＊2　『阿波志』・『蜂須賀蓬庵』
＊3　『阿波志』・『城跡記』
＊4　『城跡記』・『古将記』・『三好記』
＊5　『城跡記』・『阿淡年表秘録』・『渭水見聞録』

天正十年（一五八二）には、阿波国をほぼ掌中に収めた土佐の長宗我部元親が、当城に家臣の吉田康俊《やすとし》を配置したが、[4]天正十三年の羽柴秀吉による四国平定戦に際して、康俊は戦わずして土佐に敗走した。同年、四国平定を成し遂げた秀吉から阿波を拝領した蜂須賀家政は、まず一宮城に入ったが、秀吉の命令で渭津に移り、渭山に城を築き始め、新たに「徳島」と号した。『阿淡年表秘録』天正十三年六月二二日条には、「名東郡一宮ニ御居城、秀吉公ノ仰セニヨリ、名東郡富田庄猪山城〔一ニ渭山ニ作ル〕ニ御居城、御経営ヲ定メラレ、且ツフハ渭津ヲ改メ徳島ト号ス」とある。

城の設計者は武市常三と林道感とされるが、[5]詳細は不明である。『古城諸将記』によれば「新城ヲ築キ、渭山・寺島両城ヲ合シテ一城トナス」とあり、ふたつの城を利用して築いたことがわかる。寺島城は、現在の寺島本町西にあった平城とされるが、絵図や地籍図では城跡を確認できない。

天正十三年、または翌十四年には近世城郭としての徳島城の中核部分が完成したとされる。その後、慶長五年（一六〇〇）の関ヶ原の戦に際し家政は隠居し、徳島城は一時豊臣家に返上されるが、東軍に加勢した家政の嫡子至鎮《よししげ》の戦功により、再び蜂須賀家の居城となる。以降、明治に至るまでの一四代、約二七〇年間、徳島城は蜂須賀氏の居城かつ徳島藩の政庁として存続した。そして、明治二年（一八六九）

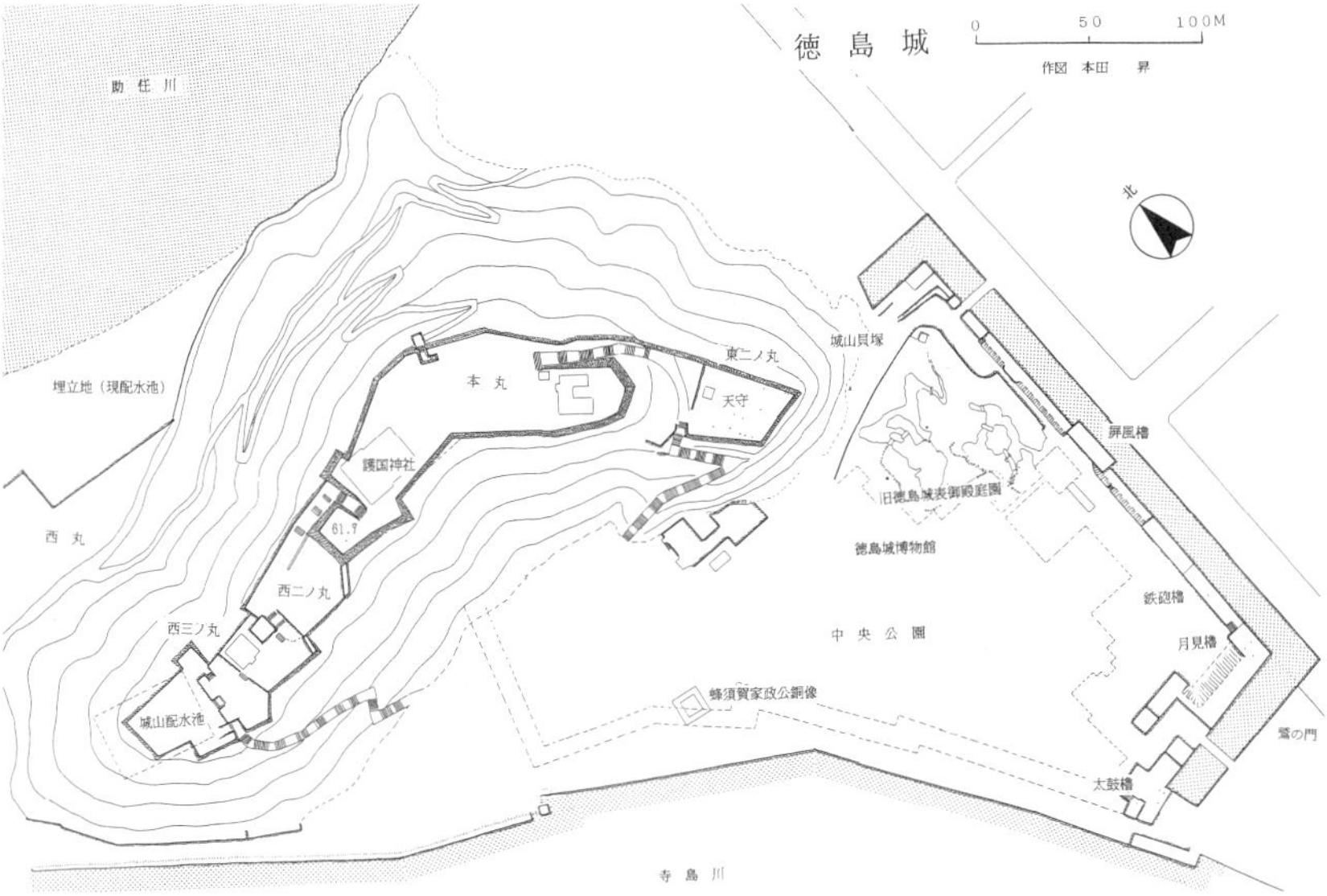

縄張り図　作図：本田昇　『徳中城』より転載

の版籍奉還《はんせきほうかん》を経て、同四年の廃藩置県で蜂須賀氏による阿波・淡路両国支配は終焉を迎え、同八年には鷲の門を除くすべての建物が陸軍省によって取り壊され、徳島城は消滅した。

**【構造と評価】**　近世の徳島城は典型的な平山城で、内郭は山城部分と山下の平城部分に大別される。また、その東側（現在の徳島町・徳島本町・新蔵町）に外郭（惣構）を設ける縄張りであった。

［山城］　標高六一・七メートルの本丸（Ⅰa・Ⅰb・Ⅰc）を中心に、東二の丸（Ⅱ）・西二の丸（Ⅲ）・西三の丸（Ⅳ）がそれぞれ地形に沿うように、高低差をもってほぼ東西に直線的に並ぶ連郭式の曲輪配置となっている。中世猪山城（渭山城）の遺構は徳島城のそれと重なり、当時の明確な姿はわからないが、徳島城の東・西二の丸跡と西三の丸跡が本丸（主郭）を中心に段差をもって位置していることは、中世山城に少なからず見られる削平段の名残りだろう。[*6]

山下から本丸へと向かう本来の大手筋は、西三の丸方面から上るルートであったと考えられている。西三の丸門、西二の丸門、そして本丸西門の手前はいずれも枡形で、西二の丸・本丸では正面から視野に入る位置の石垣築石に巨石（大平石）を立てて用いるなど、大手筋にふさわしい石垣の構築状況がうかがえる。西三の丸は上・中・下段の三段の曲輪からなっていたが、下段の大部分は昭和三十八年の城山配水池竣工で消滅した。

近世の絵図や明治時代初頭の写真からは、本丸より約二〇メートル低い標高四一・五メートルの東二の丸に三層三階の天守があったとわかるが、年未詳十月十四日付け蜂須賀阿波守書状の「古てんしゅとりこぼし候」の記載は、東二の丸の天守以前に古い天守が存在した傍証とされる。[*7] 本田昇氏は、本丸西端に位置する弓櫓（Ⅰc）に築城当初の天守があったとする。本田氏は、天守の存在した東二の丸が本丸に後続して増築されていることから、[*8] 当初の天守は本丸になければならないと考え、弓櫓は城山の最高所にあり、西辺一四・九メートル・北辺一三・八メートルの規模

---

＊6　平成十八年に独立行政法人奈良文化財研究所の協力により、本丸のレーダー探査と電気探査を行なった結果、本丸南東部の石垣継ぎ足し部B付近から本丸中心部である北西方向に向かって地形（地盤）が大きく抉れているかのような反応がみられた。これが中世猪山（渭山）城の時代の城山の地形であった可能性もある。

＊7　『御大典記念阿波藩民政資料』

＊8　徳島城の山城部分では、本丸の東側で二カ所、西側で一カ所、石垣の継ぎ足し箇所がみられる。

＊9　徳島市民双書二八『徳島城跡』（徳島市立図書館、二〇〇六年）

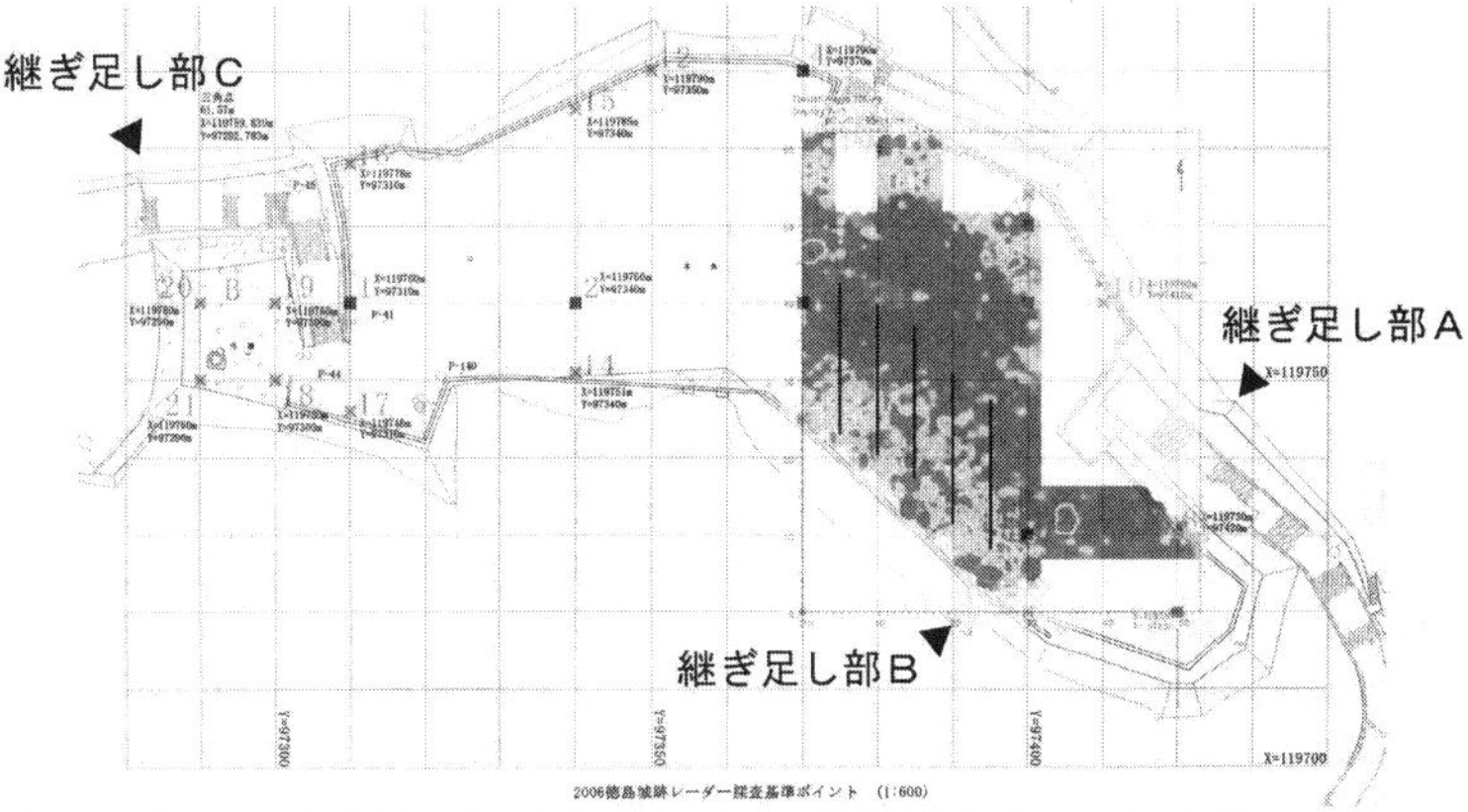

本丸跡地中レーダー探査結果（部分）『平成 18 年度　徳島市文化財だより』に加筆

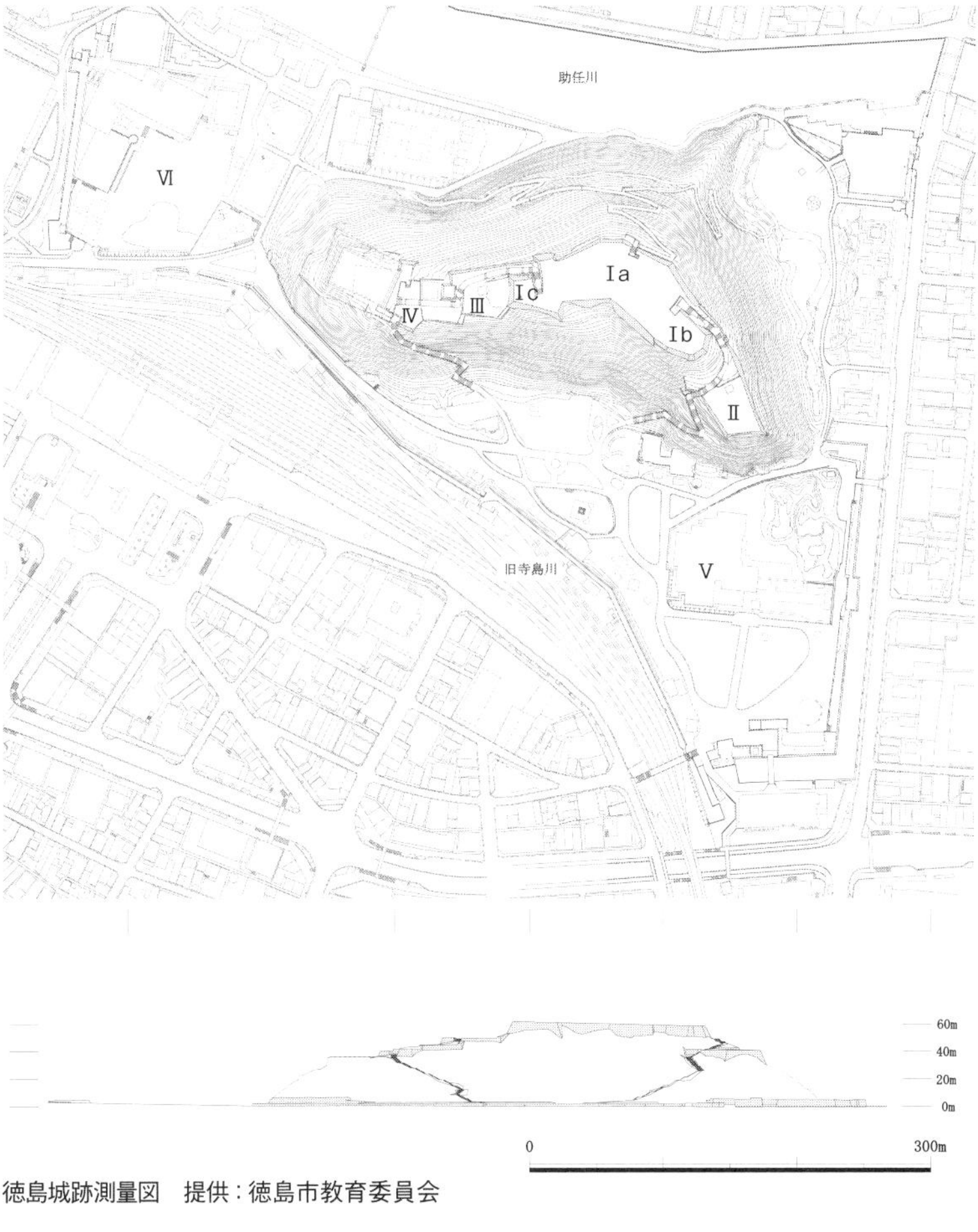

徳島城跡測量図　提供：徳島市教育委員会

からも、三層四階以上の天守があったとしても不思議でないとする。[*9]『讃岐伊予土佐阿波探索書添付阿波国徳島城図』[*10]でも、すでに天守は東二の丸に築かれており、いつごろまで弓櫓に天守が

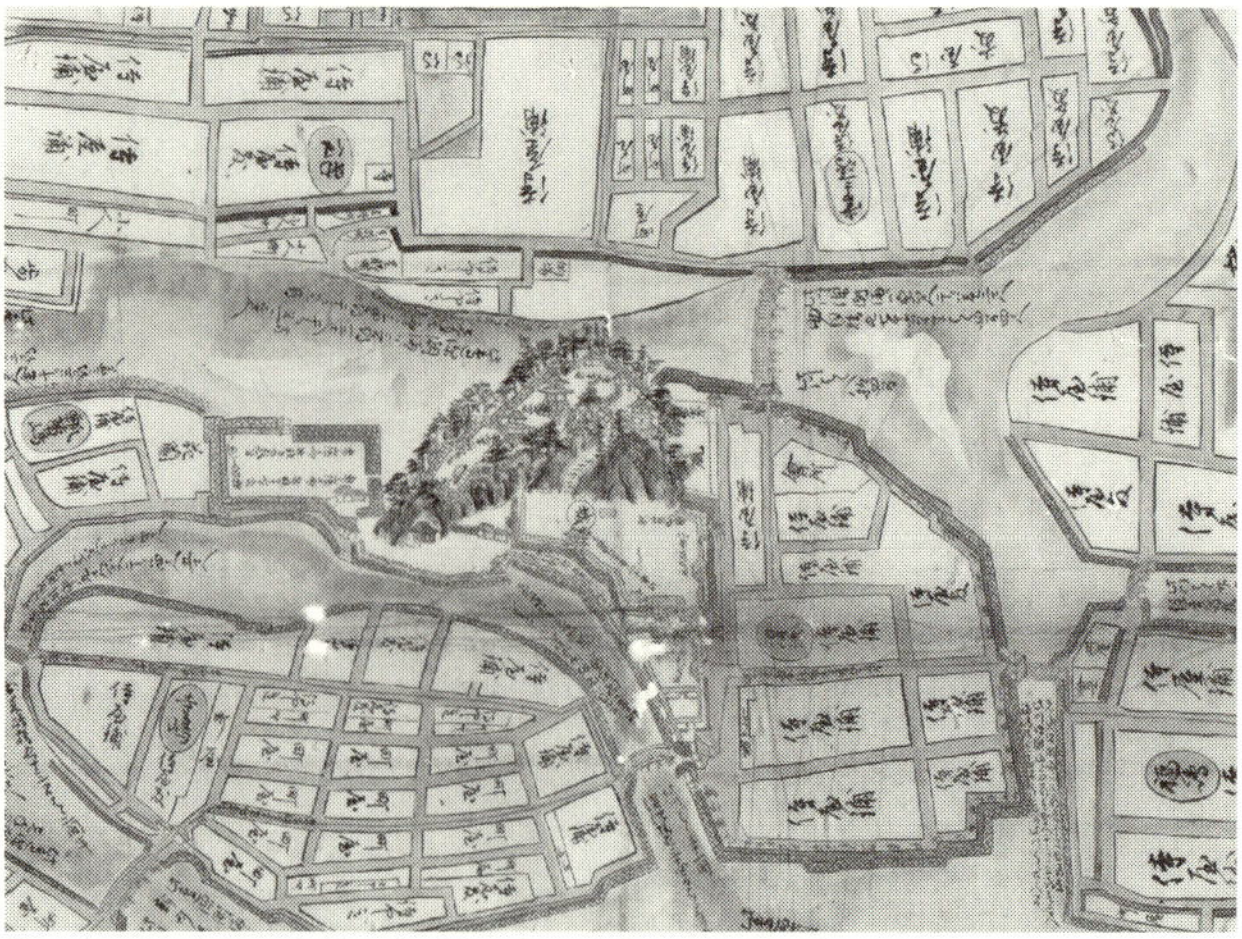
「阿波国渭津城下之絵図」（部分）　徳島城博物館蔵

置かれていたのかは定かでない。しかし、弓櫓は城内最大の櫓台であり、西の大手筋の最奥に位置することなどからも、初期の天守が置かれるにふさわしい規模と場所であったといえるだろう。

徳島城の石垣は、古い五輪塔などわずかな転用石を除き、すべて吉野川南岸の三波川《さんばがわ》変成帯《へんせいたい》から産出する結晶片岩（緑色片岩と一部紅簾《こうれん》片岩）で築かれ、山城部には文禄・慶長期を中心とした古い石垣が比較的良好に残る。なかでも本丸南東部の一角で見られる野面石を用いた乱積みの石垣は、家政が入城した当初の天正期の石垣といわれ、徳島城のなかではもっとも古い石垣である。それらに混じって寛永～元禄期以降の修復石垣も見られる。

［平城］　城山の南麓には、藩主の執務の場、かつ居所だった御殿（表御殿と奥御殿・V）があった。絵図や文書によると、御殿部分は御屋敷・御城・居城などと呼ばれ、南西部は寺島川を堀とし、東と北と南を堀川と呼ばれる長さ約二六〇メートル・最大幅約一八メートルの水堀でコの字状に区画されている。南側の大手には枡形の黒門が配され、左右に太鼓櫓・月見櫓があった。また、かつては寺島川に沿って北西方向に延びる、御殿の西側を区画する石垣があったが、明治時代に徳島公園の工事で撤去され現存しない。旧寺島川沿いの護岸石垣には、屏風折れ塀（折れ曲がり塀）

本丸南東の天正期の石垣

＊10　寛永四年（一六二七）・水口図書館蔵。現存するもっとも古い徳島城の絵図。

の支柱石という「舌石」が約三〇メートル間隔で六ヵ所残っており、全国的にも稀少な遺構である。表御殿の跡地には現在、徳島市立徳島城博物館がある。

大手の南には外郭として三木郭が置かれ、東に面して表門である鷲の門が置かれていた。現在の鷲の門は、戦災で焼失したものを平成元年に個人が私財で復元し、徳島市へ寄贈したものである。城山の西麓には西の丸（Ⅵ）が置かれた。西の丸は石垣で囲まれ、北西と南西の隅に櫓台を配する。現在は、ほぼ全体が小学校の敷地となっている。西の丸の西部には御花畠と呼ばれる屋敷と庭園が置かれた。かつて徳島監獄が置かれ、移転後は市街地となっている。遺構としては、西側の出来島との区画となる瓢箪堀と呼ばれる人工の堀があったが、現在は埋め立てられて道路となっている。

惣構で囲まれる徳島は、全島に石垣を巡らせ、大手口の徳島橋、東方の福島橋、北方の助任橋には門台と呼ばれる櫓門を配して防御としていた。惣構の内部には家老や上級家臣の屋敷が置かれていたが、現在は市街地となっている。

なお、徳島城跡の内郭の主要部分約一九三、〇〇〇平方メートルは国指定史跡であり、史跡指定範囲の大部分は現在都市公園（徳島中央公園）となっている。

〈三宅良明〉

西二の丸から本丸へ向かう大手筋（右が弓櫓跡）

内堀と石垣（手前が月見櫓跡）

徳島城跡　月見櫓と鷲の門、後方城山に天守（明治初年）　徳島城博物館蔵

中世渭津入口の城

# 32 津田城《つだじょう》

【概要】徳島城下にもっとも近い港津の津田浦を押さえる位置にある山城である。

【立地】新町川河口部の津田浦の南西に位置する津田山の、標高四一メートルの頂にある。津田浦は、中世には春日神社領だった津田島の名を残す。藩政期には商漁港として賑わい、徳島城下にも近い重要港として川口番所が置かれた。現在山麓にある津田八幡神社は元来津田山上にあり、慶長年間に現在地に遷座したという。

津田城と港

①所在地　徳島市津田西町
②立　地　津田山山頂
③時　期　戦国期
④城主等　桑村隼人亮　家系は日奉氏　家紋は鷹羽三
⑤遺　構　削平が著しく不明

【歴史と背景】　城主とされる桑村隼人亮は、佐古城主田村大和守吉利《よしとし》の一族とされ、井戸城主薬師寺阿波守政村《まさむら》の子孫である。三好実休のために堺で兵器を購入した帰りに淡路生石崎《おいしざき》で海賊に殺されたといわれ、実休は生石権現を建立して隼人亮を祀ったという。[*1]

【構造と評価】　後世の開発で、城の規模や構造を把握することが困難な状況にある。山の西側と北側は石取りによって大きく削平されたため消滅し、主郭とみられる山頂部の平坦地は非常に狭い。主郭の南側にも狭い平坦地が階段状に存在するほか、

津田八幡神社

＊1　『阿波志』

南側には山中でもっとも広い平坦地が二段ほど続く。他にも曲輪状の平坦地は至る所にあるが、石取りや公園整備など、後世の開発によるものなのか遺構かどうか判断できず、城の規模や構造などは不明である。なお、『日本城郭大系』で津田城とされる、津田山の南の標高七七メートルの山頂部に遺構は見受けられない。

居館についての伝承はないが、『徳島県の中世城館』によると、八幡神社と津田寺の境内地が山の直下にあり、周辺の集落より一段高い方形の区画を示すため居館候補地とされている。なお、津田寺境内には、室町期頃と考えられる結晶片岩製の板碑が一基残る。

また、津田山の北東に連なる尾根の先端にも削平地が存在する。津田港に面し、城の出丸だったとも考えられるが、寛永年間の『御山下画図』では、川口番所の施設と見られる高櫓状の建造物が港の背後の山尾根突端部に描かれており、番所にともなう削平地である可能性もある。尾根頂部を削平して東西三〇×南北一五メートルの平坦地を作り出しており、北東方向には小曲輪状の平坦地が連続し、東側には帯曲輪状の平坦面が認められる。また、北東には細長い平坦地が存在し、部分的に石垣のようなものがあるが、後世の祠などにともなうものだろう。

〈西本沙織〉

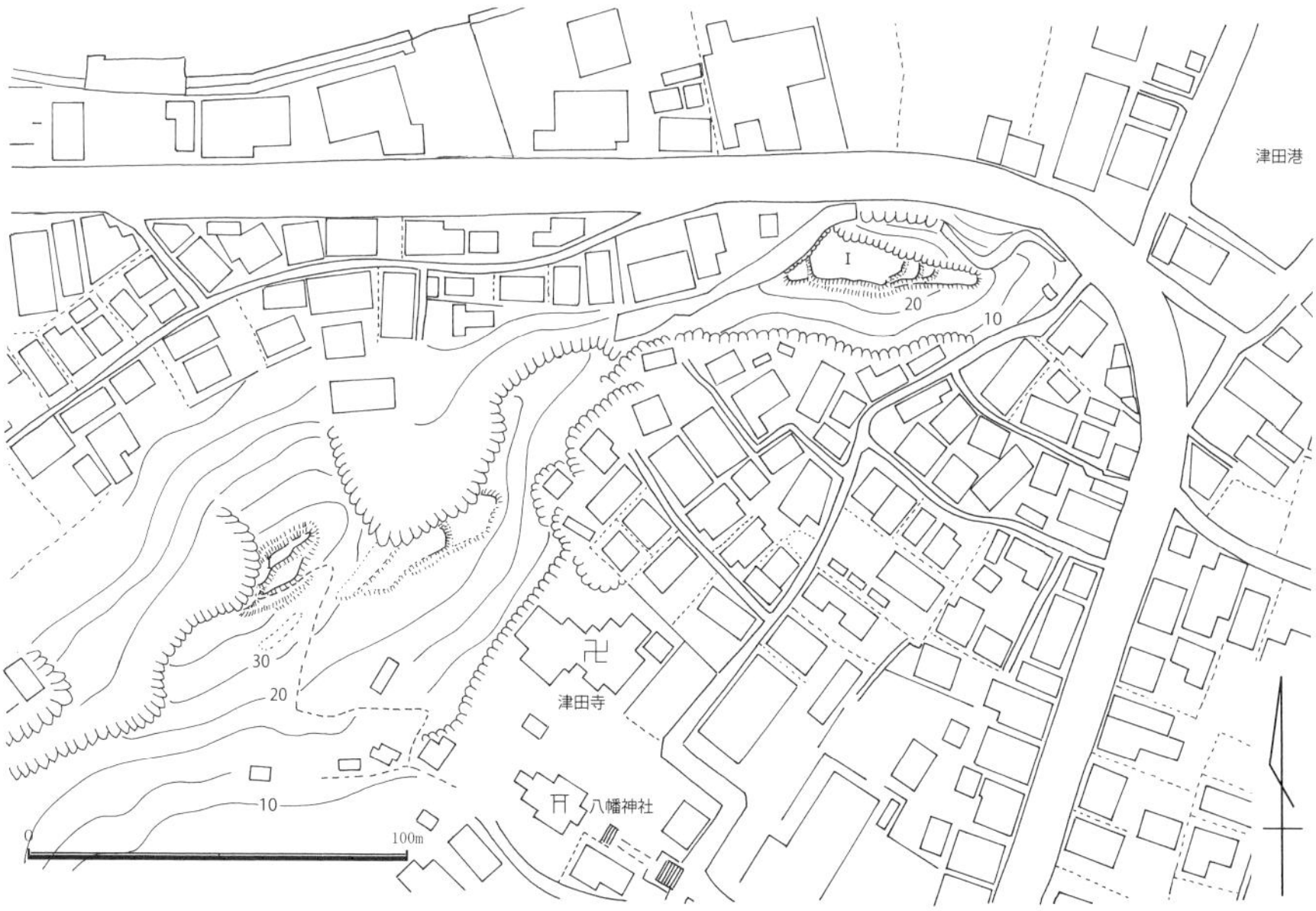


縄張り図　作図：杉原賢治　『徳中城』より転載

珍しい四連続堀切をもつ城

# 33 八《は》多《た》城《じょう》

①所在地　徳島市八多町
②立　地　尾根先端
③時　期　平安末〜戦国期
④城主等　田口成良
⑤遺　構　曲輪・堀切

【概要】阿波では特異な四連続堀切をもつ城である。縄張りからは、戦国期の使用や長宗我部氏による改修などを考慮すべきだが、地元での聞き取りでは、田口成良の関係とする意見があるだけで、長宗我部氏については伝えられていない。

【立地】中津峰山《なかつみねさん》の北麓、八多川に面した標高一九一メートルの尾根先端部に位置する。麓から見上げる山容はピラミッド形で、北側から主郭に至るには、急傾斜の登坂を覚悟しなければならない。

城跡遠望

【歴史と背景】『勝浦郡村誌』は、八多民部（阿波民部〈田口成良〉か）の居城との伝承を記す。『勝浦郡志』では、源義経が攻撃した熊山城の詰城、あるいは南北朝期の中津峰合戦で南朝方が使用した城郭とも推定する。

【構造と評価】曲輪は南北に細長い尾根上に展開する。最高所の主郭Ⅰは、南北二〇×東西一〇メートルで北側にわずかに段を持つ。主郭の北側に曲輪Ⅱ、南側には一一〜一一・五メートルの段差をもって曲輪Ⅲ・Ⅳを階段状に配する。曲輪Ⅳから南の尾根筋には、およそ四〇メートルの間に四本の堀切を連続させる

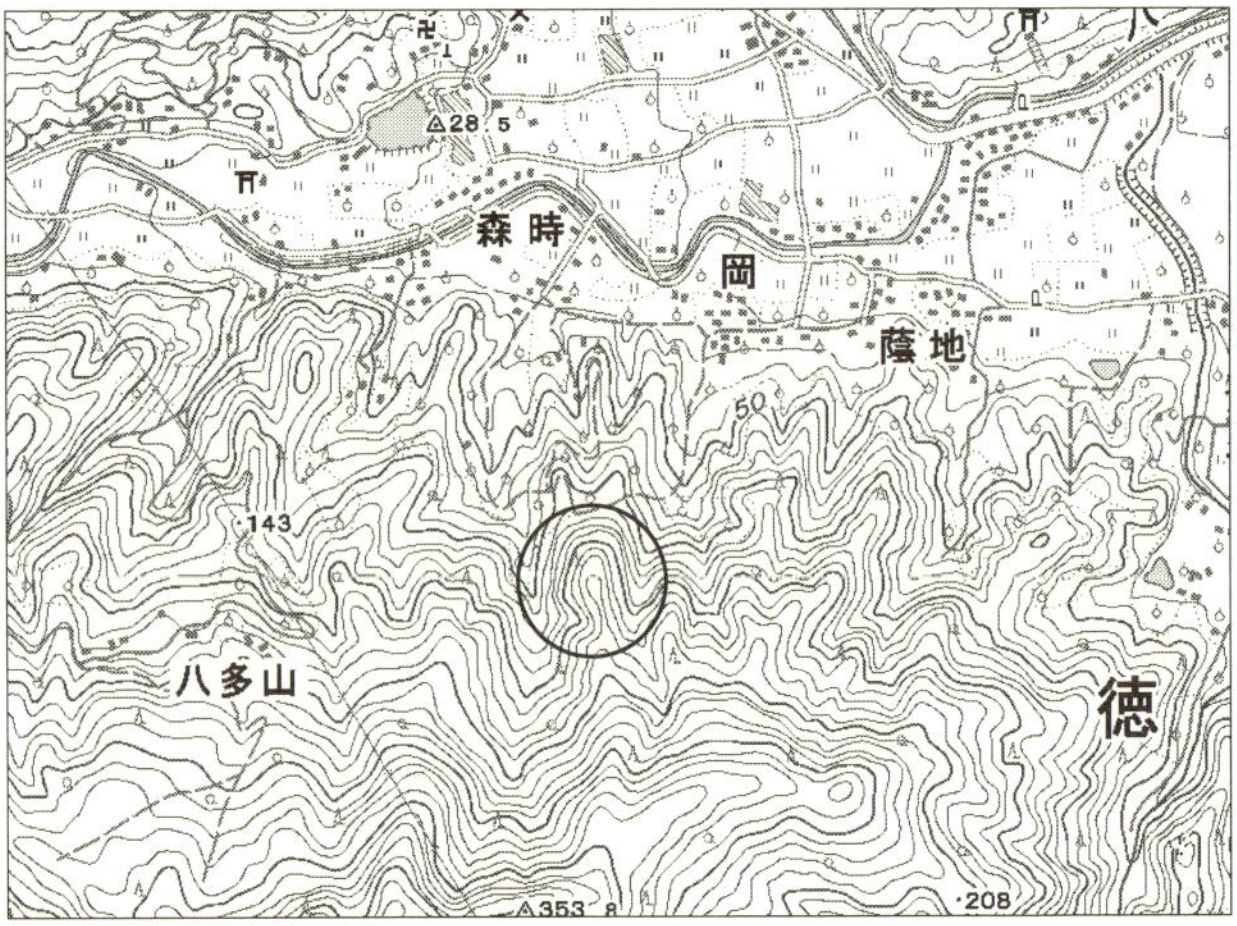

（①～④）。①は幅九メートル・深さ五メートルで、南北に低い土塁を配する。②は幅八メートル・深さ四メートル、③は幅五・五メートル・深さ二メートル、④は幅五メートル・深さ一・五メートルである。堀切は曲輪に近いほど規模が大きく、東側斜面に向けては堀切を延ばして竪堀としている。〈勝浦康守〉

堀切

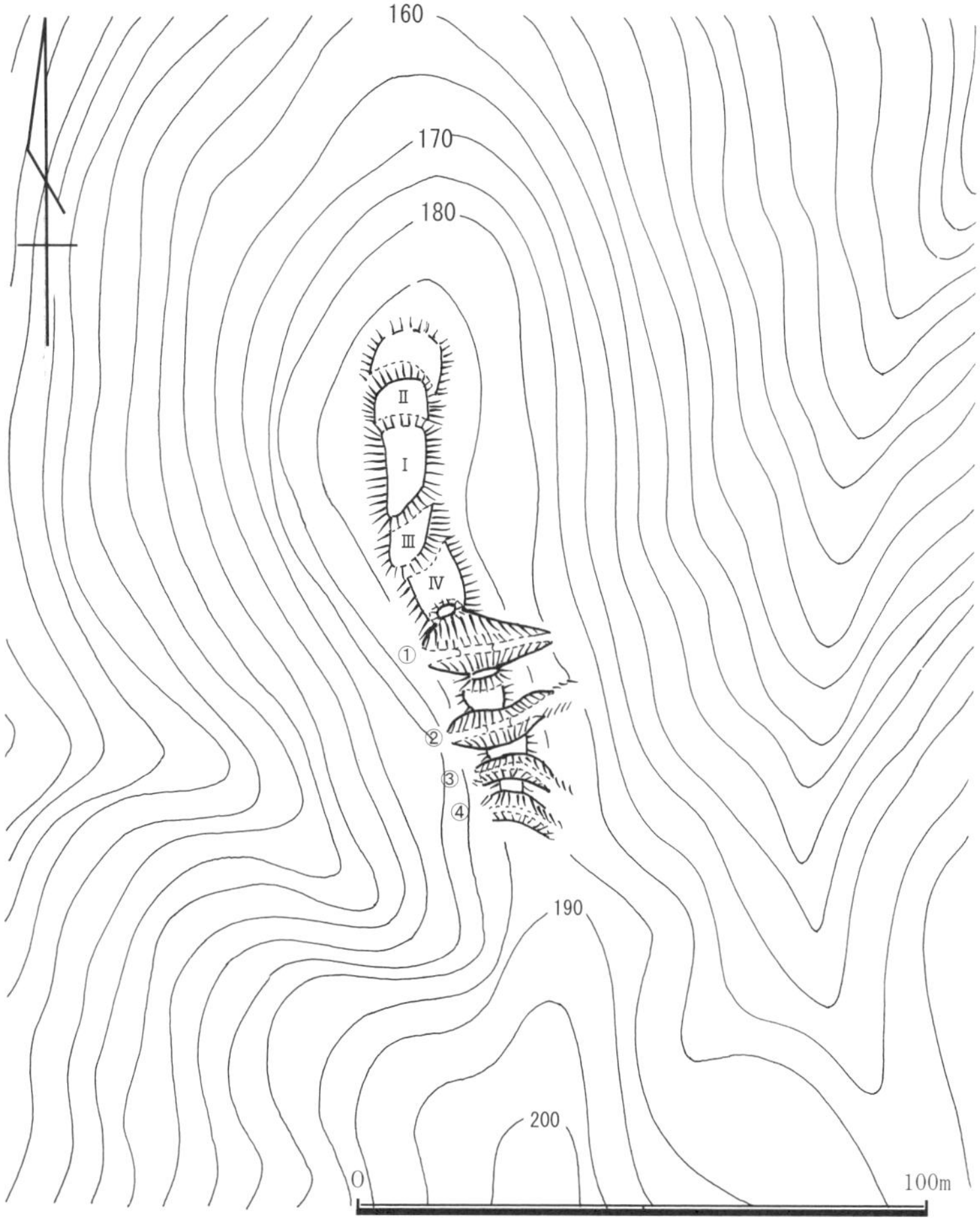

縄張り図　作図：辻佳伸　『徳中城』より転載

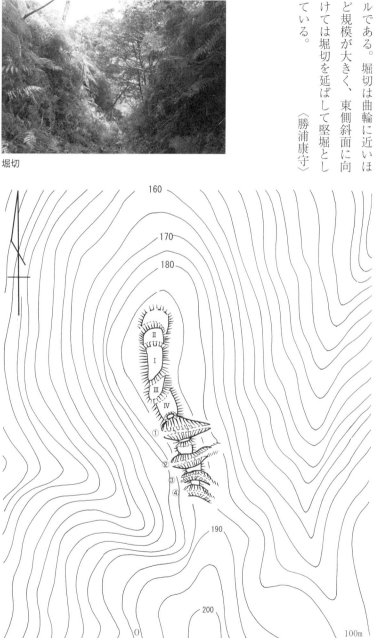

新開一族が拠った山城

# 34 渋《しぶ》野《の》城《じょう》

①所在地　徳島市渋野町入道
②立　地　尾根上
③時　期　戦国期
④城主等　新開氏
⑤遺　構　曲輪・堀切・土塁

【概要】　牛岐《うしき》城主であった新開《しんがい》氏の一族を城主とする山城である。現在、尾根の北東斜面はミカン畑などになっているが、北側から南西側に至る斜面と尾根上は雑木林であり、曲輪・土塁・堀切などがおおむね良好な状態で保存されている。

城跡遠望　南東より

【立地】　徳島市渋野町西方の入道《にゅうどう》と辻西の字界付近を北から南方向に延びる標高約五〇メートルの尾根の先端部に位置する。

【歴史と背景】　城主は牛岐城主新開遠江守忠之《ただゆき》（道善《どうぜん》）の一族、新開兼安《かねやす》とされるが、*1『古城諸将記』では道善嫡子の式部少輔かとする。

　城跡のすぐ南側を流れる多々羅《たたら》川の左岸に形成された標高二〇メートルの小規模な沖積地の一角には、渋野城主の姓である新開の字名が残り、この付近に渋野城居館があったという。『勝浦郡志』には、田所眉東氏による踏査の状況が、「城

*1　『阿波志』

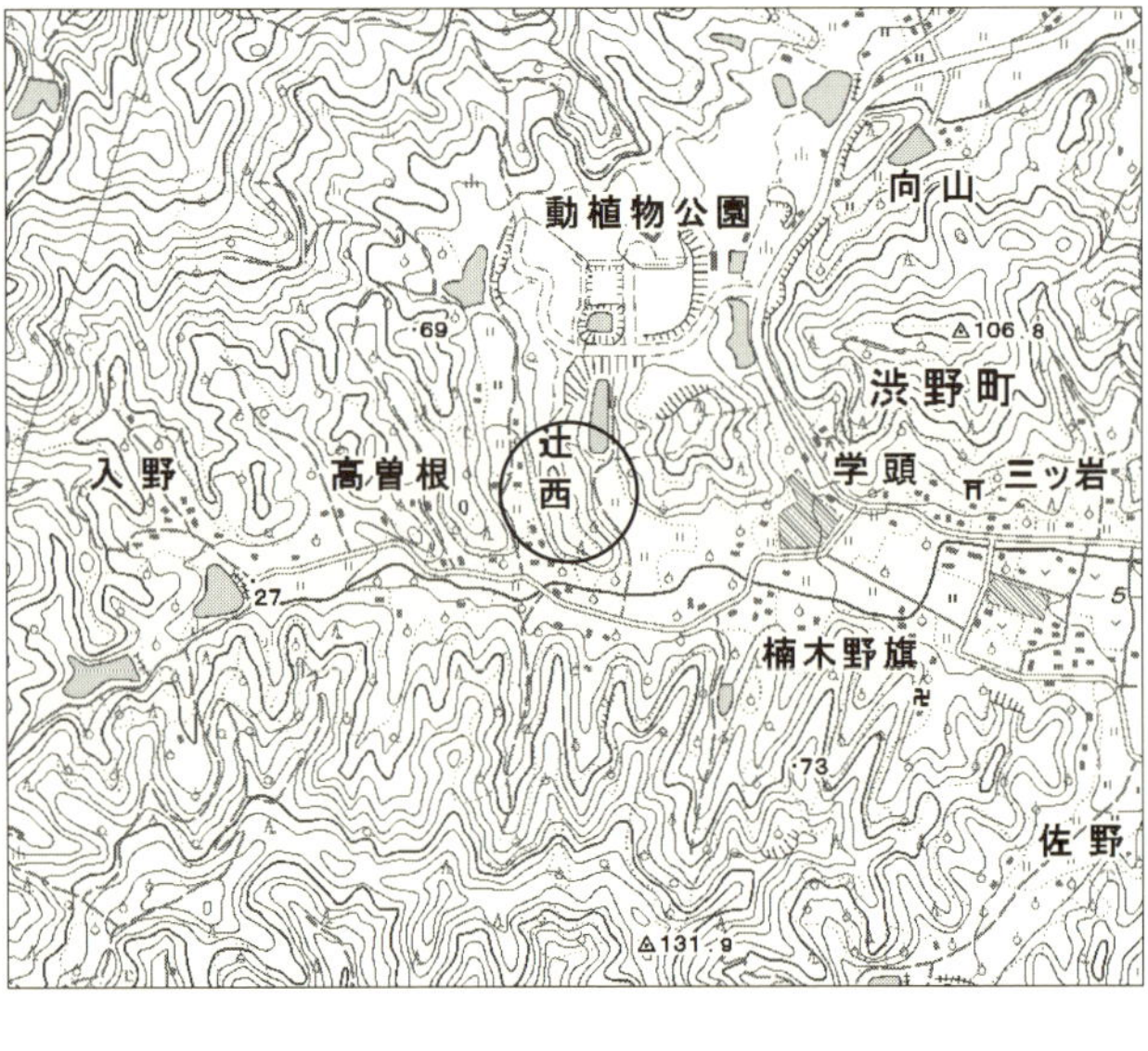

163　渋野城

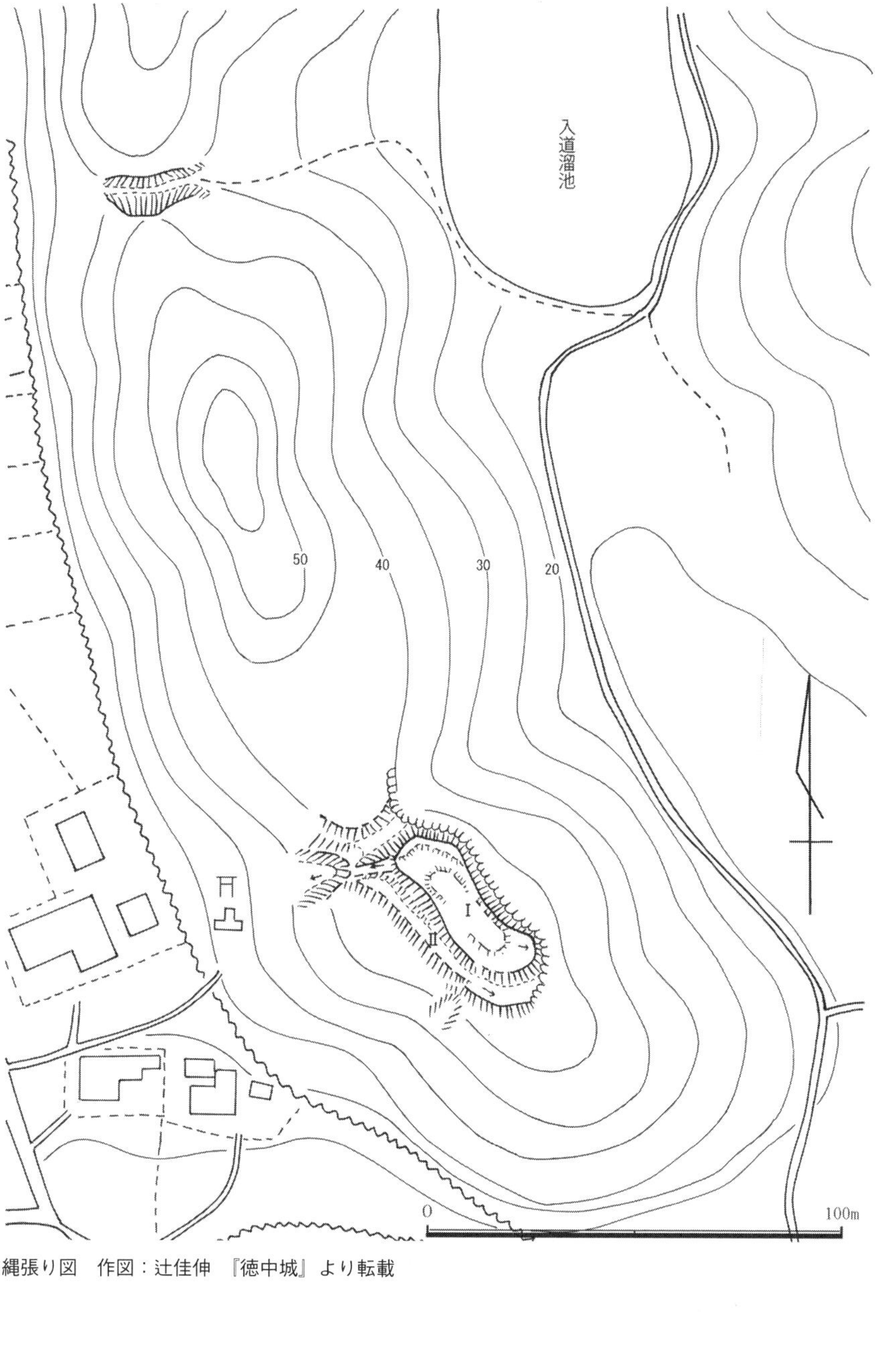


縄張り図　作図：辻佳伸　『徳中城』より転載

北側の堀切

の下に地称新開と称する所は城跡より見れば一区域をなしている。城山南麓に多々羅川の上流なる水溝がある。これが約一丁南下して街道の橋梁辺にて曲がっている。これを南側として田畑を挟んで小道が水溝と並行してあるこの間が里城跡らしい。里城の正門と思われる所に突起的小方形の所が見える。枡形的気分がある。全面積約一町強ある」と、詳しく記されている。

しかし、現状は水田と畑に利用されており、全体に平坦ではあるものの、遺構はまったく確認できない。また、地籍図の検討でも、居館跡と考えられる明確な区画などは確認できない。

**【構造と評価】** 主郭（曲輪Ⅰ）は、尾根上の南北四二×東西一二メートルのいびつな長楕円形状を呈し、北側にはわずかに土塁状の高まりをとどめる。また、曲輪中央部にも段状の低い高まりがみられる。主郭の北側には、緩やかな尾根筋に幅八メートル・深さ四メートルの堀切を配して遮断している。堀切の西側は竪堀状となるが、斜面の崩落によって生じたえぐれかもしれない。

主郭の南西側には、比高差二メートルをもって幅二〜三メートルの帯曲輪（曲輪Ⅱ）が巡る。帯曲輪の南端は幅五メートルとやや広いが、そこから東側は尾根斜面の削平により消滅している。東側斜面は現在畑となっているが、畑は段状を呈し、往時は帯曲輪が北東側斜面にも巡らされていた可能性が高い。帯曲輪（曲輪Ⅱ）の北西部は堀切との間に竪土塁を配する。また、南西部で帯曲輪の縁が切れ、そこから竪堀状のえぐれが斜面に延びる。主郭でも対応する箇所に曲輪の切れが見られ、南西斜面から主郭に至る一連の虎口かもしれない。

主郭北側の堀切から北北東へ約一五〇メートルの尾根鞍部には、幅八メートル・深さ五メートルの堀切がある。渋野城の遺構である可能性は高いが、この堀切と主郭側の堀切の間の尾根筋上や斜面部では遺構は確認されない。堀切は、尾根の西側にある辻西の集落から東の入道溜池方面へ抜ける最短ルートとして、近世以降に開削された切り通しなのかもしれない。田所眉東氏は、入道溜池から西手の谷に出る堀割を空溝（堀切）と認識している。[*2]

なお、城跡南東麓の畑のごみ焼き穴上層から、中世のものとみられる土師器の破片が採集された。

〈三宅良明〉

---

＊2　『勝浦郡志』（勝浦郡教育会、一九二三年）

視点2

# 県西部の中世城館

中世阿波の城跡は、他国に比べて小規模で単純な構造のものが多い。これは、城の防御構造（縄張り）を発達させる必要性が乏しかった状況の反映である。内乱や侵略の続く世情不安定な地域では、堀の数を増やしたり、曲輪を土塁で囲んだりと城の防御に心を砕くが、安定した地域では必要ない。単純な縄張の城跡が大半を占める阿波国内は、戦国時代の終盤まで比較的安定した状態にあった。そして、その「余剰エネルギー」が細川・三好両氏による畿内方面への進出の根源になったのだろう。

ところが県西部、とくに現在の三好市をみると、堀や土塁の多用など、阿波では珍しく縄張の発達した城跡が多いことがわかる。三好市は阿波国の西部に位置し、伊予・讃岐・土佐と国境を接する。天正四年（一五七六）、この境目の地に激震が走った。土佐の長宗我部元親の侵攻である。すでに土佐一国の統一を終えた長宗我部氏は、阿波の制圧を目指し、前年に海部郡に侵攻している。三好氏の国内統治の破綻にともなう内乱とも相まって、阿波国内も文字通り戦国の世に突入していくことになる。

地元の有力国人大西氏は、土佐に到る街道沿いに築かれていた有瀬（三好市西祖谷山村）・田尾（同山城町）・川崎・大利・天神山（同池田町）などの各城を防御拠点として整備したという。さらに、本城の白地城周辺の太鼓山・中西・花駒・州津といった城の防御を高めた。三好市内の城跡にみられる縄張の発達は、対長宗我部という軍事的緊張を背景としたものとみることができよう。

美馬市でも、長宗我部氏の侵攻に対応したいくつかの城が知られる。重清城（美馬市美馬町）は、天正七年に長宗我部氏と三好氏が三度にわたり奪い合った重要な城である。二重の堀と土塁で囲み、虎口脇に櫓台を配した厳重な縄張は、当時の戦闘の激しさを物語る。岩倉城（美馬市脇町）は、高さ四〇メートルの段丘崖を利用した天然の要害で、周囲に観音坊、宝冠坊などと呼ばれた六ヵ所の出城を配して守りを固めている。

一方、阿波・吉野川両市には縄張の発達した城跡はみられず、合戦の記録なども存在しないことから、長宗我部氏の侵攻に際して大規模な反撃は行われなかった可能性が高い。上桜城（吉野川市川島町）に拠った三好氏の重鎮・篠原長房は、元亀四年（一五七三）の上桜合戦で細川氏・三好氏に攻め滅ぼされている。

さらに、天正七年の脇城外の合戦では、三好方の主力で切幡城（阿波市市場町）に拠った森飛騨守をはじめとし、麻植郡内の城主の多くが長宗我部方に討ち取られていたことも関係しよう。

中西城跡から見た大利城跡と川崎城跡

長宗我部氏は天正十年に勝瑞城を攻め落とし、阿波を制圧、つづいて讃岐・伊予を攻略し、四国に覇を唱えた。しかし、天正十三年（一五八五）には羽柴氏の四国侵攻を受け、降伏する。

阿波は、四国攻めで功績のあった蜂須賀氏が拝領した。蜂須賀氏は徳島城を築城するとともに、領国経営の地域拠点として国内に九つの支城を配置した。いわゆる「阿波九城」である。このうち、県西部には池田（三好市池田町）・脇（美馬市脇町）・川島（吉野川市川島町）・西条（阿波市吉野町）の四城が配置された。いずれも前代の各地の拠点城郭を継承せず、吉野川の水運を重視した配置となっている。

これは、蜂須賀氏が紀伊水道と吉野川という流通の二大動脈が交差する徳島を新たに城地としたことに符合する。蜂須賀氏による吉野川を軸とした国内流通網の再編により、県西部は新たな領国支配の中に組み込まれていくのである。

〈辻　佳伸〉

旧街道筋に位置する山城

# 35 川崎城《かわさきじょう》

①所在地　三好市池田町川崎
②立　地　山頂
③時　期　戦国期
④城主等　—
⑤遺　構　曲輪・堀切・土塁

【概要】　白地城の南およそ七・六キロにあり、吉野川東岸の尾根沿いに土佐へ向かう旧街道筋に位置する山城である。城主は不詳だが、天正年間の長宗我部元親の三好郡侵攻に対し、白地城に拠った大西氏が配した支城の一つと考えられる。主郭周りの堀切や土塁が良好に残る。

【立地】　池田町川崎の標高六四五メートルの山頂部に位置する。城の東斜面を土佐に至る古道（文政十一年〈一八二八〉、徳島藩主蜂須賀斉昌《なりまさ》の蔓橋巡遊を機に開通した川崎新道の前身とみられる）が通過し、松ノ休場と呼ばれる古道の鞍部から尾根をたどると城跡に至る。現在は植林地となっており、保存状態は良好である。

川崎集落と川崎城跡（尾根東端のピーク）

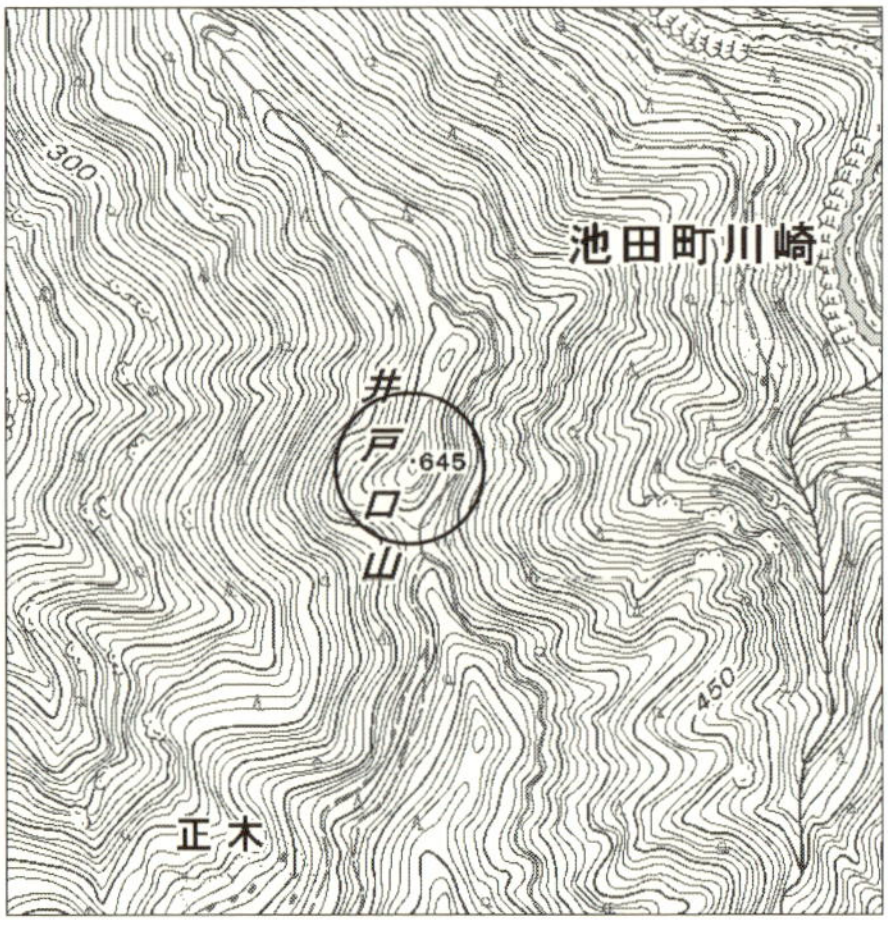


【歴史と背景】　『三好郡村誌』は、地元の伝承として越前某の名前を挙げているが、城主は不詳である。白地城に拠る大西氏が長宗我部氏の侵攻に対処するため、土佐の街道筋に配した支城の一つと考えられる。『古城址地図』では、「ジョウノシ」という地名を記す。

【構造と評価】　松ノ休場から城跡に至る尾根はやせ尾根で、途中数ヵ所に小規模な曲輪状の段がある。主郭北側の尾根は幅七メートルの堀切により遮断される。堀切に沿って城側に低い土塁を設け、

主郭と北側の土塁

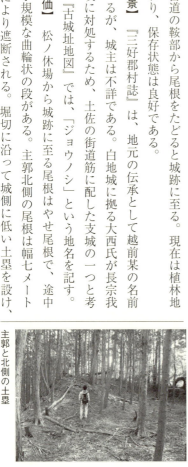

内側を櫓台状とし、その両翼を南に延ばして主郭東西の土塁としている。主郭は径一六メートルほどの円形で、南面にもわずかに土塁の痕跡を留め、元は土塁囲みの曲輪であったとみられる。主郭西側の尾根は幅一〇メートルの堀切と土塁で遮断され、尾根上にはさらに数段の曲輪が階段状に配される。他にも不明瞭な段がいくつか見られるが、『古城址地図』で「帯曲輪の名残?」と注記される主郭の南側を廻る平坦地は、わずかに段として確認できる程度である。川崎城は北側と西側の尾根筋を堀切と土塁で遮断し、主郭東側直下を通過する街道に向かう構造がよくみてとれる。

〈辻　佳伸〉

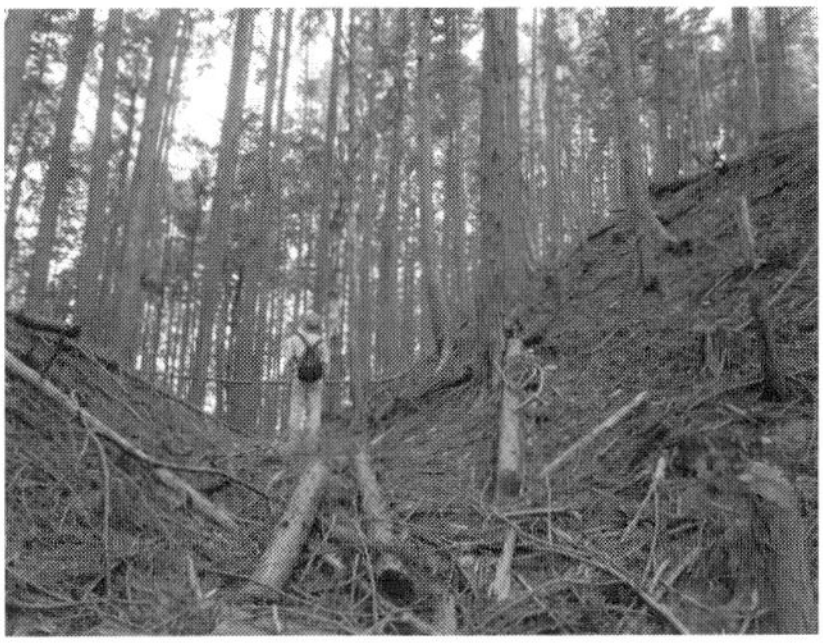

主郭西側堀切

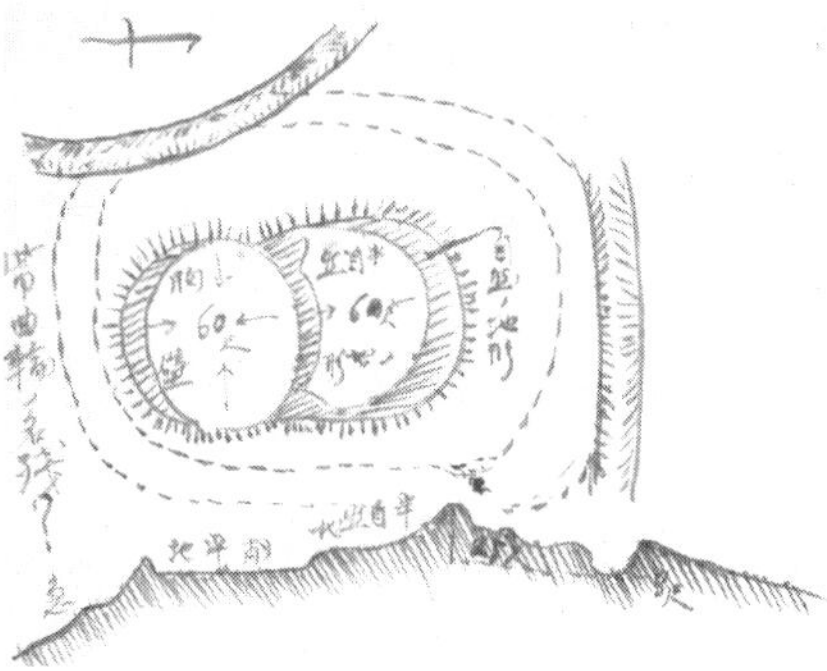

近藤辰郎「古城址地図」川崎城跡縄張り図
徳島県立博物館蔵　『徳中城』より転載

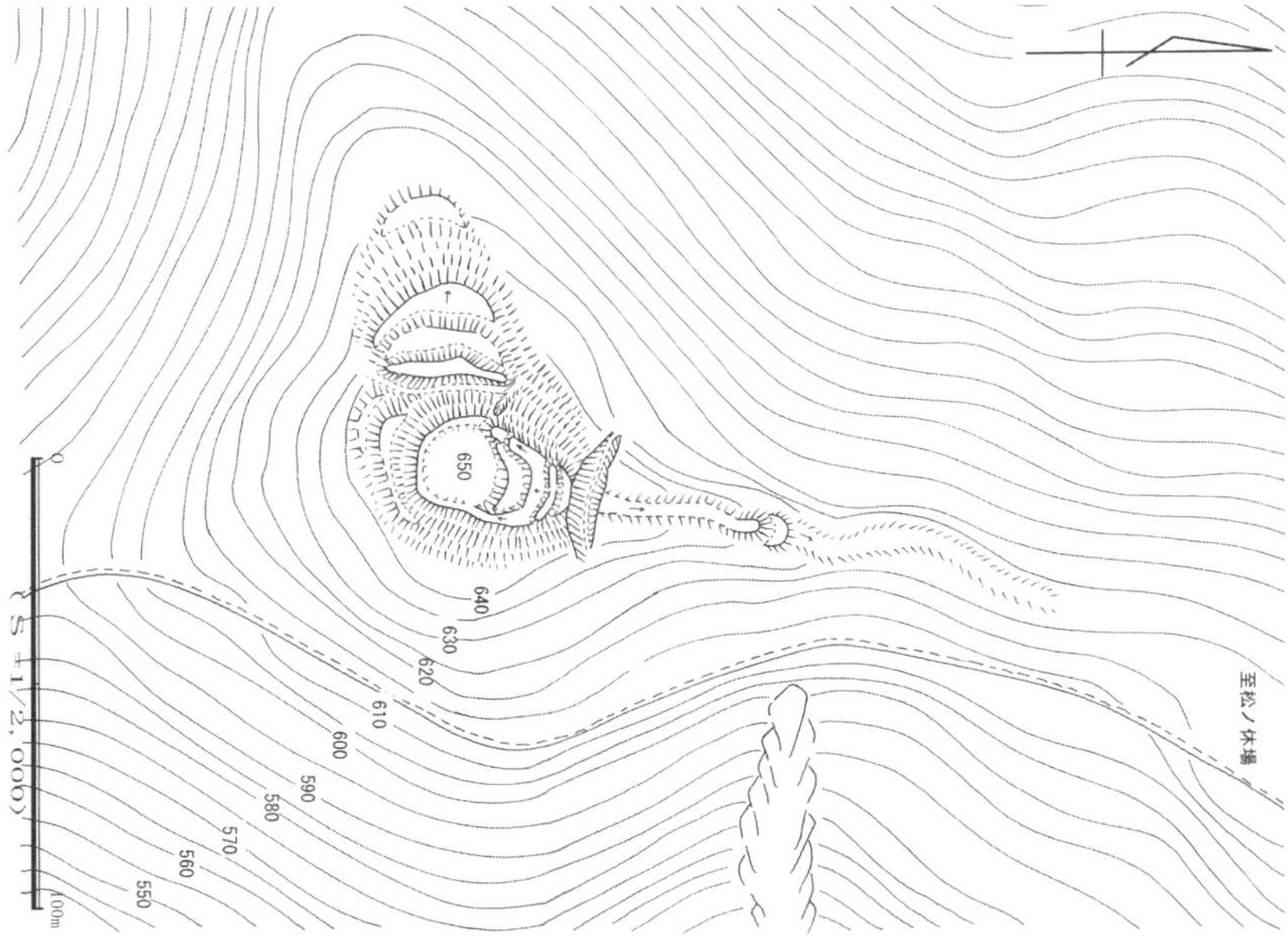


縄張り図　作図：辻佳伸　『徳中城』より転載

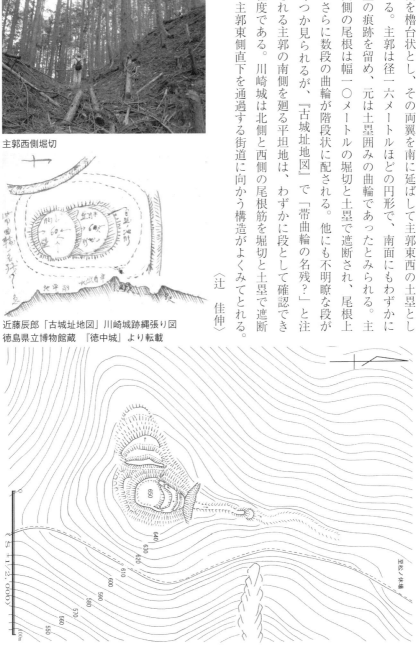

横堀や土塁がよく残る大西氏の城

# 36 漆《しつ》川《かわ》城《じょう》

①所在地　三好市池田町漆川坊谷
②立　地　山頂
③時　期　戦国期
④城主等　大西氏
⑤遺　構　曲輪・土塁・堀切・横堀・竪堀

【概要】　白地城主大西頼武の次男・大西頼春が拠った城と伝えられる。白地城の南東およそ四・六キロにあり、吉野川から漆川谷川に沿って三キロほど入った山間部に位置する山城である。天正年間の長宗我部元親の三好郡進攻に際し、落城したと伝わる。主郭周りの横堀や土塁が良好に残る。

【立地】　城跡は、池田町中央部、四国山地から吉野川に合流する漆川谷川に面した、標高三六〇メートルの山頂部に位置する。富士山型の山で、かつて山頂の主郭には城主の大西氏を祀る大西神社があったが、現在社殿は麓に移されている。曲輪周辺は杉などの植林地であり、遺構の保存状態は良好である。「城」・「シロトコ」といった地名が伝えられる。

城跡遠景

【歴史と背景】　漆川城は、白地城の支城の一つとされる。城主大西頼春は、長宗我部軍の侵攻時には城を出て、馬岡に拠る長宗我部軍と戦って戦死したと伝えられる。なお、城を出た頼春が拠ったとされる「影峰の砦」跡は、漆川城跡の南東約一・六キロの旧街道沿いの山頂部にあり、曲輪や堀切が残る。

【構造と評価】　山頂部の主郭は、南北三八×東西二〇メートル

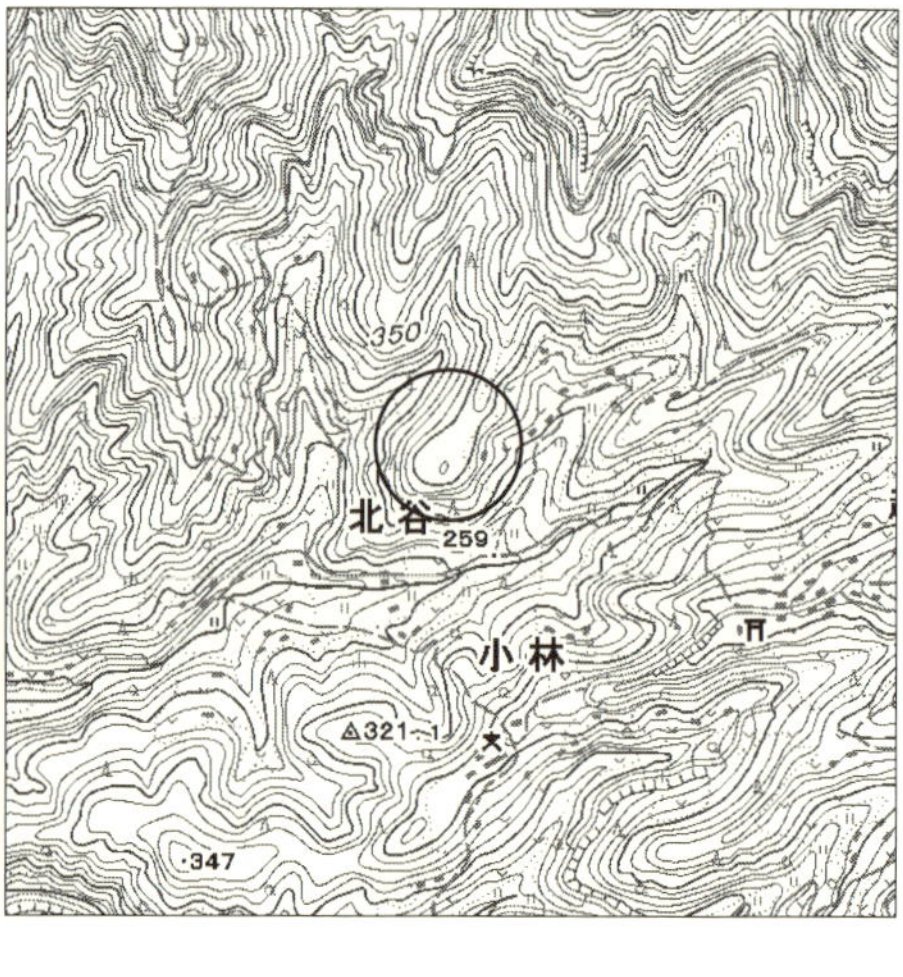

主郭

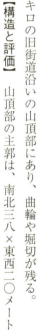

の隅丸長方形状を呈する。南側尾根に小規模な曲輪を二段配し、北側尾根から西側斜面にかけては、幅六メートル・深さ二・五メートルの横堀を巡らせている。横堀の両端はともに竪堀とし、南北の斜面も遮断する。北側尾根から横堀を渡る土橋があるが、『古城址地図』には描かれないことから、後世に大西神社の参道として設置された可能性がある。さらに、北方尾根続き約六〇メートルの地点には幅六メートル・深さ一・五メートルの堀切が配される。なお、城跡の南麓の漆川谷川を挟んだ標高二三〇メートルの集落には「土井」の地名が残り、付近に大西氏の居館があったものと推定される。

〈辻　佳伸〉

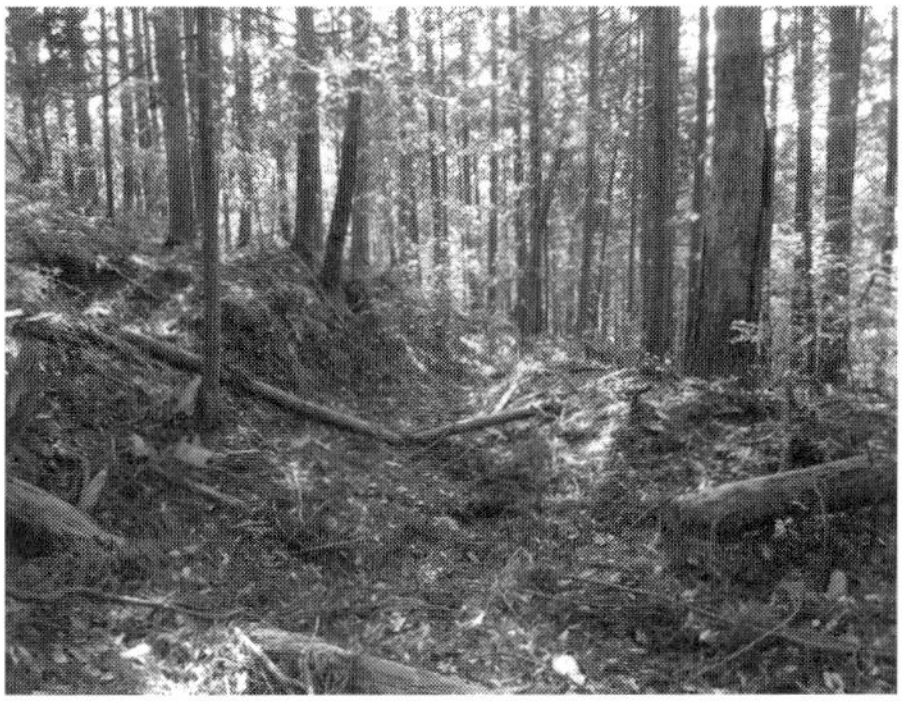
横堀

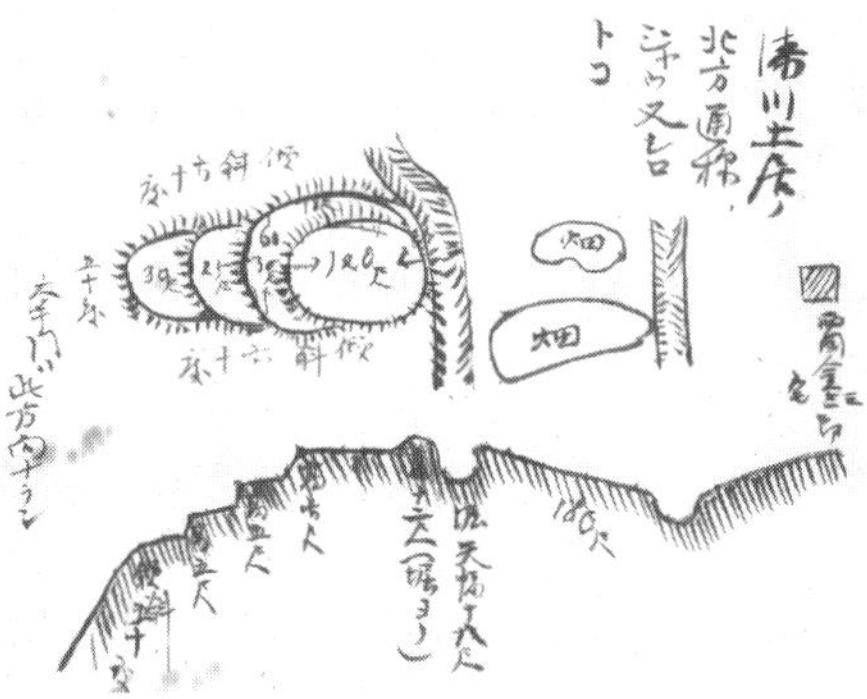

近藤辰郎「古城址地図」漆川城跡縄張り図
徳島県立博物館蔵　『徳中城』より転載

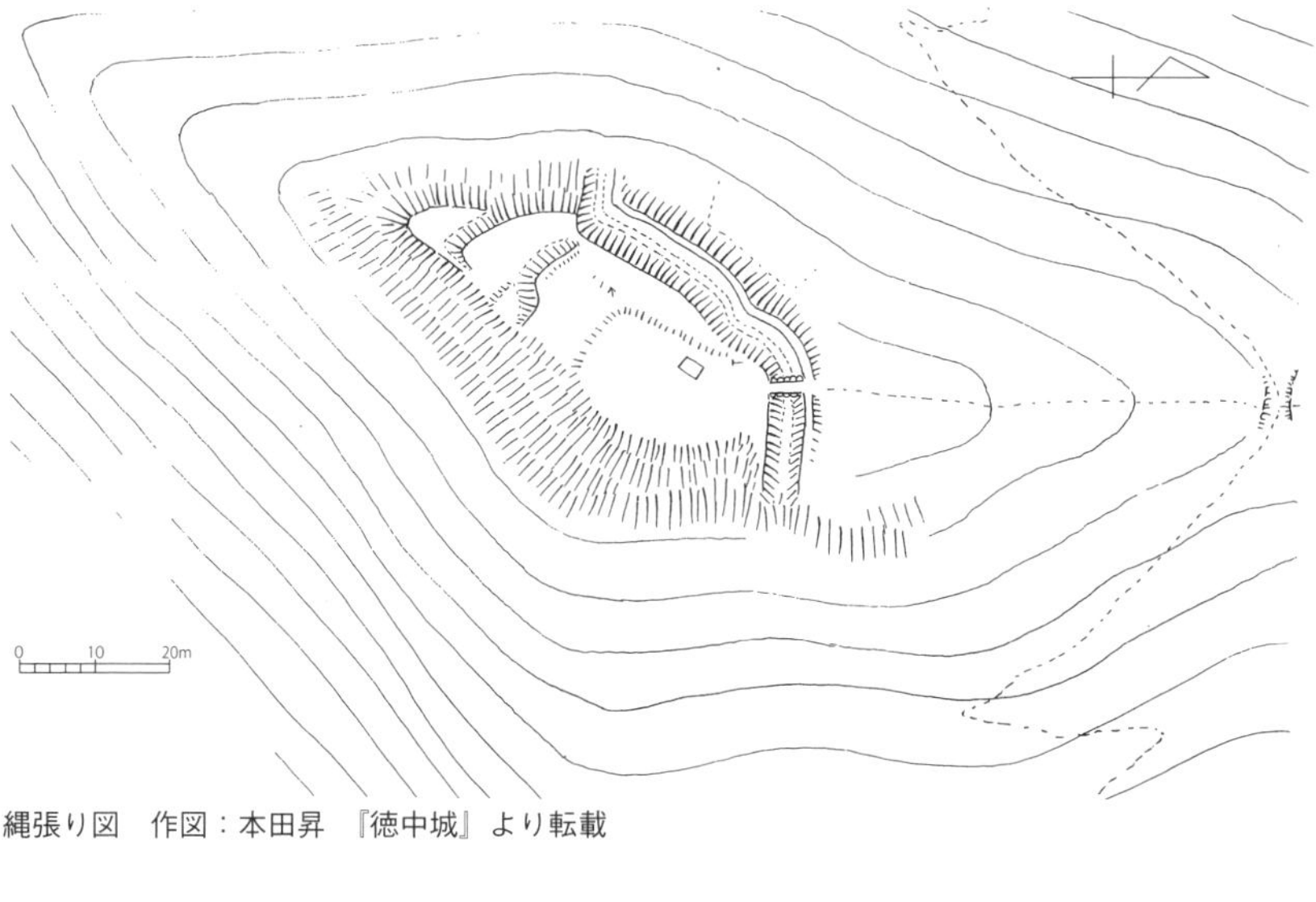

縄張り図　作図：本田昇　『徳中城』より転載

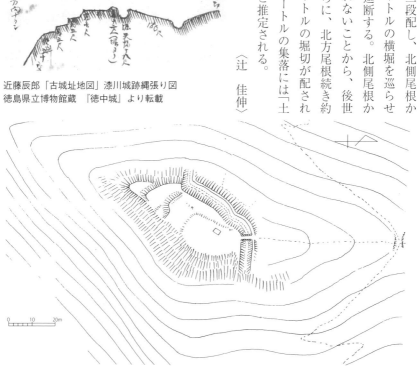

二重土塁囲みの曲輪が残る城

# 37 大《お》利《お》城《り》

①所在地　三好市池田町大利峰岡
②立　地　山頂
③時　期　戦国期
④城主等　大西氏
⑤遺　構　曲輪・土塁・横堀・堀切

【概要】　白地城の支城の一つとされ、天正年間の長宗我部元親の三好郡侵攻の際に落城したと伝わる。白地城の南約五・二キロの旧祖谷《いや》街道筋に位置する山城で、徳島県では珍しい二重土塁囲みの曲輪が良好に残る。

【立地】　標高六二八メートルの大利《おおり》山頂部に位置する。池田町天神から大利を経て、祖谷へと向かう旧祖谷街道の石堂峠の西方三五〇メートルに位置しており、街道を意識した築城といえる。峠と城跡の比高差は六〇メートルほどだが、峠から城跡に至る道は比較的なだらかである。現在は杉の植林地となっており、遺構の保存状態は良好である。地元では「城」あるいは「城山」と称され、一名、折城ともいう。

【歴史と背景】　『阿波志』は、城主を大西石見守とする。『三縄村史』によると、白地城主の大西氏が天正年間の長宗我元親の三好郡侵攻に備えて当城を修築し、国畑名に居住していた大西石見守に守らせたと伝えられる。天正五年（一五七七）、長宗我部軍の田尾城攻略により、白地城主大西覚養は讃岐麻城へと逃亡する。白地城に入城した長宗我部軍は、中西城と漆川城を攻略し、続いて大利城へ向かう。石見守はこれを迎え討ち、城兵ともども討ち死に

池田大橋から見た大利城跡

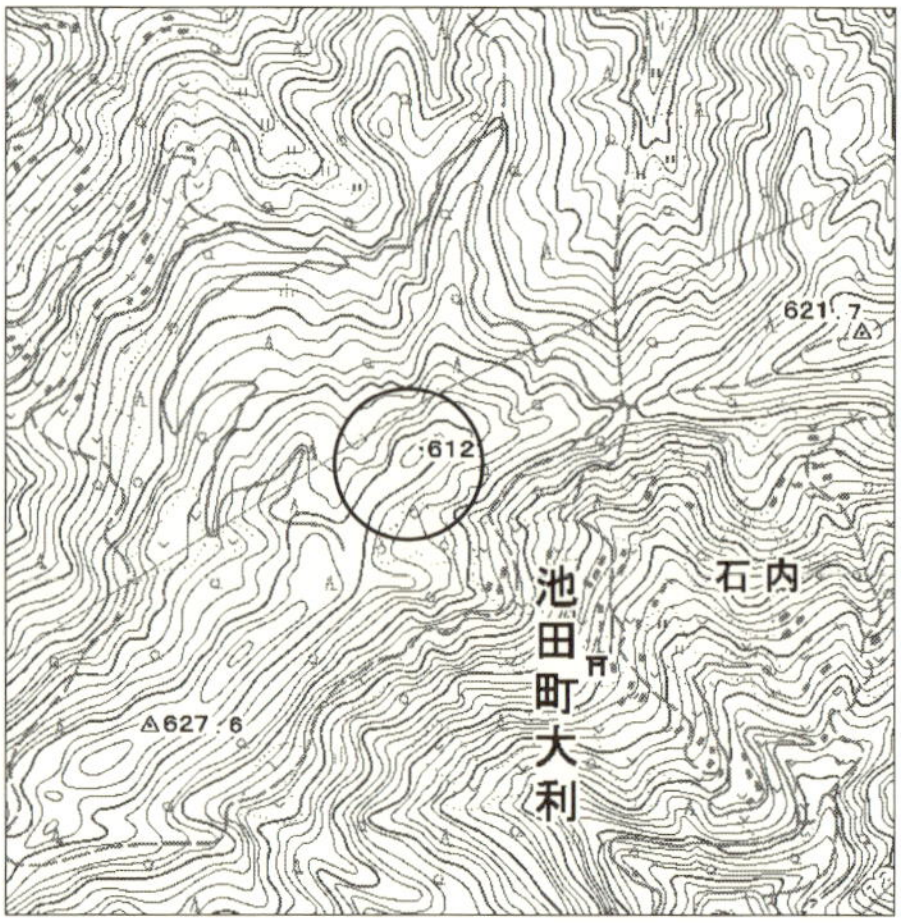

北東側の横堀

したという。

【構造と評価】　山頂部の主郭は二重の土塁で囲まれた単郭構造で、東西五〇×南北二〇メートルの楕円形状を呈する。内側の土塁は高い部分で二メートル、外側の土塁は高い部分で三メートル、土塁の間は幅五～八メートルの横堀となる。横堀はかなり埋まっているようで、以前は大人の背でも隠れるほどだったという。主郭内の中央部南西寄りには、八×四メートルほどの低い櫓台状の高まりが認められる。『三好郡村誌』には、大利城跡の構造を「東西拾八間南北拾七間粗回字ノ形ヲ為ス四方ニ壕址アリ」と記し、現状ともおおむね一致する。『古城址地図』には主郭の南側に堀切、北側に土塁が描かれているが、現在は確認できない。

　城跡の南西には平坦な尾根が一〇〇メートルほど続く。「駒責」と呼ばれ、軍馬の訓練を行った場所というが、現状は重機による切通道となっており、遺構は確認できない。また、主郭の北西尾根続きも緩斜面が続くが、とくに遺構は認められない。なお、石堂峠の東に「千人塚」と呼ばれる一角があり、長宗我部軍との戦いで討ち死にした大利城の将兵の墓と伝えられる河原石積みの塚が数基確認できる。〈辻　佳伸〉

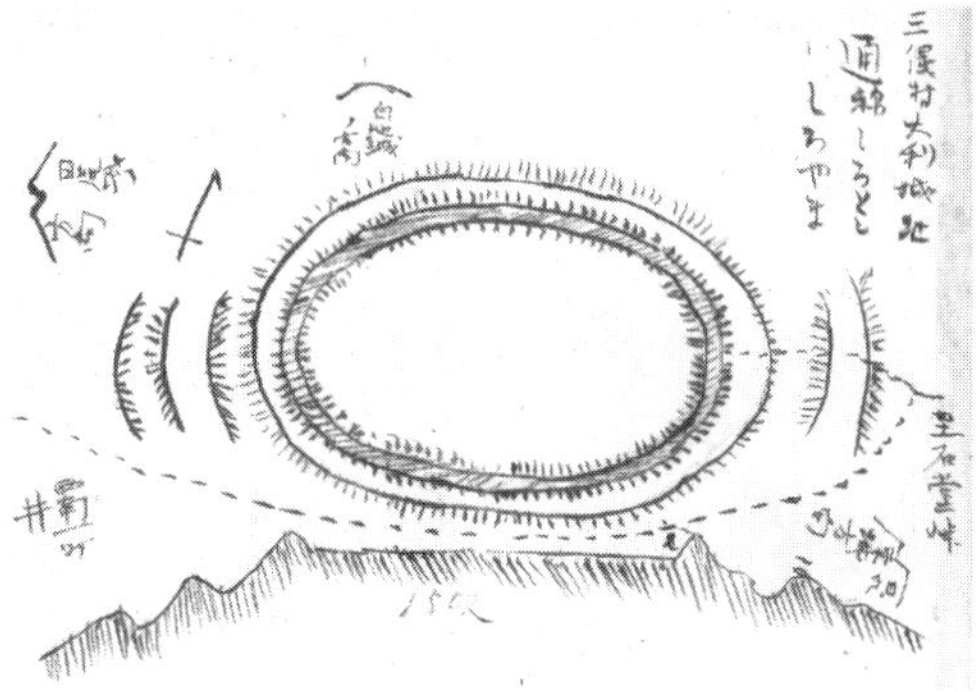

近藤辰郎「古城址地図」大利城跡縄張り図
徳島県立博物館蔵　『徳中城』より転載

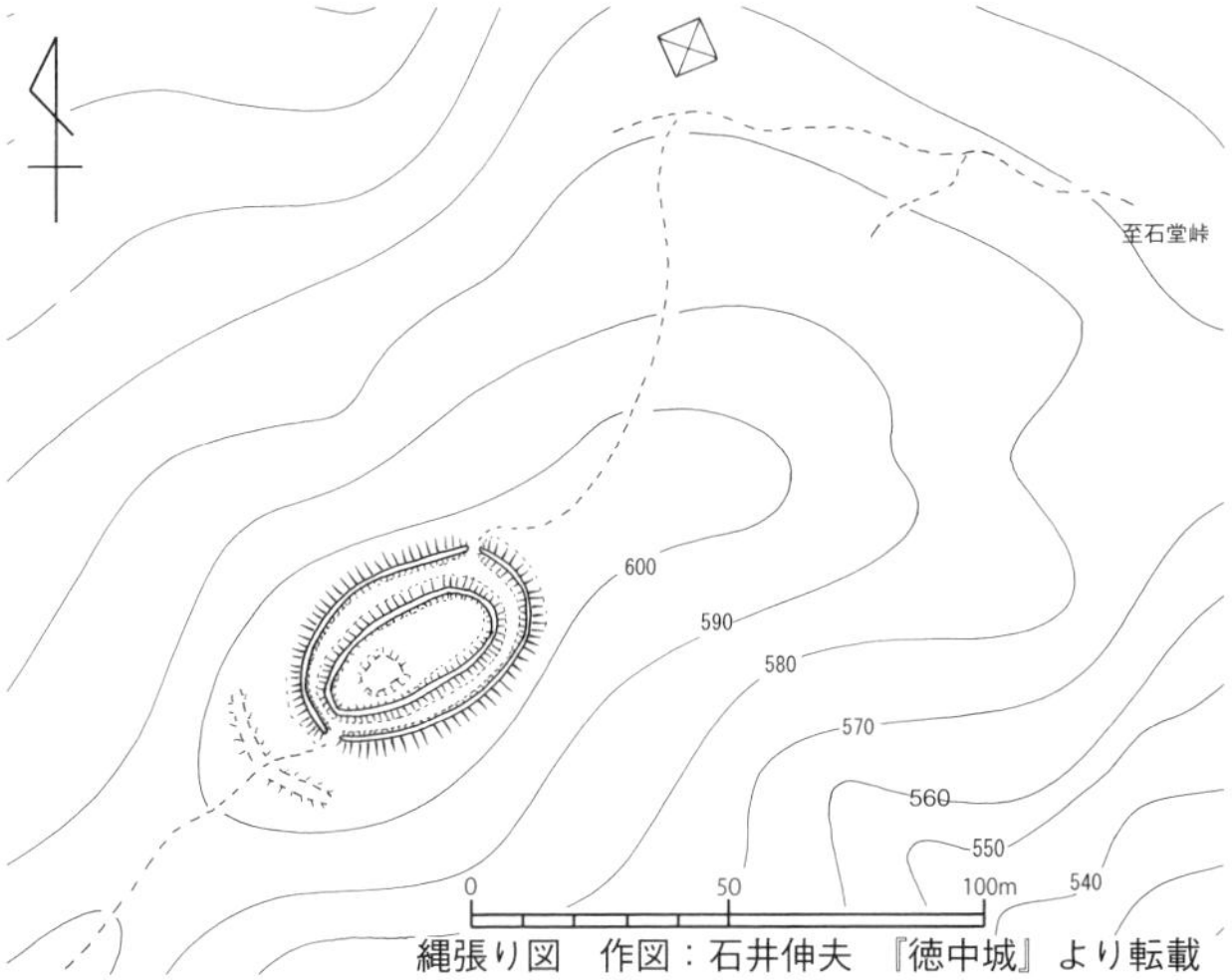


縄張り図　作図：石井伸夫　『徳中城』より転載

白地城の支城で出丸となった城

# 38 中《なか》西《にし》城《じょう》

①所在地　三好市池田町中西サルカワ
②立　地　山頂
③時　期　戦国期
④城主等　東條氏
⑤遺　構　曲輪・堀切・竪堀

【概要】　白地城と吉野川を挟んで、南東一・八キロに位置する山城である。白地城の支城の一つとされ、天正年間の長宗我部氏の侵攻で落城したと伝えられる。後世の開発により大半の遺構は失われているが、主郭背後の堀切や竪堀が確認できる。

【立地】　池田町中西の標高一九五メートルの山頂部に位置する。かつては富士山型の山だったそうだが、昭和三十年頃、宗教施設の建設により原形が失われたという。現在は施設も取り壊され、大半が更地になっている。

中西集落と中西城跡（中央の小丘）

【歴史と背景】　『三好郡村誌』は、地元の伝承として東條隠岐守を城主にあげている。『三縄村史』では、大西頼武が中西城を築き、白地城の出丸とし、祖谷口の押さえとして老臣東條隠岐守に守らせたとし、天正五年（一五七七）の長宗我部軍の侵攻で落城したと記す。

【構造と評価】　後世の開発により大半が失われたとされる遺構について、『三好郡村誌』は「高貳町周囲四町山上平面ノ地七拾三坪回字形ヲナス」と記す。現状では、主郭跡とみられる最高所の平坦地は南北二八×東西二〇メートルの楕円形を呈する。主郭東側尾根には帯曲輪状の平坦面が巡り、南側は竪堀とする。

主郭

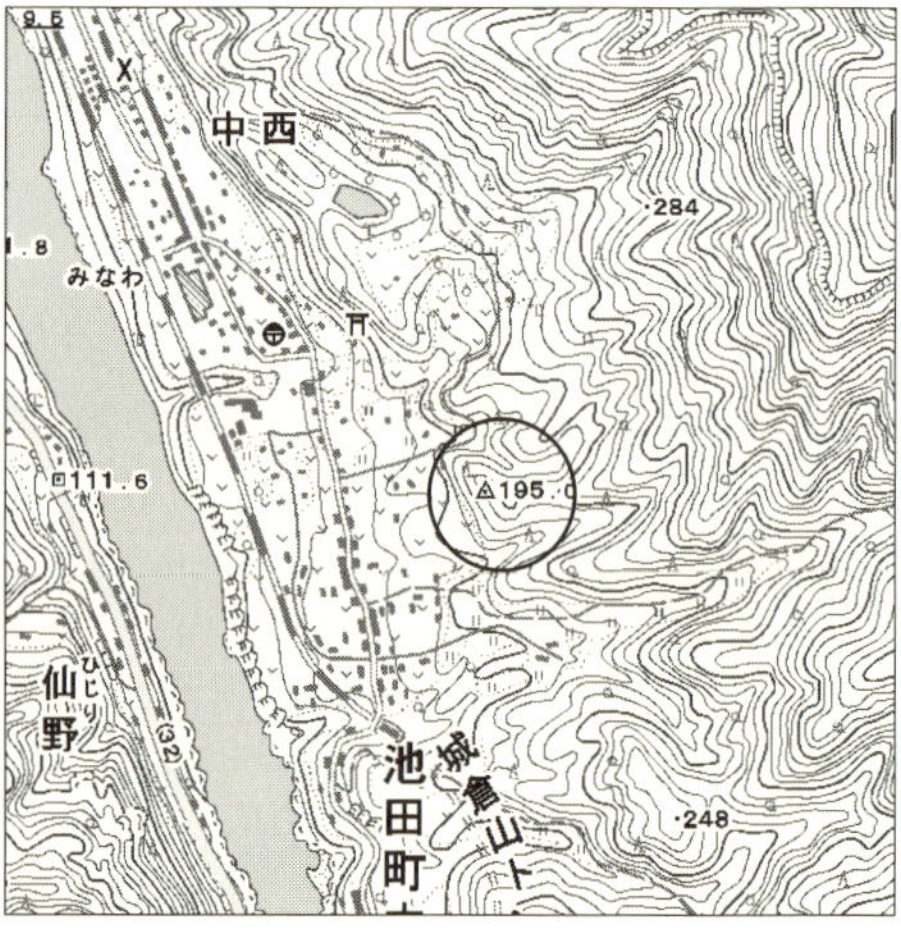

さらに、尾根続きを堀切で遮断している。『古城址地図』では、主郭背後は両端を竪堀とした湾曲した堀切が描かれており、本来の姿は主郭の北側から東側にかけて横堀を巡らせ、南側を竪堀としていたと考えられる。また、主郭から北西に延びる尾根は、現状では先端に向かい四段の削平段が認められるが、『古城址地図』では旧天神社地のある主郭から尾根に向かっては緩傾斜の畑・山林となっており、曲輪とみられる削平段は描かれていない。後世の開発にともなう段とみられる。城跡の山下には吉野川河畔に「土井」の地名が残り、山麓居館が想定できるほか、近隣には「フルトノ」・「コヤシキ」・「ホリ」などの城郭関連地名が残る。また、『池田町史』は長宗我部軍侵攻時の戦死者の墓とされる塚三十数基が散在すると記す。

〈辻　佳伸〉

堀切

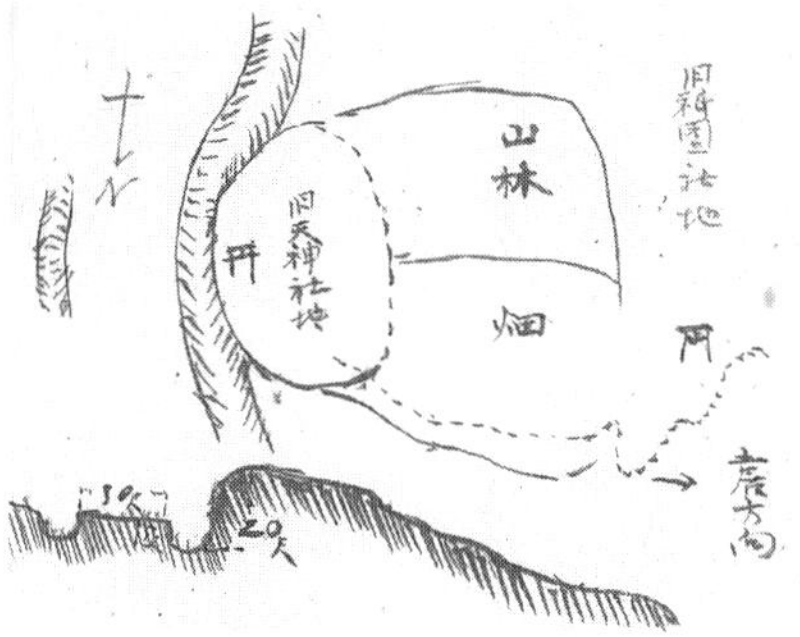


近藤辰郎「古城址地図」中西城跡縄張り図
徳島県立博物館蔵　『徳中城』より転載

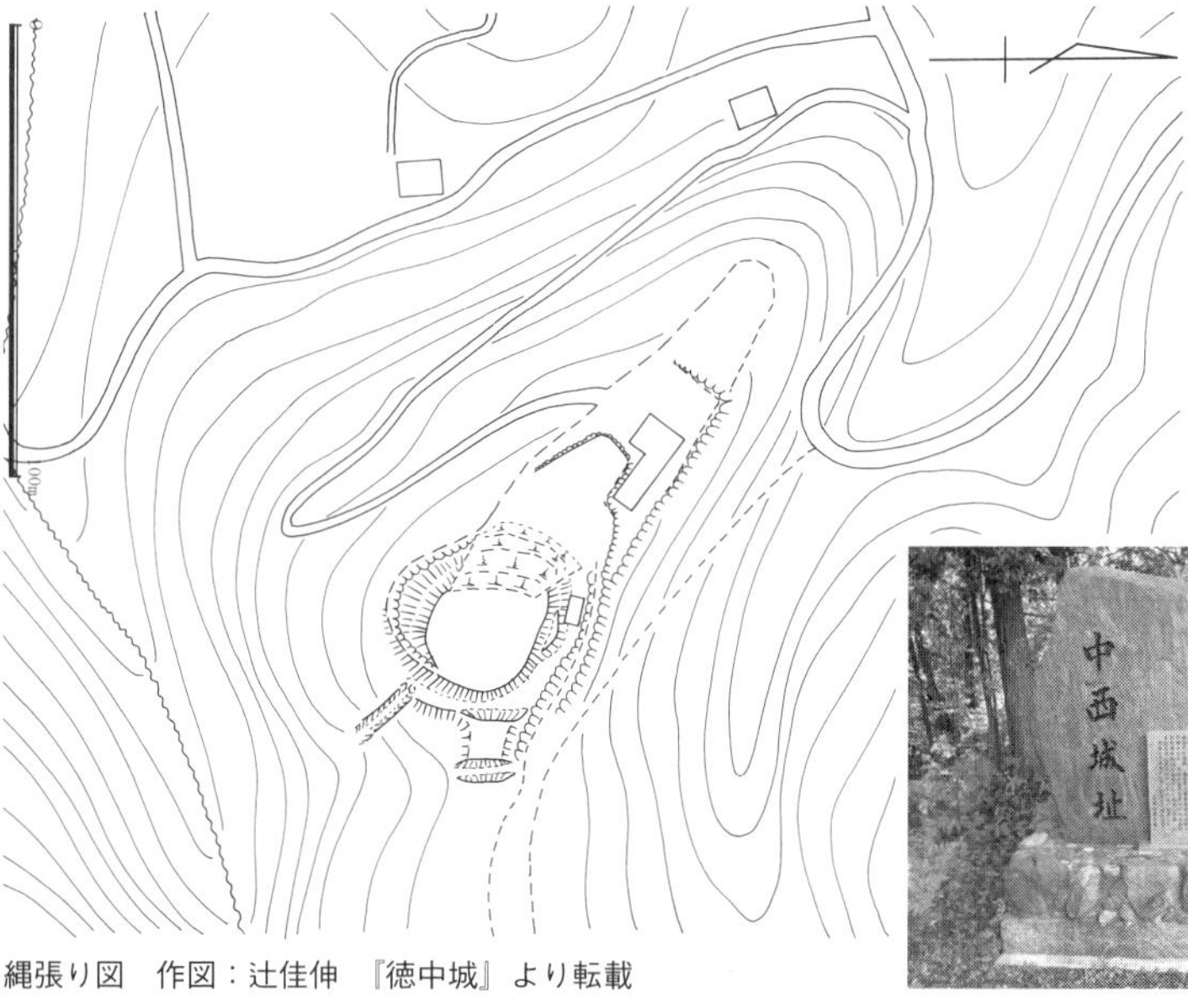

縄張り図　作図：辻佳伸　『徳中城』より転載

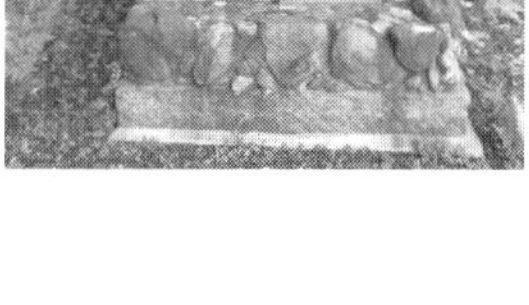


主郭に建つ石碑

白地城直近の重要な支城

# 39 太鼓山城《たいこやまじょう》

①所在地　三好市池田町白地字本名
②立　地　尾根先端
③時　期　戦国期
④城主等　—
⑤遺　構　曲輪・土塁・横堀

【概要】 白地城直近の支城である。別名城の台とも呼ばれ、白地城下の吉野川に架かる三好大橋に立つと、正面に台形状に屹立した山容が見える。城跡の規模は比較的大きく、尾根上に巡らせた数段の曲輪・横堀などの遺構がよく残る。

【立地】 白地城と指呼の間、南一キロの距離にあり、吉野川に向かって突き出した標高二二四メートルの尾根先端に位置する。吉野川畔の白地字本名から府甲部に向かう古道沿いに築城されている。城跡に祀られる竜王宮の参道による損壊が一部に見られるが、全体の保存状態は良好である。

池田大橋から見た太鼓山城跡

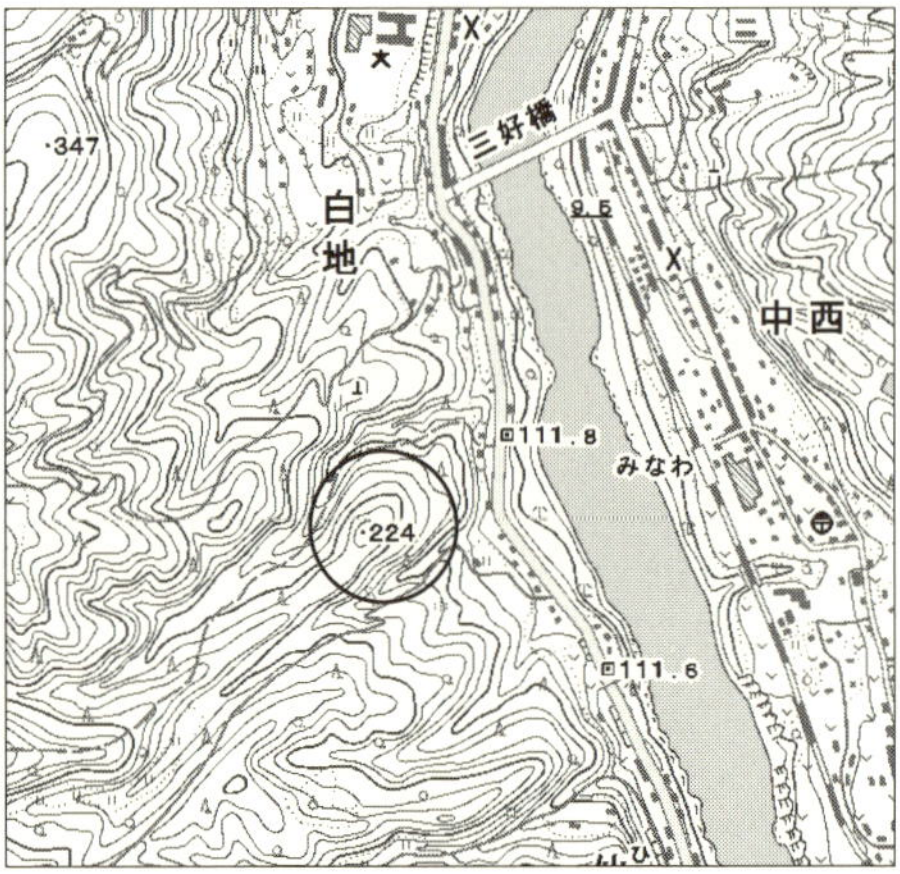


【歴史と背景】『三好郡志』に「城の臺」として堀切があったと記され、『三名村史』では白地城南方の「城の台」を別名「太鼓山城」、有事の際に太鼓で白地城に合図を送った出城としている。城主については伝承等もなく不明であるが、大西氏の支城の一つと位置づけられる。

【構造と評価】 最高所の主郭Iは、長径一七メートルほどの楕円形を呈し、西縁に高さ〇・三メートルほどの低い土塁を巡らせる。主郭から北東尾根に向かっては、三段の曲輪が配される。曲輪IIは、主郭を取り囲む幅六メートルほどの帯曲輪で、北西

主郭に建つ竜王社

側に曲輪Ⅲから通じる通路が認められる。曲輪Ⅳは幅五メートルで、北側中央部に通路を設ける。曲輪Ⅳの北東側尾根筋には、高さ一メートルの土塁を二〇メートルにわたり巡らせ、横堀とする。また、北側緩斜面にも削平の甘い平坦地が数箇所見られる。主郭背後は南西側尾根筋との比高差が一〇メートル以上ある急斜面で、切岸を加えて防御を高めている。また、主郭直下の尾根上の古道は一部が石積みとなっており、もとは堀切で遮断されていたとも考えられる。

太鼓山城下を通過する府甲部に向かう古道は、南方の池田町大和川・寺野、そして田尾城のある山城町黒川へと続く吉野川西岸の土佐への旧街道筋に当たり、太鼓山城は白地城直近の支城として重要な位置にあったと考えられる。〈辻　佳伸〉

北側の切岸

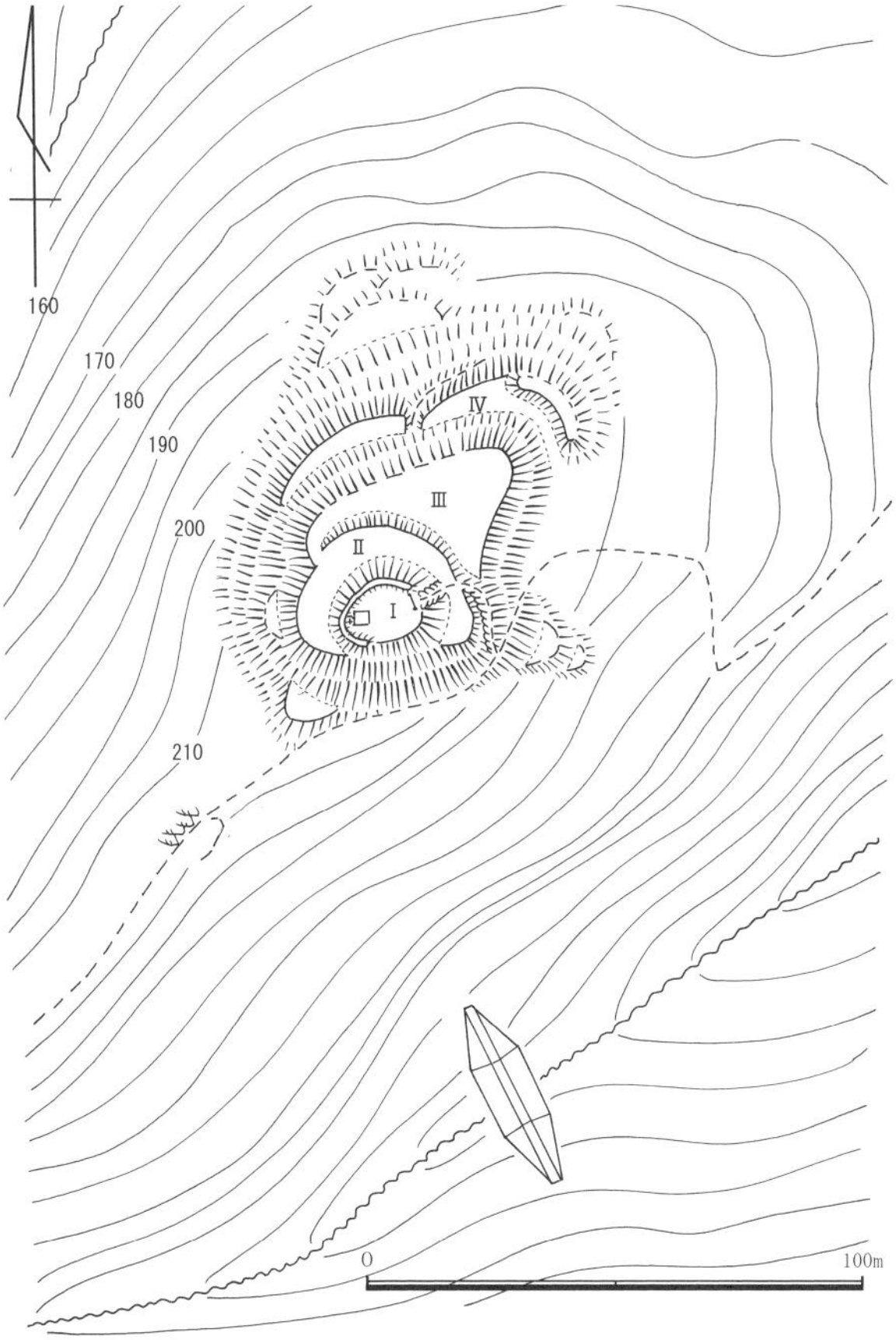

縄張り図　作図：辻佳伸　『徳中城』より転載

水陸交通の結節点にある城

# 40 花駒屋敷《はなこまやしき》

①所在地　三好市池田町白地井ノ久保
②立　地　尾根先端
③時　期　戦国期
④城主等　花駒氏
⑤遺　構　曲輪・土塁・竪堀

【概要】白地城直近の支城であり、吉野川・馬路川と伊予街道の合流点を押さえる位置を占める城である。

【立地】白地城と馬路川を挟んだ北〇・四キロにあり、吉野川と馬路川の合流点に突き出した山稜の尾根端部に位置する。城跡には現在、住吉神社と天満宮が祀られ、忠魂碑が建つ。

【歴史と背景】白地城主大西氏の家老・花駒弾正《だんじょう》の屋敷跡と伝えられる。

【構造と評価】城跡は南北に長い長方形状を呈し、南北五五×東西二五メートルを測る。

東側から南側にかけては吉野川に落ちる絶壁、西側も急傾斜となっている。尾根に続く北側に幅五メートル・長さ三〇メートルの土塁状の高まりが見られる。土塁中央部は現在の公園入り口だが、元は虎口であった可能性が高い。土塁の西端には、西向きに竪堀状の抉れが見られる。また、主郭西斜面にもわずかながら土塁の痕跡が残っている。

曲輪Ⅱは、主郭南に隣接する東西二〇×南北一五メートルの曲輪だが、緩斜面であり加工度は低い。

池田大橋から見た花駒城跡（吉野川に向かい突き出した森）

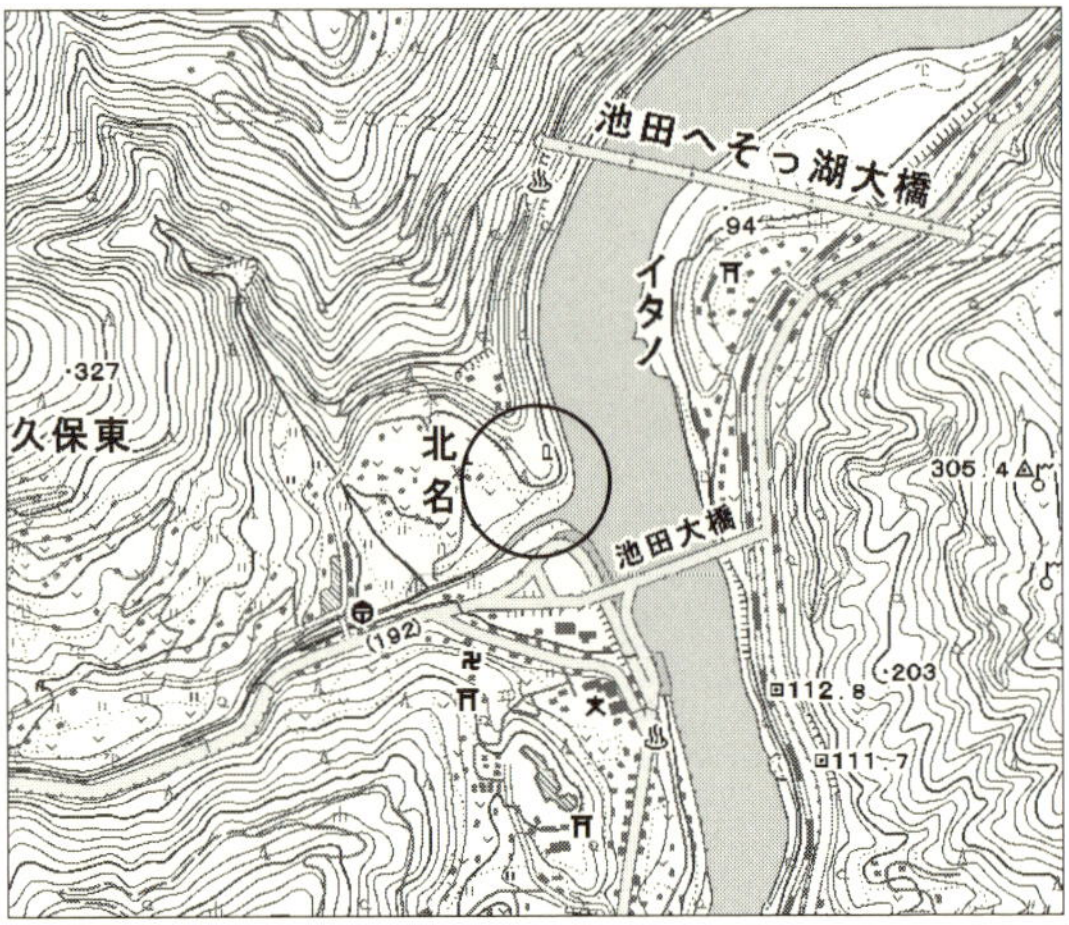

単郭に近い単純な構造ではあるが、白地城との関連や水陸交通の結節点を押さえるという意味で重要な城館である。交通面からは、吉野川及び馬路川の水運の結節点や伊予方面への旧街道を押さえる拠点となり、戦略的には白地城の出城としての機能を有する立地といえる。

また、南に向かい馬路川対岸の白地城・中西城・太鼓山城、西に向かっては栗野屋敷・馬路城・佐野城方面までを見通せる位置にあり、本城と支城の連携をとるための機能を有したとみることもできる。

〈辻　佳伸〉

主郭

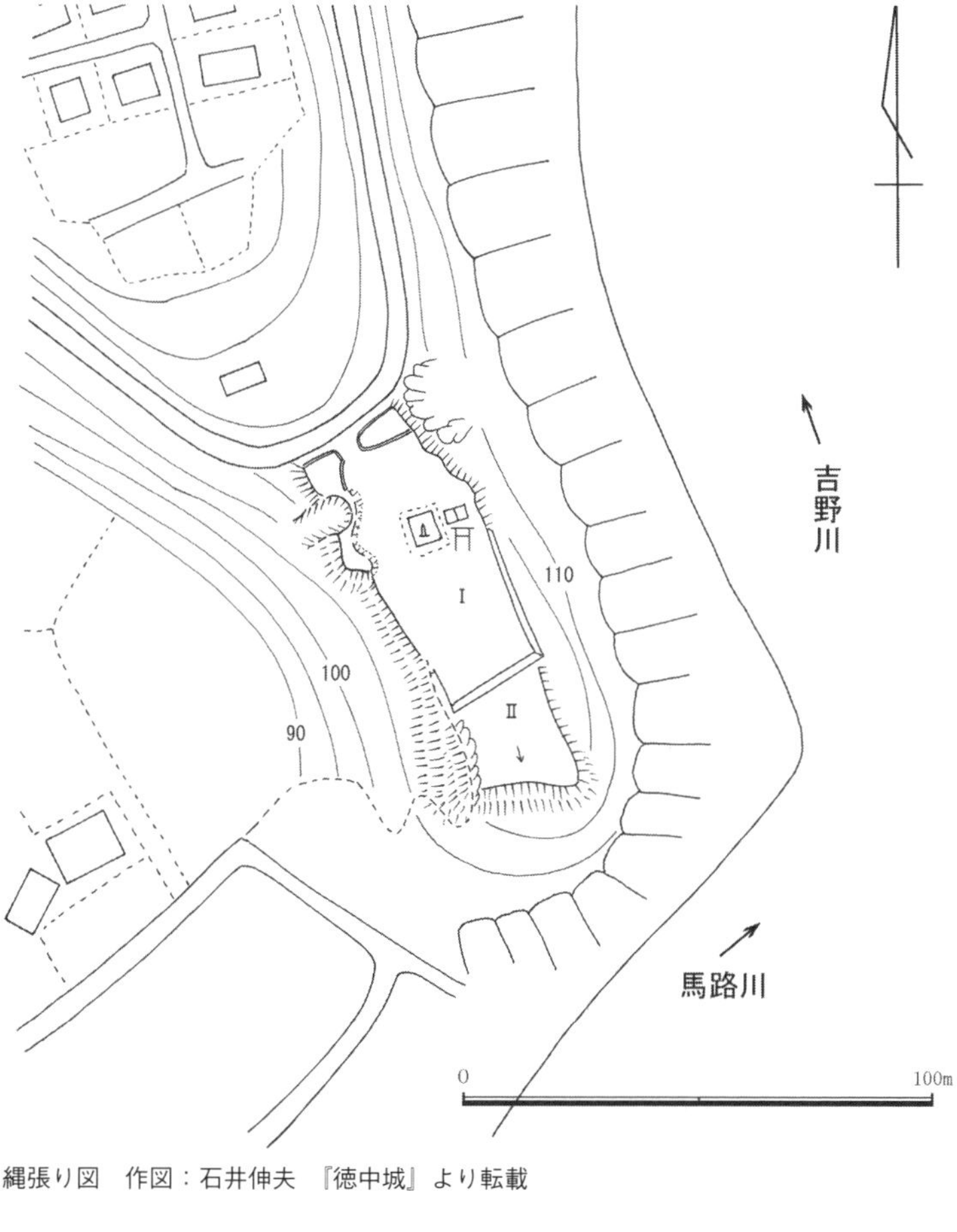


縄張り図　作図：石井伸夫　『徳中城』より転載

白地城の見張り台

# 41 天神城《てんじんじょう》

①所在地　三好市池田町大利字太田
②立　地　尾根頂部
③時　期　戦国期
④城主等　大西氏
⑤遺　構　曲輪・堀切

【概要】　白地城の三・一キロ南の吉野川に面した山城である。小規模だが、土佐方面や祖谷方面に向かう旧街道の結節点に位置し、本城である白地城へのつなぎとしての狼煙場や見張り台といった役割を担ったとみられる。

【立地】　吉野川右岸の南北に延びる標高二一八メートルの尾根上に立地する。非常に痩せた尾根で、両側は断崖となっており、要害と呼ぶにふさわしい。

主郭

当地点は、中西を通って吉野川東岸を南下する旧街道と大利方面へ抜ける旧祖谷街道、そして漆川方面へ抜ける古道の合流点に位置し、交通の結節点を押さえる築城にもなっている。現状は山林であるが、落葉広葉樹の雑木林であり、主郭からの眺望は抜群である。

【歴史と背景】　『三縄村史』は、白地城主の大西氏が長宗我部氏の侵攻に備え、祖谷口防御の詰城として築いたと記す。

【構造と評価】　最高点に位置する主郭は、結晶片岩の岩盤を削平した長径八メートルほどの小規模なほぼ円形で、ここか

堀切

天神城跡から見た白地城跡

ら北側の尾根先端に向かい幅五メートル前後の小規模な曲輪が階段状に七段連続している。さらに五〇メートルほど北の旧街道沿いにも、曲輪状の平坦地が認められる。主郭の南側は尾根続きに三段の曲輪が連続し、その南を幅六メートルの堀切で遮

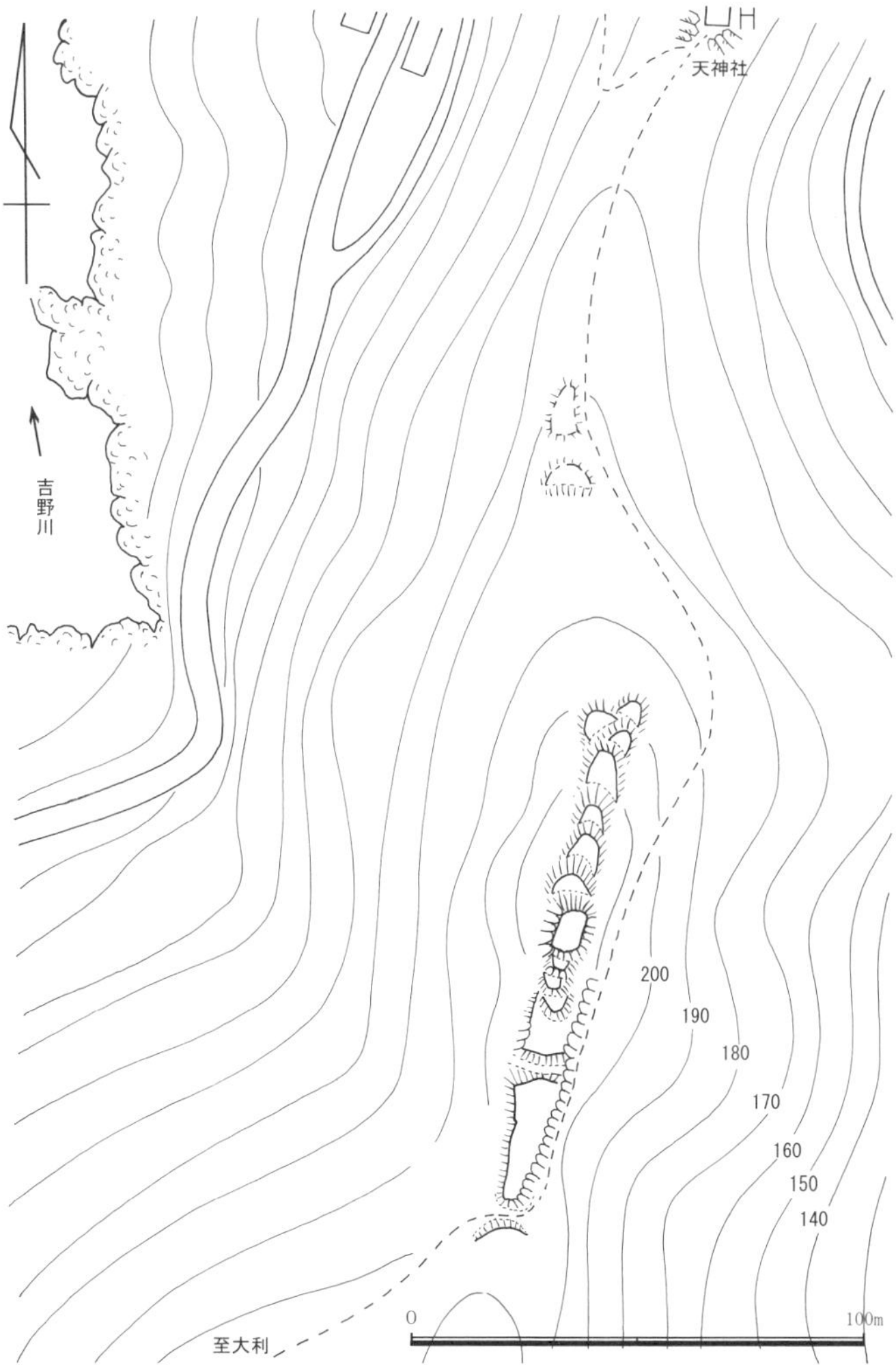


縄張り図　作図：石井伸夫『徳中城』より転載

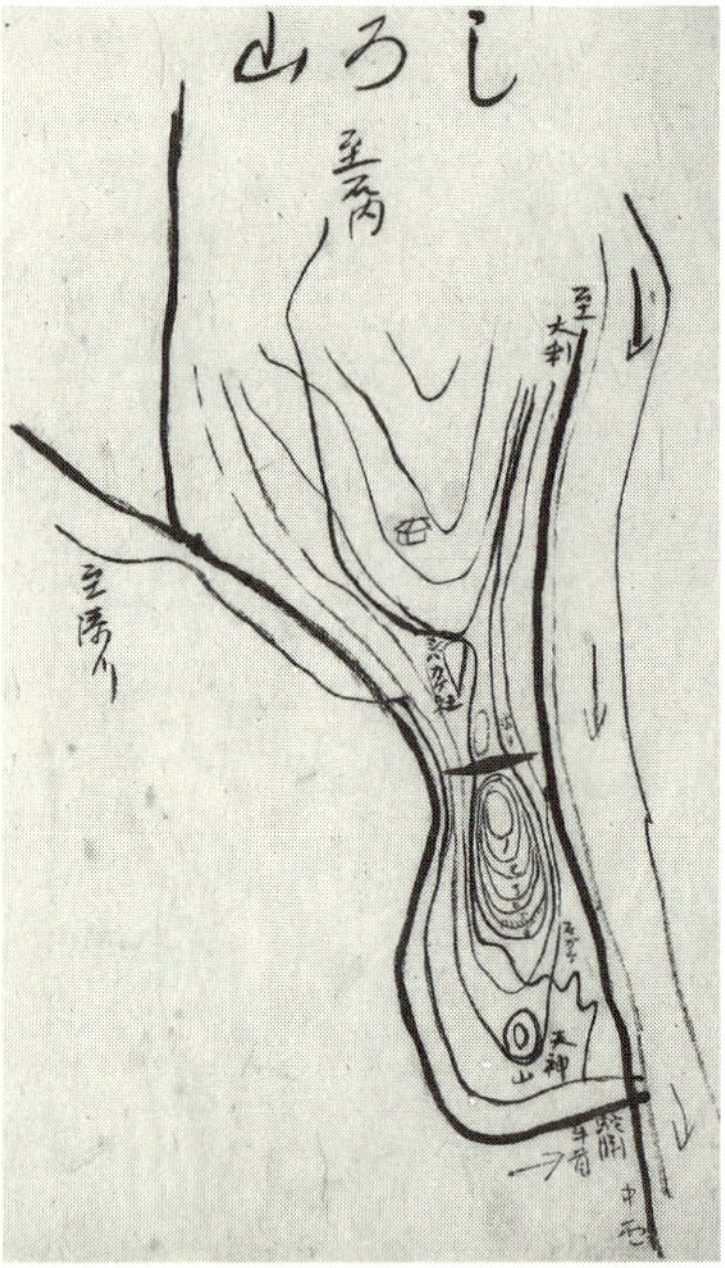


近藤辰郎「古城址地図」天神城跡縄張り図
徳島県立博物館蔵　『徳中城』より転載

断する。さらに南の尾根続きに二五メートル離れて、一条の堀切が配されている。この堀切は、現状では大利方面に向かう旧祖谷街道の切り通し道にもなっている。「しろ山」の名前で掲載された『古城址地図』では、主郭の北に六段の曲輪と南に一条の堀切が描かれるが、旧祖谷街道の切通道は堀切としては認識されていないようだ。

天神城は、主郭から中西城及び太鼓山城方面の眺望が効くことから、北方に位置する白地城との関係で立地を考える必要がある。非常に狭小で兵の駐屯は困難なことから、本城である白地城へのつなぎの狼煙場または見張り台といった機能が考えられる。

〈辻　佳伸〉

# 第四章　紀伊水道沿岸の城館と港津の支配

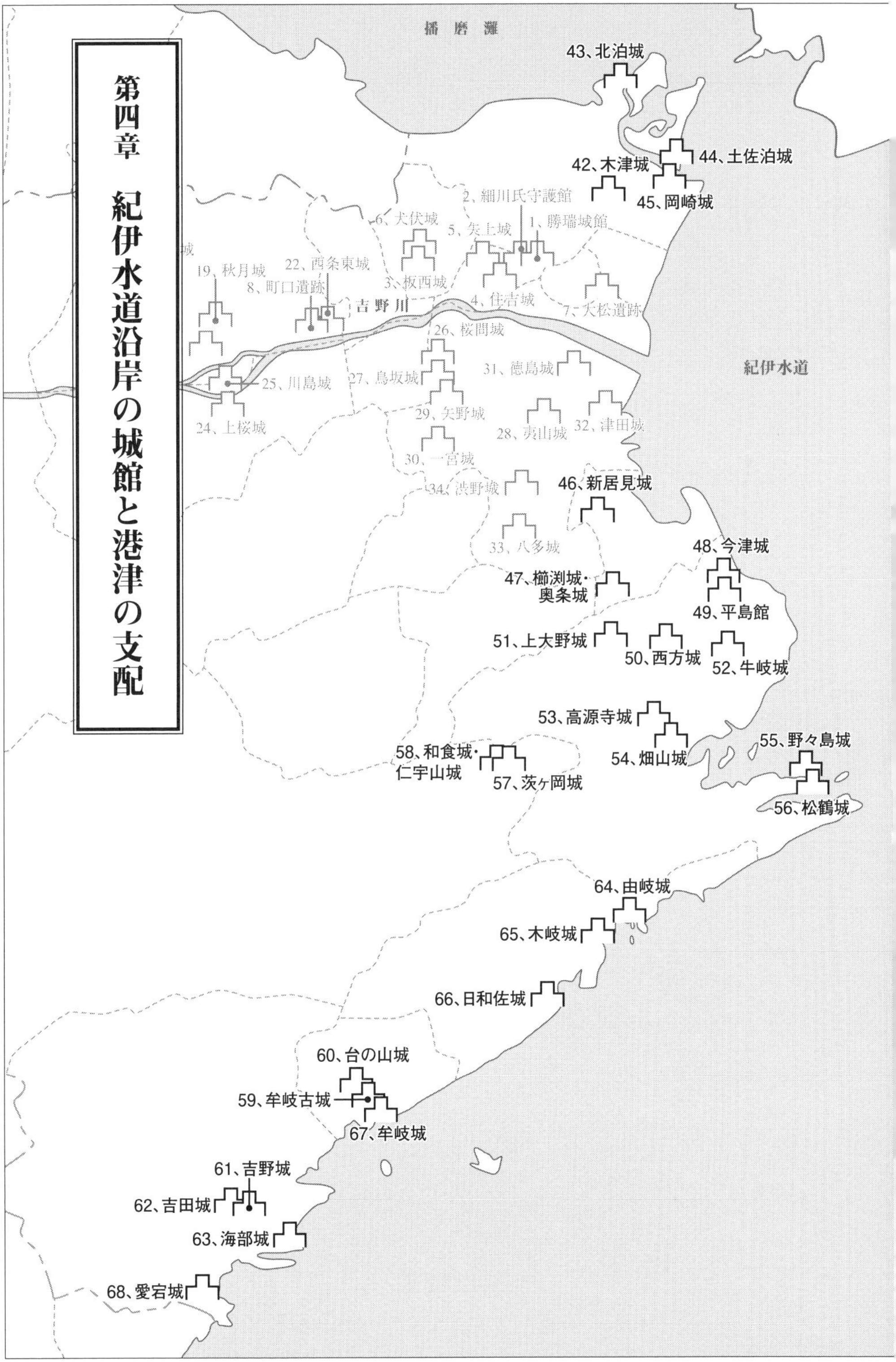

本章であつかう東部沿岸地域は、四国の最東端をなす蒲生田《かもだ》岬を境に南北で地形条件が異なり、これが城館の立地と様相に変化を与えている。

まず、北部地域は、吉野川、勝浦川、那賀川の河口部にあたり、これらの堆積によって形成された沖積平野と、沖合に連続的に発達した砂州によって囲繞される潟湖《せきこ》の存在に特徴づけられる。東流する河川の複数の河口を潟湖が連結し、紀伊水道に接続する地に港津が形成され、これを扼する位置に城館が立地している。

一方、南部地域は沖積平野を形成する大規模河川が少なく、沈降地形であるリアス式海岸が卓越する地域となっている。複雑に湾入する海岸線と小規模な河口平野が連続し、城館は交通の要衝に簇生した港津に張り付くかたちで分布している。その具体像については、「視角3」を参照いただきたい。

以上のように、地形条件に応じて沿岸部の南北で城館の様相には差異がみられるが、その機能はともに、室町中期以降の海運の発達を背景に簇生した、港津の支配を目的とする点で共通している。阿波国沿岸部の城館の性格を読み解く鍵は、海運・港津の発達と、在地権力との関係のあり方に求められる。

〈石井伸夫〉

三好氏の重臣・篠原自遁の拠点

# 42 木《き》津《づ》城《じょう》

①所在地　鳴門市撫養町字城山
②立　地　独立低丘陵
③時　期　戦国期
④城主等　篠原肥前守入道自遁・東条関之兵衛
⑤遺　構　帯曲輪1・横堀1・土塁1・竪土塁6・竪堀5・切岸2・礎石建物跡1

【概要】　戦国期には三好氏の重臣であった篠原自遁《じとん》が在城し、長宗我部氏の阿波制圧後は、土佐方に与同した桑野城主東条関之兵衛が入城した。小規模な城郭ながら、三好・長宗我部両時期の特徴が遺物・遺構からわかる城である。

【立地】　阿讃山脈南麓から南西に延びる標高六四メートルの独立丘陵に位置する。北は中山谷川が形成する沖積地があり、南は中央構造線の運動で形成された断層崖で、自然の急斜面を利用した防備施設の役割を果たしている。断層崖は地表面以下まで続き、阿讃山脈沿いに深いV字谷を刻む。城が機能していた時代には断層崖の端部は紀伊水道の内湾、もしくは旧吉野川河口部に位置し、泥湿地や海浜部が広がっていたと考えられ、これが秀吉の四国平定で秀長軍の侵攻を阻んだものだろう。また、海浜部には港が形成され、阿波の海上交通の拠点が築かれていたことも想定できる。

城跡遠景　南西より

【歴史と背景】　木津城の歴史的変遷は不明だが、永禄～天正期（一五五八～一五九二年）には小笠原氏の一族である篠原肥前守入

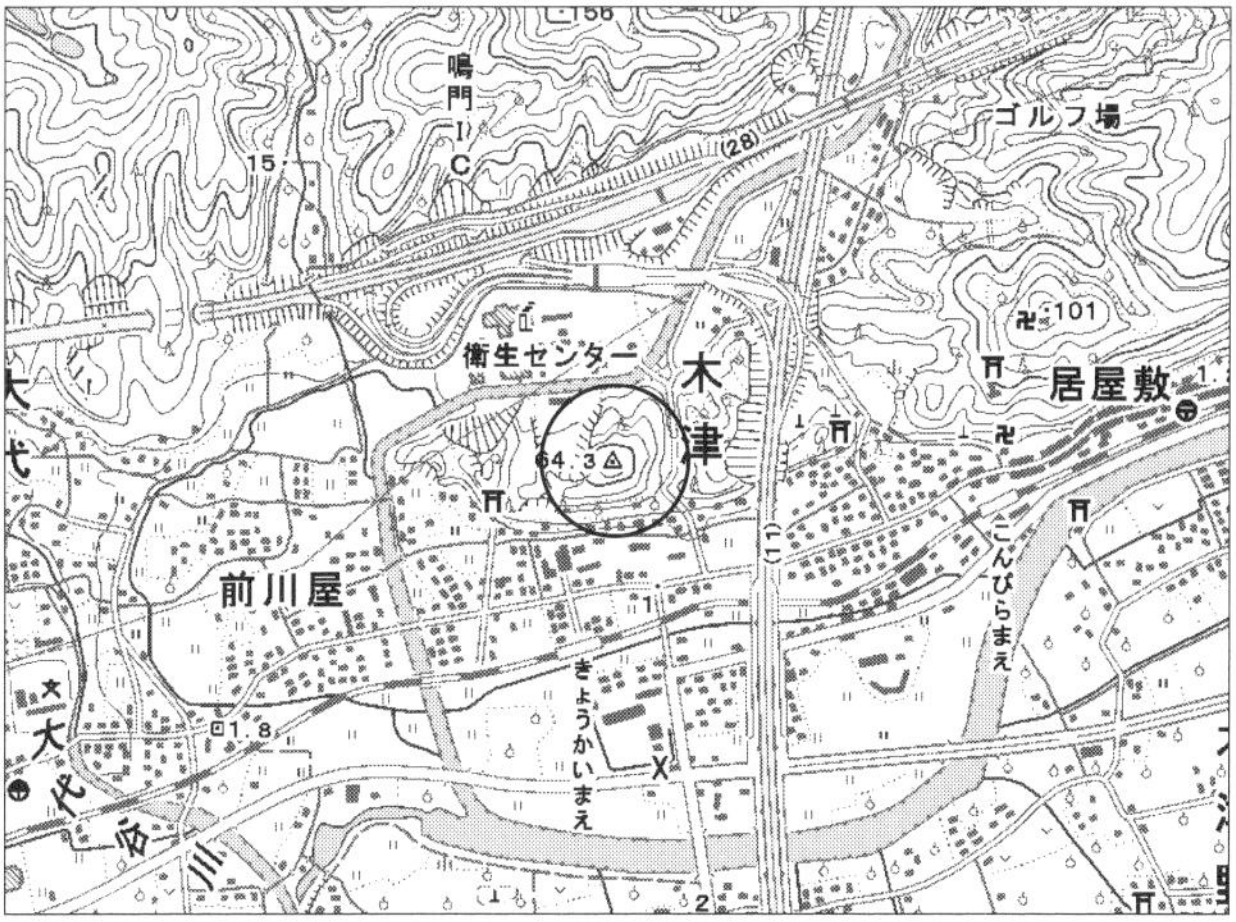

城跡全景　南より

古写真　土取以前の木津城　南より（昭和 33 年以降）
本田昇蔵

道自遁の居城であった。天正十年（一五八二）に土佐の長宗我部元親が阿波を制圧すると、自遁は開城して淡路に退いた。城を手に入れた元親は、桑野城主の東条関之兵衛を城主にあて、城の防御性を高める改修を命じたと考えられる。

　天正十三年、秀吉は弟の秀長を総大将に、阿波・讃岐・伊予に一〇万を越える大軍を進攻させ、四国平定を開始する。秀長は、阿波の海上交通の拠点である木津城を阿波での最初の攻撃目標とし、八万余りの兵で取り巻いた。『四国軍記』では攻撃二日目の状況を、「翌日、未明に仙石権兵衛竹束を多く真先に進め、切岸の辺まで押しよせけり、これを見て前野庄右衛門・中川藤兵衛・高山右近続いて城に攻め入らんとすれども、元来この城の要害堅固にして、四方に岩石そばだつ、寄手の足溜なきに弓・鉄砲を打ちかけ、大石をもって打ちひしぎしかば、寄手左右なく進みえず、にらみ合いてぞいたりける」と、小さい城ながら攻め落とすことが容易でなかったことをうかがわせる記述が見られる。

　木津城での戦いは長期戦となるかと思われたが、水の手を押さえられたことで八日目に降伏し、廃城となった。

【構造と評価】もとは東西に並ぶ双円状の丘陵部を利用して築城されたと考えられるが、土地改変を受けたため、本来の形状は不明である。現状は丘陵部の南側は断層崖、東から北側にかけてはやや急な傾斜面が広がる。東側の丘陵頂部には主郭が築かれていたと考えられるが、昭和三十三年に上水道の配水槽が建設され、形状を留めていないため構造は不明である。

　主郭があったと考えられる丘陵頂部の北側にはいくつか遺構が残っており、本田昇氏が平成八年に作成した縄張図をもとに、平成十六年に鳴門市教育委員会が確認調査を実施している。

［帯曲輪］　主郭直下に存在しただろう切岸のまわりに配置される。長さ六〇メートル以上・幅一二メートル以上の規模が残り、谷側は形状に沿った切岸に接する。帯曲輪の北東側からは、砂岩川原石を礎石とする建物跡が確認された。東西一間（二メートル）以上、南北三間（六メートル）以上の建物で、礎石列の外側は地山岩盤を一〇センチほど削り出し、低い段を設ける。西側からは焼土堆積が確認されたが、これは火事場整理跡と考えられる。トレンチでの確認調査だが、焼土堆積層内からは、焼けた瓦とともに陶磁

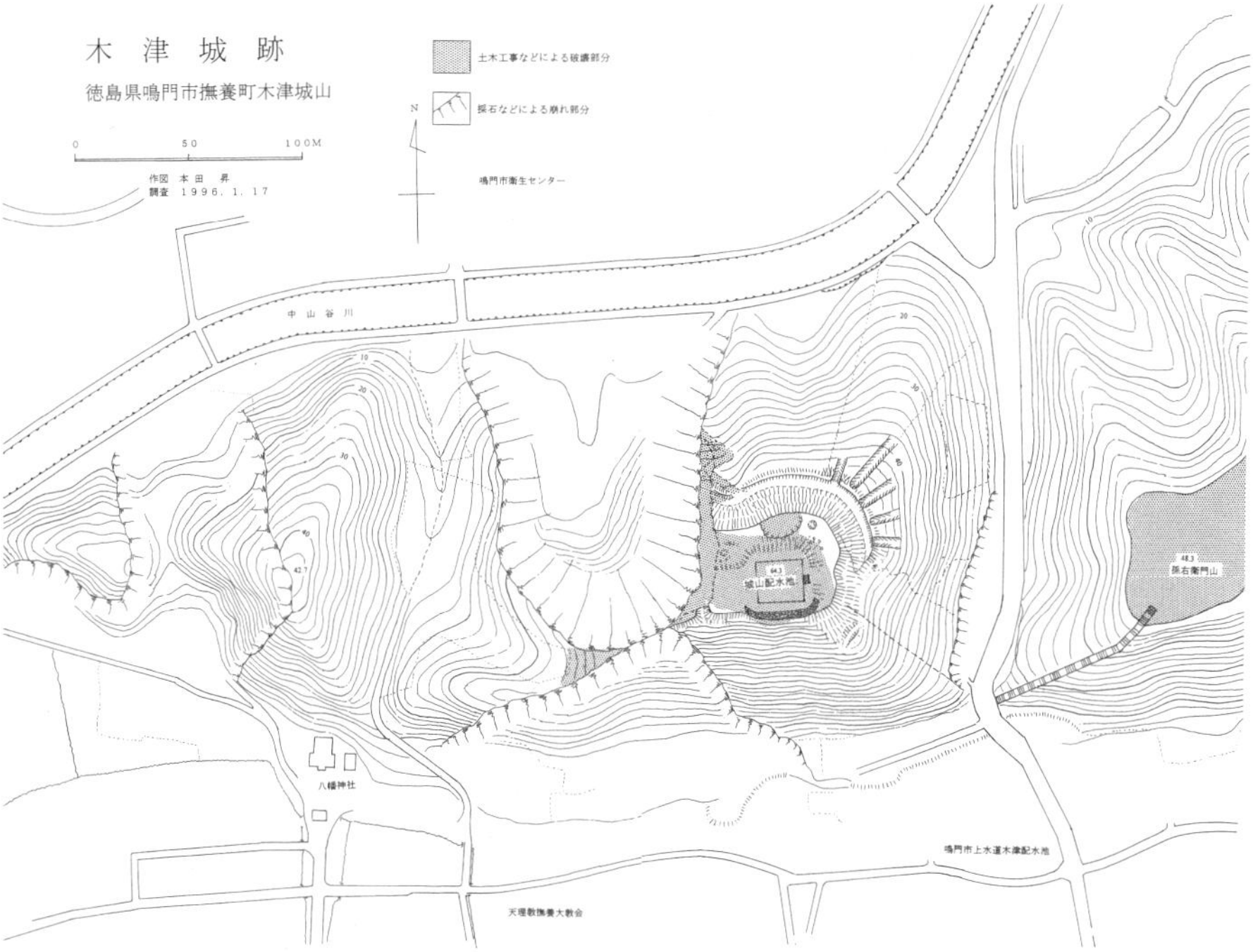

縄張り図　作図：本田昇　『徳中城』より転載

礎石建物跡　西より＊1

横堀

器等が出土している。火事場整理跡がある帯曲輪西側と主郭の間には狭小な曲輪がある。

〔切岸〕　帯曲輪の谷側に沿って、高さ約七メートルの切岸が設けられる。切岸の下半部は、軟質な砂岩地山を垂直に近い角度で削り出し、帯曲輪への侵入を困難にしている。切岸下端は、帯曲輪と並行した横堀に接する。

〔横堀・土塁・連続竪堀〕　横堀は、約九〇メートルの長さで確認された。現況の地形とは大きく異なり、切岸は直角に近い状態で横堀と接し、横堀は断面箱型に掘削される。横堀の谷側には地山を削り出してつくられた土塁を設けるが、北東部と北西部では構造が異なる。北東側は土塁から下る斜面に五本の竪堀と六本の竪土塁を築き、連続竪堀としている。この竪堀は土塁谷側で途切れることなく、土塁を掘りきって横堀まで繋げる。そのため、北東側の土塁は縦断面が凹凸で、それぞれが独立した形状となり、横堀と竪堀の床面は繋がっている。土塁部分には、竪堀を遮断する防御施設が設けられていたと考えられる。竪堀の両側にある竪土塁は、その最上部にあたる土塁部分で上面を平坦に加工する。

一方、北西部は土塁谷側がすり鉢状に落ちる急傾斜となり、竪堀などは構築されず、土塁は連

＊1　本稿の古写真に写っている道路が舗装される前で、やや離れて撮影されている。頂上の主郭のような構造物は、昭和三十三年に造られた鳴門市の水道配水池で、写真もその後まもない時期のものとみられる。

続して築かれる。

横堀の堆積土内には、上部から落下したと思われる大型の砂岩川原石が十数点確認された。これらは、帯曲輪に設置された礎石であったと考えられる。

［出土遺物］　帯曲輪西側で確認された火事場整理跡と思われる焼土堆積層からは、備前焼擂鉢・甕（間壁Ⅴ期）・水屋甕・徳利、唐草文を陽刻した青磁酒会壷・香炉、青花皿・大皿、焼けた瓦片や壁土とともに青海波《せいがいは》文軒平瓦《もんのきひらがわら》が出土している。また、焼土内には鉄釘が多く含まれていることから、建築部材としての材木も焼かれたことが考えられる。

これらの遺物は、おおむね一六世紀後半に収まるもので、篠原自遁が城主だった時期のものであるとみることができる。

木津城については、篠原自遁が居城していた頃の姿が明らかではないが、長宗我部の時代は構造の一端を知ることができる。それは、この城の特徴である緩斜面に連続竪堀が築かれていることである。阿波地域では取り入れられていない構造で、県内では木津城で唯一確認されている。連続竪堀は、長宗我部が木津城を掌握したのち、秀吉の侵攻に備え、城の守備を堅固にするために改修した痕跡であると考えられ、四国防衛の最重要の地として位置づけられていたことをうかがうことができる。

一方、遺構は明確でないものの、焼土堆積層内から出土した遺物から、篠原時代には城内に瓦葺きの建物があり、茶器の類が整った空間があったことがわかる。このことから、篠原自遁は木津城周辺にあっただろう港の管理あるいは運営を担っていたと思われる。

〈森　清治〉

竪堀

西国海上交通の要衝

# 43 北泊城《きたどまりじょう》

①所在地　鳴門市瀬戸町北泊字北泊
②立　地　小鳴門海峡北口西岸の北泊漁港周辺
③時　期　戦国期
④城主等　四宮和泉守
⑤遺　構　未確認

【概要】撫養《むや》港につながる小鳴門《こなると》海峡の北口にある港を押さえる城で、中世以降、要衝の地を占めた。戦国期には四宮和泉守が在城したと伝えられる。

【立地】北泊は、瀬戸内海と紀伊水道をつないで南北に延びる小鳴門海峡の北の開口部に位置する。開口部西岸に北泊漁港があり、隣接して集落が形成されている。集落内には藩政期の番所跡があり、これと西側に隣接する丘陵部が城地の推定地である。

小鳴門海峡の北口西岸にある北泊浦

【歴史と背景】北泊浦は、瀬戸内航路から小鳴門海峡を通って撫養港につながる北の出入口として、西国海上交通の要衝であった。『兵庫北関雑船納帳』には、北泊を船籍とする船が記載され、畿内方面に薪材を搬出していたことがわかる。

藩政期には北泊役所や川口番所、遠見番所が置かれ、撫養から淡路以西の瀬戸内海に抜ける船舶の監視が行われた。『阿波志』によると、北泊城は天正年間に四宮和泉守が築城したとされる。また、「其址今官荘と為す」とあり、城跡敷地が北泊役所に転用されたものと考えられる。

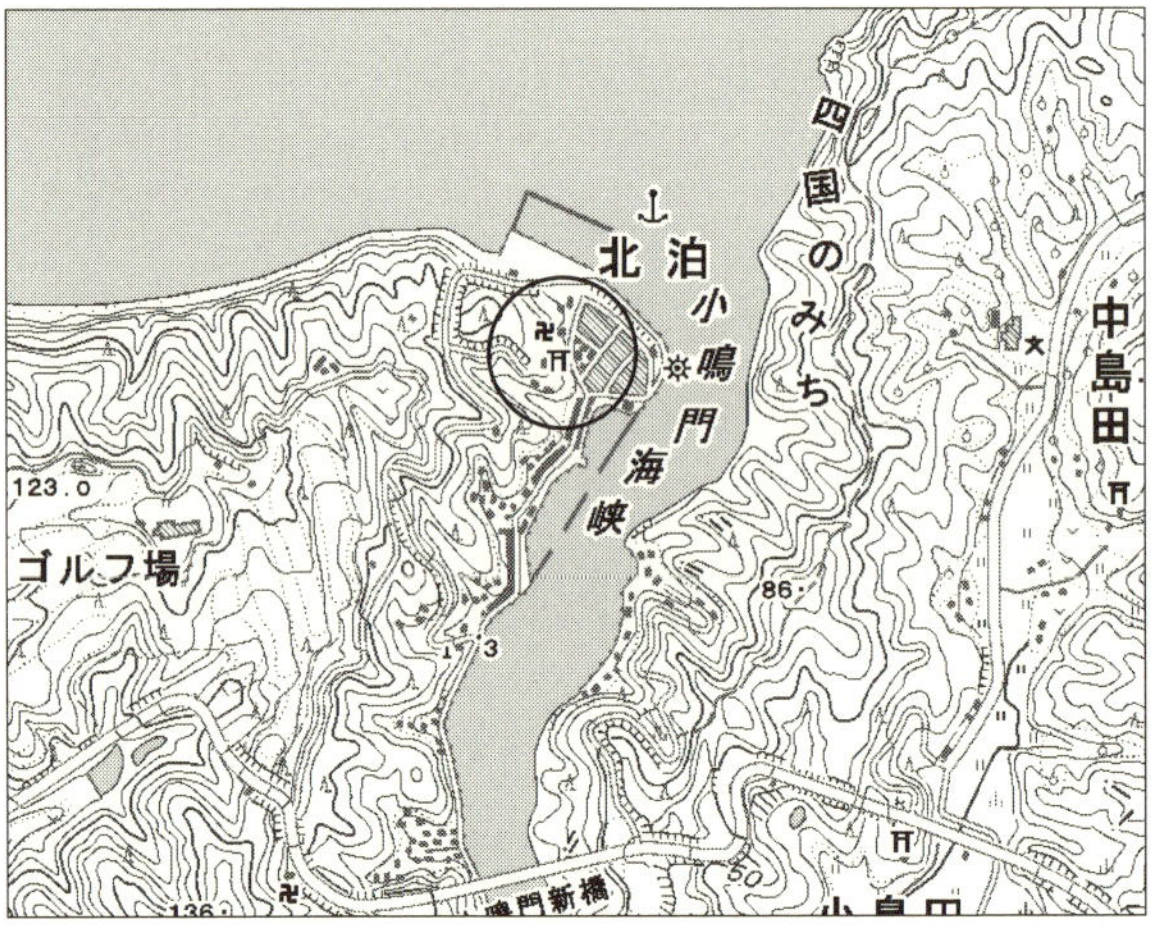

**【構造と評価】**　現在の北泊漁港に面して番所跡（北泊御屋敷）の敷地が残る。四宮氏の居館も該地または近辺にあったと考えられるが、遺構に関する情報は得られていない。

　山城跡の存在を想定して番所跡北側の標高五〇メートルの尾根上を踏査したが、宅地・墓地・畑により地形が大きく改変されており、関係するような遺構は確認できない。また、番所跡南側の標高四〇メートルの尾根上にも遺構は確認できない。

〈下田智隆〉

北泊漁港から西側を望む　左下の瓦屋根の建物が番所跡

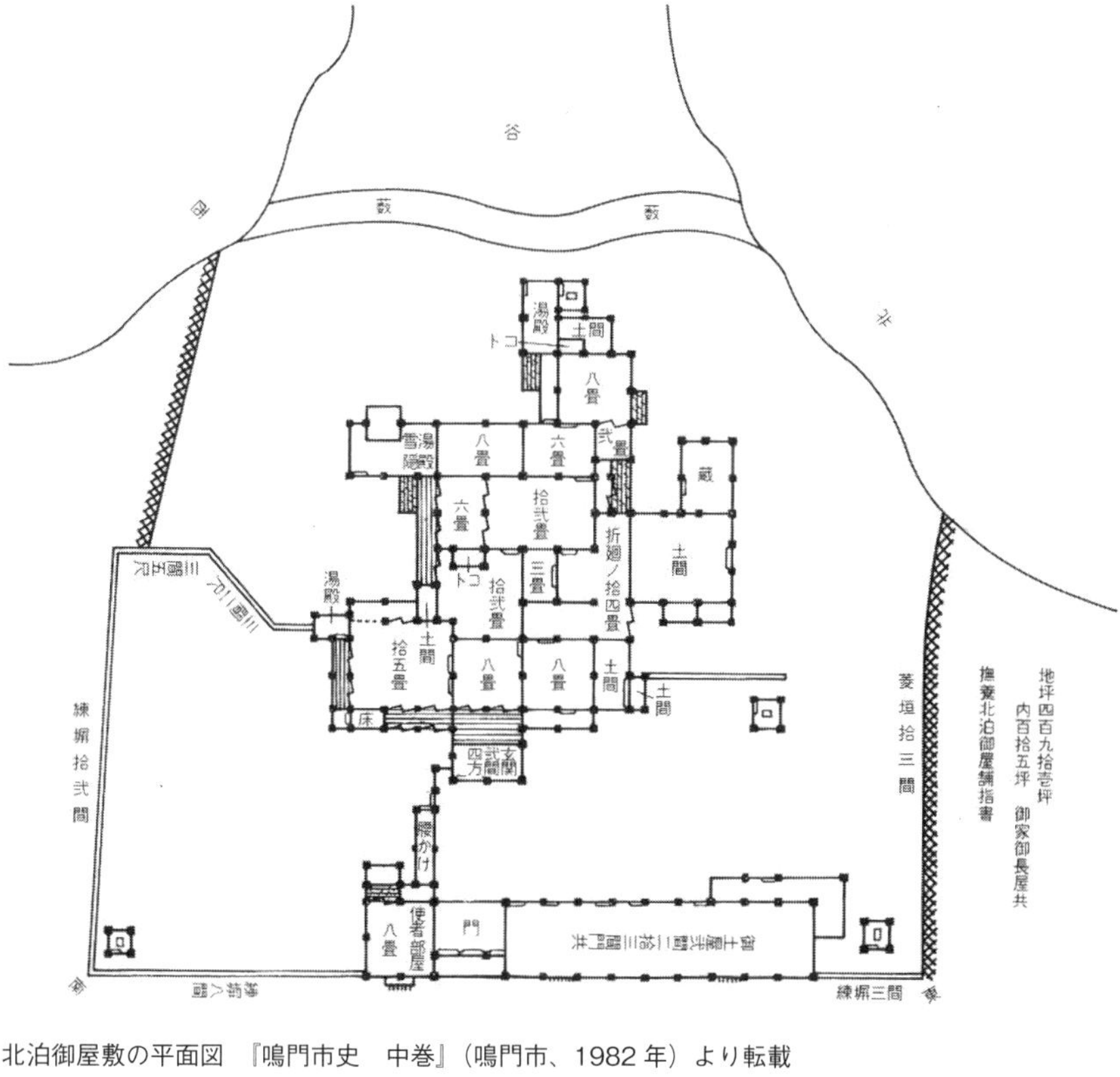


北泊御屋敷の平面図　『鳴門市史　中巻』（鳴門市、1982 年）より転載

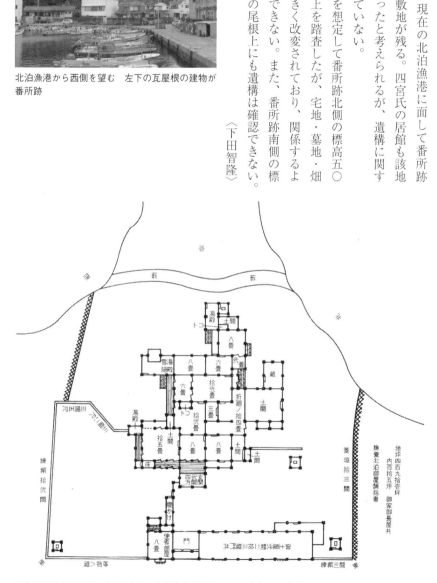

**秀吉の四国平定に一役買う**

# 44 土《と》佐《さ》泊《どまり》城《じょう》

①所在地　鳴門市鳴門町土佐泊浦
②立　地　丘陵部
③時　期　戦国期
④城主等　森志摩守元村
⑤遺　構　主郭・曲輪・空堀

城跡遠景　西より＊1

**【概要】**　森志摩守元村《もとむら》が拠った城で、長宗我部氏の阿波進攻で唯一落城しなかった城である。通称古城・新城と呼ばれる二つの城で構成される。

**【立地】**　小鳴門《こなると》海峡の東側入口の丘陵部先端に立地する。丘陵部奥手に古城（西側）が、海側に新城（東側）が並んで築かれている。海峡に面して砂浜海岸があり、港が形成されていて、海城としての機能を有する。

**【歴史と背景】**　古城の歴史的変遷は不明だが、初代城主だった森志摩守元村が天文年間（一五三二〜一五五五）に土佐泊を本拠と定めた際に築城されたと考えられる。本田昇氏によると、新城は天正十年（一五八二）以降の築城と考えられている。土佐泊城の位置する「撫養」の海域は、古くから海上交通の要として重要な場所であった。ここは、紀伊水道と瀬戸内海の接点にあたり、潮流が激しい鳴門海峡を往来する時に潮待ちする港であったことが、紀貫之《きのつらゆき》の『土佐日記』の記述からわかる。

　長宗我部氏の阿波侵攻以降、城主の森元村は阿波の牢人衆を保護し、秀吉の四国平定を待った。また、四国平定の際には羽柴秀

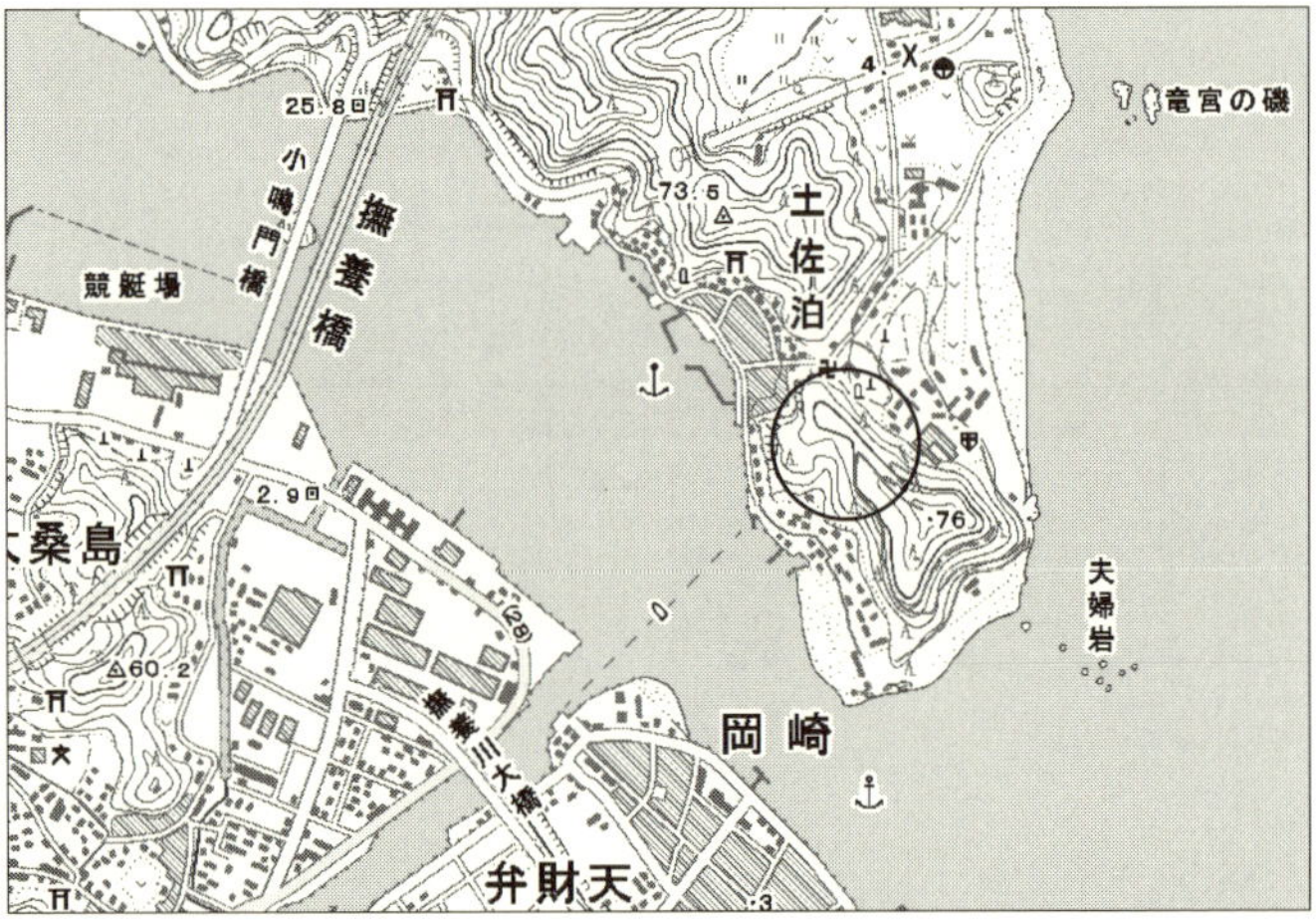


＊1　小鳴門海峡に流れ込む撫養川の河口にかかるアーチ橋から撮影。土佐泊城のある半島の向こう側には、淡路島の一部と沼島が見える。

長率いる軍勢を迎え入れ、木津城攻撃に備えさせた。土佐泊城は、四国平定後に阿波を拝領した蜂須賀家政が森志摩守を当地から阿南市椿泊に移したことで廃城となった。

**【構造と評価】**　古城については、開墾や急傾斜地保護のための工事などで改変をうけているものの、全体的によく残っている。一方、新城については、土地改変が著しく旧形状を留めておらず、確認できることは少

城跡遠景　南西より＊2

縄張り図　作図：本田昇　『徳中城』より転載

＊2「トリーデなると」からの眺め。手前が小鳴門海峡。奥には鳴門海峡と大鳴門橋の主塔が見える。

ない。

城跡全景　南より＊3

［古城］　主郭は標高約五一メートルの山頂部にあり、南北約二〇×東西約一〇メートルの半月状に形成される。主郭北西には一段下がって曲輪があり、北側尾根は堀切で分断される。主郭西側には、小区画の石積みの段が連続して築かれるが、曲輪か畑の痕跡かは不明である。これより西側には、長さ約四〇メートル・幅約一〇～四〇メートルのバチ形の曲輪がある。現

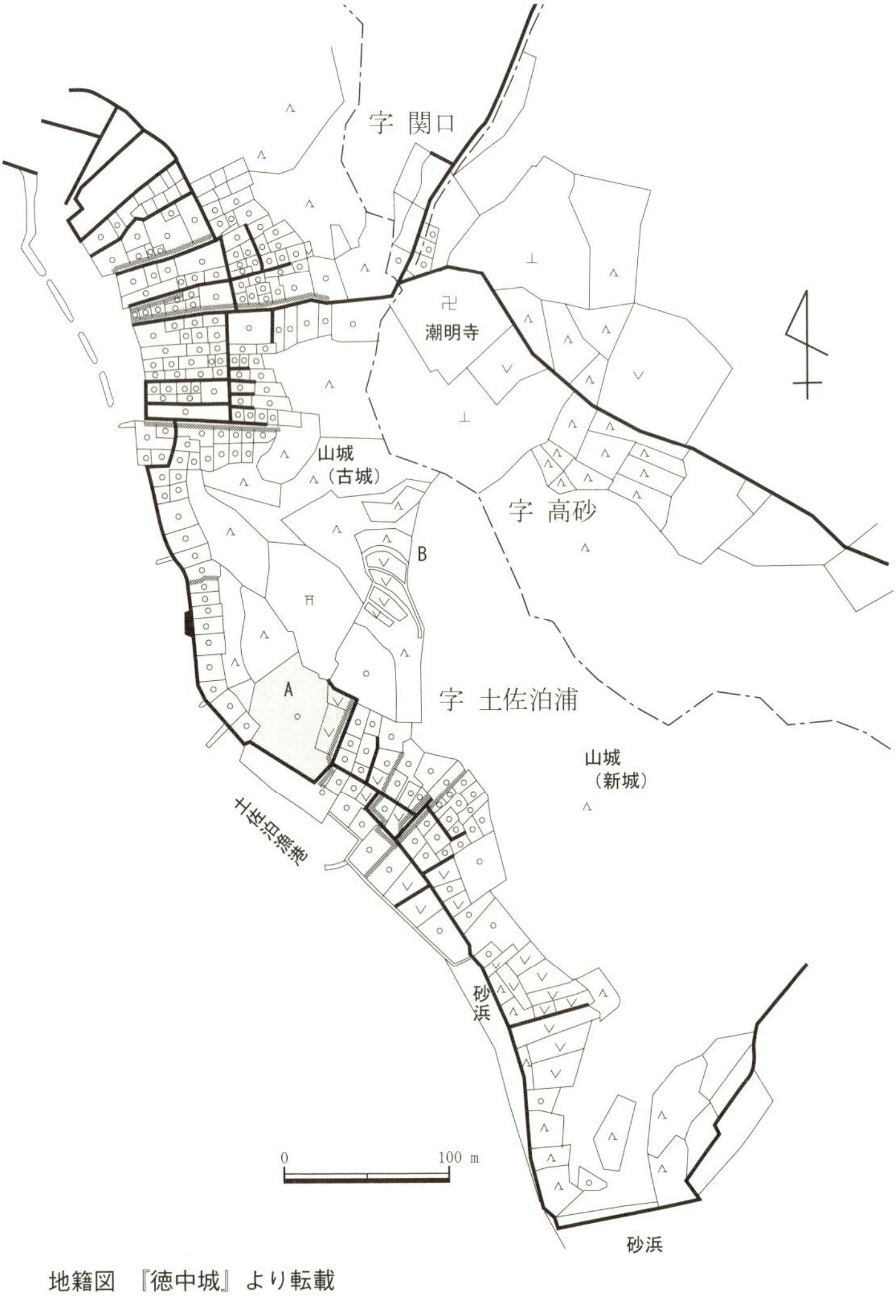

地籍図　『徳中城』より転載

＊3　城は、古城（北側）と新城（南側）に分かれていて、海からの全景で目立つのは新城。

状では、草木やかつて植えられた果樹が生い茂り、全体を見通すことができない。ここから西に下った所には、約四〇メートル小鳴門海峡側に突き出た三角形の曲輪がある。先のバチ形の曲輪の南東斜面には、帯状の階段状曲輪が七段築かれる。ここは、古城の主郭から新城に続く山の西側斜面で隠れる場所となり、海側から確認しづらい場所となっている。

　古城から新城へと続く尾根は細く、途中、谷を分断する土手状となっているが、現地での観察により本来は堀切があり、新城が築かれた際に土手を築き、接続されたと考えられる。堀切の痕跡は西側で階段状曲輪一段目付近まで続くが、この階段状曲輪が築かれる以前は、さらに下方まで続いていた可能性がある。このことから、階段状曲輪は、新城築城時に設けられたと考えられる。

［新城］　新城は現在、痕跡をほとんど残しておらず、本田昇氏が作製した縄張り図が城跡を記す唯一の資料である。主郭は東西約三二×南北約一七メートルで、細長い台形状である。そこから東に向かう尾根には二段の曲輪が、南に向かう尾根には四段の曲輪が築かれ、主郭にもっとも近い曲輪は、古城へと続く北西尾根にまで広がる。四段築かれた曲輪の尾根下方には、二つの曲輪が距離をおいて築かれる。鳴門海峡にもっとも近い曲輪は、近世に遠見番所が設置された場所だろう。

　土佐泊城は、長宗我部の阿波侵攻にも落城せず、秀吉の四国平定を成功させるための重要な拠点として機能した。新城の築城や階段状曲輪の改築は、来る四国平定に向けた準備段階でおこなわれたものだと考えられ、このことから、秀吉と森志摩守との親密性をうかがうことができる。

〈森　清治〉

古城と新城をつなぐ土塁＊4

＊4　両城の間は谷状の鞍部があり、これを繋ぐように細尾根状の土塁が構築されている。

阿波海陸交通の結節点

# 45 岡《おか》崎《ざき》城《じょう》

①所在地　鳴門市撫養町林崎字北殿町
②立　地　撫養川河口部の東側丘陵上
③時　期　戦国期〜藩政期初期
④城主等　四宮加賀守・益田内膳正忠
⑤遺　構　曲輪

【概要】別名撫養《むや》城、林崎《はやさき》城とも呼ばれ、蜂須賀氏による阿波九城の一つである。一六世紀前葉には築城されていたと考えられるが、天保年間に置かれた神社や、近代以降の公園整備および模擬天守の建設などにより、曲輪や石垣遺構の判別・確認は難しくなっている。鳴門市の指定史跡である。

小鳴門海峡南口の遠景　中央右寄りが岡崎城　海峡を挟んだ左が土佐泊城

【立地】旧吉野川の支流である撫養川河口部の南岸に位置し、瀬戸内海と紀伊水道をつないで南北に延びる、小鳴門海峡の南側開口部西岸の丘陵上（妙見《みょうけん》山・古城《こじょう》山）に立地する。また、麓の岡崎は撫養街道の起点で淡路街道の終点にあたり、水陸交通の結節点であった。

【歴史と背景】築城年代は不明である。『公卿補任《くぎょうぶにん》』によると、大永三年（一五二三）に室町幕府第十代将軍の足利義稙《よしたね》が阿波の撫養で死んだとされる。墓は、「将軍塚」と呼び伝えられ、岡崎山中にあるとされてきたが、*1妙見山中の古墳の一つが誤認されていたことから、現在は不明であ

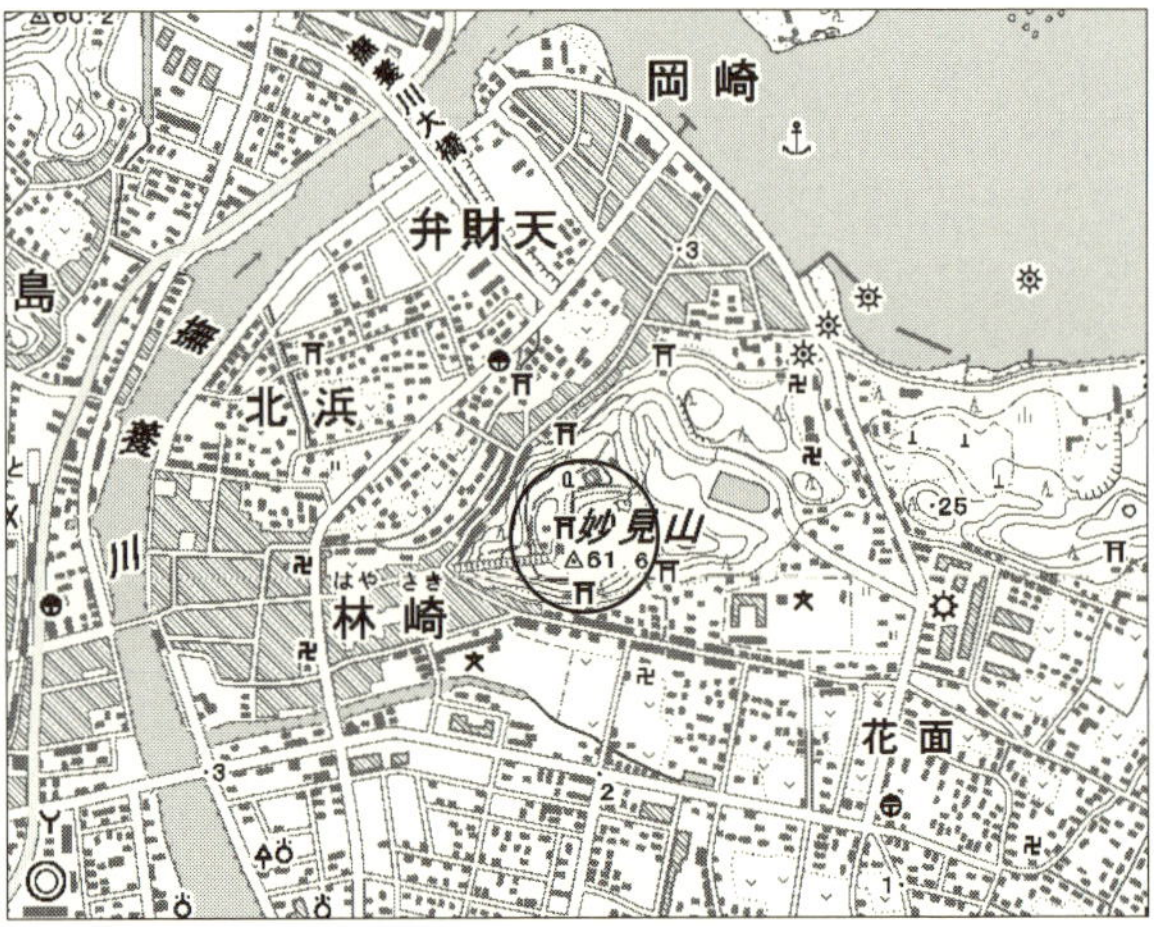


＊1　『阿波志』
＊2　『足利季世記』
＊3　『城跡記』
＊4　『蜂須賀治世記』・『阿淡年表秘録』

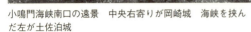

る。これらのことから、一六世紀前葉には城館に関する施設が付近にあったと考えられる。また、三好氏に擁立された一四代将軍足利義栄《よしひで》も、織田信長に京を追われ、撫養で没したという。[*2]

戦国期には、小笠原氏から城を譲り受けた四宮《しのみや》加賀守・同左近太夫の兄弟が城主となり、[*3]天正十三年（一五八五）に蜂須賀氏の阿波入封後、「淡州渡海の押さえ」として岡崎城に益田《ましだ》内膳丞《ないぜんのじょう》正忠《まさただ》が置かれ、阿波九城の一つとなった。[*4]『城跡記』には、蜂須賀家政の命で、城主の益田宮内が「新城を築く」と記され、このときに城の全面的な改修が行われたとみられる。しかし、城は幕命による藩の施策により、寛永十五年（一六三八）に廃城となった。

その後は、妙見山北麓の岡崎海岸に岡崎役所（岡崎御屋敷）が置かれ、撫養港に出入りする船舶などの監視にあたった。これにより、岡崎が撫養港における行政機能の中心となって幕末まで続くことになる。

撫養港は、古代以来「牟夜戸」・「撫養津」と呼ばれ、『南海流浪記』に見える、建長元年（一二四九）に高野山の僧道範《どうはん》が淡路に渡航する際に乗船した「牟野口村」も、岡崎あたりを指すと考えられている。また『阿州古戦記』で

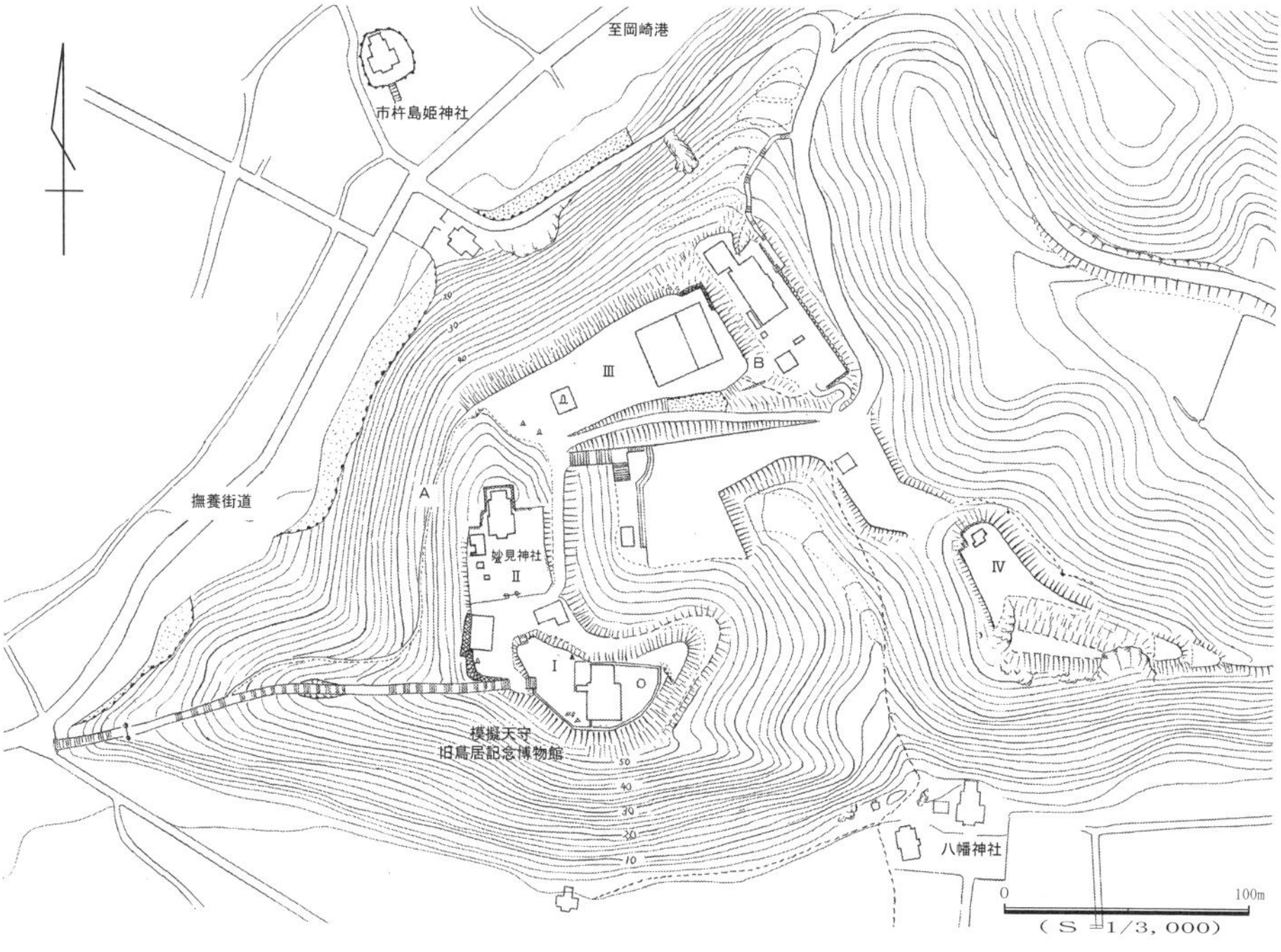


縄張り図　作図：本田昇『徳中城』より転載

は、三好長治の没後に新たに勝瑞城主に迎えられた十河存保《そごうまさやす》が、天正六年（一五七八）正月三日に阿州撫養の津に上陸したと語られる。『兵庫北関入船納帳』や『兵庫北関雑船納帳』では、「武屋」を船籍とする船が藍や米、薪材を大量に畿内に搬出しており、撫養港は吉野川下流域の物資の積出港としても阿波有数の港であった。

また、岡崎は撫養街道の起点で淡路街道の終点の地であり、水陸交通の結節点でもある。長宗我部氏を駆逐し、阿波に入封した蜂須賀家政は、支城として岡崎城を置くとともに、対岸の土佐泊《とさどまり》城に本拠を持つ森志摩守を椿泊に移動させるなど、撫養港を重視する政策をとった。そのため、藩政期の撫養（岡崎）は、近接する林崎《はやさき》浦や撫養川を隔てた南浜四軒屋が郷町《ごうまち》に指定され、藍や塩・木材をはじめとする産物の移出や魚肥・薪（のち石炭）の移出など、阿波の玄関口として物資の集散が盛んに行われたことから、徳島城下に次いで大いに賑わった。

岡崎城跡　古写真　徳島県立文書館蔵

**【構造と評価】**　小鳴門海峡に面した標高六一メートルの独立丘陵上に位置する。山麓の岡崎御屋敷が立地する海岸部や撫養街道でつながる郷町の林崎一帯を除き、近世初頭以降は丘陵周辺で塩田の開発が大規模に行われ、昭和期のなかばまで鳴門地域の原風景ともいえる景観をなしていた。ただし、塩田造成以前の中世末期までは水深の浅い海域が広がっていたと想定され、築城期には、

＊5　『板野郡村誌』

なかば海山城のような景観であったと考えられる。

独立丘陵の南面は鳴門断層の急崖で、北西側も急傾斜であり、曲輪は主に東側の緩傾斜地に向かい展開する。小鳴門海峡を挟んで対岸には土佐泊城跡、東の独立丘陵には里浦城跡がある。城跡の現状は神社・公園などだが、昭和四十年の模擬天守（旧県立鳥居記念博物館）の建設をはじめとする相次ぐ開発で、旧状の把握が難しいほど破壊されている。

主郭は、「太鼓櫓」と呼ばれる[*5]最高所の東西六〇×南北二五メートルの曲輪とみられるが、模擬天守の建設で破壊されている。東方尾根には二段の曲輪が残る。主郭北側の曲輪Ⅱには妙見神社が鎮座する。足利義稙が創建し、長宗我部氏の兵火で焼失したと伝えられるが、現在の境内地は天保年間に建設されたものであり、城跡のある山を妙見山と呼ぶのはこのためである。本殿裏には扇の勾配の精美な石垣が残り、天保年間のものと考えられる。

曲輪Ⅲは、東西九四×南北三三メートルと城内ではもっとも広い曲輪であり、「千畳《せんじょう》敷《じき》」と呼ばれる。曲輪の東側は上水道配水池と展望台、ユースホステルが建設され、大きく破壊されている。曲輪Ⅲの南の駐車場は谷を埋め立

妙見神社本殿の東側に残る石垣

妙見神社本殿の西側に残る石垣

主郭の北側に鎮座する妙見神社

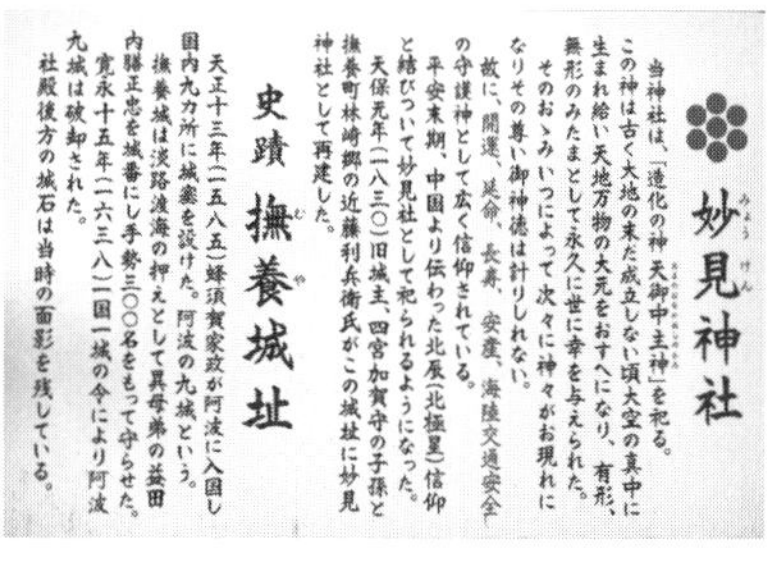


妙見神社境内に設置された説明板

て造成されたもので、本田昇氏によると、書院の井戸と呼ばれる深い井戸があった。[*6]

曲輪Ⅳには美術館が建設され、部分的に破壊されている。『阿州撫養林崎古城山細見図』（江戸時代後期）では、岡崎城は石垣造りの城として描かれている。現地の踏査では、（A）・（B）付近に九城段階の可能性がある石垣を確認した。（A）付近では曲輪Ⅱの側面に四段、高さ二メートルほどの乱積みの石垣が数箇所、（B）付近では曲輪Ⅲの北側斜面や南東隅で数箇所確認した。（B）付近の石垣は、本田氏も指摘している。絵図に描かれるような総石垣は考えにくいが、岡崎城も部分的に石垣の導入が図られていたのだろう。

山麓の居館は西の北殿町《きたとのまち》付近にあったと思われる。また、『故城記』などに記された撫養崎殿は、かつて存在した小山（現在は削られて住宅地・畑となっている）に立地したともいわれているが、[*7]これを岡崎城（撫養城）の支城である林崎城にあたると判断するには、いまだ根拠が不足している。また、山城の曲輪は立岩《たていわ》八幡神社背後の谷間を囲むように配置されており、前述の書院の井戸など、この周辺にも居館に関連する施設があった可能性が高い。

なお、道路建設にともない平成十三年に鳴門市教育委員会が岡崎御屋敷の想定地内を発掘調査した際、砂地の遺構面で主に柱穴が確認されたほか、一六世紀後半～一七世紀初頭の遺物（土師器皿・鍋・釜、備前焼擂鉢、瀬戸・美濃焼皿、青磁・白磁皿、青花碗・皿）が大量に出土したことから、岡崎御屋敷の成立以前に港湾に関連する施設が置かれていた可能性が考えられる。〈下田智隆〉

＊6　『岡崎城について』（『鳴門路』第2号、鳴門郷土史研究会、一九八七年）

＊7　『鳴門市史』上巻（鳴門市、一九七六年）

三好氏の家臣・赤澤氏の城

# 46 新居見城《にいみじょう》（天神山城《てんじんやまじょう》）

①所在地　小松島市新居見町字東山下
②立　地　平野部に突出した山頂部
③時　期　平安時代末・戦国時代
④城主等　近藤六親家・源（赤澤）吉則
⑤遺　構　曲輪・竪堀

【概要】　平安時代末期に近藤六親家[*1]が拠った城とされる。[*2]六親家は、源義経を先導して屋島に攻め入った。[*3]また、戦国期には三好氏の家臣である赤澤氏の一族が居城していたと伝えられる。[*4]

【立地】　小松島市の沖積平野に突き出した田野山地の標高四五メートルの山頂部に位置する。本来は北・東・西に眺望がきく立地であったが、現在、城跡は竹林に妨げられている。

城跡遠景　東より

【歴史と背景】　『古城諸将記』には、板野町坂西城の近藤六親家に子孫がなかったため、赤澤兵庫正宗定に城を譲り、新居見城に隠居したとの伝承が記されており、『阿波志』には「永禄中源吉則赤據る」とある。源吉則は「新居見村居る因て新居とす蓋し赤沢氏の族」とあることや、『古城諸将記』に赤澤鹿之丞の名なども見えることから、戦国期には赤澤氏が居城したと考えられる。ただ、『城跡記』には文治元年（一一八五）に落城との記述も見える。

田野山地北東部周辺には、義経伝承の残る「弁慶の岩屋（県

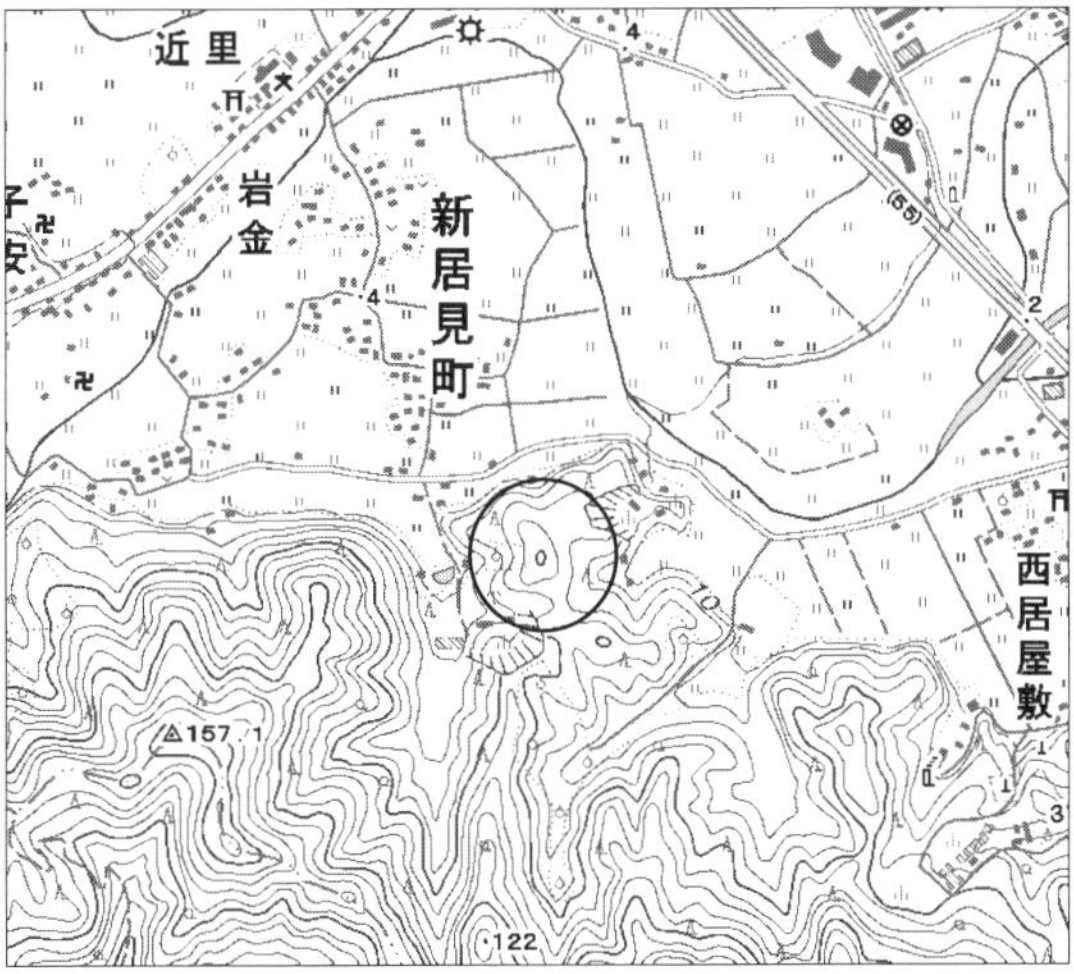


＊1　西光（藤原師光）の一族ともいわれる。
＊2　『城跡記』
＊3　『平家物語』・『阿波志』
＊4　『阿波志』

曲輪

指定史跡・終末期古墳）」や「くら掛の岩」などが点在する。

**【構造と評価】**　山麓に建つ新居見城址石碑の直上の尾根突端は、現状は切り開かれ、西国三三箇所参りの石造物が並び遺構は確認できないが、主郭に比して眺望のきく曲輪状の削平地であり、新居見城の一部かもしれない。ここからさらに尾根を西側に登った山頂部に曲輪などが残る。主郭は東西二八×南北二三メートルの不整形な円形で、東側に高さ三メートルの切岸を介し、曲輪が二つ配される。二段目の曲輪から北西部の斜面を切断して竪堀が配される。本田昇氏の縄張り図で

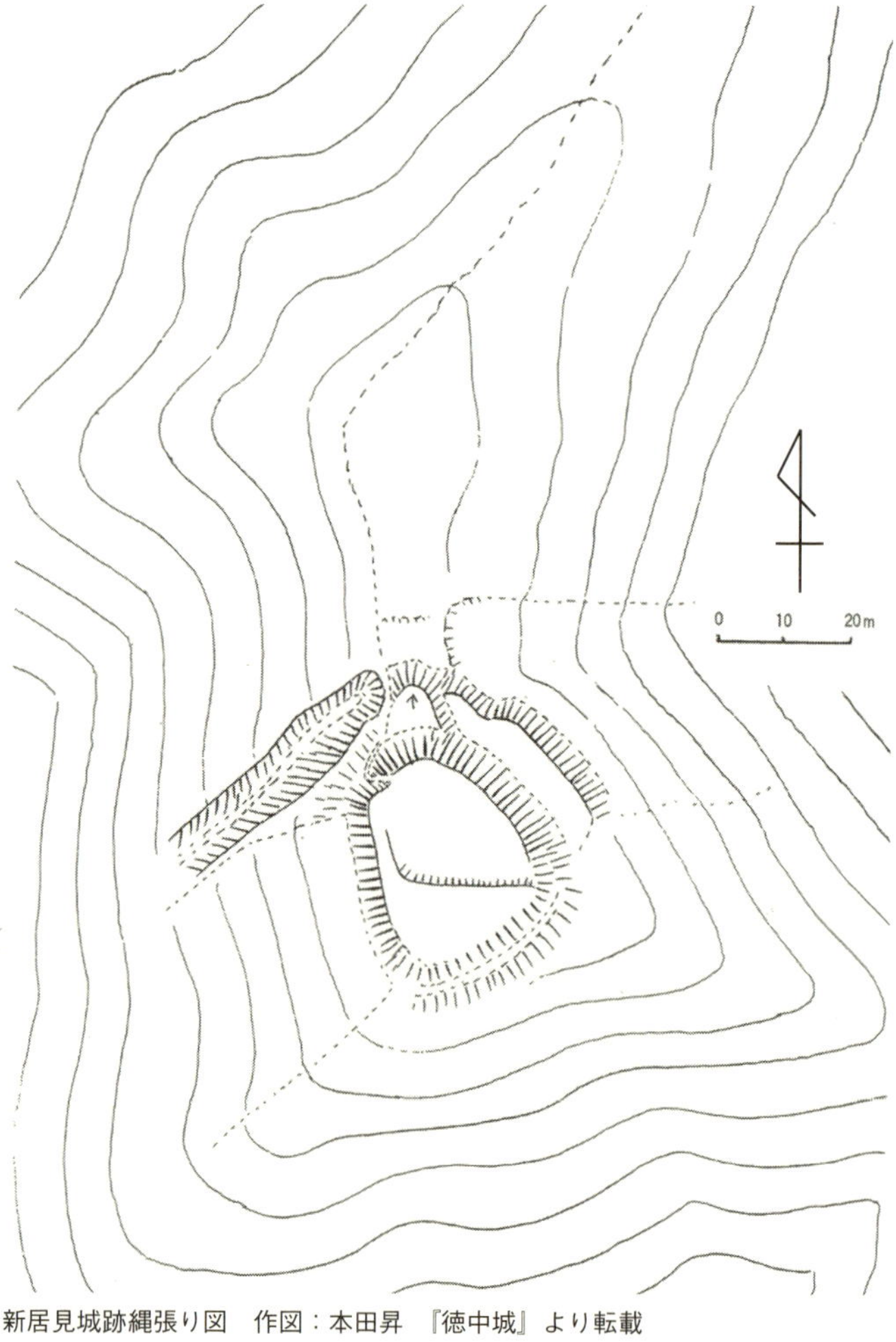

新居見城跡縄張り図　作図：本田昇　『徳中城』より転載

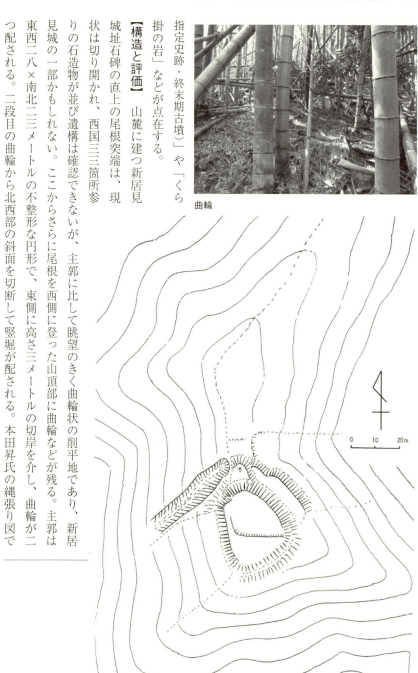

は幅八メートルほどの竪堀だが、現状では下端近くで幅一五メートル以上、深さ四メートルと大きくえぐり取られ、遺構とは判断しにくい。主郭周辺でも竹林の造成により、新たな削平段が作られるなど、本田図以降の改変が著しい。また、中腹にある義経伝承の残る小社・磨墨神社も竹林で荒廃している。

居館に関しては、諸書にはとくに記述がない。山麓東側の芝生町には西居屋敷・東居屋敷などの字名が見られるが、居館跡の伝承地は確認できない。北東側の日開野町の字宗人屋敷には、『勝浦郡村誌』に新居見城主の祈願所とされる文殊院実王山福成寺の跡地がある。

近年、徳島県埋蔵文化財センターや小松島市教育委員会が城跡から約一キロ西北西の平野部にある新居見遺跡の発掘調査を実施し、縄文時代晩期～近世の遺跡が確認された。新居見城との関連が考えられる平安時代末～鎌倉時代には山際に集落が検出され、集落から離れた位置では、同安窯系青磁碗が副葬された墓も確認された。室町時代には、遺跡の南北二〇〇メートルにかけて集落域が拡大し、幅二メートルほどの溝で囲まれた一辺一五～三〇メートルの屋敷地が七区画検出された。多くの掘立柱建物跡が確認されており、なかには南北九間・東西五間以上の大規模な掘立柱建物跡も含まれる。出土遺物には輸入陶磁器の青磁・白磁・青花や瀬戸美濃焼の茶道具（茶入・水滴）などもあり、名主クラスの屋敷地と推定され、新居見城との関連を示唆する結果が得られている。〈岡本和彦〉

竪堀

竪堀

新居見城址石碑

**有力な領主・秋元氏の城郭**

# 47 櫛渕《くしぶち》（秋元《あきもと》）城《じょう》・奥条城《おくじょうじょう》

①所在地　小松島市櫛渕町字諏訪・字奥条
②立　地　独立丘陵・山の中腹尾根
③時　期　鎌倉〜戦国時代・戦国時代
④城主等　秋元紀伊守
⑤遺　構　曲輪・竪堀・土塁

【概要】　櫛渕城の城主は秋元紀伊守である。天正十年（一五八二）に落城し、一族の櫛淵左近は中富川で討ち死にしたとされる。*1 また、櫛渕城の西方五〇〇メートルには櫛渕城と関連する奥条城がある。*2

【立地】　櫛渕城は、櫛渕五山（五ツ山・五社丸）などと呼ばれる独立丘陵の東から二つ目の標高二八メートルの杉尾山（城山）の山頂部にある。奥条城はさらに西方へ五〇〇メートルにある、通称「高ザレ山」中腹の標高六一メートルの緩斜面に位置する。

【歴史と背景】　秋元氏は、承久の乱後に石清水八幡宮領櫛渕荘の地頭職に補任され、櫛渕の地で勢力を拡大し、戦国期まで存続したという。

【構造と評価】　櫛渕城の現状は、山上のほぼ全面に施設が建設され、遺構の大半は失われている。『櫛渕町史』*3には、平成十年の施設建設以前に実施した本田昇氏の調査にもとづく鳥瞰図と報告文が所収され、櫛渕城の往時の姿を伝える貴重な資料となっている。

櫛淵八幡神社参道から櫛渕城を見る

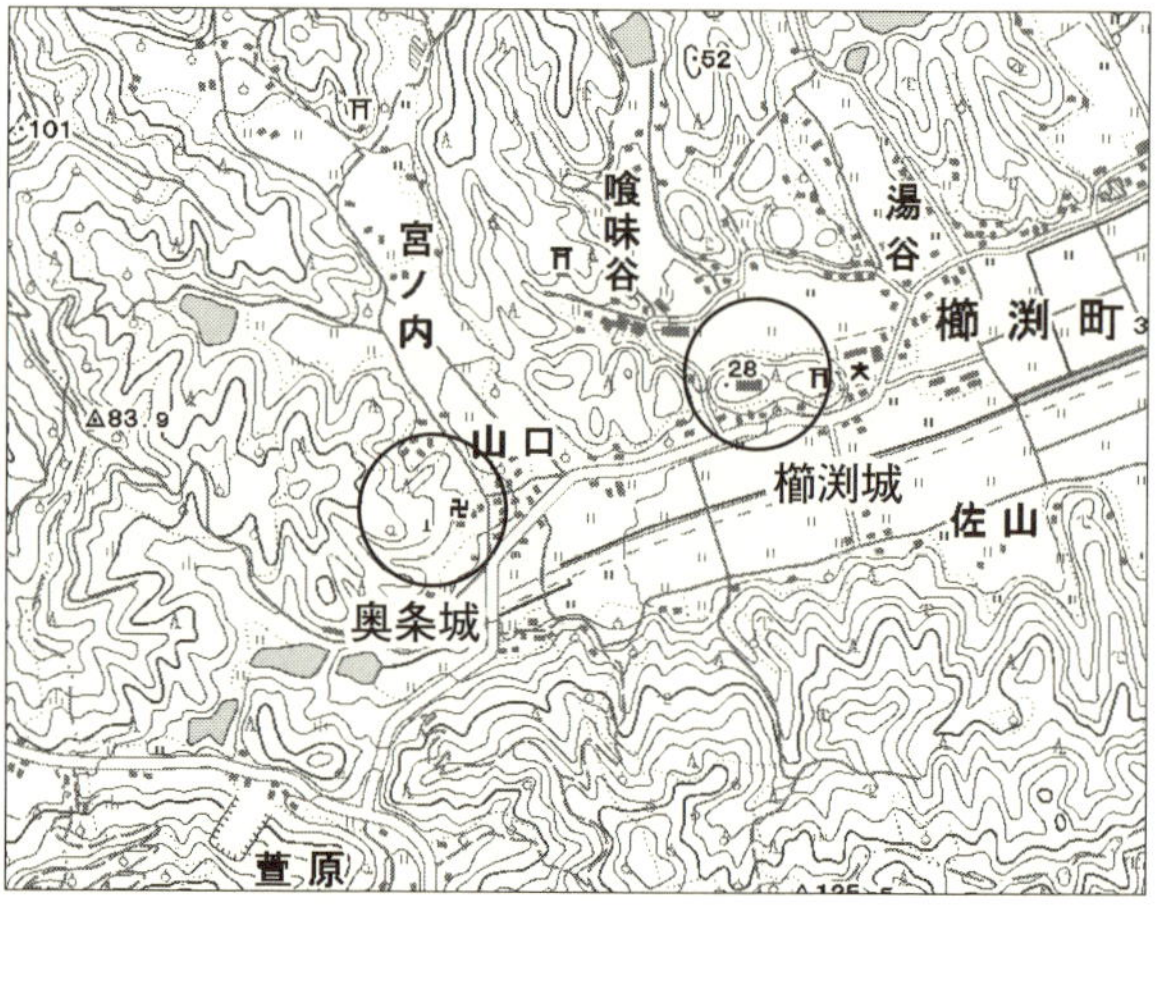


*1 『阿波志』
*2 『立江町史』（那賀郡立江町、一九三五年）
*3 『櫛渕町史』（櫛渕公民館、一九九〇年）
*4 前掲*1

最高所の主郭は、東西四三×南北二六メートルの三角形状である。西端部には櫓台を設け、東側に土塁を配し、中央部に虎口を設けている。櫓台直下には小規模な腰曲輪を配し、斜面の緩やかな南側には、東西八〇メートルに及ぶ帯曲輪を巡らせる。

帯曲輪の東端は、北側に細く回り込んで主郭東の虎口に達する。西端は竪土塁と竪堀で遮断する。また、本田氏は城山の東の櫛渕八幡神社が鎮座する八幡山との間の谷を、自然の谷を掘り窪めて堀にし、同様に西側の谷も加工して堀にしたとみている。

なお、杉尾山周辺では「城ノ下」や直営田を意味する佃《つくだ》の付く

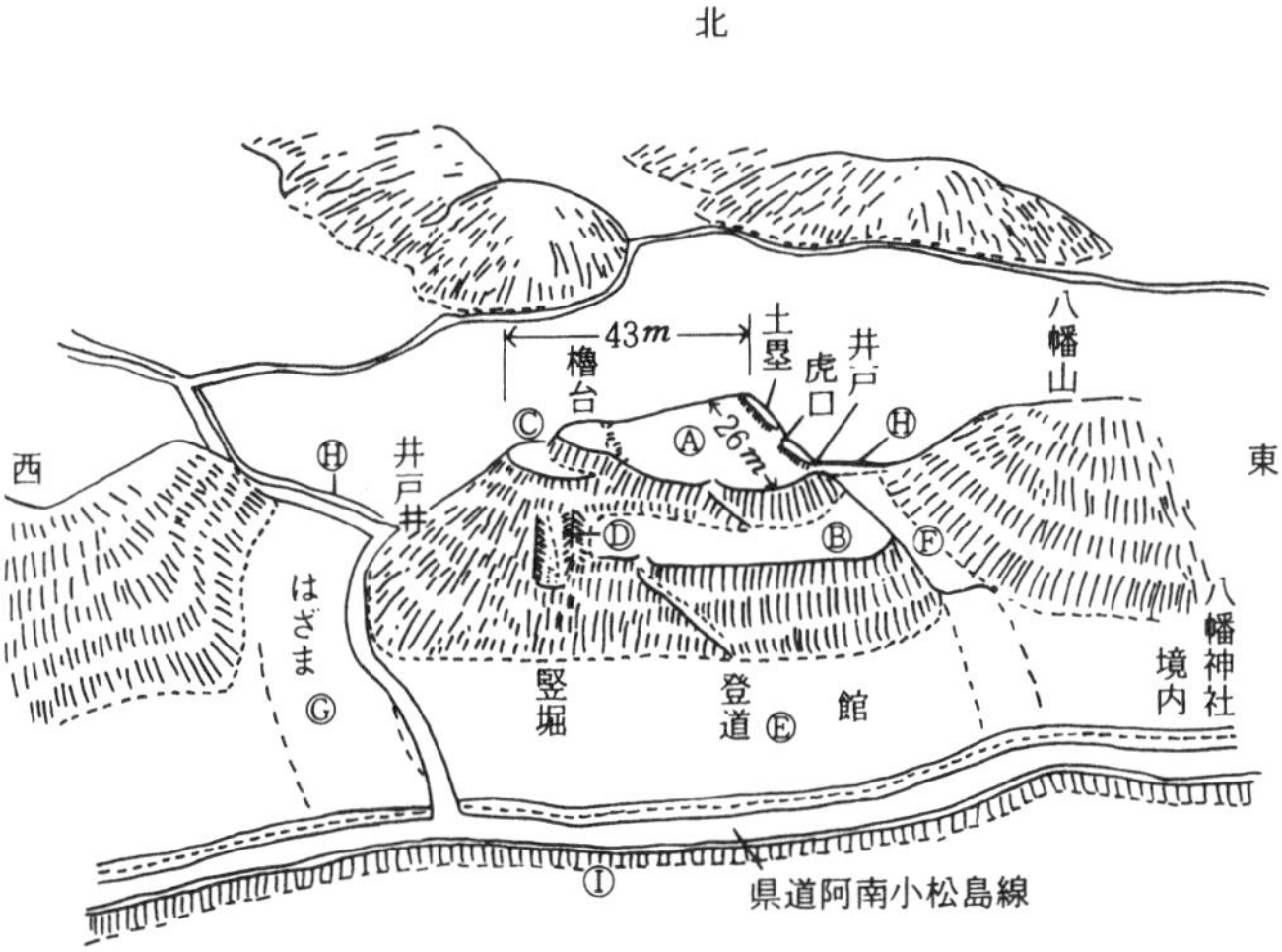

櫛渕城跡鳥瞰図　作図：本田昇　『徳中城』より転載（以下、同）

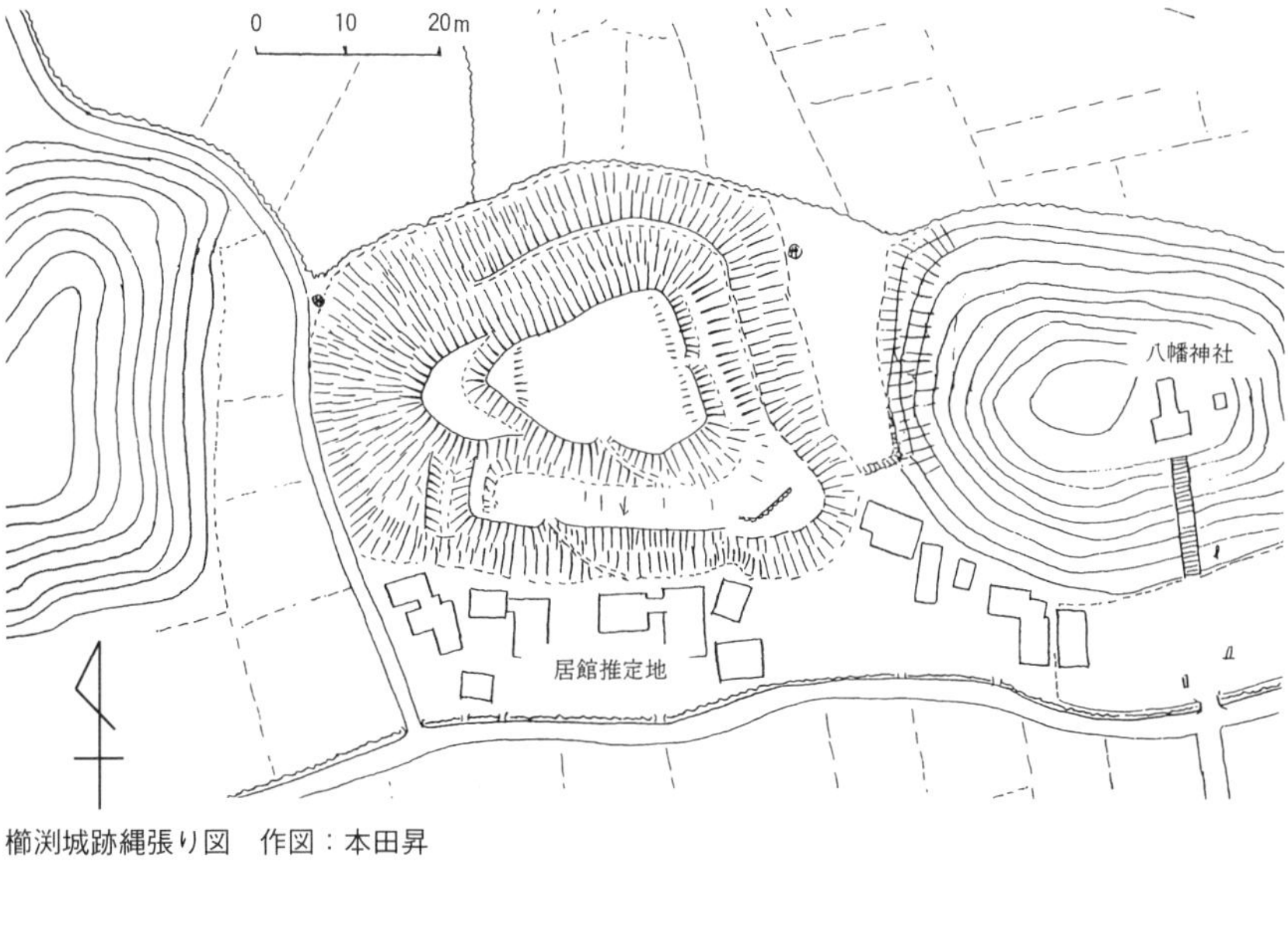

櫛渕城跡縄張り図　作図：本田昇

「北佃」などの地名が残る。小松島市教育委員会が北佃で実施した発掘調査では、少数ながら鎌倉時代・室町時代の遺物が出土した。居館は、南麓の民家のある平坦面に想定されている。

奥条城は、秋元紀伊守が創建した法泉寺[*4]の裏山に位置し、秋元氏の墓とされる宝篋印塔がある。隅飾の直立する古相を示すこの宝篋印塔を取り囲むように、緩斜面上に横堀状の窪地が廻る。本田昇氏は、山の中腹という築城位置や曲輪の未成形な点などから疑問を出すが、奥条（城）という地称や地元の伝承を重視し城跡との見解をとっている。〈岡本和彦〉

奥条城曲輪ヵ

奥条城堀ヵ

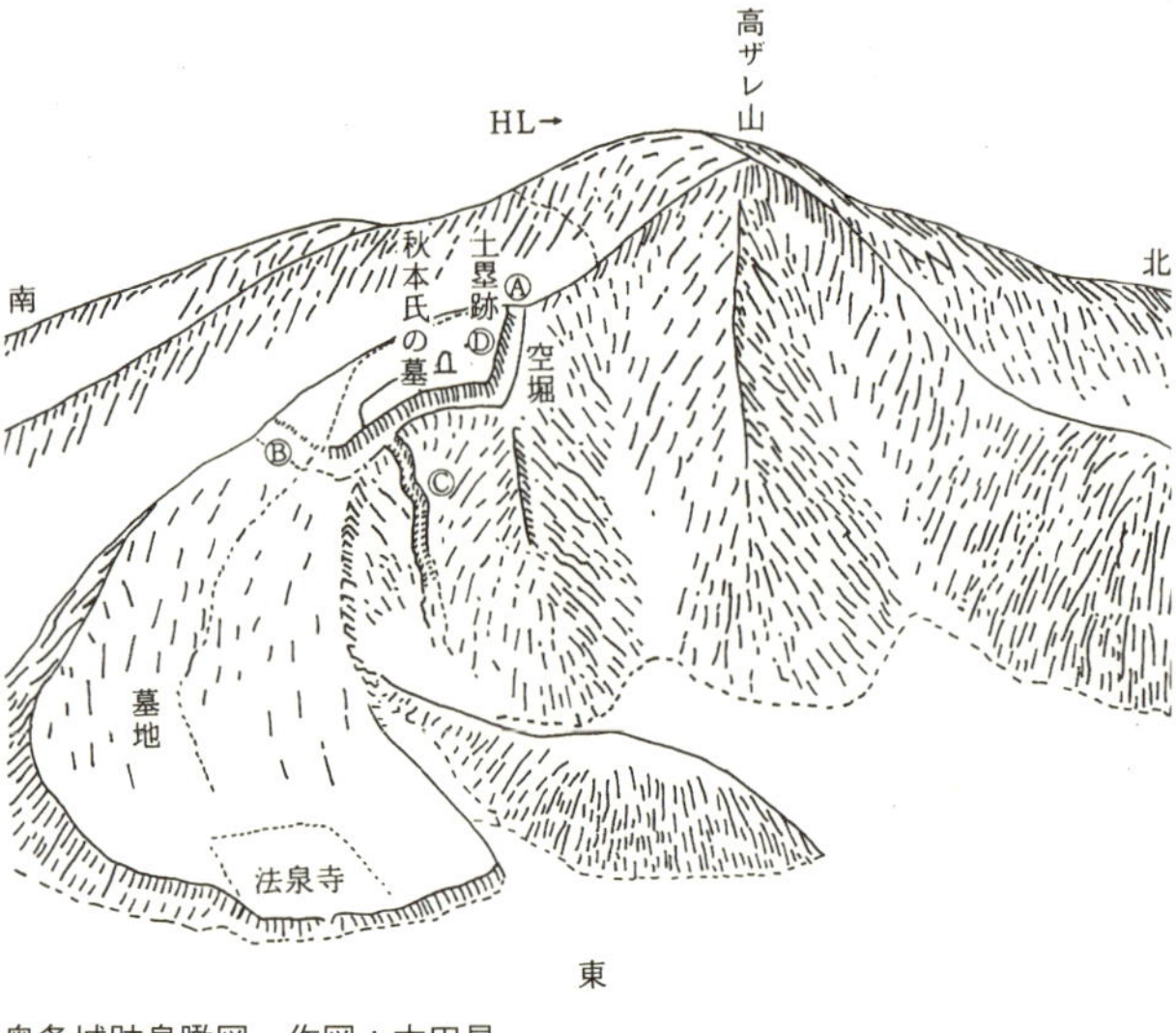

奥条城跡鳥瞰図　作図：本田昇

奥条城秋元氏宝篋院塔

戦国期の港津を押さえる平地居館

# 48 今《いま》津《づ》城《じょう》

①所在地　阿南市那賀川町今津浦
②立　地　沖積低地の微高地
③時　期　戦国末期
④城主等　平井対馬守
⑤遺　構　土塁残欠

【概要】阿南市那賀川町に所在し、中世以来の港津・今津を所管するために築城された方形居館である。平井対馬守の居城とされ、長宗我部氏の侵攻で落城したと伝えられる。

【立地】那賀川北岸の河口近くの沖積低地に位置する。航空写真や地形図からは、周囲一帯を那賀川の旧河道が網目状に乱流する様子がはっきり見てとれ、城跡は、周囲を河道に囲まれた島状の微高地に位置していたと考えられる。

【歴史と背景】今津城に関する一次資料は管見の限り皆無だが、近世前期の『城跡記』や、近世後期の藩撰地誌である『阿波志』は、戦国期に平井対馬守の居城であったこと、天正十年（一五八二）に長宗我部氏の侵攻で落城したことなどを記す。また、『阿波志』は「大久寺其址也、祠を作り之を祀る其地隆起、四面藪あり蓮池其中に在り、新街等あり」と記しており、今津城が藪（土塁）に囲まれた方形居館だったとわかる。

なお、今津の地称は、西側（那賀川上流側）に所在する古津に対するものと考えられ、古津より後発の港津であると思われるが、今津城の存在から、少なくとも戦国期には存在した港津だろう。また、今津城跡と推定される大久寺の境内墓地には、六甲花崗岩製一石五輪塔の集積が見られる。六甲花崗岩は畿内方面からの搬入品であると思われ、このことからも、今津が中世までさ

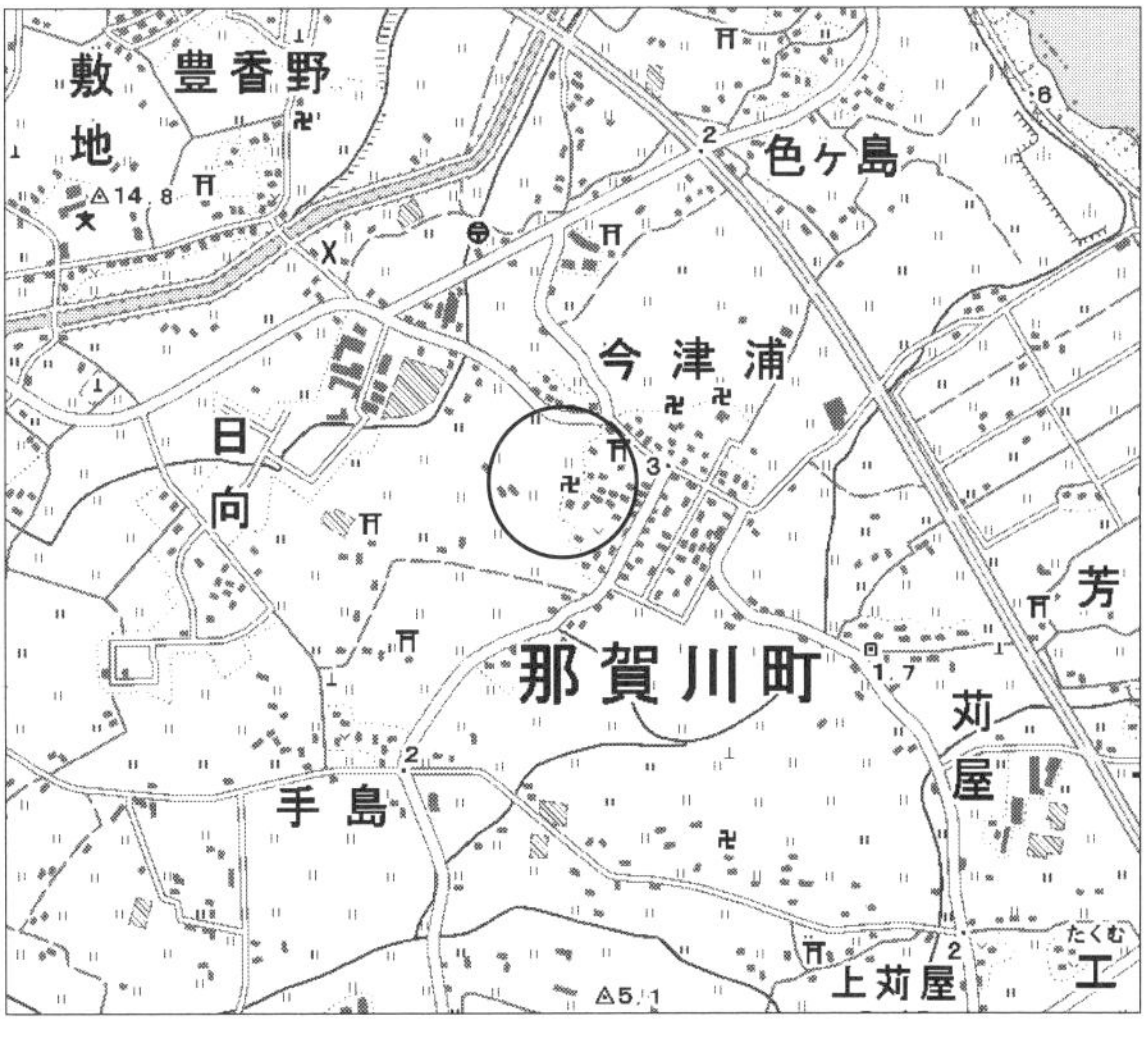

「天守山」の碑

かのぼる交易の拠点であったことを推定することができる。

**【構造と評価】**　城跡は、古城山大久寺の境内地と、その周辺の水田とからなる。大久寺境内の南西隅には「天守山《てんしゅやま》」と呼ばれる高さ二メートルほどの高まりがあり、平井対馬守を祀った祠が建てられている。これは、『阿波志』に記された土塁、もしくは櫓台の残欠とみられ、周囲では濠跡と思われる地割りが現状でも確認できる。

地籍図では、居館推定地の北西部から北東部にかけて幅六～一四メートルの細長い地割りが見られ、これが土塁の跡だろう。南西隅（A）が先述の「天守山」であることから、土塁は居館を一周していた可能性が高い。また、土塁地割の外側を廻る幅一〇～一四メートルの水田は濠の痕跡と思われ、その外縁に沿って名残と思われる水路が一周している。仮にこのラインを濠の外周

今津城跡に所在する大久寺

今津城跡の六甲花崗岩製一石五輪塔

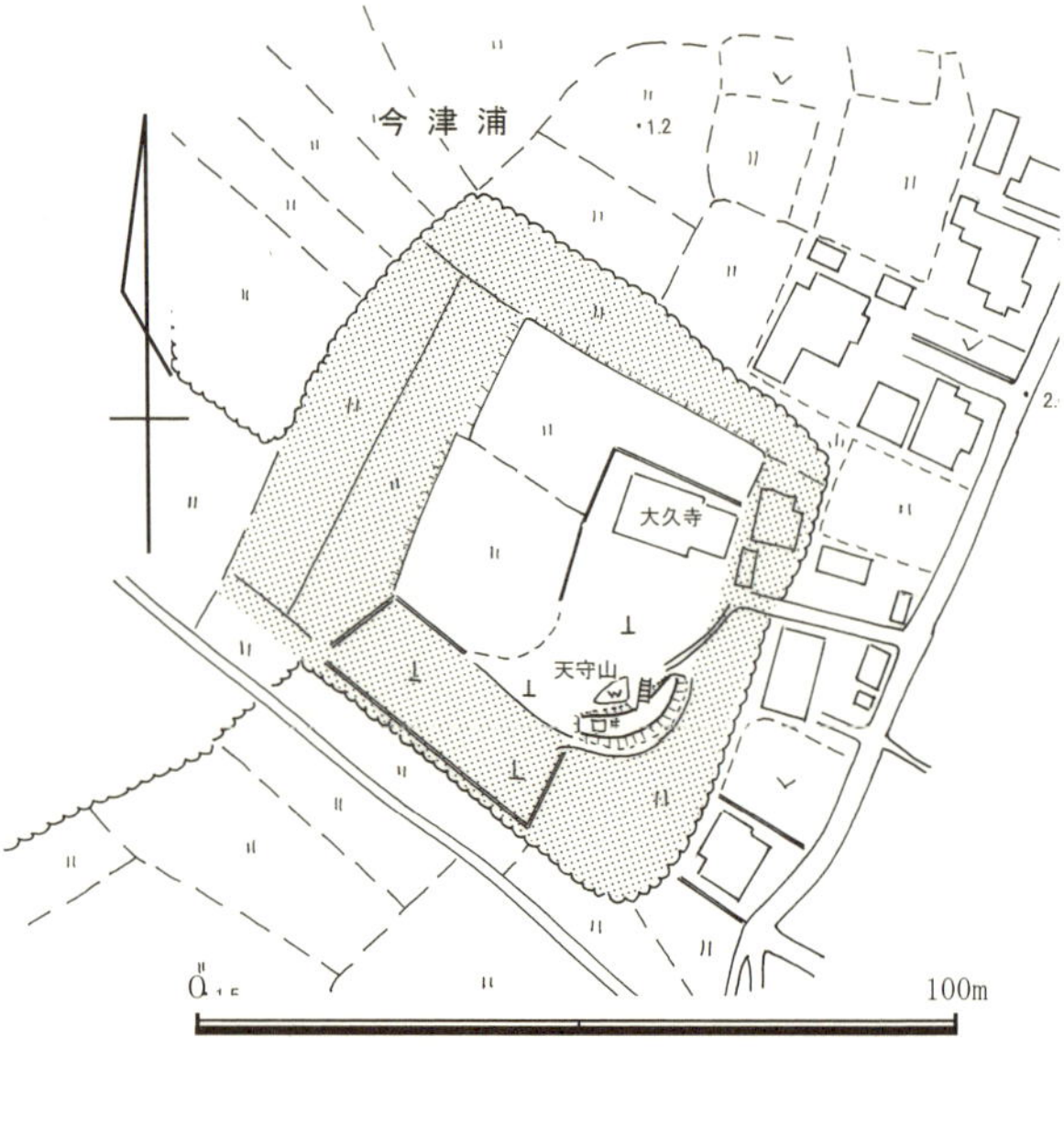

今津城跡縄張り図　作図：辻佳伸『徳中城』より転載（以下、同）

線と捉えた場合、地籍図から復原される今津城の規模は、濠を含め東西一〇〇×南北一一〇メートルとなり、在地領主の居館としては最大級の規模をもつと評価できる。

なお、今津城跡の南には、東西二〇〇×南北三五〇メートルに及ぶ整然と区画された地割りが残るが、これは藩政期に整備された水夫《かこ》屋敷の町割りである。ただ、『今津村史略』では、中世末に水夫屋敷七五坪が定められたとあり、港津・今津が中世末にさかのぼる可能性を記している。

このことは、今津が中世那賀川水運の拠点であり、今津城が、拠点港津を所管する目的を持った城であることを示唆しているといえる。

〈石井伸夫〉

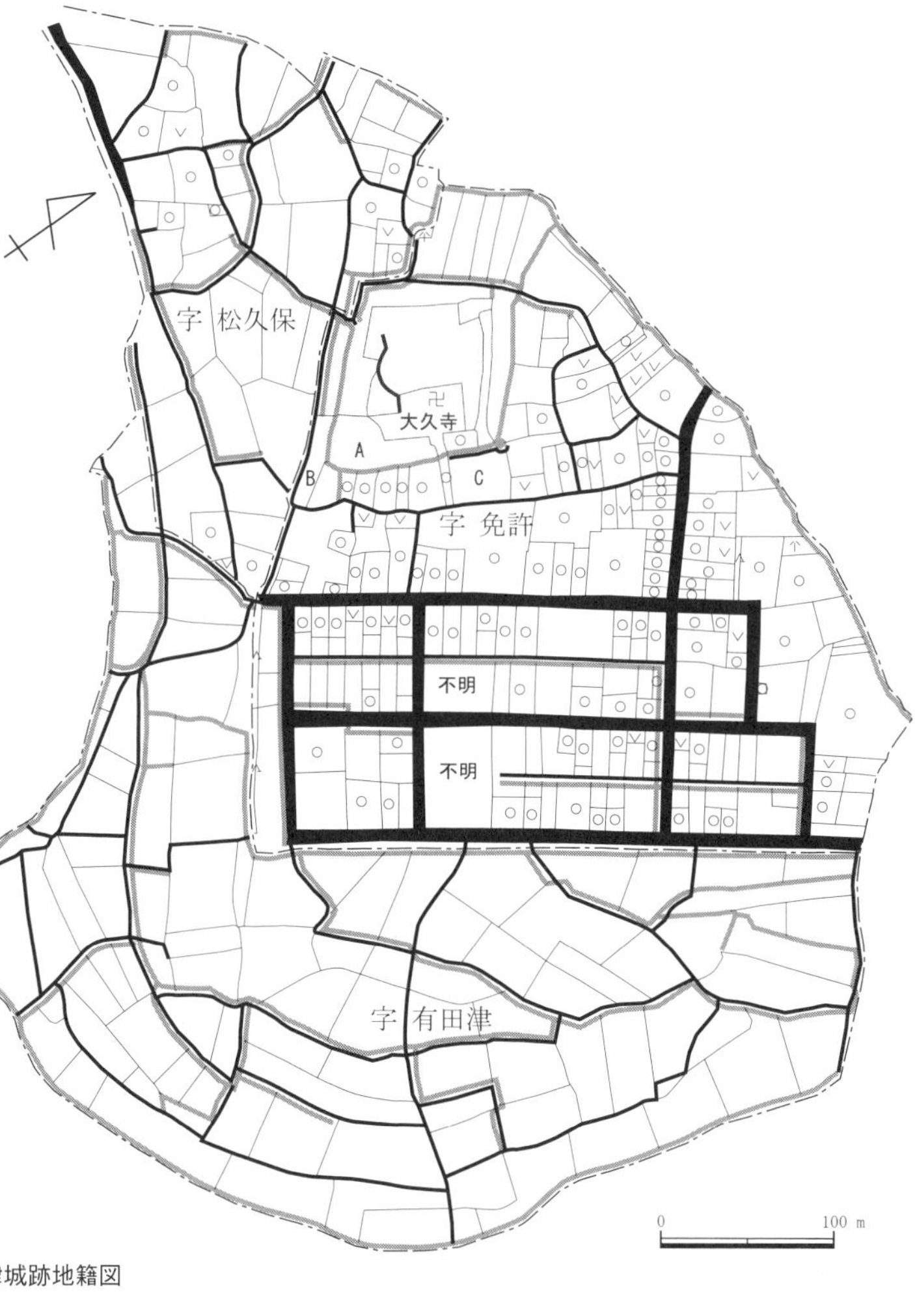


今津城跡地籍図

足利氏の末裔、平島公方の館跡

# 49 平島館《ひらじまやかた》（平島公方館《ひらじまくぼうやかた》）

①所在地　阿南市那賀川町古津
②立　地　沖積低地の微高地
③時　期　戦国末期、近世
④城主等　平島公方家代々
⑤遺　構　不明

【概要】　堺公方（堺大樹《たいじゅ》）と呼ばれた足利義維と、その子で室町幕府第一四代将軍となった足利義栄の阿波における拠点で、藩政期には蜂須賀氏に保護された足利氏の末裔・平島氏の居館跡である。

【立地】　那賀川下流域の標高約五メートルの沖積低地にあり、南北を河道に挟まれた東西に長い微高地（自然堤防）上に位置する。周辺には、「お屋敷」・「御門」・「お花畠」・「馬場」など、館関連の地名が伝えられている。

阿南市立阿波公方・民俗資料館

【歴史と背景】　天文元年（一五三二）、管領細川晴元は一向一揆衆とともに三好元長を堺の顕本寺に攻め滅ぼし、いわゆる堺幕府は崩壊した。堺公方・足利義維は、阿波守護細川持隆に阿州平島へ迎えられることとなった。[*1] また、持隆から三千貫を与えられ、[*2] 平島（阿波）公方と呼ばれた。永禄十一年（一五六八）、義維の子・義栄は篠原長房ら阿波衆に擁立され、室町幕府第一四代将軍に就任するが、同年、足利義昭を奉じて上洛した織田信長に追われ、阿波に下向し、撫養で没した。天正十三年（一五八五）の蜂須賀氏の阿波入部に際して、平島公方家は蜂須賀氏から所領を与えられ、

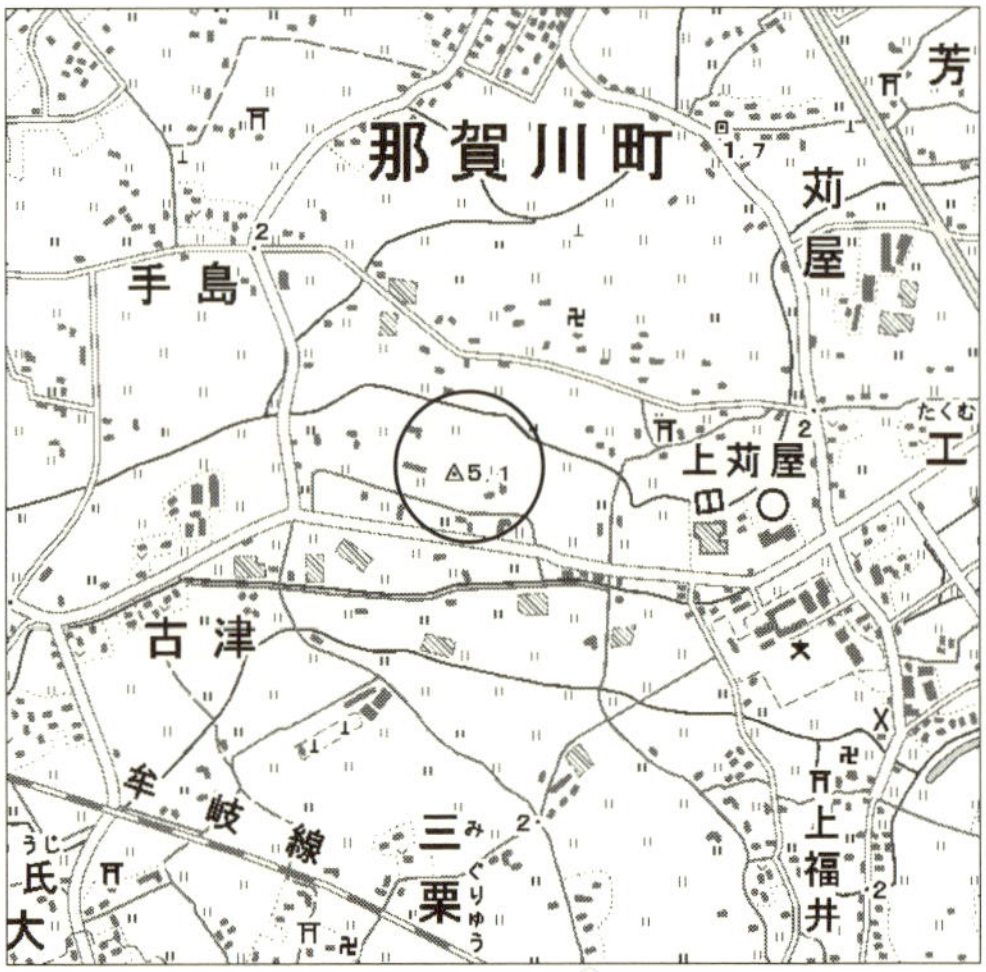


＊1　『阿州足利平島伝来記』（『阿波国徴古雑抄』所収）
＊2　『古城諸将記』
＊3　『阿波志』

平島氏として代々平島に居住した。しかし、文化十二年（一八〇五）、九代義根のとき、平島を退去し京都に去った。

館は解体され、玄関及び書院は地蔵寺（小松島市）、花垣門が吉祥寺（阿南市）に移築された。なお、那賀川町赤池の西光寺は、平島公方の菩提寺であり、[*3] 境内墓地には公方一族の墓が、また、本堂前面には足利義稙・義維（義冬）・義栄三代の墓がある。これらの墓石はいずれも近世の建立と思われるが、境内には中世の五輪塔が散在しており、この地の歴史が中世にさかのぼることを示唆している。

**【構造と評価】** 館が所在する微高地は中世遺物の散布地であり、行政的には埋蔵文化財包蔵地として把握されている。下の地名聞取図の①地点が「お屋敷」と呼ばれる区画で、館の中心部である。現在、阿南市立阿波公方・民俗資料館が建っているところで、地籍図では、南北九〇×東西五〇メートルの方形区画が見られる。昭和六十一年には、民俗資料館の建設にともなう発掘調査が行われ、近世の大溝や鍛冶遺構が検出されているが、中世の館跡に関する明瞭な遺構は確認されず、館跡の具体的な構造は不明である。〈石井伸夫〉

足利義稙・義維・義栄三代の墓

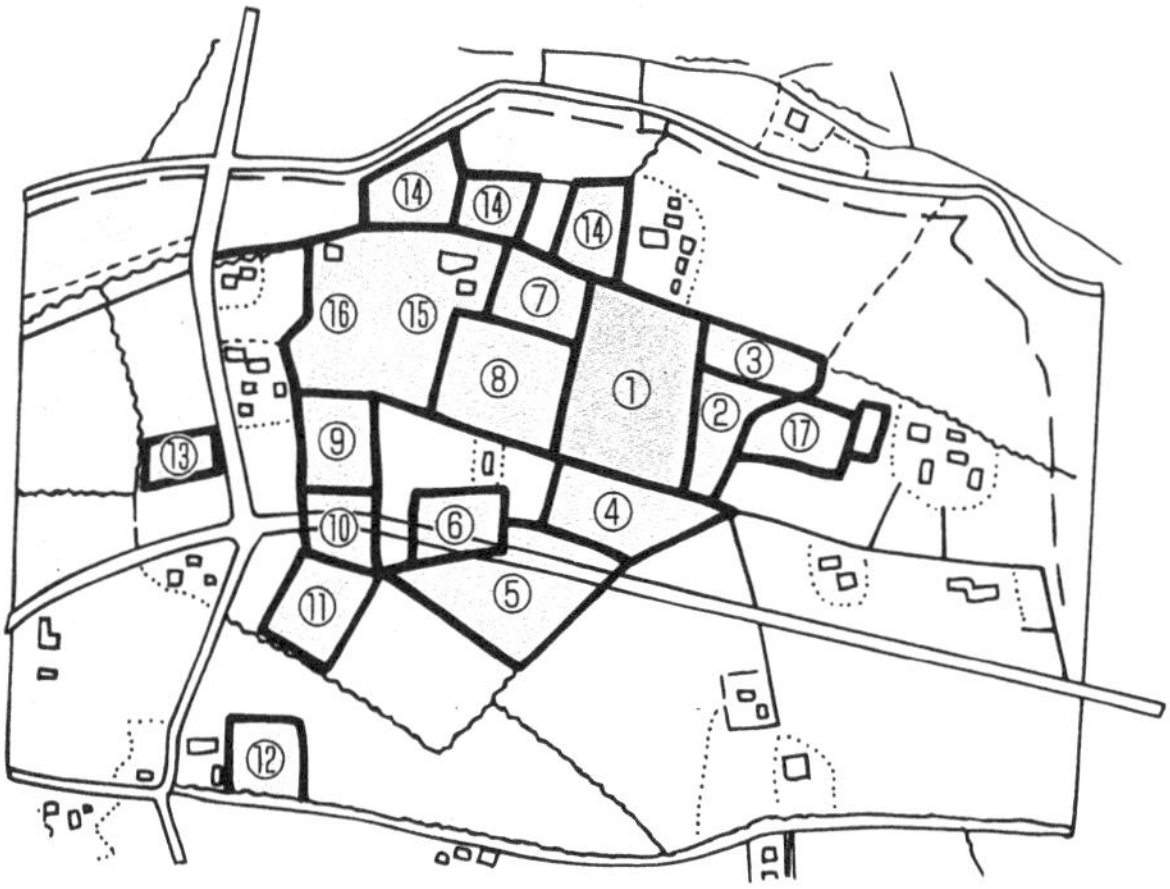


平島公方館跡付近地名聞取図

①お屋敷（民俗資料館）　②馬場　③三社はん　④御門　⑤御門前
⑥ばらざと　⑦お花畠　⑧新開　⑨大和屋屋敷跡（薬種商）　⑩中道
⑪そうじ　⑫観念寺　⑬反古屋敷　⑭おうら　⑮庄屋吉成の屋敷
⑯いとや後に本屋　⑰墓地

『阿南市立阿波公方・民俗資料館パンフレット』より

阿波と土佐の境目の城

# 50 西方《にしがた》城《じょう》

①所在地　阿南市長生町西方
②立　地　山頂尾根
③時　期　戦国時代
④城主等　東条氏
⑤遺　構　曲輪・土塁・堀切

【概要】　阿波南方の拠点城郭の一つ。山頂からは那賀川平野を越え、遠く淡路島までが一望できる。城の北側には岡川が、さらにその北方には那賀川が流れ、城跡のすぐ東側には土佐街道が南北に通過するなど、交通の要衝に位置する。現在、城跡の大半が山林・竹林だが、保存状態は良好である。

【立地】　那賀川右岸の沖積平野に突き出した、西方山と呼ばれる標高一二五メートルの尾根頂部に立地する。

【歴史と背景】　城主は東条関之兵衛とされる。[*1] 関之兵衛は、もともと阿南市桑野町にある桑野城主であったが、天正三年（一五七五）、土佐の長宗我部元親の阿波侵攻に際し、元親の養女を妻としたことで土佐方となった。[*2] これ以降、三好方の牛岐城主新開氏とたびたび合戦し、天正七年の今市合戦では土佐方の加勢を得て新開氏に大勝した。[*3] 東条氏は、このときに桑野城から西方城に移ったと考えられている。

城跡遠景　東より

【構造と評価】　標高一二五メートルの山頂に東西三〇×南北二七メートルの主郭を設ける。ここから東に一〇〇メートルほど下った

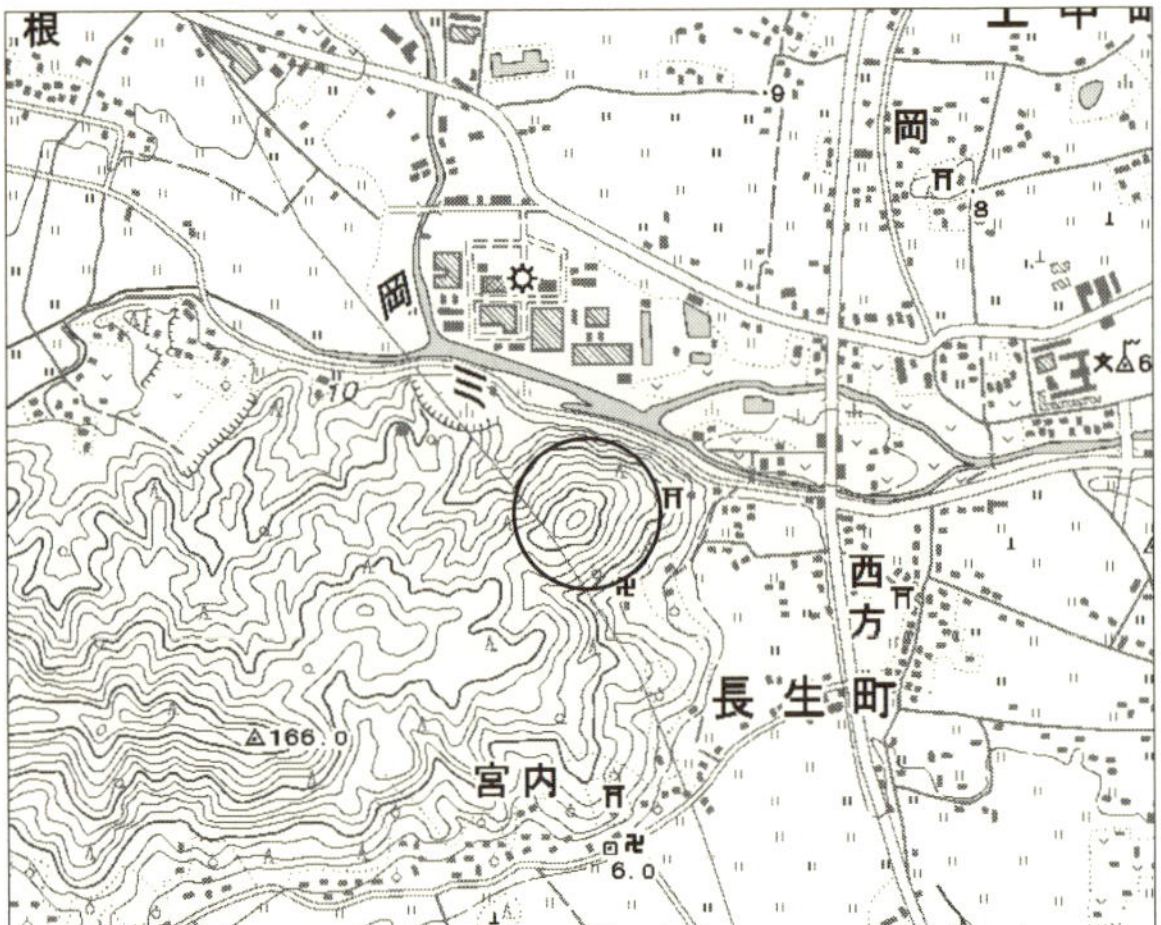


＊1　『古城諸将記』
＊2　『阿州古戦記』
＊3　『元親記』

中腹の標高六〇メートルの地点に東西二二×南北一五メートルの長方形状の曲輪を構え、その間に多数（大小約二〇ヵ所）の帯曲輪が段状に連結するという形状を有する。こうした形状は阿波では例をみない特徴的なものであり、城郭全体の規模も大きい。これは、長宗我部氏が阿波・土佐境目の拠点としたこと、また、築城（改修）に際して土佐方の手が加わった結果だろう。

現在、主郭部は竹が生い茂った状態になっているが、周囲は土塁で囲まれ、南北に二ヵ所の虎口が確認できる。主郭の後方は高い切岸をもって二段の段差を作り、後方の尾根続きに二条の堀切を作る。なお、堀切は鉄塔建設で現状がわかりにくくなっている。中腹の曲輪にも土塁が設けられている。この中腹の曲輪が、東条氏の居館跡と考えられる。

平成十八年の展望台建設に際して、部分的な発掘調査が行われ、少量の土器片と投弾とみられる円礫《えんれき》が出土している。〈向井公紀〉

主郭北側虎口

主郭西側の土塁

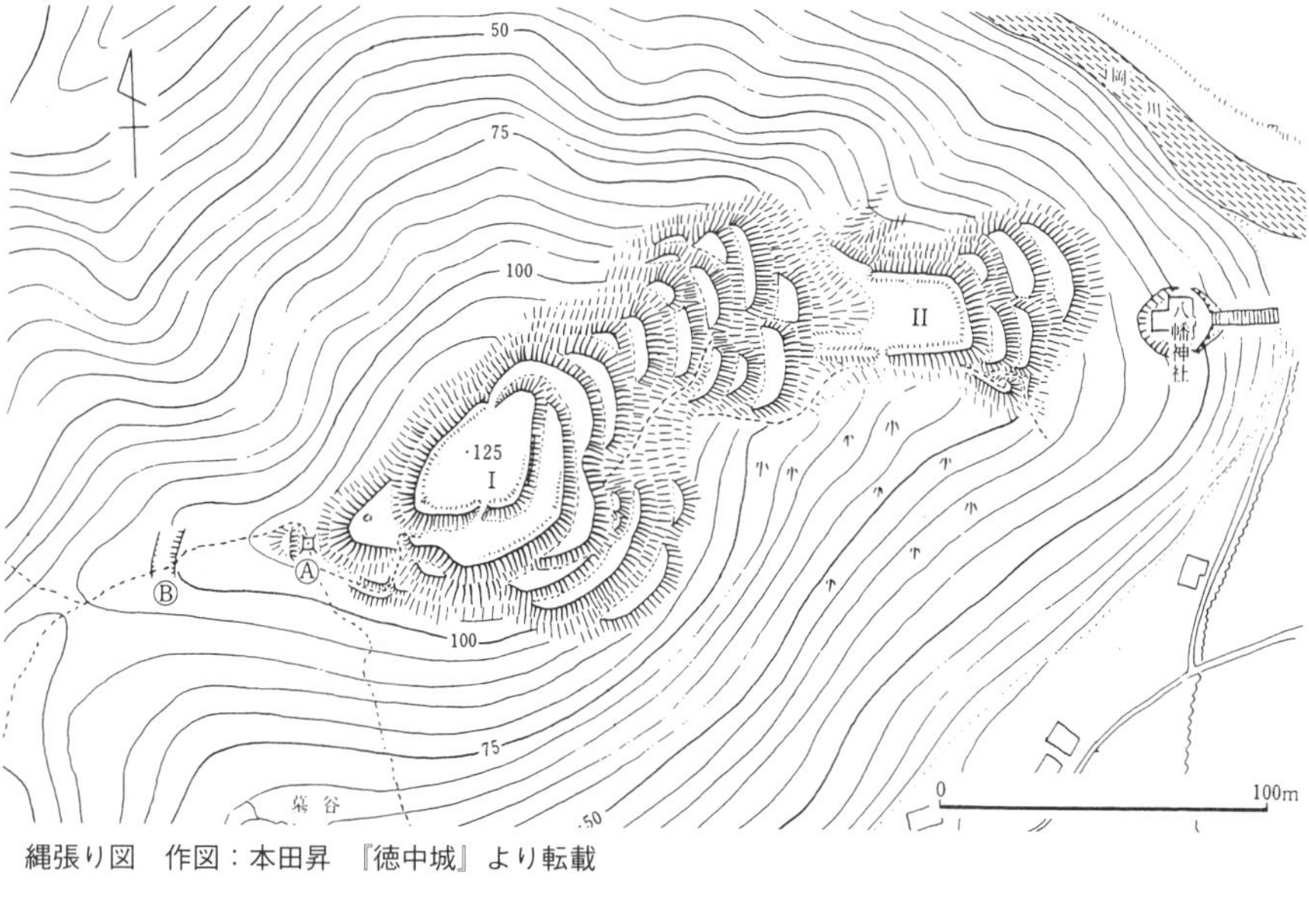

縄張り図　作図：本田昇　『徳中城』より転載

天然記念物でもある城郭

# 51 上大野《かみおおの》城《じょう》

①所在地　阿南市上大野町大山田
②立　地　山頂尾根
③時　期　戦国時代
④城主等　仁木氏
⑤遺　構　曲輪・竪堀・堀切

城跡遠景　南西より

【概要】三好氏の被官であった仁木伊賀守の居城とされ、長宗我部氏の侵攻で落城したと伝えられる、阿波南部の拠点城郭の一つである。

【立地】南から流れる那賀川が大きく東に蛇行する地点の、右岸にそびえる標高一四六メートルの城山山頂部に立地し、西側・南側は急峻な崖となっている。城山自体が、「大野の城山の花崗岩類」として県の天然記念物に指定されている。

【歴史と背景】『古城諸将記』には、仁木伊賀守が居城していたと記されている。しかし、『阿波志』には仁木伊賀守は中大野城主としてその名がみえる。なお、大野城には仁木右衛門がいたと記す史料もあり[*1]、江戸時代にはすでに詳細は不明で、錯綜した伝承が語り伝えられていたようである。

天正十年（一五八二）に長宗我部元親の侵攻で落城したが、いくつかの落城秘話が伝えられている。一つは、城主が夜陰に紛れて上大野城から落ち延びる途中、鶏が鳴いたために長宗我部軍に見つかり討ち取られたという話である。現在でも、この周辺の集落では鶏を飼ってはいけないという言い伝えが残る。また、籠城の城兵が鉄

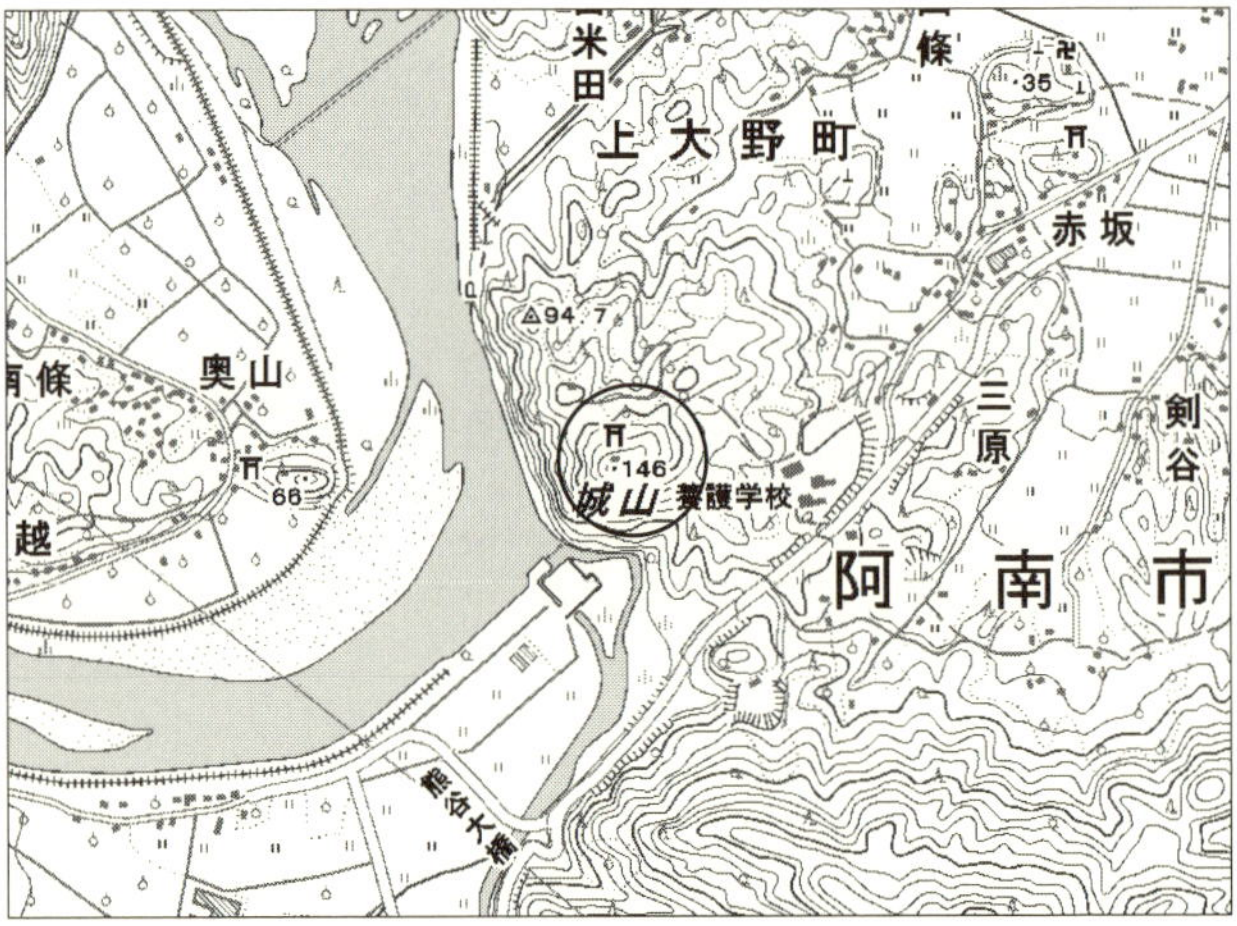


＊1　『古城諸将記』

の鎖に吊した瓶で那賀川の水を汲んでいたところ、長宗我部軍に見つかり、瓶を射落とされたため城内の水が枯渇し、落城したという伝承などがある。

**【構造と評価】**　かつて本田昇氏が調査した際には遺構が良好に残っていたようだが、その後の城山神社の参道拡幅工事で、一部の曲輪や虎口が破壊された。

最高所の主郭は、東西五〇×南北二〇メートルの楕円形の形状である。主郭から東に向かっては二段の曲輪が配されるが、これも参道で大きく改変している。曲輪東縁の虎口は辛うじて確認でき、曲輪の下部には小さな帯曲輪や竪堀・堀切などが確認できる。

〈向井公紀〉

上：城跡遠景　北側より
下：主郭部に建つ城山神社

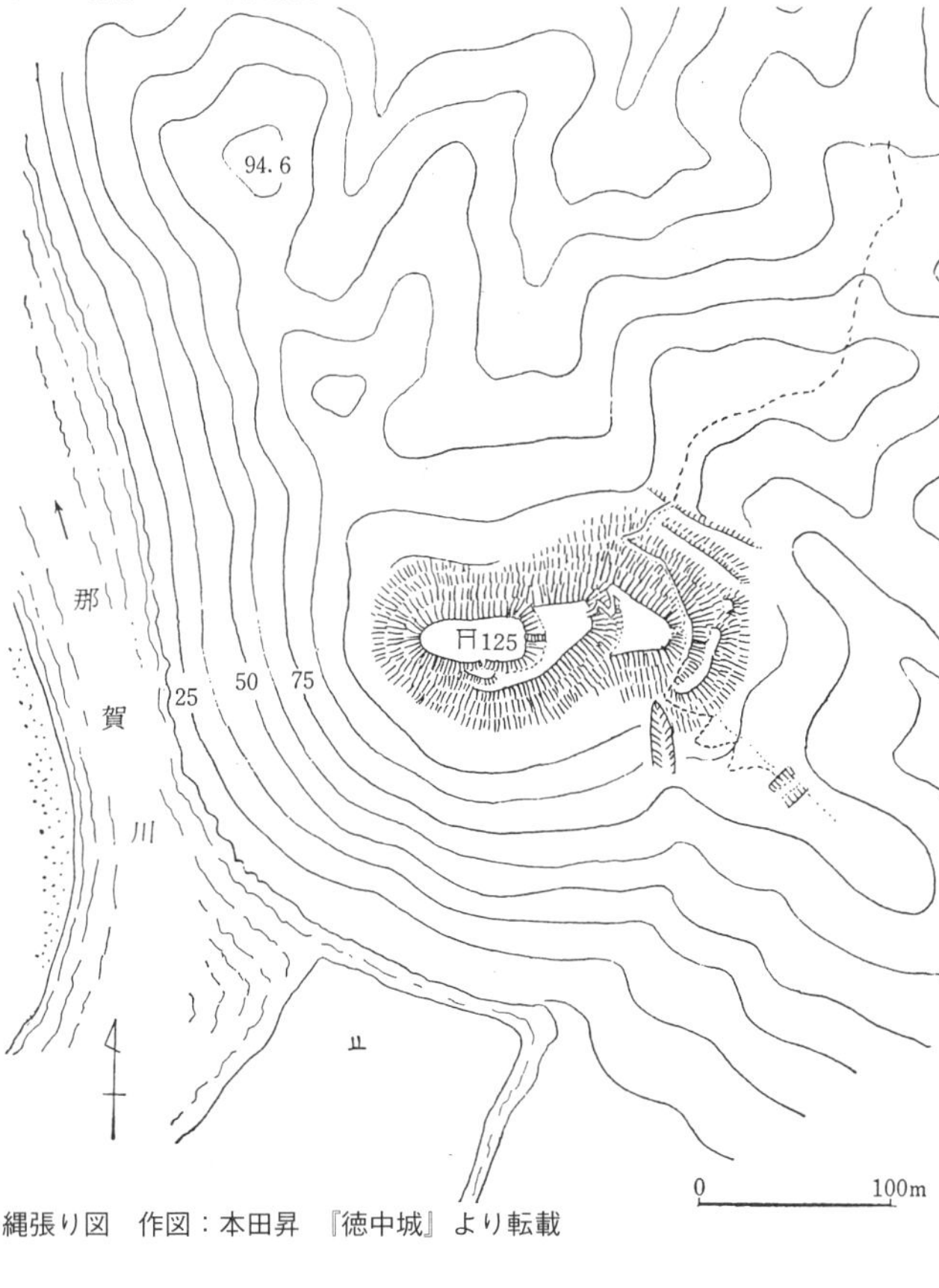


縄張り図　作図：本田昇　『徳中城』より転載

**地形に恵まれた阿波南方の拠点**

# 52 牛岐城《うしきじょう》（富岡城《とみおかじょう》）

①所在地　阿南市富岡町内町
②立　地　独立丘陵
③時　期　戦国時代
④城主等　新開氏・賀島氏
⑤遺　構　石垣

【概要】　戦国期には新開氏が拠点とし、蜂須賀氏の入国以降は阿波九城の一つとして、阿波国南方の拠点となった城である。

【立地】　那賀川水系によって形成された沖積平野に位置し、桑野川右岸にある標高二〇メートルの独立丘陵を中心に立地する。

【歴史と背景】　詳しい築城年代は不明だが、南北朝時代、阿波守護細川氏の被官だった新開氏がこの地に入り城主となり、一六世紀後半には新開遠江守忠之《ただゆき》（新開道善《どうぜん》）が盤踞していたとされる。[*1]

天正三年（一五七五）以降、土佐の長宗我部氏が阿波に侵攻し、新開道善も三好方としてたびたび土佐方との合戦に及んでいる。天正七年には、香宗我部親泰《こうそかべちかやす》の勧告を受け入れ土佐方に付くが、天正十年、織田信長の四国攻略軍の先鋒として三好康長（咲岩）が阿波に攻め込むと、新開道善を含む多くの阿波の武将は三好方に付いた。[*2]しかし、本能寺の変で信長が倒れると、長宗我部元親は攻勢に転じて、阿波一国をほぼ制圧、新開道善も丈六寺《じょうろくじ》（徳島市）で元親に謀殺された。その後、牛岐城は香宗我部親泰が阿波南方の押さえとして入った。

しかし天正十三年、羽柴秀吉の四国平定で長宗我部氏は土佐に撤退し、阿波国には蜂須賀氏が入る。そして、南方の総押さえとして細山帯刀《たてわき》（のちの賀島主水正政慶《かしまもんどのしょうまさよし》）が入城、城名を「富岡城」と改め、阿波九城の一つとして整備された。元和元年（一六一五）の一国一城令以降も城は存続

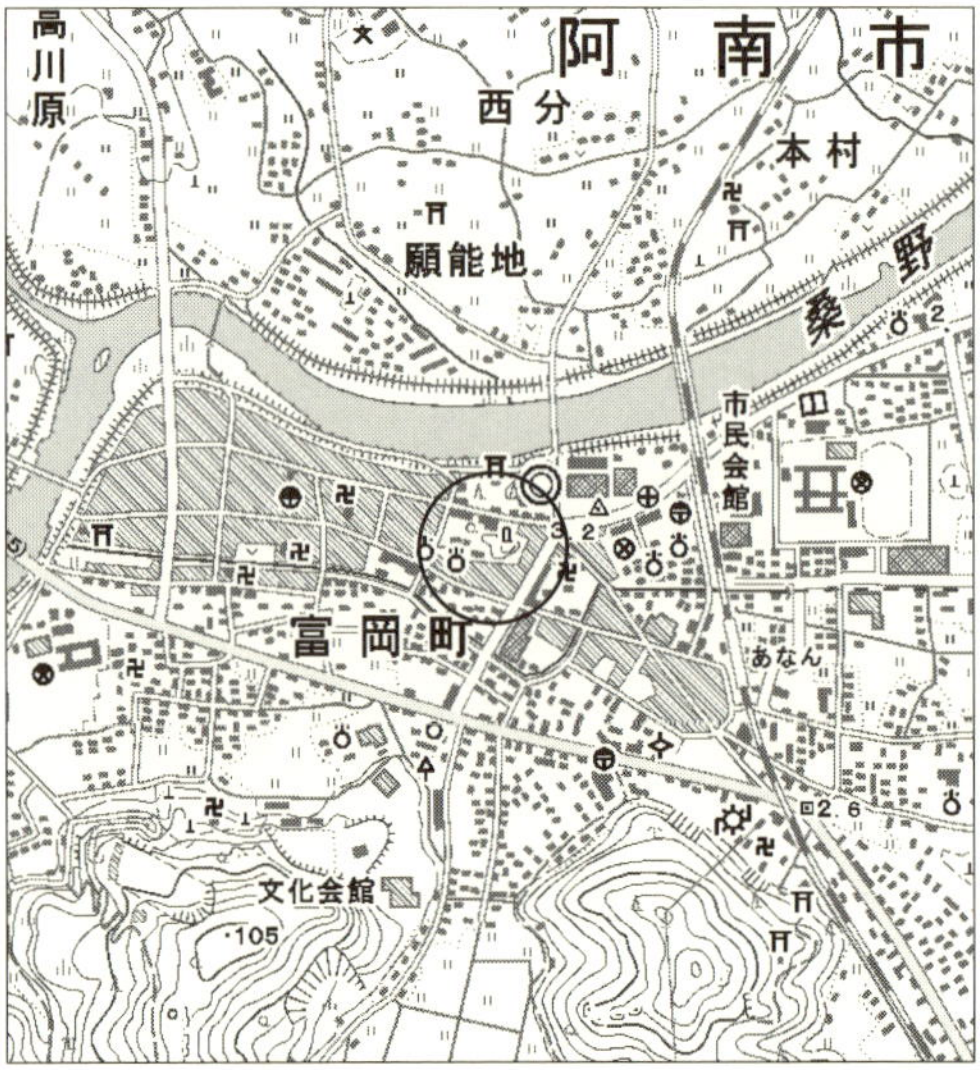


＊1　『城跡記』・『古城諸将記』・『阿波志』
＊2　『元親記』・『南海通記』

したが、寛永十五年（一六三八）に幕命を受けた徳島藩の政策で廃城となった。城の石垣は、廃城後に桑野川の堰の建設材料として転用されたという。

牛岐城（富岡城）のある城山は、もとは中央部が窪んだ瓢箪《ひょうたん》形の小山であったが、大正二年（一九一三）の道路工事で中央部を削り取り、道路を貫通させたため、南北に分断されている。以後、たび重なる周辺の開発で城山が削りとられるなど、大きな改変があり、従来の姿は留めてはいない。平成十年には南側の城山山頂部に産業展示館が建設され、建設工事にともなう

上：城跡遠景　南より　下：牛岐城全体図

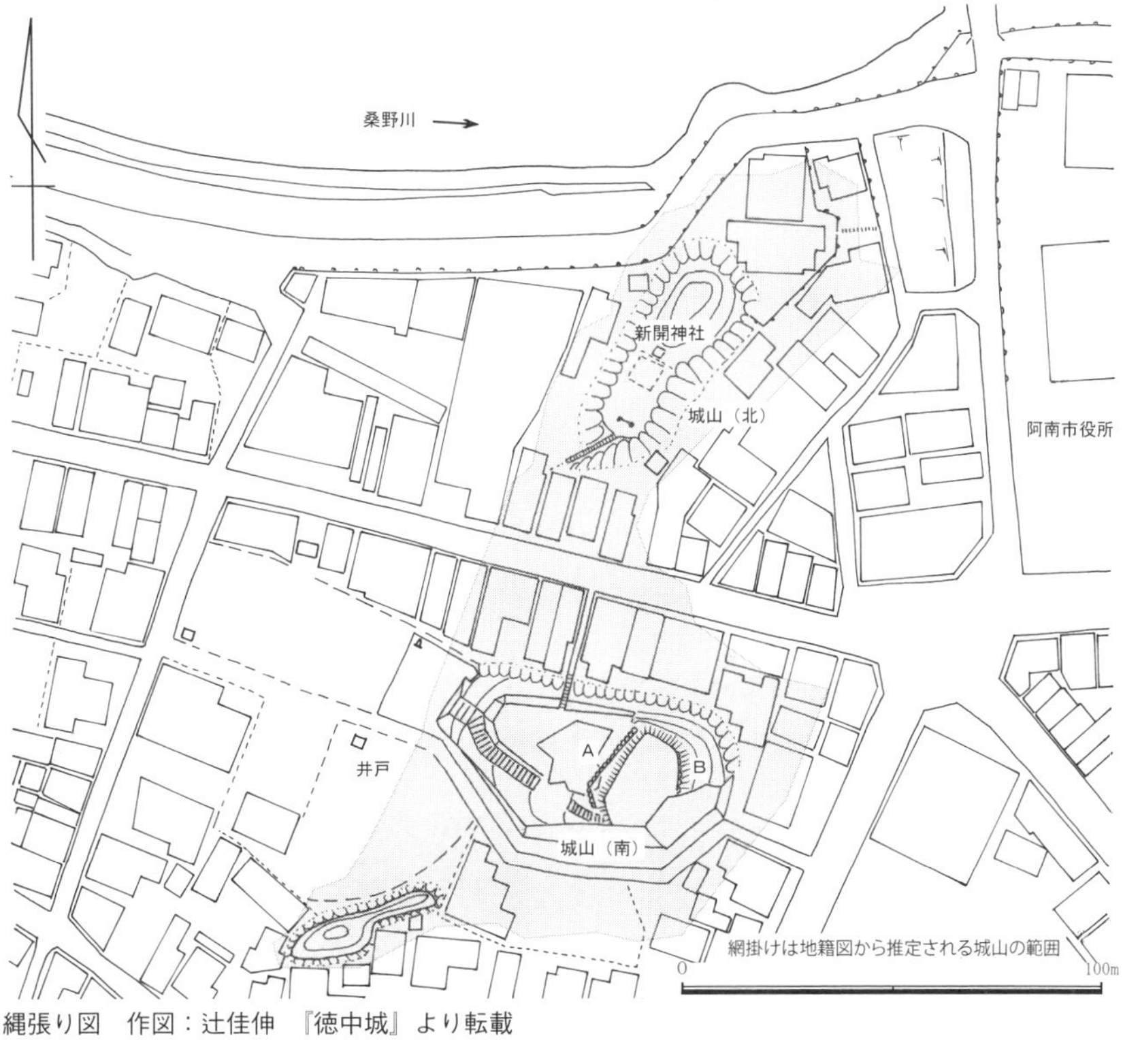


縄張り図　作図：辻佳伸　『徳中城』より転載

出土石垣全景

発掘調査で石垣遺構が発見された。石垣は展示館内部の原位置に保存・展示されている。

【構造と評価】　南側城山は南北一五×東西一〇メートルの平坦地（主郭）、その西側に四メートル下がって、南北一二×東西二五メートルの平坦地が残り、二段の曲輪で構成されていたことがわかる。南側城山で平成十年と平成二十年に発掘調査が実施され、ともに石垣遺構が発見されている。石垣は山頂東斜面から、ほぼ南北に走る形で検出され、幅約一メートルの巨石を配し、その延長は発掘調査で検出されたものをあわせると約一八メートルになる。石垣の残存高は〇・五メートル～二メートルで、最高四段の石積みを検出した。また、南端では約一一〇度の角度で屈折する石垣の隅角部が確認された。

石垣の石質は基本的にはチャートで、地元産の石材である。城山自体がチャート質からなっており、山頂部ではその露頭が見られる。石材の中には那賀川上流で見られる紅簾《こうれん》片岩が少し混じり、一部を那賀川から搬入したのだろう。石垣の石材はほとんど加工が見られず、積み方は「野面積」の工法で築かれている。残存する石垣高が数段にとどまるので明確ではないが、横目地を意識した積み方である。隅角部は出土状況から見るかぎり、「算木積」の工法は採られていない。

石垣は自然の岩盤面をほぼ直角にカットした前面に築き、根石底部も平らに整地した後に築いている。根石底部には川原石を敷いており、とくに石垣北側（平成二十年調査区）で顕著に見られ、不定形の石材ほど多くの川原石が列をなすように敷かれている。

栗石（裏込め石）は、拳大からその倍ぐらいまでの川原石がほとんどで、一部に角礫を使用し

出土石垣

展示石垣

ているが、わずかである。土層堆積状況から、石垣上段を撤去した際に栗石が流れだしていることがよくわかる。

石垣構築時期は、おそらく阿波九城整備にともなうものだろう。中世阿波の城郭で石垣は稀で、石積みも土留め程度のものが多く、礫も小さい。阿南市長生《ながいけ》町にある西方城跡は土塁とあわせて石積みが少し見られる程度だ。一方、牛岐城は岩盤を大幅にカットして大きな石材を使用した石垣が見られるなど、かなりの技術力が必要とされ、新開氏の時代より賀島氏の時代の構築と考えられる。

隅角部のみに焦点を当てると、「算木積」ではなく古い時代の石垣を想像するが、石垣を築いた面が岩盤だったので、石垣に対する堅牢さは必要としなかったのだろう。つまり、牛岐城の石垣は単に防御機能だけでなく、阿波九城の一つとして、また、阿波南方の中心地として豪壮さを際だたせるために築き上げたものだと推測する。石垣は西側斜面でも確認され、本丸を取り囲むように築かれていた。さらに、発掘調査で大量の瓦が出土しており、かなりの規模の建物があったのだろう。

先述したように、牛岐城跡の位置する城山はもともと瓢箪型の小山であったが、大正二年の道路工事で南北に分断された。分断前の城山の姿がわかる写真はなく、古絵図が数点残るのみだが、当時の姿を知るうえで貴重なものである。その一つに、明和五年（一七六八）に画かれた「牛岐富岡城絵図」がある。絵図には瓢箪型の小山の姿が描かれており、北

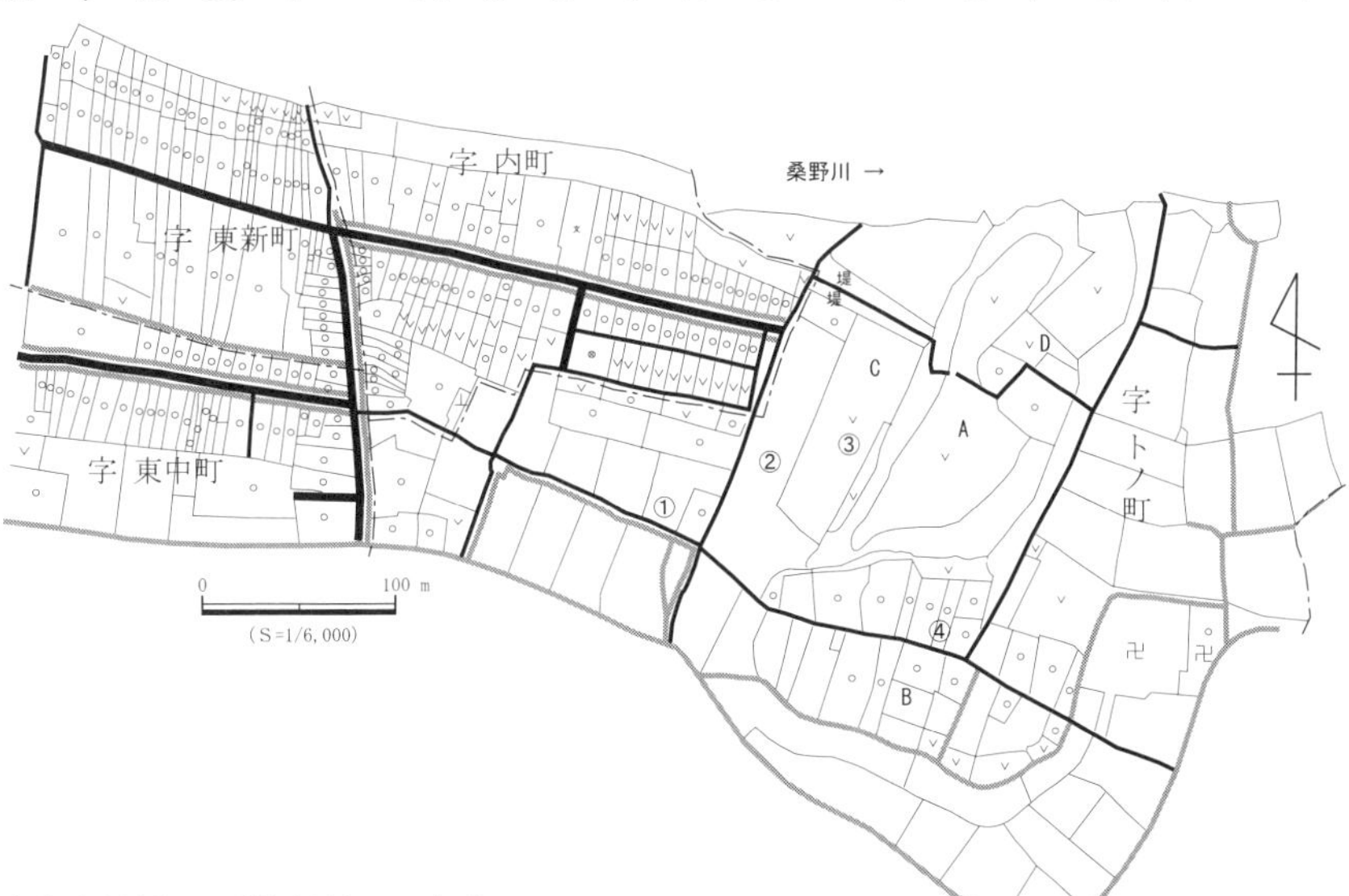


牛岐城跡地籍図　『徳中城』より転載

側には「八幡宮」、南側には「御城山」の記載が見られ、中央の鞍部には階段らしき道が通り、二叉にわかれている。道の手前は枡形虎口となる。城山山頂部への道も鞍部からだったと思われる。城山のすぐ手前の敷地は「御城屋敷」の記載があり、敷地と道が接した箇所には、「表御門」「裏御門」の記載が見られる。敷地内には賀島氏の屋敷があり、藩主の公的な本陣としても利用されていた。

次いで、文化年間の「富岡分間絵図」では、城山に続く道は明和の絵図同様に枡形虎口となる。しかし、明和の絵図で示されていた「御城屋敷」の箇所は雑木林となっている。この時期以前に屋敷も解体されたのだろう。城山の西側には城下町が形成されている。

絵図によると、城山を囲むように水路が回り、堀の痕跡と思われる。平地の独立丘陵を利用し、桑野川の水を引き込み、城山の周りを堀で囲んだ平山城としての縄張りである。戦国期の様相は明らかではないが、長宗我部氏が牛岐城を攻めたが容易に落とせず、和議を講ずると偽り丈六寺で新開氏を謀殺したという逸話は、当時の牛岐城の堅固さをものがたる。周囲の地形に恵まれた県下でも屈指の堅城だといえる。

〈向井公紀〉

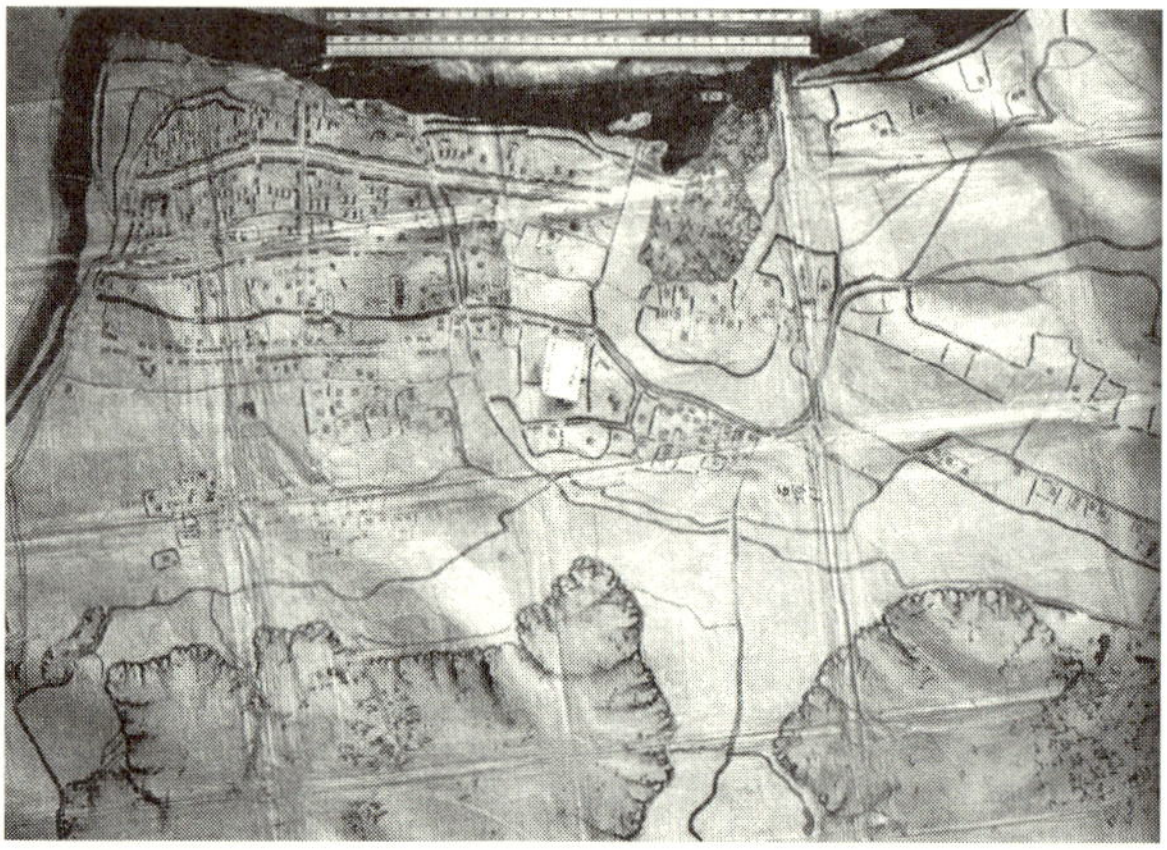

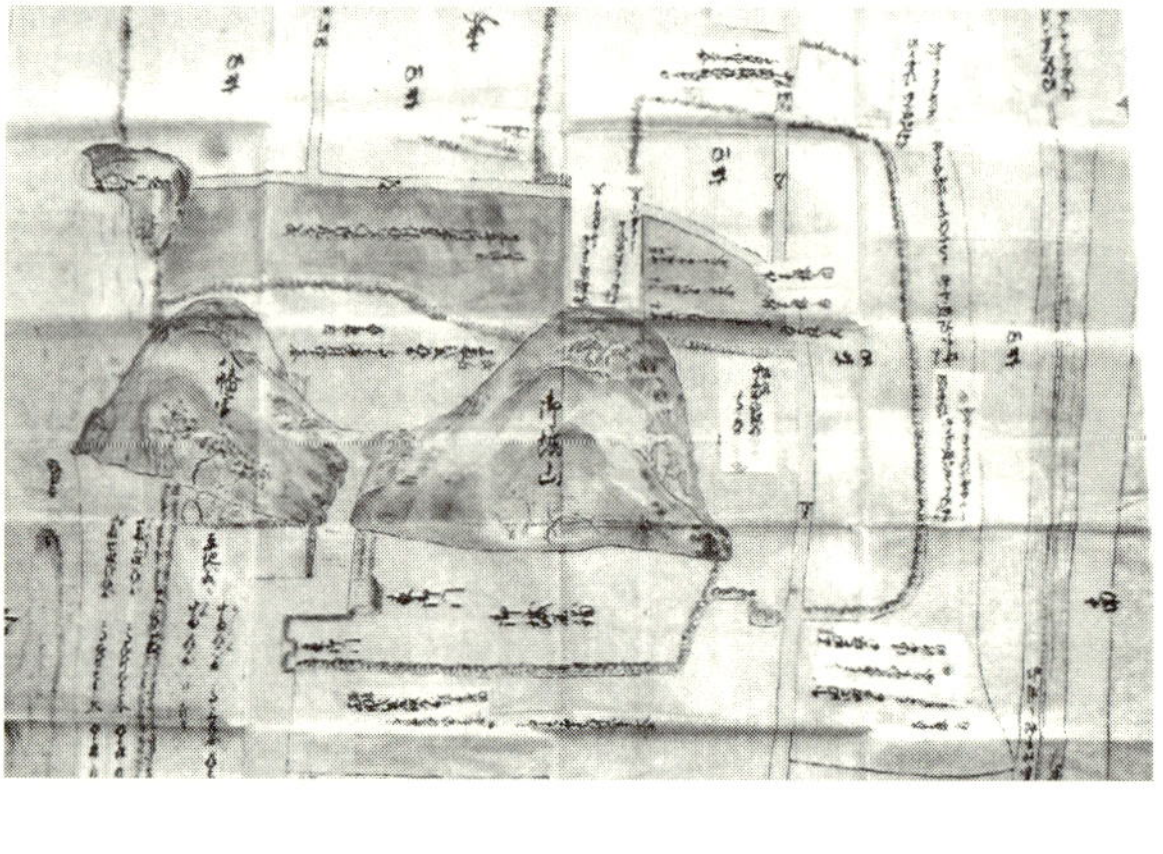

上：富岡分間絵図　阿南市蔵
下：牛岐城跡『牛岐・富岡城絵図』(部分)明和5年(1768)個人蔵

多数の堀切を持つ城

# 53 高《こう》源《げん》寺《じ》城《じょう》（原）（桑《くわ》野《の》城《じょう》）

①所在地　阿南市桑野町光源寺・車の口
②立　地　山林・（居館は宅地）
③時　期　戦国期
④城主等　（永禄年間）源康明・（天正年間）佐藤伊賀守
⑤遺　構　曲輪・堀切・竪堀・土塁・土橋

【概要】　戦国期の長宗我部氏の阿波侵攻で、いち早く長宗我部方に服属した桑野城主東条関之兵衛の一族・桑野氏が拠った城である。阿波の一般的な中世城館と比べて、堀切の多用などは特異で、築城にあたり外部からの影響が考えられる。

【立地】　桑野盆地の北西に細長く張り出した尾根の先端に位置し、南東に桑野川が流れている。山上の山城部分と山麓の居館跡がある。山城部は山林のため保存状態は良好だが、居館部分は宅地化している。

城跡遠景　南西より

【歴史と背景】　築城時期は不明。『阿波志』には、「桑野村吉祥寺に在り永禄《えいろく》中源康明此処に拠り天正中佐藤伊賀守之に代る其址高低三等其下を高源廃寺と為す今小庵を置く」とある。源康明とは桑野康明のことで、桑野城（来栖《くるす》城）主の東条関之兵衛の一族という。*1 城主は、永禄年間（一五五八～一五七〇）から天正年間（一五七三～九二）に康明から佐藤伊賀守に代わる。

天正年間に東条関之兵衛が桑野城から西方《にしがた》城へ進出し、康明が桑野城に移ったため、当城に佐藤氏が入った。長宗我部氏の支配下でも、同城は桑野城の支城として存続し、天正十三年の

南の曲輪Ⅱから見た主郭Ⅰ

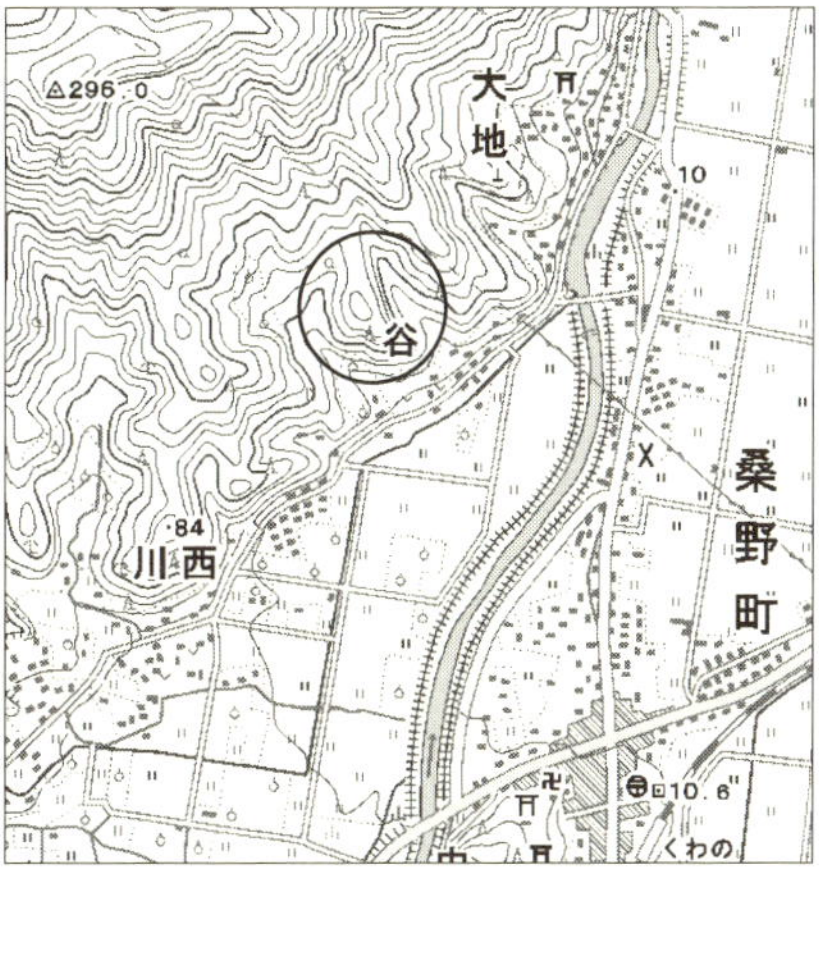

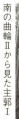

秀吉の四国平定のころに廃城になった。*2

【構造と評価】　山城部分は尾根頂部の主郭を中心に、東と南斜面に曲輪群が展開する連郭式山城である。

尾根の頂部に配置された主郭Ⅰは、南北方向を長軸とする長方形である。Ⅰの北部は櫓台状になっており、曲輪の南端以外を土塁で囲んでいる。Ⅰには帯曲輪が付き、そこから二段下には、南北に細長い曲輪Ⅱがある。この曲輪は比較的広いが削平が甘いため、完全な平坦地とならず、やや南側に傾斜する。Ⅱの南には、東と南側を「U」字状に取り囲む帯曲輪Ⅲが付属している。Ⅰの西側にも、小規模な曲輪群が山麓に向かっ

上：主郭Ⅰと帯曲輪　下：主郭Ⅰと櫓台状の土塁

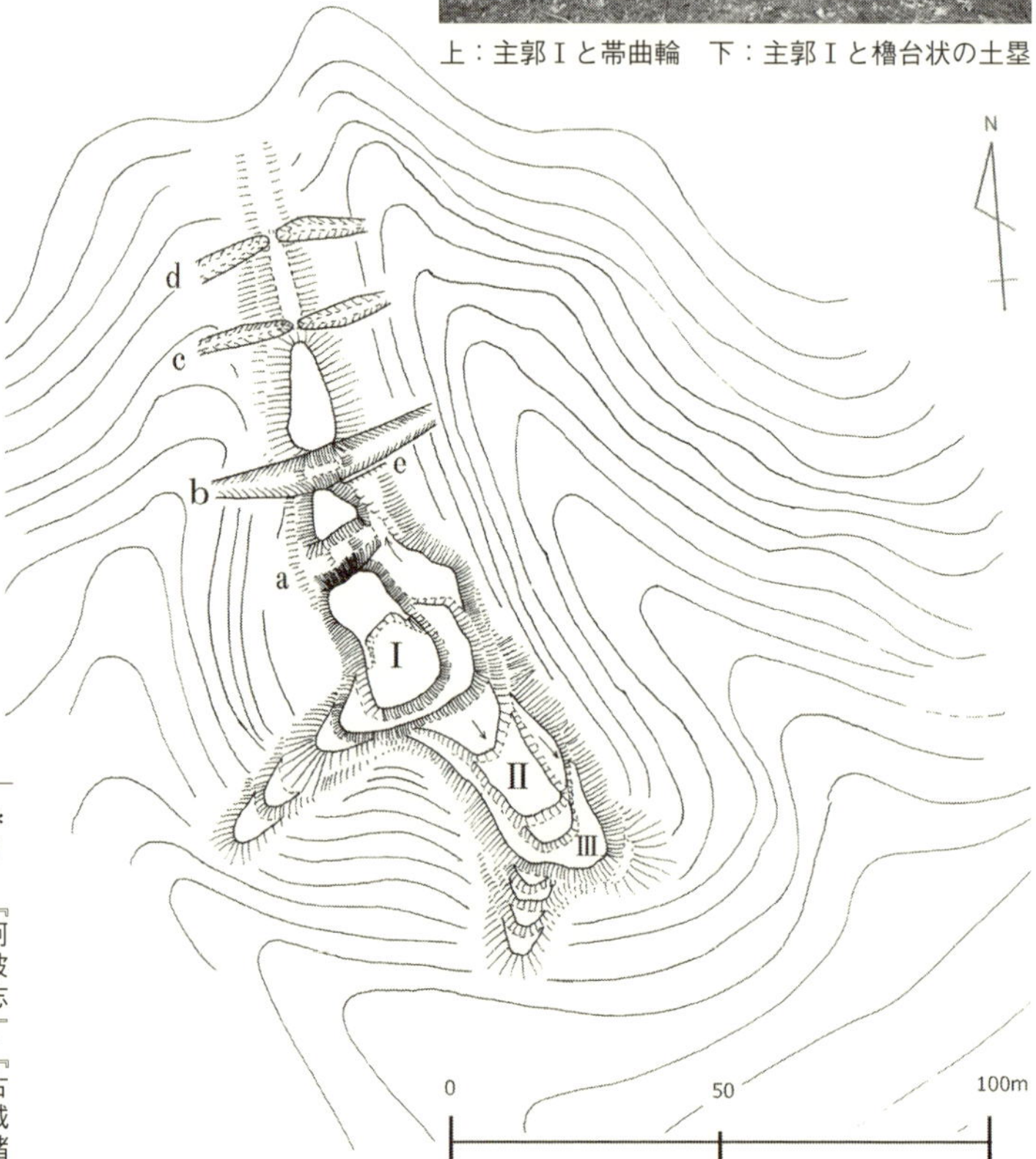


縄張り図　作図：杉原賢治

＊1　『阿波志』・『古城諸将記』・『城跡記』

＊2　村田修三編『図説中世城郭事典』第三巻（新人物往来

て展開する。

Ⅰの北方は、小規模な曲輪とＶ字型の堀底を持つ四条の堀切（ａ～ｄ）を設けている。ａは、Ⅰの一段下がった北の小曲輪に続く。ａの北に位置するｂの堀切は、四条のなかでもっとも深く、竪堀として延びている。竪堀の主郭側には、竪堀に沿う形の竪土塁ｅも見られる。北側のｃ・ｄの二条は中央が土橋状になっており、斜面に竪堀を落とす。また、ここから北へ二五メートルの地点にも堀切の可能性がある落ち込みがあるが、遺構であるか否かは判然としない。[＊3]

主郭の背後に何重もの堀切を設けるのは、県内では東山城や田尾城などの一部の城では見られるが、当城のように四重堀切を持つ城は、稀有である。さらに、主郭端部を土塁で囲んだうえで一方を櫓台状に加工、堀切に竪土塁まで使用する点などは、県内でもほとんど例がなく、非常に珍しい構造である。[＊4] これは、桑野地区に長宗我部氏の侵攻がいち早く進んだ結果とも考えられる。

上：曲輪から見た堀切ｂ　下：堀切ｃ・ｄと曲輪

山城部分の南側山麓一帯は「居屋敷」と呼ばれており、平時の居館があったのだろう。居館は東西一四〇×南北六〇メートルの区画である。居館の西端と伝わる場所には、土塁が残る。また、山城部分と居館の間の北側の山麓部には平坦地が残るが、ここに高源寺があったという。[＊5]

〈杉原賢治〉

社、一九八七年、本田昇氏執筆分）

＊3　『徳中城』

＊4　近隣の国では、主郭の背後に櫓台を配置し堀切を配置する形はよく見られる。とくに、南山城（岡山県倉敷市）は二つの特異点を持つ。

＊5　本田氏の手記には、元は高源寺ではなく光源寺であったとある。

堀切ａ

同心円状の縄張りをもつ城

# 54 畑山城《はたやまじょう》（旗）

①所在地　阿南市椿町野々島
②立　地　島嶼
③時　期　戦国末～近世初頭
④城主等　不明
⑤遺　構　曲輪・石積み・切岸・堀切・竪堀

【概要】土佐の長宗我部氏の阿波侵攻で、重要な拠点となった城である。当城の同心円状の縄張りは、県内では鳥坂城などにも見られるが、阿波では特異な形状である。

【立地】桑野盆地の南東奥にある標高五五メートルの尾根先端に位置する。この山を、地元では「城山《じょうやま》」または「ひきうす山」と呼ぶ。現在は山林になっており、保存状態は良好である。周辺には、「城ヶ谷」「城ヶ下」「戦田《いくしだ》」「一町ヶ坪」などの関連地名が残る。

城跡遠望（住宅の背後の左の小山）

【歴史と背景】築城時期及び廃城時期は不明である。『阿波志』には「桑野村に在り城山と呼ぶ天正四年秦元親置き桑野義明をして兵二百を置き之を守らしむ」、『古城諸将記』には「桑野河内守康明　長曽我部ニウタル、二百〆」とあり、城主は桑野義明あるいは康明とされる。両者が同一人物かどうかは明らかではないが、高源寺城主が源康明であることから、高源寺城と関連する城とも考えられる。

天正三年（一五七五）、長宗我部元親は海部郡内を攻略

＊1　『阿州古戦記』

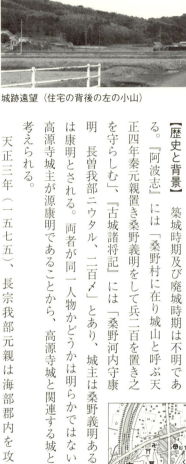

し、桑野城を攻め落とした。これにより、当該地域が阿波・土佐の国境となったことから、三好方の牛岐城主新開道善と土佐方に降った桑野城主の東条関之兵衛がたびたび合戦をおこなった。[*1]このことから、畑山城もこの頃築城され、桑野城の支城として機能したのだろう。

【構造と評価】　北西に張り出した尾根の先端に作られている。構造は、一七×一〇メートルの楕円形をした主郭Ⅰを中心に、同心円状の帯曲輪Ⅱ・Ⅲが二段展開している。帯曲輪ⅡとⅢの間の切岸の勾配はやや急である。曲輪Ⅱの切岸の中腹から竪土塁状の土塁が曲輪Ⅲに向け延びている。曲輪Ⅲの南と北側に一段ずつ小規模な曲輪が配置され、南側の尾根筋には堀切が一条確認でき

主郭Ⅰ

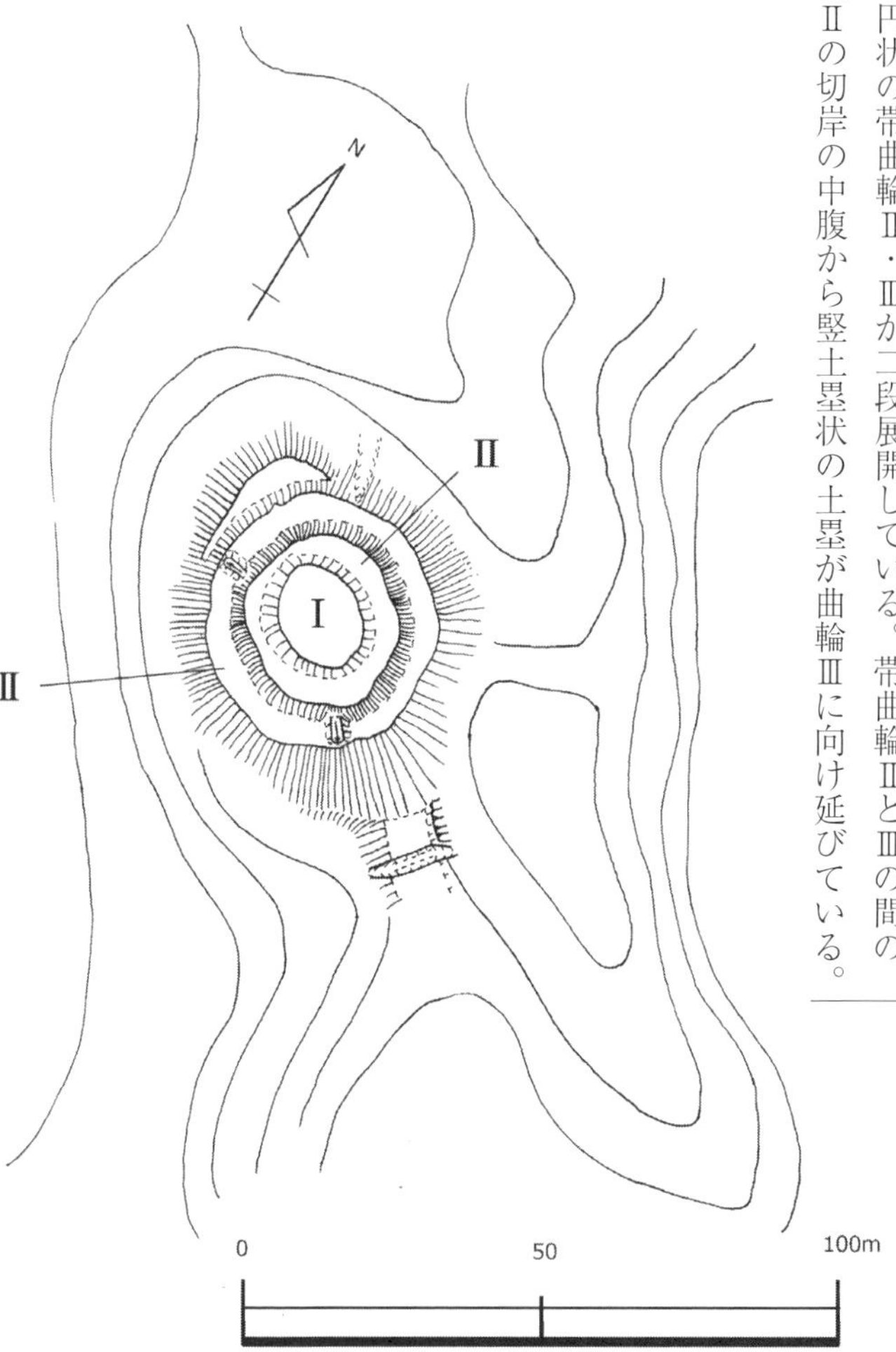

縄張り図　作図：杉原賢治

横堀から見た主郭群

二段目の曲輪Ⅱ

三段目の曲輪Ⅲと竪土塁

る。堀切より南の平坦地は、城郭によるものか後世の地形の改変かは不明である。構造上の特徴としては、同心円状の縄張りと竪土塁があげられる。

同心円状の縄張りは横矢を掛けにくく、死角を持ちやすいためあまり好まれないことから、地形的な制約がある場合に用いられるくらいである。県内では、花面城（阿南市）や鳥坂城（石井町）、八石城（三好市）で見られる程度である。

竪土塁も、県内では稀有な構造で、構築箇所も特徴的である。竪土塁は、通常は上位の曲輪から下位の曲輪に向けて延びる形で作られるが、当城は上位の曲輪の切岸の中腹から下位の曲輪に延びており、上位の曲輪とは繋がっていない。このため、下位の曲輪内の移動を阻害することを主たる目的とする遺構であると考えられる。

〈杉原賢治〉

南側竪土塁正面

石積みと枡形虎口を備える海城

# 55 野々島城《ののしまじょう》

①所在地　阿南市椿町野々島
②立　地　島嶼
③時　期　戦国末～近世初頭
④城主等　不明
⑤遺　構　曲輪・石積み・切岸・堀切・竪堀

【概要】阿波では数少ない、離島に築かれた典型的な海城である。曲輪の配置や堀切などの遮断施設には中世的要素を残すが、石積みによる曲輪の囲繞や枡形虎口の採用など、近世的な要素が加味されており、立地条件とあわせて阿波における特異な事例となっている。

【立地】阿南市橘湾の入り口から紀伊水道に突き出す椿泊《つばきどまり》半島から、沖合約三〇〇メートルの野々島《ののしま》に所在する。野々島は東西六〇〇×南北五〇〇メートル、標高八二メートルの山塊状の小島で、山頂部に主郭が置かれている。現在は無人島で、城跡の現状は山林であることから、保存状態は良好である。

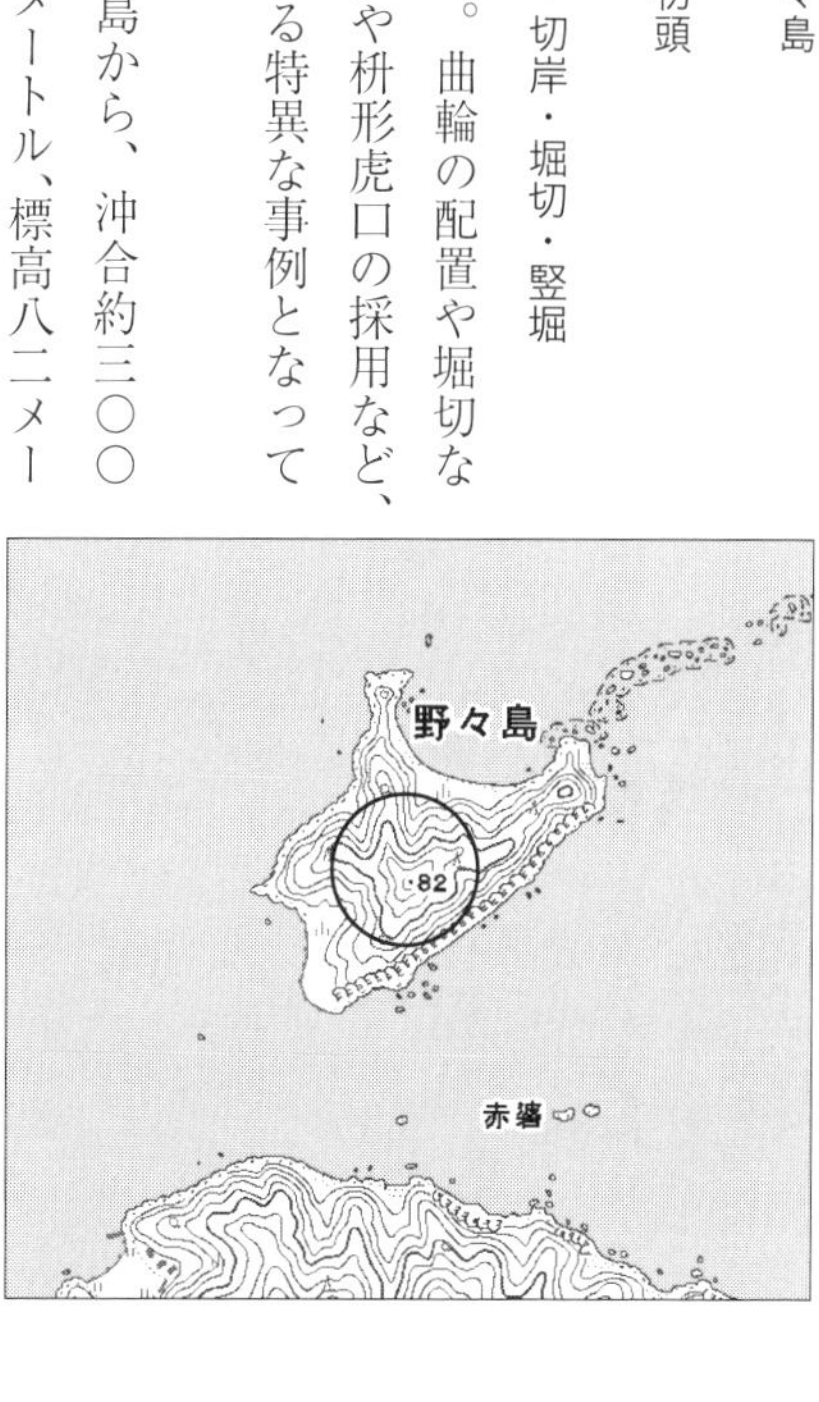

城跡遠景

【歴史と背景】築城者について、『椿村史』では『古城記』の記述を引き、四宮和泉守とするが、『阿波志』では四宮和泉守は北泊城主だという。この地域は、四宮一族が勢力を張った地域だが、戦国末期には約十年間、長宗我部氏の勢力下となった地域でもある。しかし、野々島城の遺構は、四宮氏や長宗我部氏の城郭とは大きく異なる。現存する遺構の特徴は、石積みと枡形虎口にあり、阿波では蜂須賀氏の入部以降に見られる。

一方、曲輪配置など、縄張りは中世的要素を残すことから、あ

＊1　橋詰茂「四国真宗教団の成立と発展」（『瀬戸内海地域社会と織田権力』、思文閣出版、二〇〇七年）

えて築城者の可能性を探るとすれば、蜂須賀氏の入部以降、椿泊に移された森水軍が、野々島にあった中世城郭を修築したものといえるのかもしれない。

なお、これに関連して、野々島の地が紀伊水道を挟んで紀伊とつながり、戦国期の紀伊には本願寺を支える紀伊門徒がいたので、『石山退去録』などで本願寺に立てこもった野島門徒が、阿波野々島を拠点に活動する水軍衆だったという指摘がある。*1

**【構造と評価】**　主郭は標高八二メートルの島の山頂部に位置し、南北四〇×東西一〇メートルの規模を有する「くの字」形の曲輪である。東側の一部を除く、ほぼ全周に二〇〜五〇センチ大の砂岩角礫からなる乱積みの石積みを巡らせている。高さは、曲輪の南半分で四段以上、北半分では二段ほどである。石積み以下は切岸となっているが、石積みが埋没しているのだろう。主郭の西側中央Aと北東Bの二ヵ所に虎口が設けられている。虎口Aは二折れして曲輪に入る枡形状なので大手にあたり、虎口Bは一折れで、いわゆる搦め手にあたる。

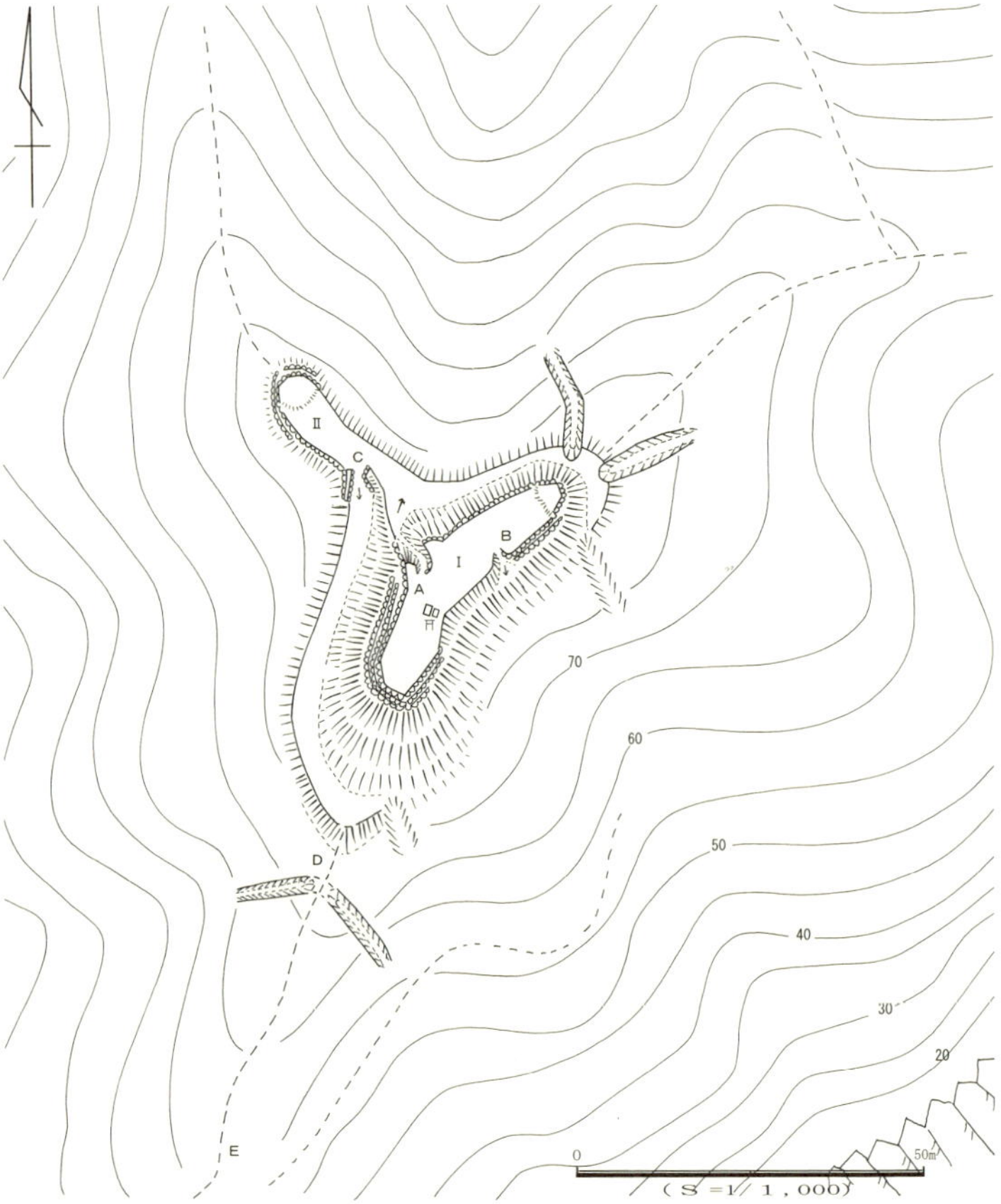

縄張り図　作図：辻佳伸　『徳中城』より転載

＊2　田所市太『椿村史』（椿村、一九四〇年）・田所市太『阿波新田氏』（開国堂印刷所、一九三六年）

主郭の東側斜面を除く三面には、石積みに対応するように幅二〜四メートルの帯曲輪を回している。また、主郭の西の尾根には曲輪Ⅱを配する。曲輪Ⅱは長さ一五メートル、幅五メートルの舌状の形態で、先端に櫓台を設けている。櫓台直下には二〜三段、南側壁には二段程度の石積みを巡らせている。

尾根線上の防御としては、主郭北側で櫓台直下に三条の竪堀を放射状に配し、側方での展開を遮断している。主郭南側は帯曲輪の東側に竪堀を一条、その南の尾根続きにも中央を土橋とした堀切を配している。ここから南に四〇メートルの間は緩やかな尾根となり、先端に低い壁を巡らせた平地がある。ここから南西方向に竪堀状の溝が延びるが、後世の通路だろう。西の尾根には堀切などの遮断施設はみられない。

なお、昭和十一年に郷土史家の田所《たどころ》眉東《びとう》氏が、阿波での古い水城跡として踏査し、曲輪の配置や遺構の状況などを報告している。[*2] 田所氏の報告以後、『阿波の城』[*3]や『日本城郭大系』[*4]などで、石塁に囲まれた海賊城として紹介されてきたが、詳細な調査はされていなかった。平成十八年からの徳島県中世城館跡総合調査で改めて調査がされたが、その所見と田所氏の所見はおおむね一致している。ただ、田所氏が石塁としたものは、今日的には石積みとするべきである。

〈石井伸夫〉

主郭の石積み

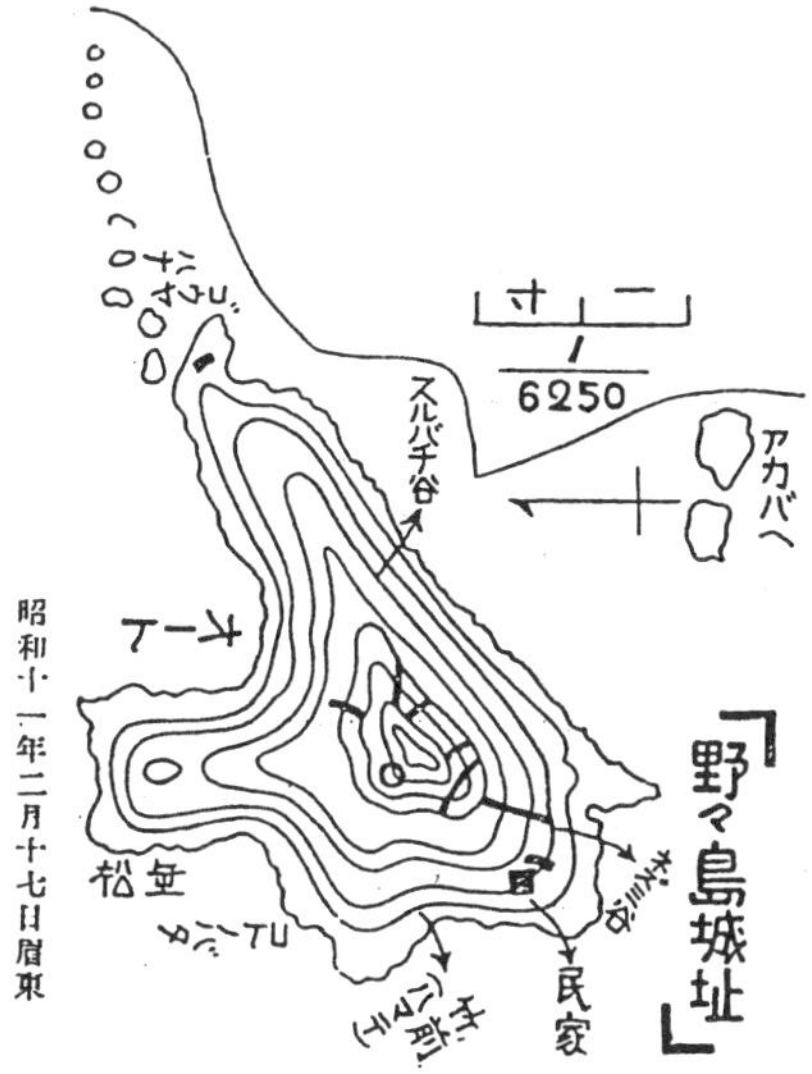

野々島城址
（1936年）
作図：田所眉東
『徳中城』より
転載

＊3　湯浅良幸・鎌谷嘉喜編『阿波の城』（徳島県教育会、一九六三年）
＊4　平井聖『日本城郭大系』第十五巻　香川・徳島・高知（新人物往来社、一九七九年）

阿波水軍森氏の居館

# 56 松鶴城《しょうかくじょう》（森甚五兵衛《もりじんごべえ》館《やかた》）

①所在地　阿南市椿泊町東
②立　地　半島突端部
③時　期　近世
④城主等　森氏
⑤遺　構　石垣

【概要】別名椿泊城ともいう、阿波水軍の森甚五兵衛一族の居館跡である。現在の椿泊小学校の敷地が居館跡にあたる。小学校の校舎建て替えにともなう発掘調査が平成十八年に行われ、当時の石垣が検出された。石垣は地中保存されることとなり、石垣を破壊しない位置に新校舎が建設された。なお、城跡から西二〇〇メートルに森家菩提寺の道明寺《どうみょうじ》があり、歴代森家の墓所がある（市指定文化財）。

【立地】四国東端に位置し、紀伊水道に突き出す椿泊半島先端の南岸、椿泊湾に面して立地する。居館石垣は海に接し、直接舟の着岸が可能な海城の機能を有する。

城跡遠景（住宅の背後の左の小山）

【歴史と背景】城主は森甚五兵衛である（甚五兵衛は、椿泊森氏の通名である）。森氏初代という志摩守元村《もとむら》は鳴門市の土佐泊に居城し、三好氏に仕えていた。長宗我部元親の阿波侵攻の際は、最後まで抵抗し、土佐泊への上陸を許さず、森水軍の名声を高めた。元村の子村春《むらはる》は、父の跡を継いで土佐泊城の城主となり、天正十三年（一五八五）、羽柴秀吉の四国平定に加わり、その後蜂須賀氏に臣従した。そして、天正十四年に南方の椿泊に移された。文禄元年（一五九二）、秀吉の朝鮮出兵の際は水

松鶴城石柱

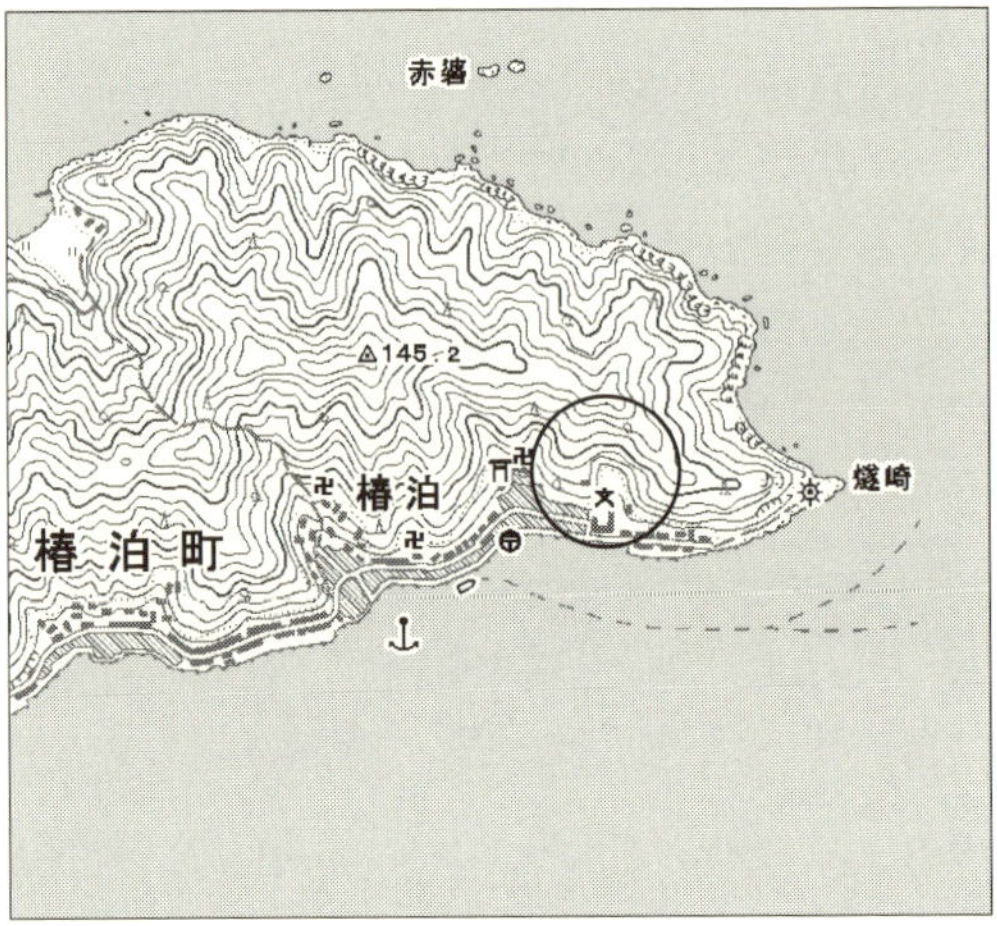

軍を率いて数々の手柄をたてるが、海戦で戦死している。

三代目の志摩守忠村《ただむら》は、慶長十一年（一六〇六）に若くして死亡し、相続人もいなかったため、分家で森甚五兵衛を名乗っていた村重《むらしげ》（村春の弟村吉《むらよし》の長男）が、元和二年（一六一六）、藩主至鎮の命を承けて森志摩守家を相続し椿泊に入った。慶長十九年（一六一四）の大坂冬の陣では功績をあげ、徳川家康から感状《かんじょう》と陣羽織《じんばおり》を賜っている。以後、鎖国により水軍としての役割は後退したが、徳島藩は参勤交代など本土との交通上、船が必要だったため、藩の海上方として分家の森甚太夫家とともに廃藩置県まで蜂須賀氏に仕えた。

【構造と評価】森甚五兵衛の家臣だった広田家の文書によると、屋敷の構造は西に赤門と呼ぶ南北七間半、東西二間半二階建瓦葺の門があり、その横に馬が二〇頭余り入る馬屋と馬場が設けられていた。領主の住む表館は、九間半に十三間の大きさで西の長屋・内長

上：調査時風景全景　中：出土石垣全景
下：現在の石垣

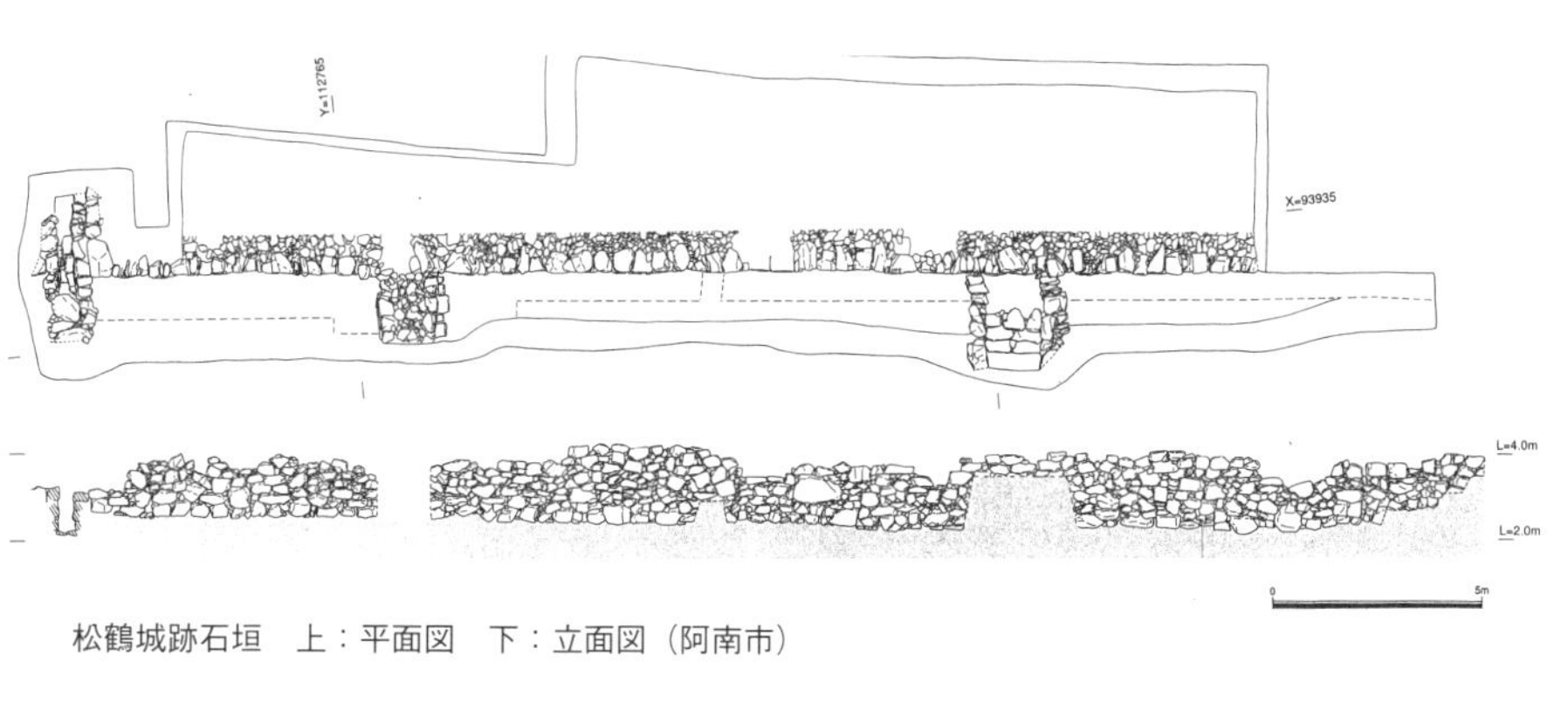


松鶴城跡石垣　上：平面図　下：立面図（阿南市）

屋・書院・御座敷・小座敷・路地門・台所・武具蔵・船具蔵・土蔵四棟・御船屋四棟・御番所など、屋敷外のものを含めると四〇棟以上の建物が記録される。

平成十八年度に校舎建て替えにともない発掘調査が実施され、現存する石垣の内側四メートルの位置から新たに石垣を検出している。石垣の延長は三五メートル、現存高は〇・六～一・九メートルである。石垣上部が削平されていたが、一部天端石と思われる箇所があり、おおむね良好に残されていた。石材は地元の砂岩・チャートが主体である。積み方は「乱積み」工法で、傾斜はなく垂直に積まれている。また、排水路・石垣面から海側に伸びる石積み・石段も検出された。これらの石垣は、森家が椿泊に移った一六世紀末から一七世紀初頭に築かれたことが、出土遺物などで確認されている。

以前、城跡の前は砂浜があったようだが、今はコンクリートの護岸壁が築かれており、砂浜は消滅している。ただし、椿泊半島先端部の護岸内側に防波堤の役目を果たしていた石塁が今も残されている。

校舎（城跡）北方の山麓には、現在運動場が立地し、運動場がある広場が城跡となんらかの関わりがあったことが考えられる。城跡本体は小学校裏山にあったとか思われるが、踏査の結果、明確な遺構は確認できなかった。なお、半島先端部から西一キロ付近の尾根上に堀切を確認したが、それが城跡にともなうものかは不明である。

椿泊の集落は海と山崖にはさまれたごく狭い平地に立地し、細長く延びる一本の道でつながり、途中、意図的に曲げられたクランク状の道が何ヵ所か点在する。その道の先に松鶴城跡がある。道の両側には伝統的な建物が軒を接して建ち並び、近年建て替えが増えているが、道を含め昔ながらの形態を残している。

〈向井公紀〉

出土排水溝

出土石段

細川真之の終焉の地

# 57 茨《いばら》ヶ《が》岡《おか》城《じょう》（付　岡城《おかじょう》）

①所在地　那賀郡那賀町和食郷八幡原
②立　地　山林及び畑
③時　期　戦国期
④城主等　細川真之
⑤遺　構　（山上部）曲輪・堀切（居館部）曲輪・土塁

【概要】　天正四年（一五七六）に三好長治から離反した阿波細川家の当主・細川真之が勝瑞を脱出した後に拠った城で、真之の終焉の地でもある。山麓南西部には真之の居館と考えられる台状の地形が認められ、「茨ヶ岡城（岡城）」の石碑が建つ。南麓に流れる中山川を挟んだ対岸には、細川真之のものと伝わる五輪塔が残る。

城跡遠景

【立地】　城山と呼ばれる標高一〇八メートルの、山際の傾斜角が急な崖状の独立山塊頂部に築かれている。城山の南側は、大半が植林された杉林である。

【歴史と背景】　阿波守護である細川真之の終焉の地と伝わる。

『阿州古戦記』には、天正四年十二月、阿波守護の細川真之は異父弟である三好長治から離反し、勝瑞を脱出した後に、勝浦郡伊井谷（飯谷《いいたに》）の福良出羽守が守る飯谷城のもとに身を寄せる。福良氏は、仁宇山の奥に要害を構えて真之を迎え、大栗右近・森監物《けんもつ》・粟田宇右衛門・中角六郎左衛門・服部因幡守らに番役を務めさせたとの記述がある。

『南海通記』も同様に、天正四年十二月五日の夜、細川真之は勝瑞を出奔《しゅっぽん》し丹生山《にうやま》の奥に城塞を構えた。三好長治はこれを不快に思い、翌五年三月上旬に兵をそろえ荒田《あらた》野《の》口に陣を構えて丹生山へ兵を遣わした。山路は難所なので、攻め寄せることもできず数日費やしているところに、真之に味方した一宮成助と伊沢頼俊の謀反で、長治は荒田野口から退いたとすることから、築城年代は天正四年頃と考えられる。

　また、廃城年代は、『城跡記』や『阿州古戦記』に天正十年に細川真之が殺害された記述があることから、同時期

主郭

東側尾根にある土塁・堀切

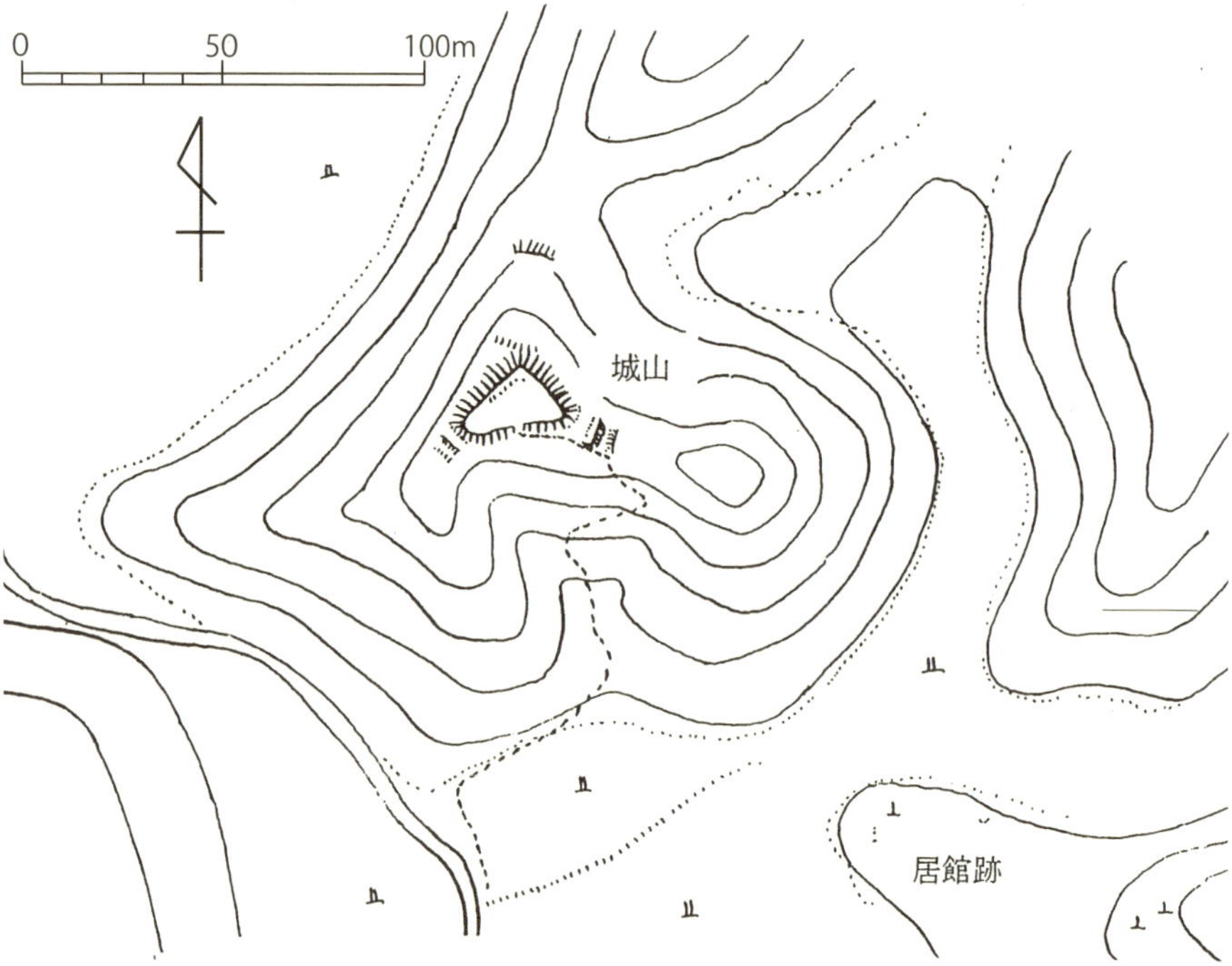


茨ヶ岡城跡と居館（岡ノ城）跡　作図：本田昇　『徳中城』より転載

南側土塁・堀切

居館跡（手前右）と山城跡

だろう。

【構造と評価】　城の構造は、山頂部の主郭を中心とした城である。

主郭の端部が崩れていてはっきりしないが、東西二六×南北一三メートルの三角形の平面形状を有する。主郭南縁は平虎口のような遺構がある。主郭南斜面には、虎口に取り付くような形で細長い平場があることから、虎口に接続する帯曲輪だと考えられるが、現状は大きく崩れている。

主郭北には、尾根を削った小規模な腰曲輪を配し、その先に続く鞍部を堀切で遮断する。主郭の東と南西は、尾根を遮断する形で堀切が二条あり、ともに土塁が付随する。また、南西の堀切の先にも緩斜面が続くが、これらも曲輪の可能性がある。構造は非常に小規模で単純な城だが、堀切と土塁を交互に配置する形は、周囲の小規模城館には見られない。

なお、城山の南東山麓部の台地には、真之の居館と伝わる場所が残る。居館跡は岡ノ城とも呼ばれ、『鷲敷町史』には「八幡原の台地にあり、屋形跡と思われる場所に祠が祀られている」とある。現在、大半が畑となっているが、最上段の曲輪と考えられる場所の北側には土塁の残欠があり、城跡碑が立つ。また、城跡碑の周囲には凝灰岩・砂岩・花崗岩の五輪塔・宝篋印塔が集積されている。〈杉原賢治〉

細川真之と伝わる墓

居館にある石碑

山田氏が治めた阿波九城の一つ

# 58 和食城《わじきじょう》（鷲敷城《わじきじょう》）・仁宇山城《にうやまじょう》

①所在地　那賀郡那賀町和食郷字南川
②立　地　河岸段丘（宅地・神社地）
③時　期　戦国期
④城主等　藤原章俊？・山田宗重？
⑤遺　構　曲輪・櫓台・横堀・土塁・土橋

【概要】那賀川《なか》を挟んで西方に位置する仁宇《にう》城とともに阿波九城の一つ「仁宇山城」と目される城館である。現在、鷲敷小学校の西側に「仁宇山城（和食城）」の石碑が建てられている。

【立地】那賀川に面した標高五五メートルの河岸段丘上にある。周囲には「殿町《とのまち》」「上城《かもじろ》」「鶴城《つるじろ》」など、城館の存在を想起させる地名が残る。

城跡遠景　那賀川側

【歴史と背景】城主は、『阿波志』に「和食街西巷には、藤原章俊此に拠る里に鶴城、上城、城第等の名あり」、また、『那賀郡村誌』に「和食町　艮《うしとら》ノ方ニアリ東西三拾間南北弐拾五間円形ヲナス堀壕猶存ス城主氏名及ビ築毀トモ年月詳ナラズ」とある。

当城は、蜂須賀氏が阿波支配を円滑に行うために、天正十三年（一五八五）に配置した阿波九城の一つであるという。しかし、ほかの八城とは異なり、所在地や遺構が不明瞭になっている。仁宇山城の有力候補地として考えられる場所は、和食城と仁宇城の二ヵ所である。文献史料が早くに混同しているので判断する材料

石碑

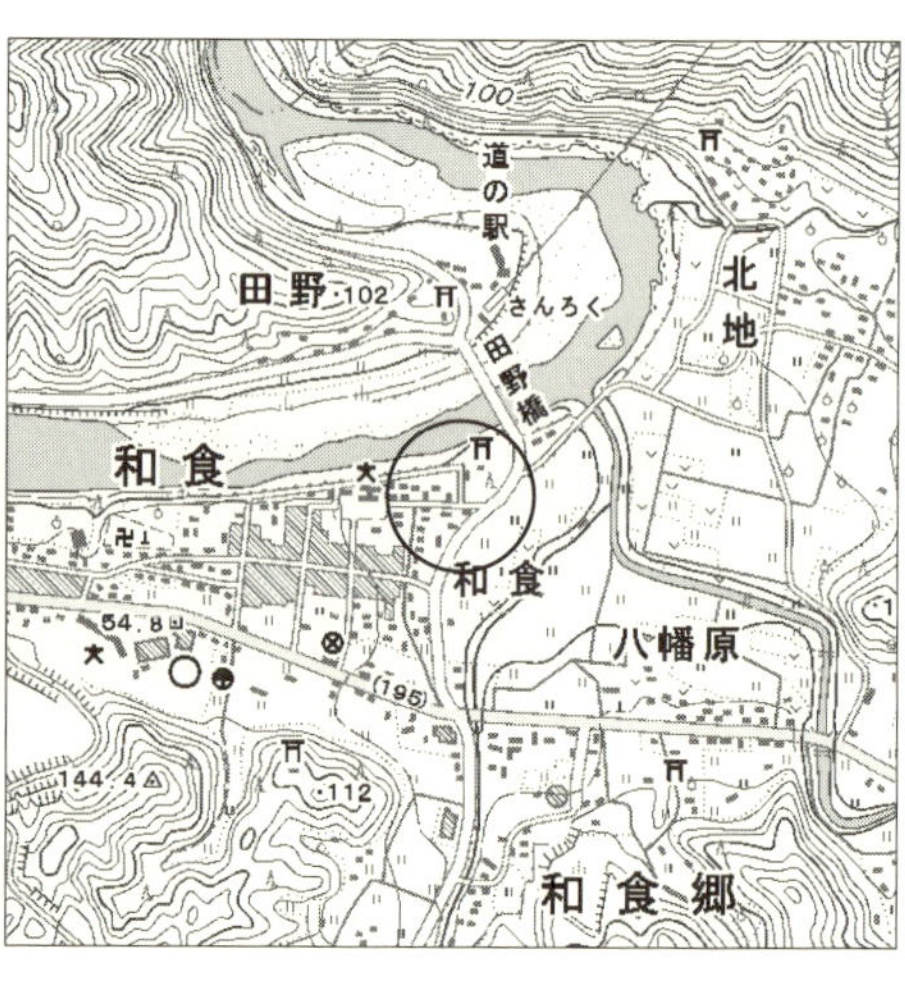

が乏しいが、和食城が仁宇山城といえる材料はいくつか考えられる。

まず、『阿波志』には「蛭子祠《ひるこ》　和食村に在り国初山田三哲（三哲は初代山田織部の隠居号）、行営と為して居る」とあり、藩政初期に蛭子神社の境内が山田氏の陣営とされたことがわかる。寛永十五年（一六三八）に幕府の命を受けた藩の施策で阿波九城は廃止されるが、多くの場合、その城下町は郷町となり、藩政期を通じ発展している。『阿波志』は、和食町には「通条」「横街」「殿町」「西小路」

北（那賀川側）の土塁

横堀

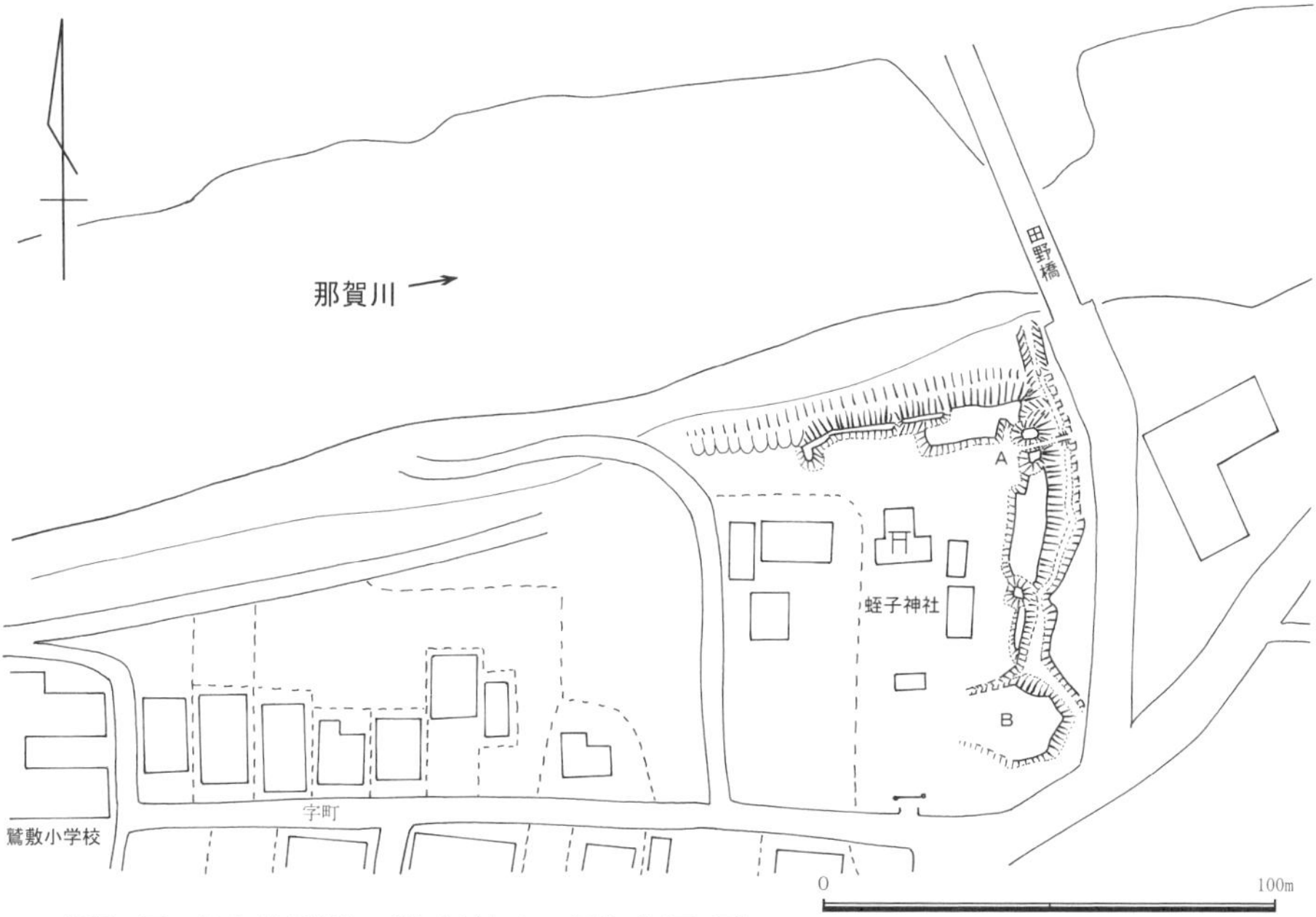


縄張り図　作図:杉原賢治　『徳中城』より転載（以下、同）

の四坊があったとするが、「殿町」の地名は、他の九城にも同じような地名が残る。また、『鷲敷町史』では、山田氏は当初仁宇城に入り、のちに和食城に本拠を移したと考え、仁宇山城の項には、山田公が使用していたといわれる井戸が、昭和四十年頃まで鷲敷《わじき》小学校の東にあったとの記述もある。これらのことから、和食城跡を九城と考えるのが自然だろう。

龍王山から見た鷲敷郷

虎口右側の櫓台

**【構造と評価】**　遺構の残りは必ずしも良好ではないが、現在、蛭子《ひるこ》神社の境内地となっている場所が、中心的な曲輪（主郭）だろう。遺構や地割から、和食城跡は、蛭子神社・社地と西の民家を含む東西約一〇〇×南北約九〇メートルの堀と土塁に囲

和食城跡・郷町和食地籍図

まれた方形館を中心とした城であったと考えられる。

城域の北側を那賀川が流れており、天然の要害になっている。主郭部北端は崖に沿うように、内側に川原石を積んだ土塁がある。北側土塁中央には虎口状の開口部を持つ。東側にも土塁が巡るが、こちら側には川原石は見られない。北東部には、北側に櫓台をともなう平虎口Aが開口し、南東部にも櫓台Bとみられる東西二〇×南北一七メートルの土盛りがある。東側の土塁に沿う形で、東側に幅六～八メートル・深さ一～四メートル・延長八〇メートルに及ぶ逆台形状の空堀が掘られており、北側は那賀川に向かい竪堀状に落ちている。堀の東側は現在、県道と堤防となっているが、県道東にも堀と呼ばれる田畑があったことから、現状よりもさらに広い幅の堀だった可能性がある。また、南と西端にも土塁などの何らかの構造物があったと思われるが、道路や宅地により、現状でははっきりしない。

北東部の虎口Aと櫓台（右）

地籍図を見ると、主郭部と推定される蛭子神社の南を、馬場と呼ばれる直線道路が東西に走る。馬場の南には、町屋とみられる短冊状の地割が連続し、西端で南に曲がる。この付近が『阿波志』にある上城（かもじろ・亀城とも）の推定地であり、上城の西には鶴城と呼ばれる箇所がある。いずれも城に関係する地名と考えられる。

河岸段丘上に細長く曲輪を連ねた連郭式の形態は、九城の一つである大西池田城でも見られる。当城も、那賀川に沿う形で東西に細長く広がる形の平城であったと考えられる。なお、城跡の南西部には、郷町和食の集落が広がる。

〈杉原賢治〉

城跡遠景　郷町側

牟岐城と相対する土佐街道近傍の城

# 59 牟《む》岐《ぎ》古《こ》城《じょう》

①所在地　海部郡牟岐町大字中村字杉谷
②立　地　尾根先端
③時　期　戦国期
④城主等　藤原氏
⑤遺　構　曲輪・土塁・堀切・竪堀

【概要】『阿波志』には、牟岐塁として記される。城跡南東部分は後世に削平されているものの、主郭を囲む土塁、背後の尾根に配された堀切、竪堀などの遺構は現在も良好に残る。平成十六年に「古城址」として牟岐町の史跡に指定された。

主郭から牟岐城跡を望む

【立地】牟岐川の右岸に広がる集落である中村の北西、百《ど》々《ど》路《ろ》山《やま》南東の尾根先端部分に立地する。観音山に位置する牟岐城とは、牟岐川をはさんで相対する。後世に南東側が削平されたが、現在も尾根頂部の主郭からは中村・牟岐浦を眺望できる。

【歴史と背景】詳細な築城時期は明らかではなく、『海部郡誌』は、「古城」という名称から、牟岐城より幾分古い可能性を指摘する。永禄～元亀年間（一五五八～一五七三）には、藤原行久が城主として拠ったという。[*1]

天正三年（一五七五）、土佐の長宗我部元親による海部郡への侵攻で牟岐城が落城し、おそらく時を同じくして当城も長宗

＊1　櫻井勝次郎編『阿波国海部郡村誌』中一（一八八二年）
＊2　『阿州古戦記』
＊3　前掲＊1

## 241　牟岐古城

主郭から中村・牟岐浦を望む

堀切

主郭　北側

城跡背面尾根と竪堀

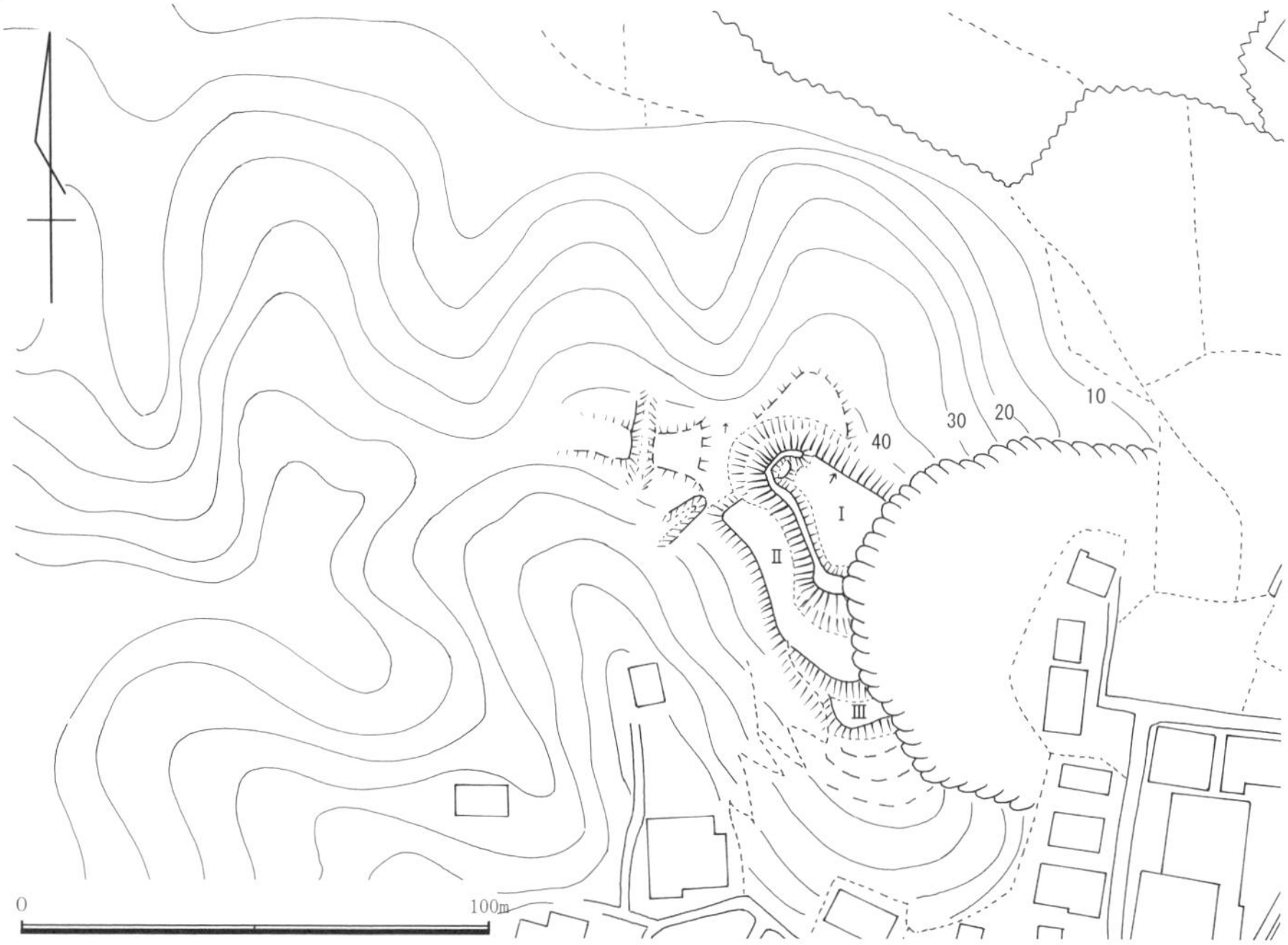


牟岐古城跡縄張り図　作図：辻佳伸『徳中城』より転載

曲輪Ⅱと主郭

我部の軍門に下ったのだろう。落城後、元親は牟岐の城に香宗我部親泰を入れ、海部の吉田城に入った北村閑斎《かんさい》とともに、南方の郡代としたとされる。[*2]『阿波誌』の牟岐塁の記述では、「其族親泰をして之を守らしむ」と記されていることから、落城後に親泰が入った牟岐の城は牟岐城ではなく、当城であったと考えられる。その後は、天正十三年（一五八五）の羽柴軍による四国攻略にさらされ、[*3]廃城になったのだろう。

**【構造と評価】**　城跡は、主郭と二つの曲輪からなる。『海部郡村誌』には、「山頂ヲシテ平坦ノ地六十坪許（中略）石垣壕址僅ニ存ス」とある。主郭Ⅰは東西三〇×南北一五メートルの楕円形状を呈する。西側から北側にかけては高さ約一メートルの土塁が残り、後世に削平された南東部分でも、削平される以前は残存部と同様に土塁が巡っていたのだろう。土塁の北西端には櫓台のような高まりがある。

主郭Ⅰの西から南にかけて帯曲輪Ⅱが廻り、主郭Ⅰとの比高差は五メートル。曲輪Ⅱの南側に曲輪Ⅲが接続するが、大部分が削平されており、全容は不明である。また、主郭Ⅰの西側尾根および南西斜面を堀切・竪堀で遮断しており、城の南西谷筋よりの侵入に備えていると考えられる。

牟岐古城は、主郭を土塁で囲み、背後の尾根及び尾根斜面を堀切・竪堀で遮断するなど、遺構の形態は北村閑斎が入った海部の吉田城と共通する点が多いことも特徴である。

〈佐藤俊祐〉

土塁　北より

竪堀

牟岐の集落と太平洋を見渡す城

# 60 台《だい》の山城《やまじょう》

①所在地　海部郡牟岐町大字中村・河内
②立　地　尾根頂部
③時　期　不明
④城主等　不明
⑤遺　構　曲輪・堀切

【概要】　百々路山の頂に位置する物見台が設置されていた場所にあると伝えられる。築造年・城主ともに不明だが、『海部郡誌』には牟岐古城の城主が設置したと記されている。同史料は、標高三八六メートルを測る山頂の平坦部に城があったという地元の伝えを記すが、現地踏査の結果、山頂部で明瞭な遺構は確認されず、山頂から東に一キロの地点で城跡が確認された。

城跡遠景　南より

【立地】　牟岐町中村の北側、河内との境に位置する百々路山の山頂から東一キロの地点、尾根続きの頂に立地する。標高は三一四メートルを測り、百々路山頂部との比高差は約七二メートルである。南側斜面は急峻であり、対して北側から東側にかけては尾根続きの比較的緩やかな傾斜地となっている。牟岐浦の集落のみならず、その先に広がる太平洋、紀伊水道を眺望できる立地にあり、見張り台としての機能を十分に有しているといえる。

【歴史と背景】　台の山城跡に関する史料は多くない。『海部郡誌』によると、『阿波志』の牟岐塁（牟岐古城）の項にある「甕城あり」とは当城のことであり、甕城との記述、台の山という呼称か

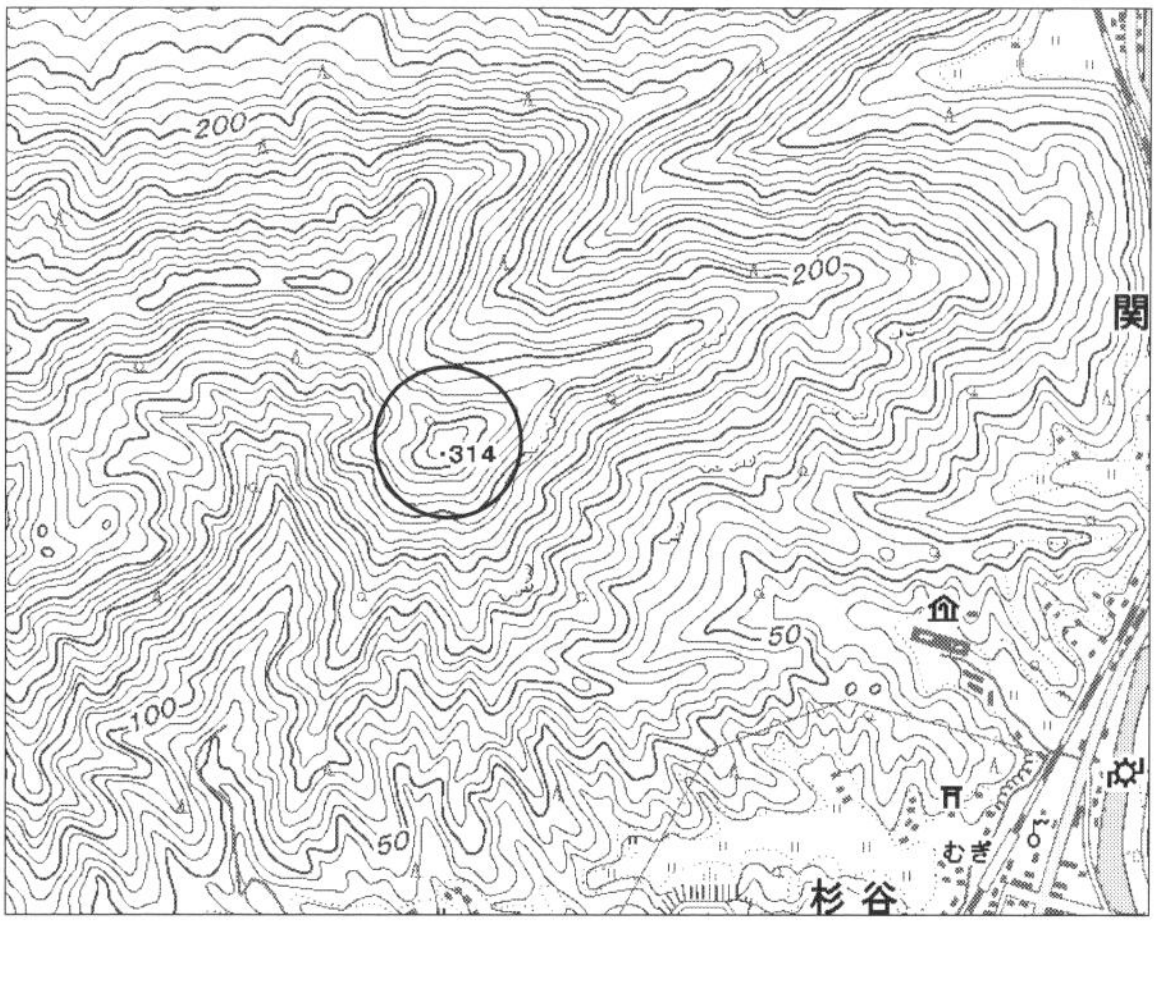

主郭Ⅰと曲輪Ⅱ　北西より

主郭Ⅰ　東より

曲輪Ⅲ　北東より

曲輪Ⅳ　南より

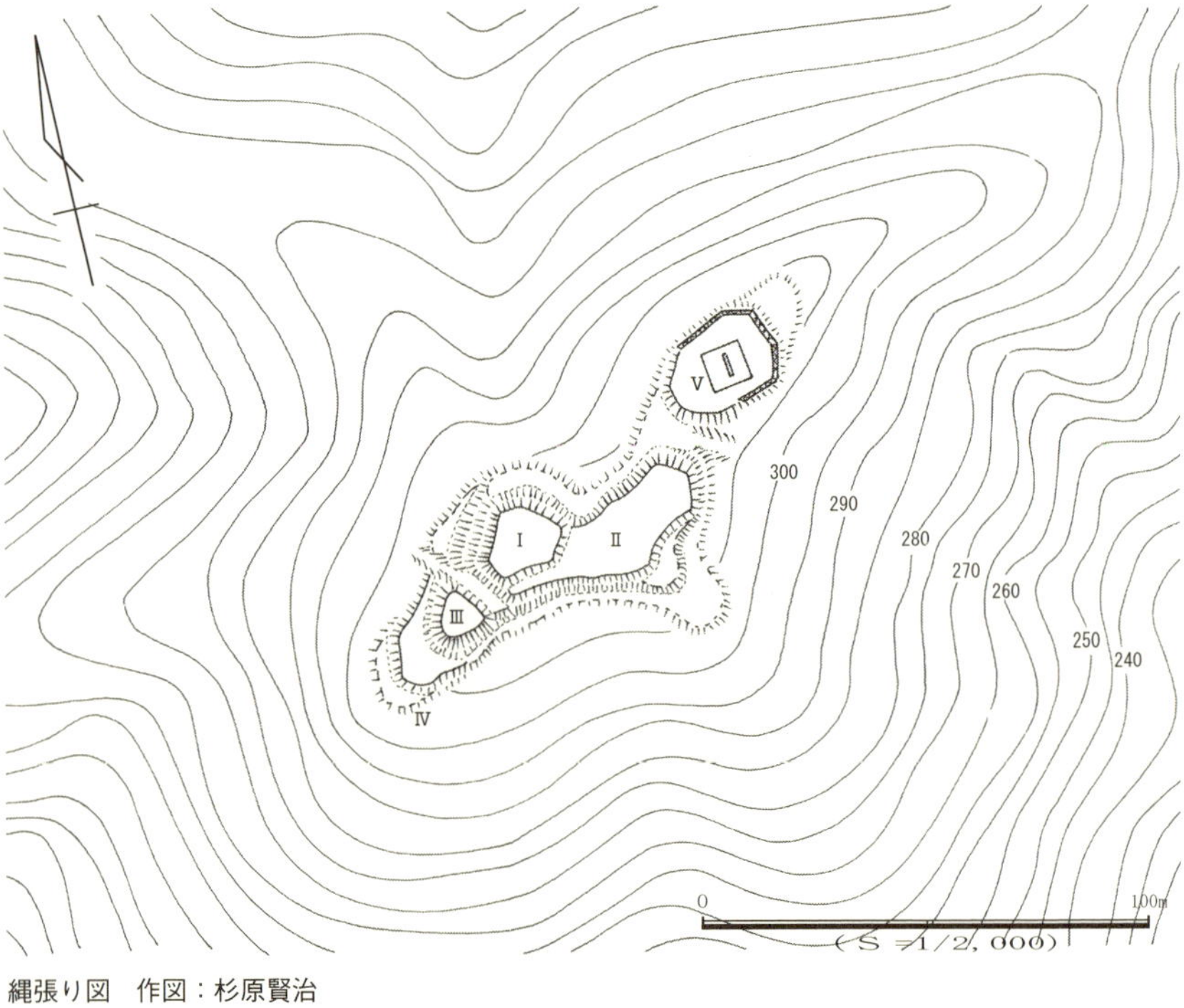

縄張り図　作図：杉原賢治

ら、台の山城跡は牟岐古城の支城で、見張り台の役割を担った場所だと記されている。

**【構造と評価】**　尾根平坦地の地形に沿って築かれており、長軸約一二〇メートル、短軸約四〇メートルの範囲に曲輪が築かれている。主郭Ⅰは尾根の最高所である不整形の高まりに置かれる。

曲輪Ⅱは主郭Ⅰの南側に接続し、東方向へ帯状に広がり、主郭Ⅰと合わせて城域の中心区画を形成している。中心区画の南西側を堀切で遮断し、やや高低差のある切岸を挟んで曲輪Ⅲ、さらに下の段に切岸を挟んで曲輪Ⅳが配される。この他、曲輪Ⅱを形成している尾根平場の北東部には曲輪Ⅴが配され、中心区画とは堀切で遮断されている。現在は後世の削平により、当初の形状を留めていない。

Ⅰ～Ⅴの曲輪の周りを一周するように犬走り状の遺構を確認できるが、北側の遺構が区画性が明瞭であることに対し、南側の遺構は端部が緩斜面に流れ、区画はやや不明瞭である。

牟岐城・牟岐古城を眼下に置き、牟岐川によって形成された扇状地に広がる牟岐の集落を一望できることから、外敵の侵入をいち早く確認するための立地であったことがうかがえる。　〈佐藤俊祐〉

東側堀切　北西より

犬走り状遺構北側　西より

曲輪Ⅱ　西より

西側堀切　東より

海部川流通把握のための新拠点

# 61 吉《よし》野《の》城《じょう》

①所在地　海部郡海陽町吉野字西久保・片山
②立　地　沖積平野（居館）、尾根頂部（山城）
③時　期　戦国時代
④城主等　藤原持共
⑤遺　構　曲輪・切岸・堀切

【概要】　祇園山《ぎおんやま》城主として宍喰に拠点を置いていた藤原持共《もちとも》が、永正年間に支城であった場所に本拠を移したもので、のちに、子孫の海部将監《しょうげん》藤原友光《ともみつ》が鞆《とも》の海部城に移るまでの間、海部地域の拠点城郭となった。

【立地】　吉野城跡は、平地に所在する居館と、これに隣接する山城から成り立つ。居館跡は海部平野の中央部、海部川が河口部に向かって大きく東に蛇行する左岸側に形成された沖積地に位置する。これに対し、山城跡は居館跡の北側、愛宕山と呼ばれる標高一〇六メートルの尾根線頂部に位置し、居館からは直線で約四〇〇メートルの位置にある。

城跡遠望

【歴史と背景】　吉野城の成立と城主については、『阿波志』に藤原持共の別墅とあり、吉野の覚成寺の永正八年（一五一一）の棟札《むなふだ》には、「海部吉野城主藤原朝臣下野守持共」とある。また、宍喰町久保の祇園神社棟札にも「祇園山城主本木下野守藤原持共」とあることから、先述のように、祇園山城主だった藤原持共が宍喰から本拠を移し、城主になったと思われる。さらに、海部城に本拠が移転した後も、城

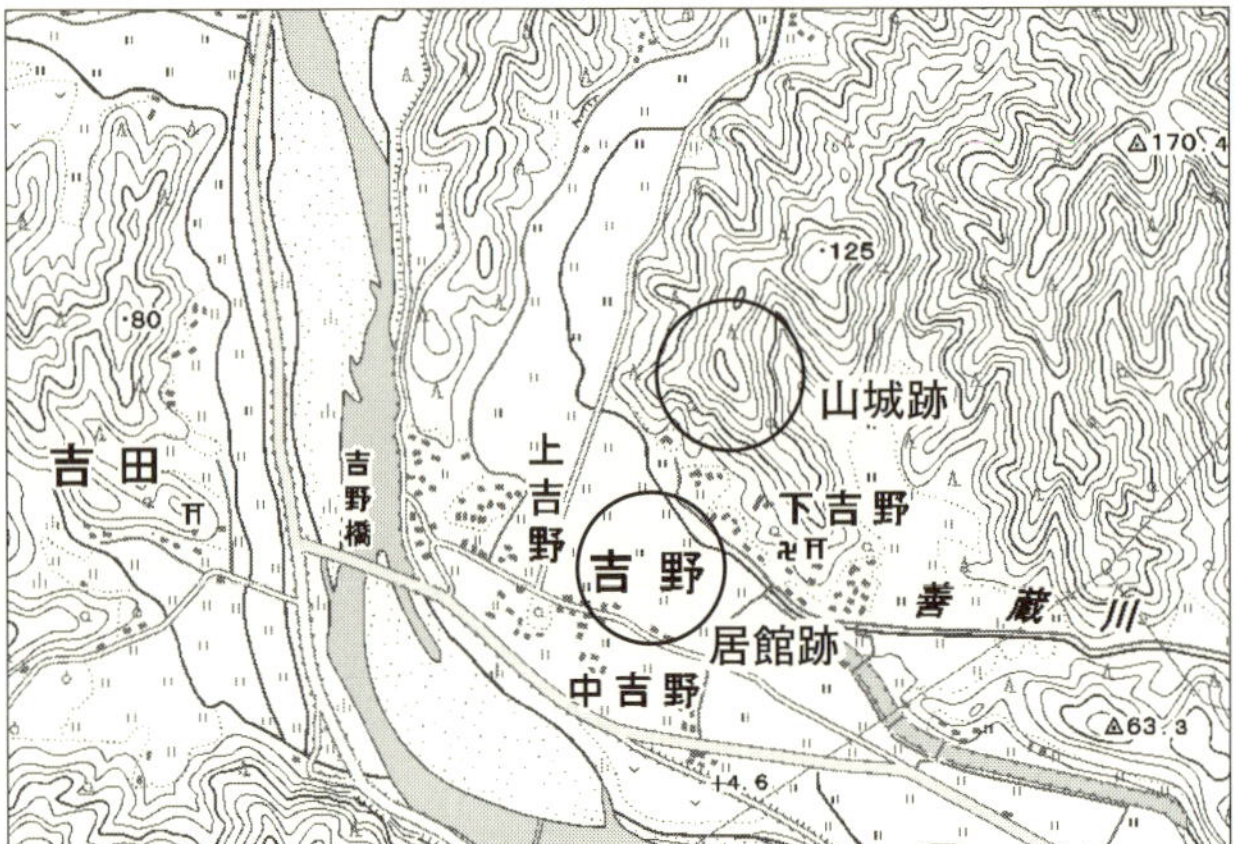

吉野城には海部一族が配置されていたと考えられ、天正三年（一五七六）に長宗我部氏の侵攻で海部城が落城した折に、吉野城も同時に落城したものと思われる。

なお、吉野城近辺では、吉野城居館跡や山城南麓の覚成寺を中心とする複数箇所で、中世のものと思われる六甲花崗岩製や、砂岩製の宝篋印塔及び五輪塔、一石五輪塔などが数多く集積されている。とくに六甲花崗岩製のものは、集積された石造物の過半を占め、花崗岩の露頭がきわめて少ない阿波国で特異な事例である。六甲花崗岩製一石五輪塔は、『兵庫北関入船納帳』

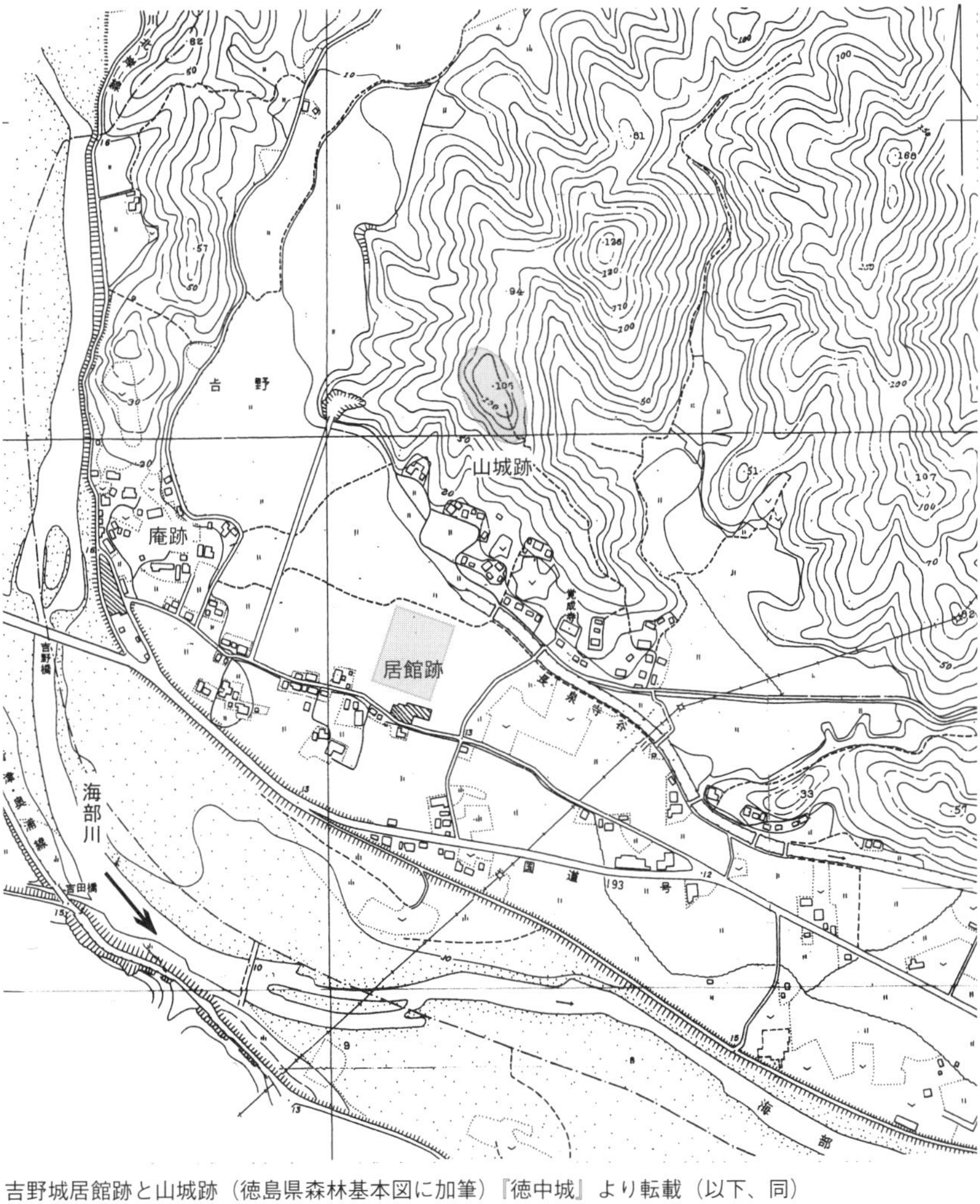

吉野城居館跡と山城跡（徳島県森林基本図に加筆）『徳中城』より転載（以下、同）

居館近くに所在する宝篋印塔

吉野城居館跡

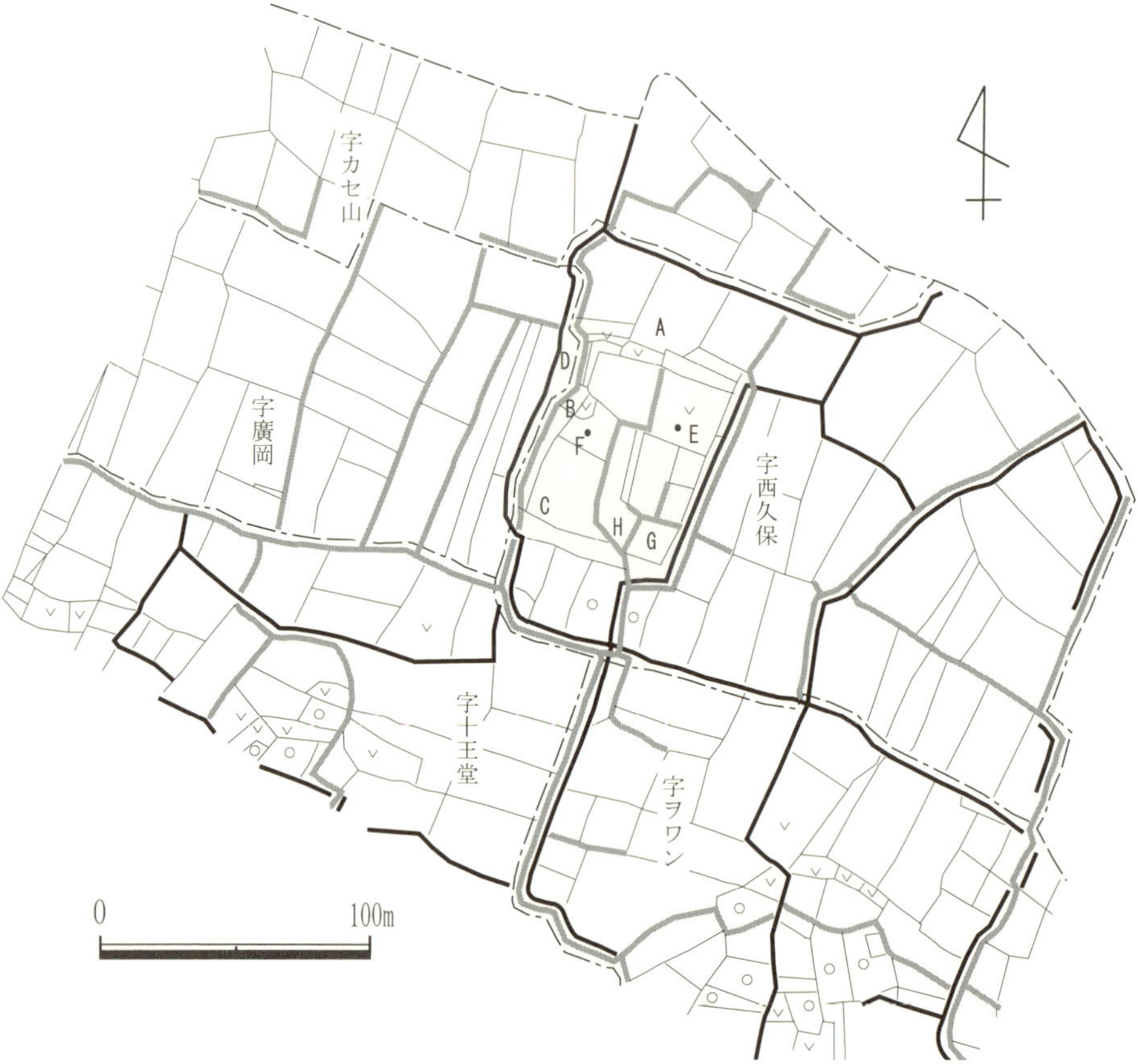


居城跡地籍図

によって海部からの搬出が確認される榑《くれ》・材木の「帰り荷」としてもたらされた可能性が指摘されており、当該地域の活発な水運を示す事例となっている。

海部川流域は、阿波国南部における木材の加工、搬出の中心地として知られており、吉野城の築城や、のちの海部城への移転は、このような生産・流通を在地権力が掌握しようとする動きが背景

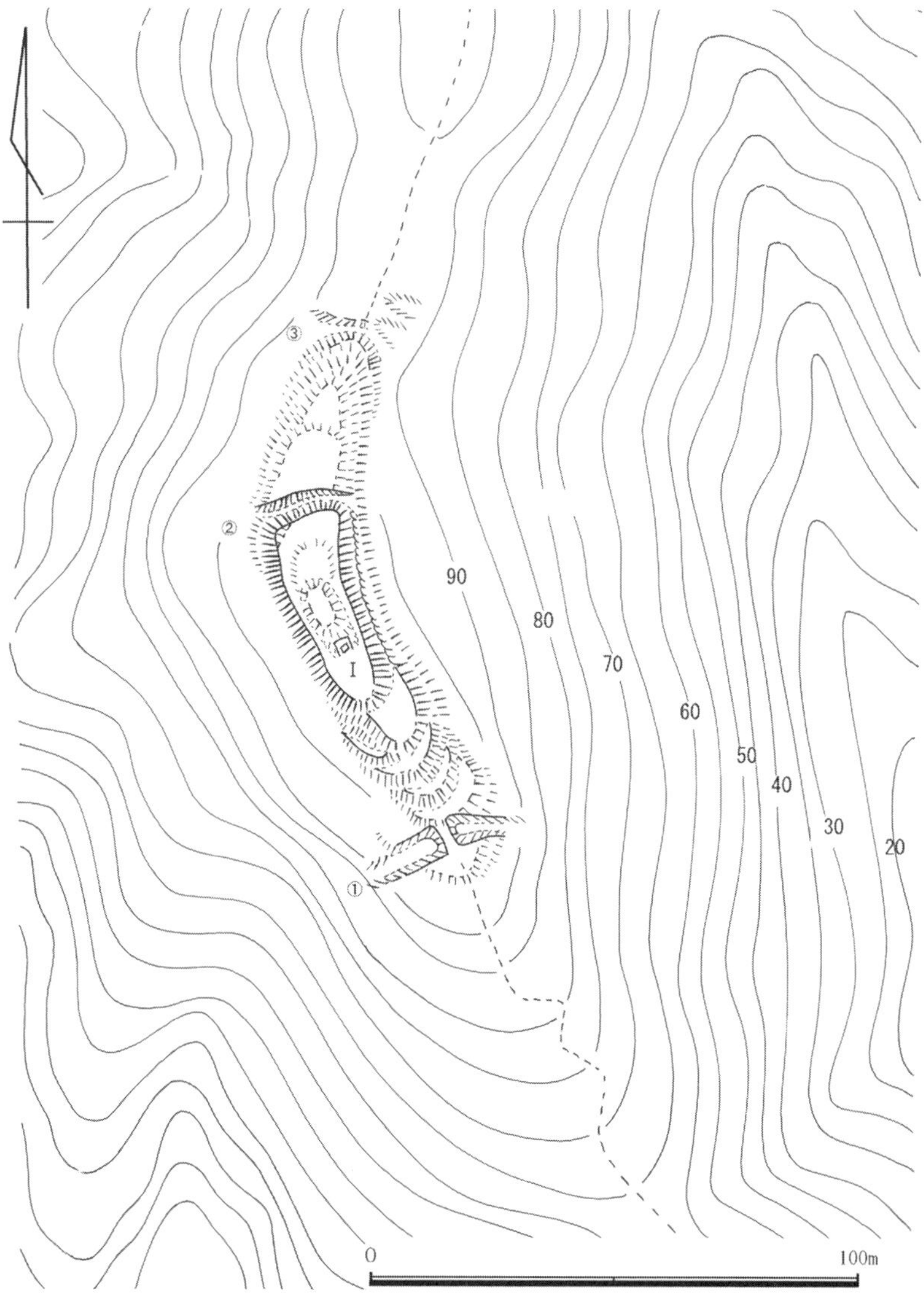


山城跡縄張り図　作図：辻佳伸

にあったと考えられる。

【構造と評価】　居館跡は全面が水田となり、遺構は消滅しているが、城の四周を囲んでいた堀跡は水田の地割りに痕跡をとどめている。地籍図では、幅五～八メートルの水田に囲まれた南北八〇×東西七〇メートルの長方形の区画がみられ、これが吉野城居館跡だろう。区画北側のAでは、堀地割りの内側に幅七メートルほどの東西方向の地割りがあり、これが西側では直角に折れ、城跡碑のある旧神社地を経て区画の南西隅Cまで連続しており、土塁の痕跡と思われる。また、区画の東南隅Gでは堀跡が屈曲し、外側に張り出す一五メートル四方の方形区画が確認でき、櫓台の痕跡と思われる。

一方、山城跡は覚成寺周辺から裏山一帯に所在する。主郭には愛宕神社の祠があり、周囲は雑木林となっている。主郭Ⅰは南北約四〇メートルの、長楕円形状で東西に高さ五～六メートルの切岸を廻らせる。主郭から東側へは海部川を挟んで吉田城の眺望が良好である。主郭から緩斜面を三〇メートルほど降った地点に堀切①が配される。幅六メートルで中央に土橋が設けられ、両端は竪堀となる。主郭と堀切①のあいだは階段状の曲輪となる。主郭の北側には幅五メートル、深さ三メートルの堀切②が配置される。さらに北側三五メートルほどの尾根筋に堀切③が配される。吉野城山城は、前面を堀切と連続する曲輪、背面の尾根線を二条の堀切で防御する構造である。主郭の前後に堀切を配置する構造は、海部郡内では吉田城山城や、宍喰祇園山城などと共通している。〈石井伸夫〉

山城跡　堀切②

覚成寺近くに集積された中世五輪塔

長宗我部氏の技法が色濃い城郭

# 62 吉田城《よしだじょう》

①所在地　海部郡海陽町吉田
②立　地　尾根先端・山頂
③時　期　室町期〜戦国期
④城主等　吉田氏
⑤遺　構　曲輪・土塁・堀切・竪堀

【概要】　海部川右岸の山塊に所在し、多数の曲輪が点在する。城主は吉田氏と伝えられるが、長宗我部元親の阿波制圧後は、その家臣北村閑斎が入ったとされ、長宗我部氏の築城技法が確認できる。昭和五十一年に海部町（現海陽町）の史跡に指定された。

吉田城跡遠景

【立地】　海部川右岸の山塊頂部に築かれ、海部川を挟み東の吉野城と対峙する。

標高約三〇メートルの尾根先端部（吉田山）に本城が築かれている。本城の西側に位置する標高一三七メートルの山頂部と、本城の北側に位置する標高八〇メートルの山頂部にそれぞれ山城跡（山城Ⅰ・山城Ⅱ）が残り、これらを結ぶ尾根上にも、関連性が考えられる削平地や堀切などが認められる。

【歴史と背景】　『阿波志』に「吉田壘」の記述があり、「吉田村に在り吉田庸俊此に據る。東は海部川に臨み西は諸

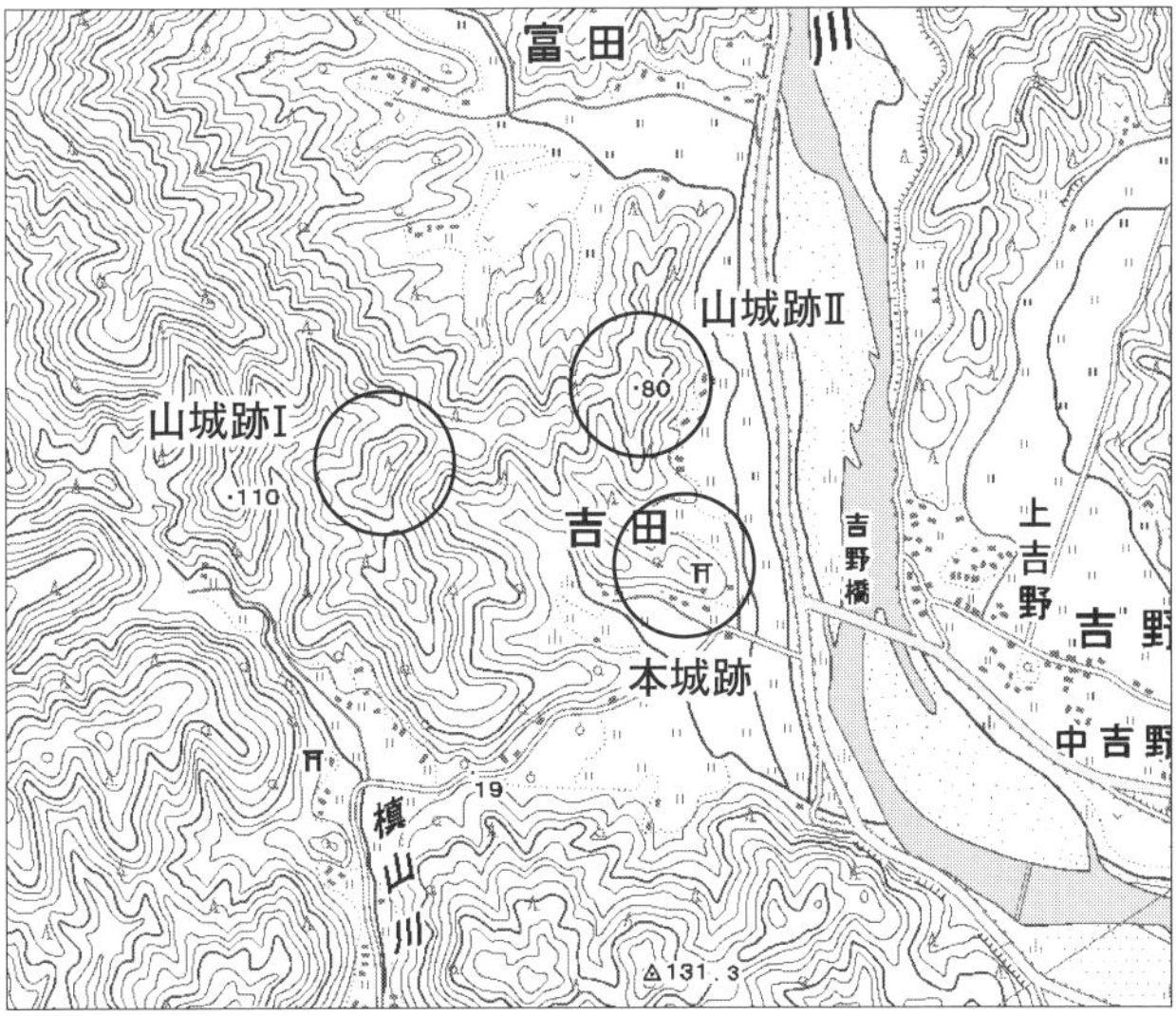

上：本城　土塁　下：本城　横堀

山に隣る。高さ十丈余、頂方八歩平なり。南海に臨む。春日八幡金剛三祠あり。天正十年秦元親、北村閑斎をして之を守らしむ」と記されている。

長宗我部元親による阿波制圧の動きにともない、家臣の北村閑斎を本城に置いたが、天正十三年（一五八五）、羽柴秀吉の四国平定による長宗我部氏の退陣で廃城となったらしい。

地元の吉田では、吉田山に築かれた館跡とみられる場所を本丸といっている。土佐からの侵攻以前、吉田庸俊が居城していたという。元来この場所は、鎌倉時代に遡る海部郡司の居館跡であった可能性もある。

**【構造と評価】**　城跡のおおよその範囲は、東西七〇〇×南北四〇〇メートルと大規模で、山尾根の突起を利用して独立した郭を連続させる構造は、徳島市の一宮城を彷彿とさせる。

本城の主郭は東西四八×南北三〇メートルの長楕円形を呈し、周囲は高さ一・五メートルほどの土塁が巡り、内壁には低い石積みが施される。土塁西端は大きく膨らみ櫓台状となる。櫓台の

253　吉田城

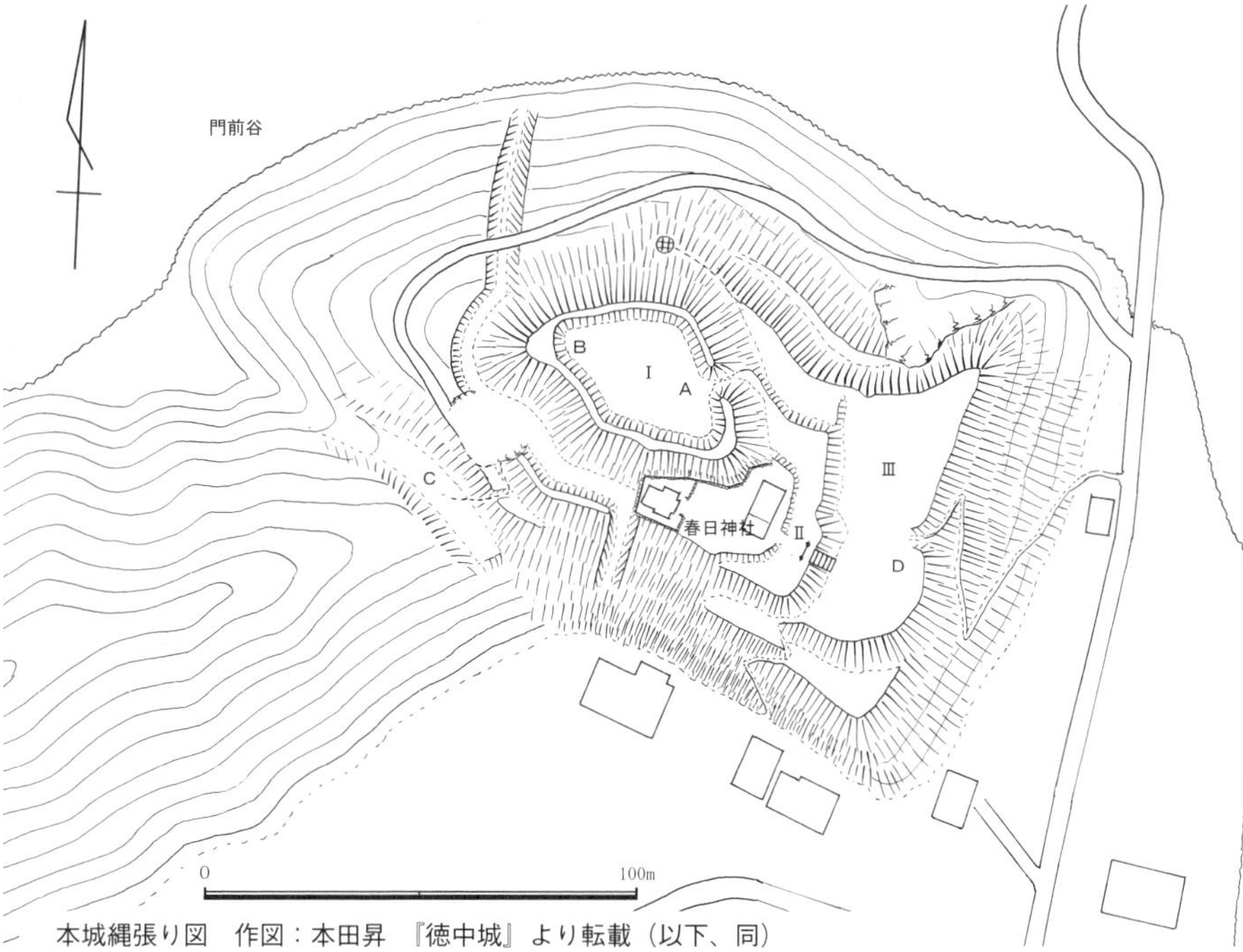


本城縄張り図　作図：本田昇　『徳中城』より転載（以下、同）

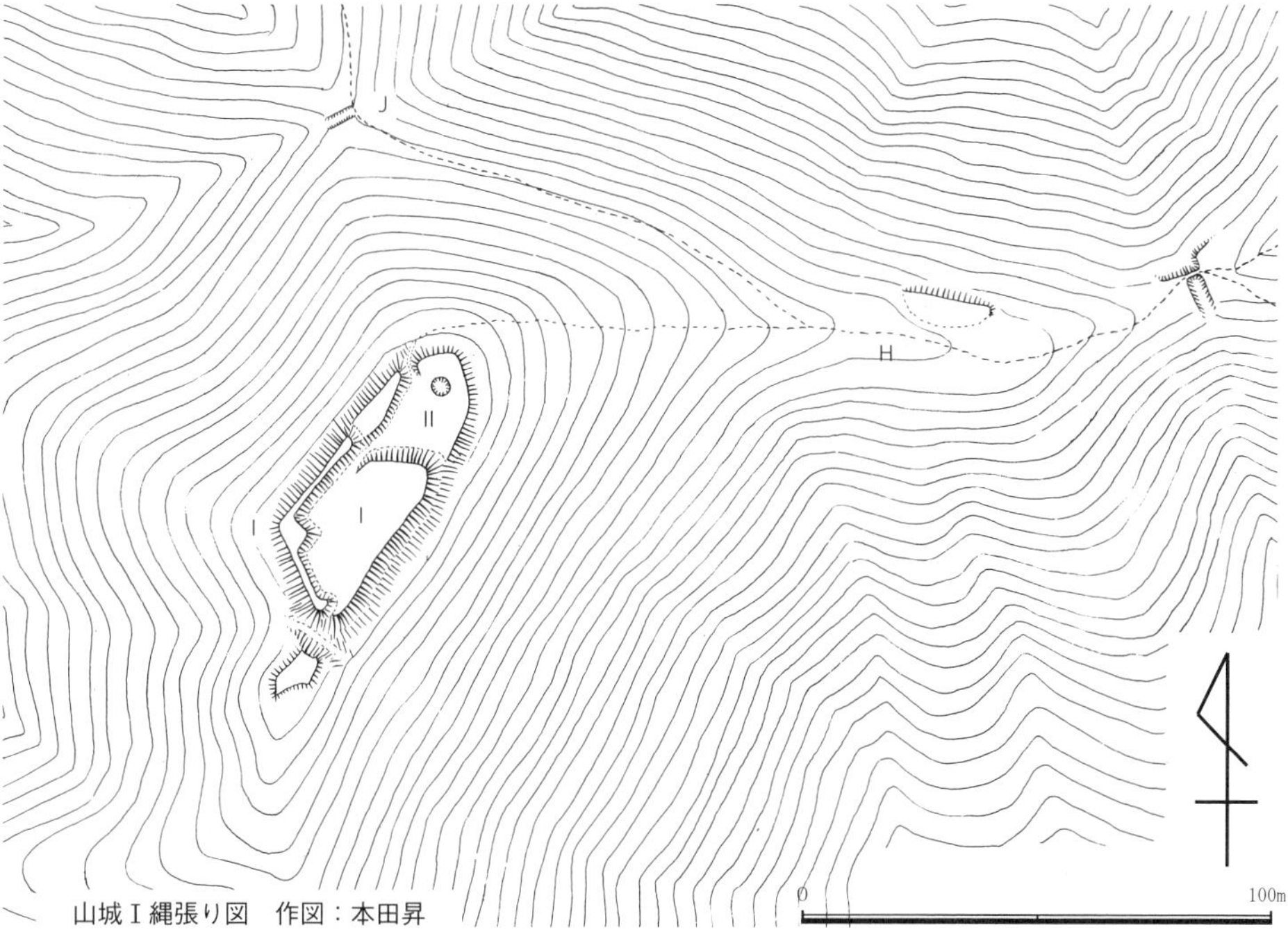


山城Ⅰ縄張り図　作図：本田昇

直下には、南北両端を竪堀とする横堀が巡る。さらに西の尾根鞍部は、自然の谷を利用した幅九メートルの大規模な堀切で遮断される。主郭東側には、比較的規模の大きい曲輪が二つ連続する。本城は東側を急峻な崖と連続する曲輪で守り、西側の尾根続きを連続する堀で守る構造である。

山城Ｉは、本城から堀切を越えて西の尾根を登り、「城ノ越《しろのこし》」の地称が残る標高一三七メートルの山頂部に位置する。南北約五〇×東西約二五メートルの主郭と、北側に一段下がった南北約三〇メートルの曲輪で構成される。主郭と曲輪の南から西にかけて土塁が巡り、主郭の南西角は方形の櫓台状となっている。

山城Ⅱは本城北側の門前谷を挟んで、北に延びる標高八〇メートルの山頂部に位置する。主郭

上：山城Ｉからの眺望　中・下：山城Ｉ　主郭

は、南北四五×東西一七メートルの長楕円形状を呈する。南側の尾根鞍部には、径一〇メートルほどの削平地と主郭側に幅五メートルの堀切、さらに主郭直下に幅三メートルの堀切を配する。主郭北側の尾根には、幅五メートルの堀切が配される。

本城と山城Ⅰは、土塁や櫓台・横堀・竪堀を多用する縄張りから、北村氏在城時代の改修が想定される。逆に、山城Ⅱは主郭前後に堀切を配するなど、吉野城山城や宍喰祇園城と共通する海部地域の一般的な縄張りの特徴と考えられ、吉田氏時代の山城がそのまま残ったものとみられる。

〈郡司早直〉

上：山城Ⅱ　遠景　下：山城Ⅱ　主郭直下の堀切

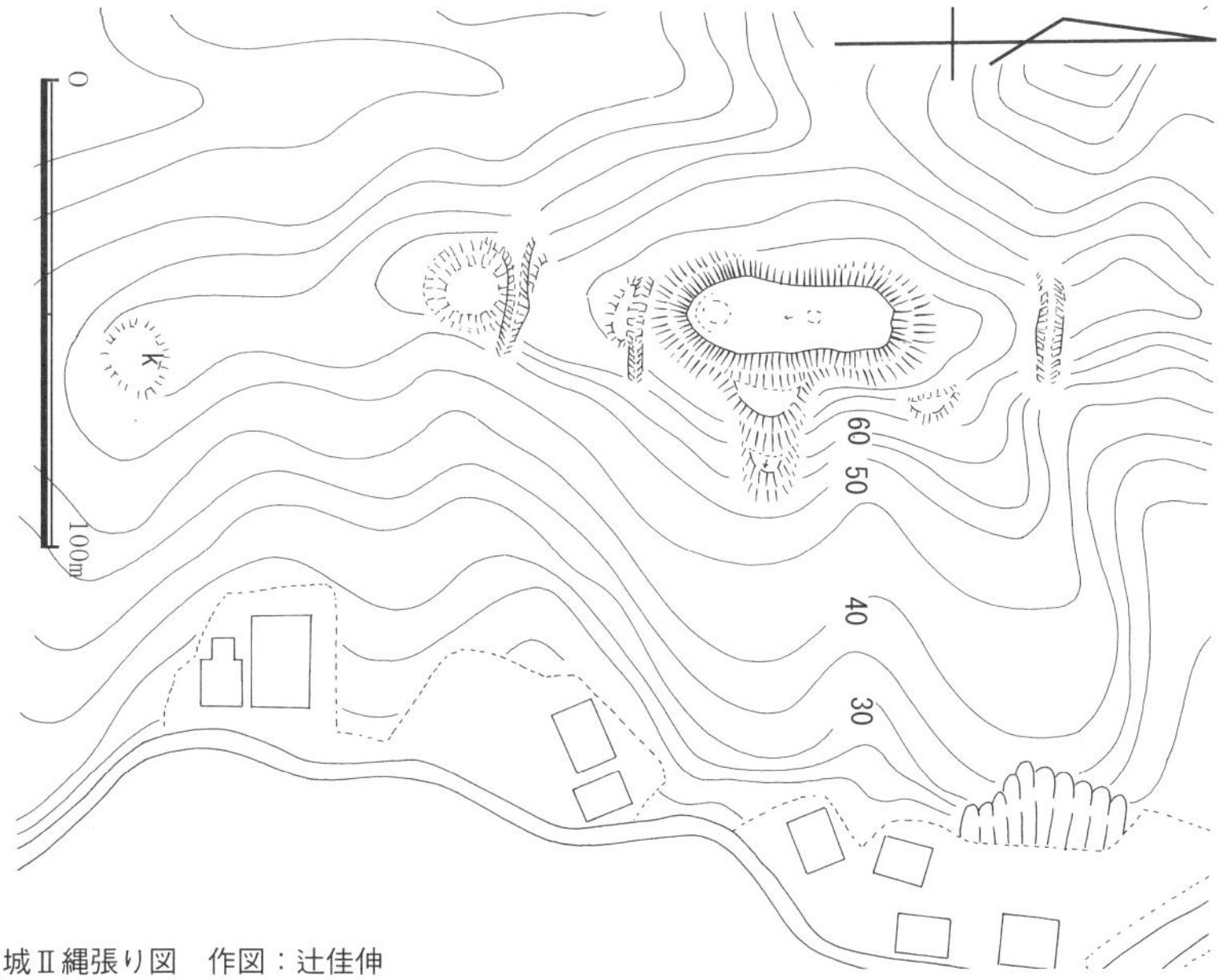


山城Ⅱ縄張り図　作図：辻佳伸

港津を押さえる阿波九城の一つ

# 63 海《かい》部《ふ》城《じょう》

①所在地　海部郡海陽町奥浦・鞆浦
②立　地　独立丘陵
③時　期　戦国期～近世初頭
④城主等　海部氏
⑤遺　構　曲輪・石垣

【概要】　海部川をやや内陸に遡った吉野城を居城としていた海部左近将監友光《ともみつ》（宗寿《そうじゅ》）が、元亀年間（一五七〇～一五七三）に鞆《とも》・奥《おく》など、海部川河口部港津地域に進出して築いた城である。近世には、阿波九城の一つとして県南地域の支配の一翼を担った。昭和五十一年に海部町（現海陽町）の史跡に指定された。

【立地】　海部城が築かれた城山は、標高約五〇メートルの独立丘陵で、海部川の河口に位置する。現在、城山の北側は、海部川が対岸の大里松原から延びる砂州の先端付近を断ち切って、そのまま東向きに紀伊水道に流れ込んでいるが、近世の絵図類では、海部川はこの砂洲に沿って南に向きを変え、城山を取り巻くかたちで鞆の湊から海へそそいでいる。

また、かつては城山の北西で分岐した海部川の支流が西側を南流し、城山の南西で東に向きを変え、鞆の

海部城跡空撮写真　『航空写真集とくしま』（徳島新聞社、1979年）より転載

＊1　『細川両家記』・『二水記』・『永正一七年記』
＊2　『阿州古戦記』・『古城諸将記』・『阿波志』
＊3　『元親記』・『土佐軍記』・『長元物語』
＊4　『元親記』
＊5　『古城諸将記』・『城跡記』

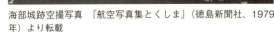

湊で合流して海へ流れ込んでいた。現在、城山の西側は埋め立て地に変わり、海部中学校跡地や海部小学校の校地になっている。南側にはかつての支流が一部、入り江状に残る。

　このように、海部城は独立丘陵とそれを囲む河川によって形成された島状の地形を利用し、鞆・奥などの港津を押さえる立地にある。

**【歴史と背景】**『阿波志』には、永禄から元亀の間には海部友光が拠ったとある。海部氏は、永正十七年（一五二〇）の両細川の乱に、三好之長とともに畿内に出兵した阿波国衆の一人で、*1 海部郡内の有力国人であった。天正三年（一五七五）、海部氏が讃岐の引田《ひけた》に出陣中、土佐の長宗我部氏の侵攻により海部城は落城した。*2 海部侵攻は、元親の弟の弥九郎《やくろう》が那佐湾に停泊していたときに、海部氏に討ち取られたことへの仇討ちを理由とする。*3 海部城を陥落させた元親は、弟の香宗我部親泰を海部城に置いた。*4 その後、戦線の北上にともない、親泰を牛岐《うしき》城に配置転換し、海部城は田中市之助・元木新左衛門に守らせた。*5

　その後、羽柴秀吉より阿波の国が蜂須賀家政に与えられると、領国を支配するために九つの城に家老級の重臣を配置した。これを阿波九城と呼び、阿波国の九つの支城の一つとして海部城は整備され、鞆城と名付けられた。

　家政は、鞆城の城番に大多和《おおたわ》長《ちょう》右衛門《えもん》正之《まさゆき》を置き、兵三〇〇を配属させた。*6 のちに、城番は中村《なかむら》右近《うこん》太夫《のたいふ》重友《しげとも》に代わり、*7 続いて中村氏が池田城番に転出すると、益田《ました》宮内《くない》少輔《のしょう》一政《かずまさ》が鞆城番となった。*8

　最後の城番となった宮内の子の益田豊後長行《ながゆき》は、徳島藩の許可なく無断

*6 『阿淡年表秘録』

*7 前掲*6

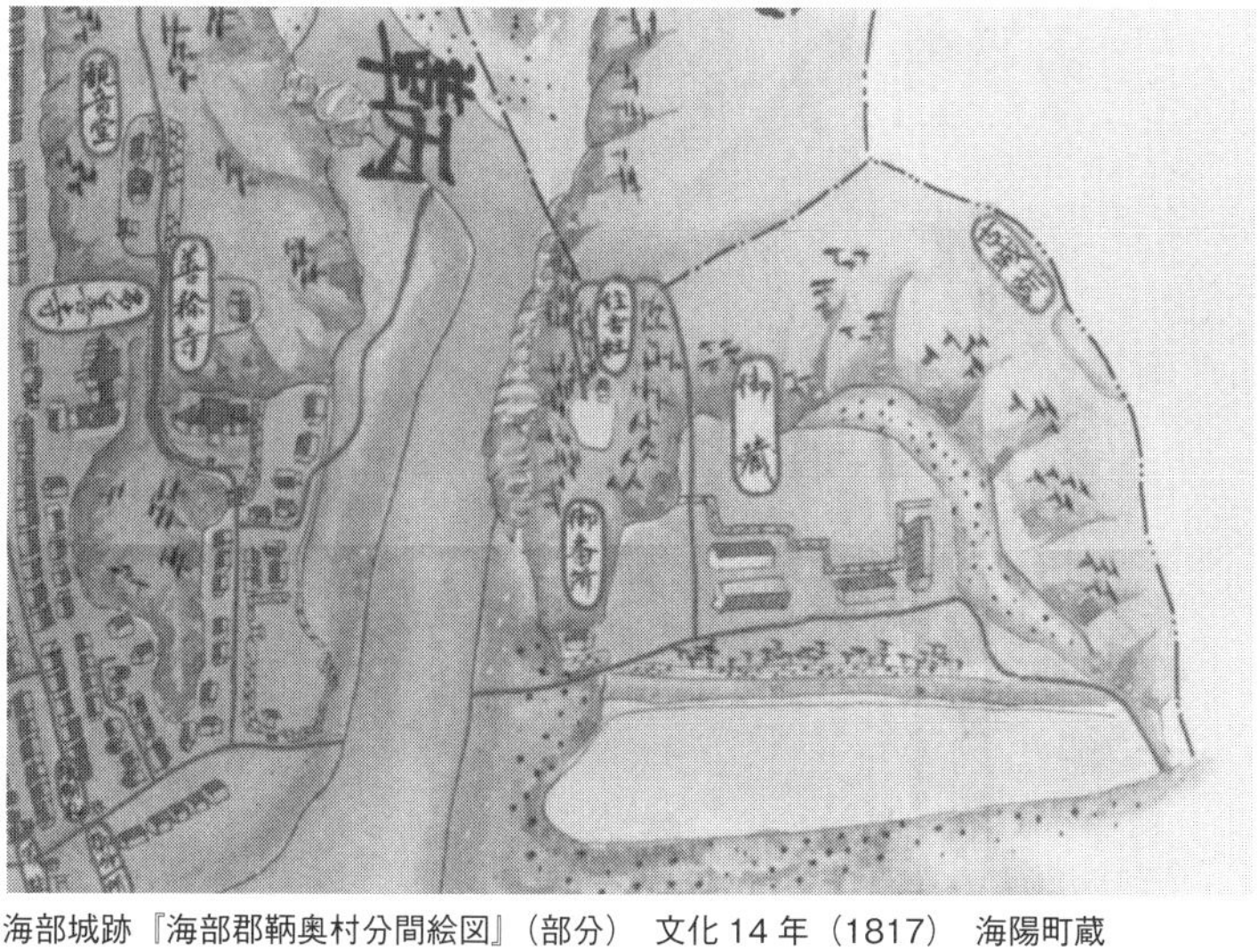

海部城跡『海部郡鞆奥村分間絵図』（部分）　文化14年（1817）　海陽町蔵

で海部郡内の樹木を伐採し、密売したことが発覚し、寛永十年（一六三三）に大粟山に幽閉された。そして、正保二年（一六四五）に評定所の裁決により敗訴、その後病死した。これを益田豊後事件（海部騒動）という。豊後の失脚で、藩命により徳島城下から判形人《はんぎょうにん》三十六人が鞆城下に移住し、海部郡の治安維持にあたることとなった。

寛永十五年（一六三八）、幕府の命を受けた藩の施策

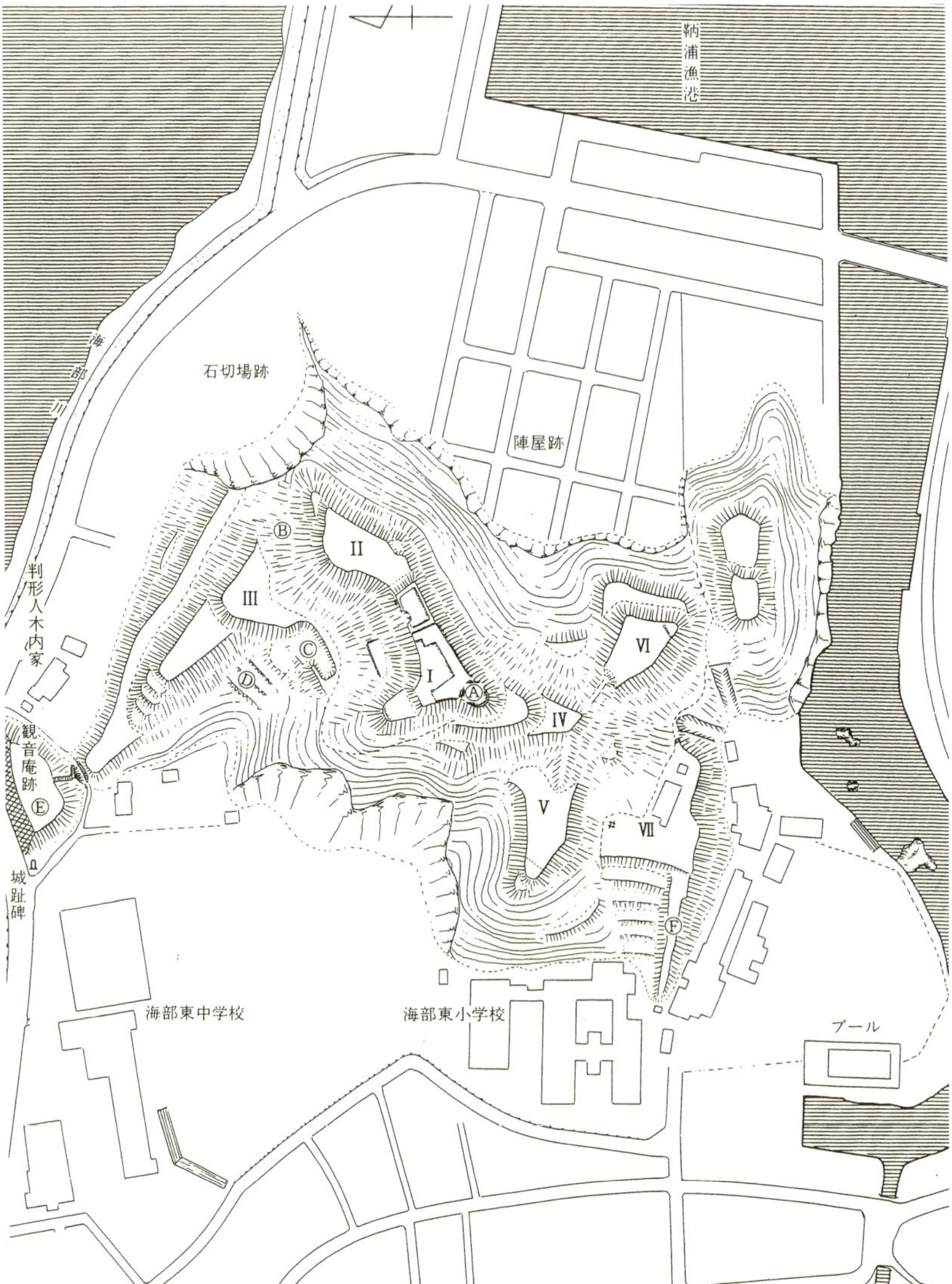

縄張り図　作図：本田昇　『徳中城』より転載

で廃城となり、*9 池田や撫養《むや》と同じように、御陣屋が城山東麓の山下《さんげ》と呼ばれる地区に置かれた。

【構造と評価】　海部城は古く「島城」と称されたように、海部川河口に形成された中洲上の独立丘陵に築かれた、阿波国南部最大の城郭である。一五世紀半ばの『兵庫北関入船納帳』には、海部（鞆）の湊から大量に榑《くれ》などの木材が、兵庫方面に積み出されていたことが記載されており、河川と海を結ぶ立地から、海部と畿内を結ぶ水運を掌握する機能があったことが想定される。

　城山は、南北約三〇〇×東西約二五〇メートルの範囲に収まる小丘陵で、丘陵上には大小一四ヵ所の曲輪が配置されている。多くが小規模城郭で占められている阿波国の山城のなかでは、突出した規模と構成をもち、阿波国南部の拠点城郭といえる。かつての城山の周囲には海部川が流れ、これを天然の濠として、海部（鞆）湊が所在する南東方向を強く意識した城の構えをとり、丘陵部に展開する曲輪の配置は微地形を巧く生かした縄張りといえる。

　海部城は、県南最大の規模を持つ地域拠点城郭であり、海部川と海をつなぐ水運を掌握した「海城」としての性格が想定可能な城郭である。〈郡司早直〉

城跡遠景

主郭石垣

主郭石垣

*8　『城跡記』・『阿波志』
*9　前掲*6

視点3

# 海部の海城群

「海城」という言葉をご存じだろうか。城郭を立地で分類する場合、山城（曲輪の大半が山地に所在）、平山城（曲輪が丘陵および周辺の平地双方に所在）、平城（曲輪が平地に展開）の三つに区分するのが一般的だが、これとは別に「海」との関係から城郭を分類するカテゴリーがある。

山城・平山城・平城の三分類法が、城郭そのものが所在する地形をピンポイントでとらえるミクロな視点からの立地論であるのに対して、海城の概念はもう少し分類の視野を広げ、周辺の交通や地域における城郭の機能まで含み込んだ、マクロな観点からの立地論といえる。

海城の定義や解釈については、いくつか研究がある。西瀬戸内海・芸予諸島を主なフィールドとして中世城館と海の関わり合いを検討した山内譲氏は、海城の条件について、①海辺の山頂や丘陵上に位置することで海と接している場合、②大規模島嶼のなかの山頂や丘陵上に位置することで海と接している場合、③小規模島嶼全体を城郭化し四周を海に囲まれている場合、の三つの場合を想定し、③を海城の典型例としている。[*1] また、千葉県を中心に南関東の沿岸部に展開する中世城館を検討した柴田龍司氏は、「城郭の直下あるいは際が海か河口に面し、（船が）着岸可能な城」と定義し、港津と一体となった城郭を「海城」ととらえている。[*2]

仮に、山内説③を海城の定義とした場合、阿波国では野々島城（阿南市）など、ごく少数の離島の城郭が対象となるだけで、多くの海沿いの城郭は捨象されてしまう。また、全国的に見ても、海岸線に接し港津と関係がある城郭が多く存在するので、ここでは、山内説①及び柴田説に依拠し、「城郭を構成する曲輪が海または河口に面し、港津と強い関係性を有する城郭」ととらえておきたい。

そうすると、中世阿波国の沿岸部には、数多くの特徴的な「海城」が展開していたことになる。とくにリアス式海岸が卓越する県南部・海部郡域に集中的に築城されており、由岐城・木岐城・日和佐城・牟岐城・加島城・海部城・祇園山城・愛宕城などが挙げられる。ここでは海城が築かれた地理的条件に着目して類型化するとともに、海城と一体化する港津の相互関係を考察する。

阿波の海城および港津は地形条件から、河口タイプと湾奥タイプの二つに大別できる。[*3] 河口タイプは、物資の水上輸送が可能な中規模以上の河川河口部に立地し、沿岸流に沿って形成される「河口を閉じる」沿岸砂州の内側に港津が形成される。海上・河川交通の結節点にあたり、物流拠点としての性格をもつ。文安二年（一四四五）の『兵庫北関入船納帳』に記載された阿波・土佐の港津の多くはこのタイプで、阿波の海城では、愛宕城・海部城・牟岐城、日和佐城などが該当する。

海部城と鞆浦

一方、湾奥タイプは、水上輸送の可能な河川が流入していない反面、大きく湾入する海岸地形の奥部に立地するので、沿岸部特有の風や潮流の影響を受けにくい地形条件にあり、風待ち・潮待ちの機能を持つ港津が形成される。『太平記』に見える、津波で沈んだという「雪ノ湊」の後継をなす由岐や、加島城が所在する浅川、阿波・土佐境で愛宕城（宍喰）に近接する甲浦などが挙げられる。

これら海部の諸城、諸港を見渡したとき、近接する地域ごとにセット関係が成立していることに気づく。南から、宍喰（愛宕城）と甲浦、海部と浅川、日和佐、木岐と由岐の関係がそれであり、すべて物流拠点としての河口港と、風待ち・潮待ちの待機港の組み合わせである。中世後期の物流の発展をうけ沿岸部に港津が簇生し、地形条件に応じて役割分担をする水上ネットワークが形成されていた。それらの経済力を利用し、ひいては統治する目的で築かれたのが、河口タイプと湾奥タイプの海城群だった。阿波国南部に位置する「海部」の地は、このような中世以来の水運の痕跡を確認できる、格好のフィールドなのである。

〈石井伸夫〉

*1　山内譲「海城の構造」（『中世瀬戸内海地域史の研究』法政大学出版局、一九九八年）。

*2　「海城の様相と変遷」（全国城郭研究者セミナー『海城について』、二〇〇七年）。

*3　市村高男「中世後期の津・湊と地域社会」（『中世都市研究3　津・泊・宿』新人物往来社、一九九六年）。

潮待ちの港津を所管する海城

# 64 由《ゆ》岐《き》城《じょう》

①所在地　海部郡美波町西由岐字東
②立　地　独立丘陵状の尾根先端部
③時　期　戦国末期
④城主等　由岐隠岐守有興
⑤遺　構　曲輪・切岸

【概要】　由岐城が所在する由岐浦は、『太平記』で津波によって水没したと伝えられる「雪ノ湊」の後継をなす中世の港津である。由岐港は、海岸線が大きく湾入する奥部にあり、湾から北西に続く「大池」と呼ばれる潟湖の存在や、湾の前面に波よけの役割を果たす箢野島《ぬのしま》が所在することも相まって、絶好の風待ち・潮待ちの港となっている。当城は港の側面に突き出す位置にあり、待機港を管轄する目的の城だといえる。

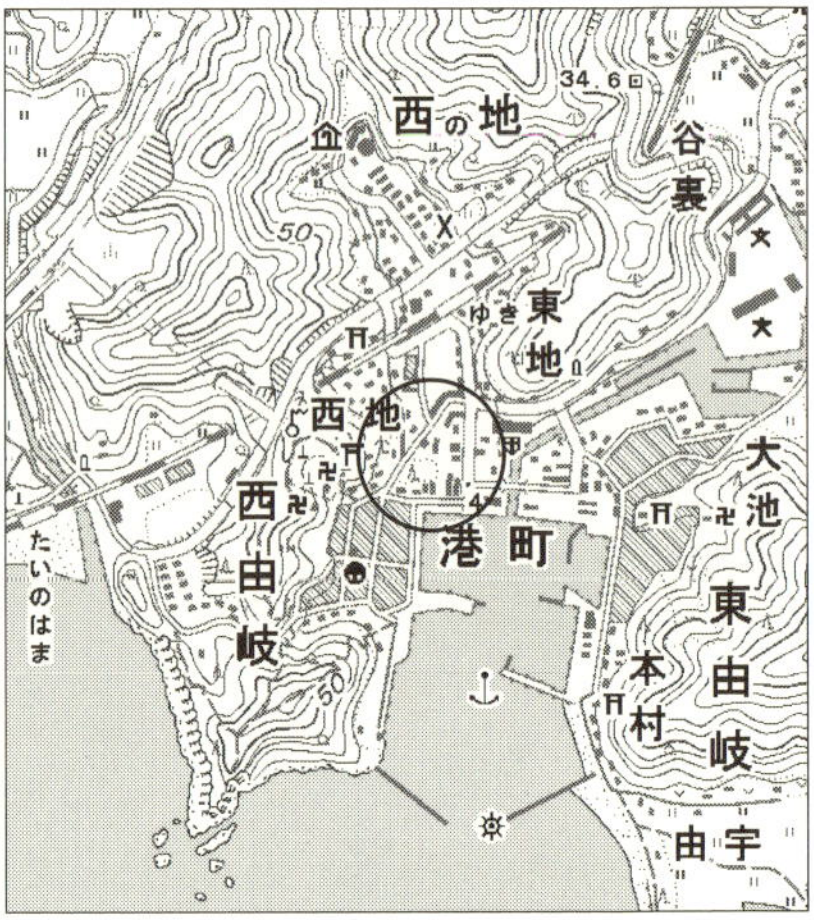

由岐城からの眺望

【立地】　美波町西由岐浦の「城山」と称される標高二〇メートルの尾根先端部に位置する。尾根は由岐湾に向かって延びているが、現在は町道によって切断され、独立丘陵の様相を呈している。また、『由岐町史』所収の古絵図にもこの道が描かれており、絵図の描かれた当時から、独立丘陵状の尾根であったと考えられる。往時の城は、『阿波志』に「在由岐西浦跨小丘枕南海」とあり、前出の古絵図にも描かれているように、由岐湾に面していたのだろうが、現在は湾の埋め立てにより、当時の面影は薄らいでいる。

【歴史と背景】　城主については、『古城記』に「由岐城　由岐

城跡遠望

隠岐守有興　平氏、紋釘貫ノ坐百八十貫」とあり、『三好記』も「油岐ニハ隠岐守有興」と記すので、由岐隠岐守有興《ありおき》とする説が有力である。落城時期については、『城跡記』には天正十年（一五八二）落城とあるが、長宗我部元親が海部城を攻め取った天正三年、もしくは日和佐城主が元親に帰服した天正五・六年ころには落城したとする説もある。

【構造と評価】　山頂部に位置する主郭は、東西四〇×南北二〇メートルの規模を有する、東西方向に長い楕円形状の曲輪である。東端部に御霊神社小祠、西端部に忠魂碑が建立されている。また、中央部には四阿《あずまや》が建設されている。曲輪全体は後世の改変が激しく、土塁などの痕跡は確認できない。ただ、主郭からの眺望は抜群で、中世の港津が存在したと思われる湾奥部分から現在の港湾に至るまで、一望のもとに見渡すことができる。

『海部郡村誌』には「由岐壘址字後山にあり、今八幡神社あり処々に石壁の崩残ありて僅に古形存すと雖も境域詳らかならず」とあり、城域が八幡神社の尾根まで広がる可能性もある。〈石井伸夫〉

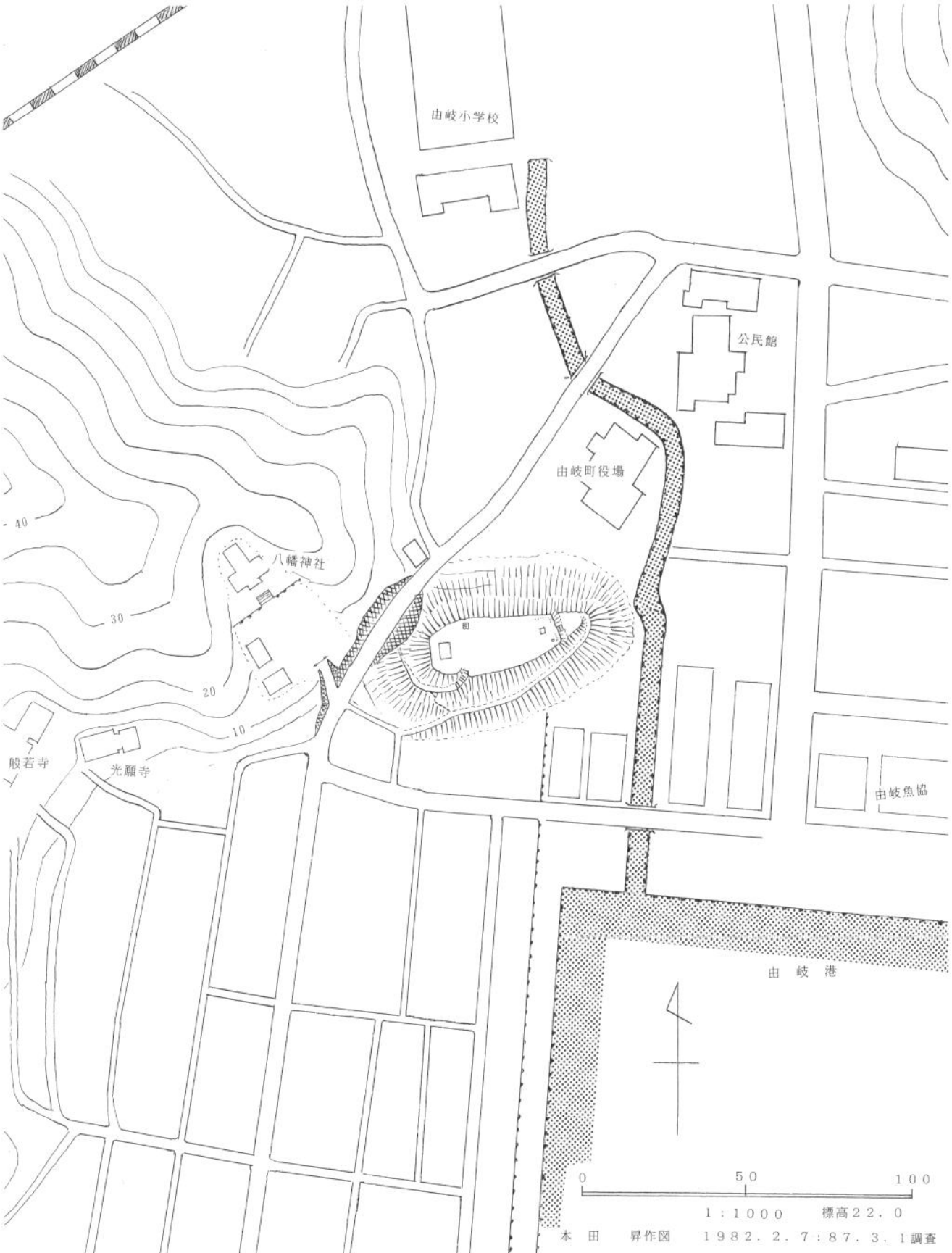


縄張り図　作図：本田昇

昭和46年測量国土基本図IV－HG－15（5000分1）等を骨格とする

由岐八幡神社

物流の把握を目的とした海城

# 65 木《き》岐《き》城《じょう》

①所在地　海部郡美波町木岐
②立　地　河口に位置する尾根線頂部
③時　期　戦国期
④城主等　木岐大膳太夫正持
⑤遺　構　曲輪・土塁

【概要】木岐は、中世まで歴史がさかのぼる港津である。木岐城は港津に隣接して築城された海城で、築城の目的は港津の支配と物流の把握だろう。

【立地】木岐川河口部右岸の東西に延びる尾根先端部（明神山）に位置する。尾根の北端からは、南北に延びる砂堆が形成され、木岐川は砂堆を避けるようにS字状に蛇行し海に注いでいる。当城の所在する尾根と木岐川に囲まれる砂堆上に港津が形成されたと考えられ、当城はこの港津と一体化した海城だといえる。

なお、木岐川を挟んで砂堆北側に位置する延寿寺の境内墓地には、六甲花崗岩製の五輪塔や砂岩製の一石五輪塔が集まり、港津・木岐の歴史が中世までさかのぼる傍証となっている。

【歴史と背景】城主については、『古城諸将記』では「木岐城　木岐大膳助　正持　百五十貫」とし、『三好記』でも「木岐ニハ大膳太夫正持」とあるので、木岐大膳太夫正持《まさもち》との説が有力であり、一五〇〇貫を領していたという。また、落城の時期は、『城跡記』に由岐城と同じ天正十年（一五八二）とあるが、これも由岐城の項で述べたとおり、天正三年、もしくは天正五～六

城跡遠望

延寿寺の五輪塔

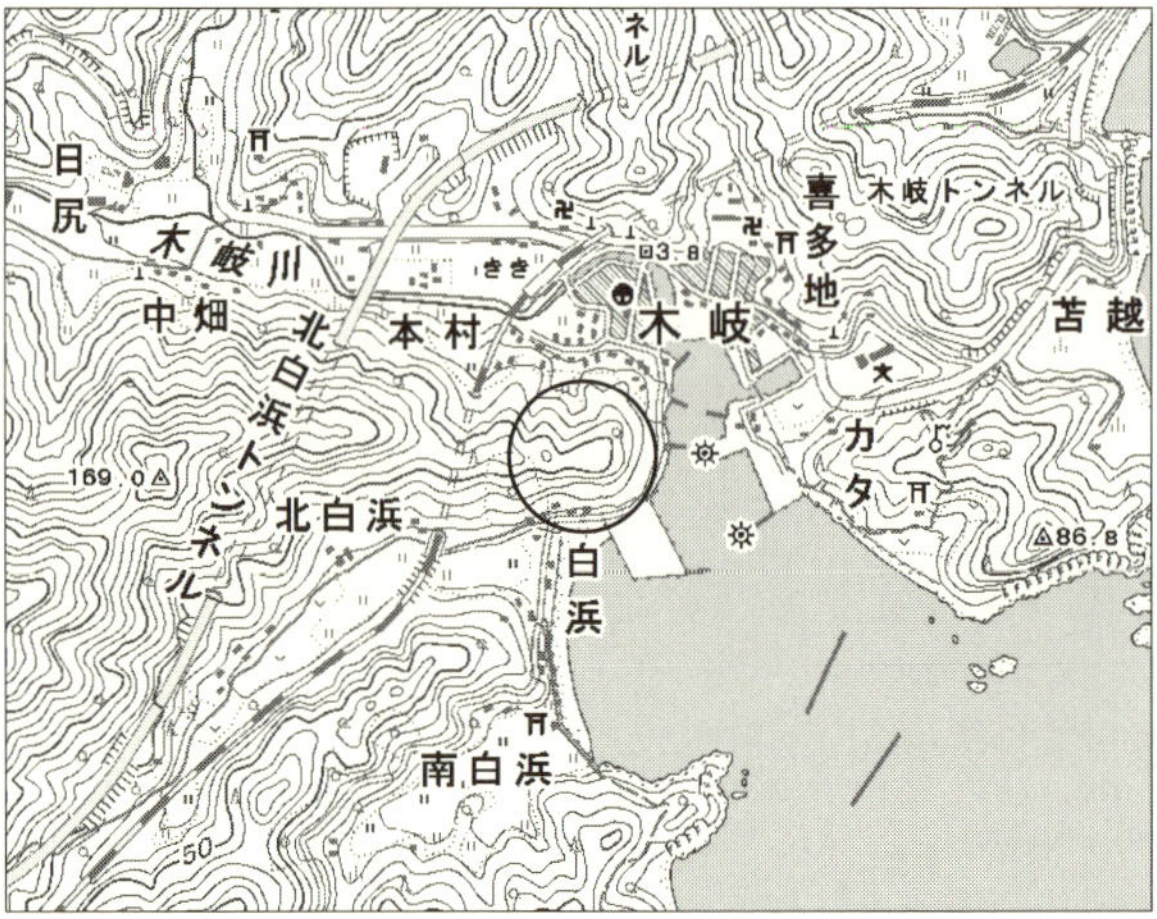

年頃とする説が有力である。

【構造と評価】　城跡の所在する明神山へは、木岐漁業組合裏手の日吉神社から山頂につながる登路がある。登路の左手は海岸に続く急崖になっており、右手は現在竹林となっている畑が階段状に続いている。山頂に至る途中には、集石をともなう湧水が溜まった池泉状の遺構がある曲輪や、一〇メートル四方の曲輪、二〜三m四方の小曲輪が連続する。この曲輪の袖の道が頂上へと続き、主郭の虎口に至る。虎口直下には、一メートル四方ほどの石が散乱している。頂上部に位置する主郭は、東西約三〇×南北約一五メートルの長方形状の形態をなす。主郭の北東部と西部で土塁の痕跡が確認できる。また、主郭西から北側にかけて主郭を取り巻く帯曲輪を確認できる。

　山下の居館跡については現状では不明だが、城山の北麓に木岐城主の子孫が屋敷を構えたという伝承が残されている。〈石井伸夫〉

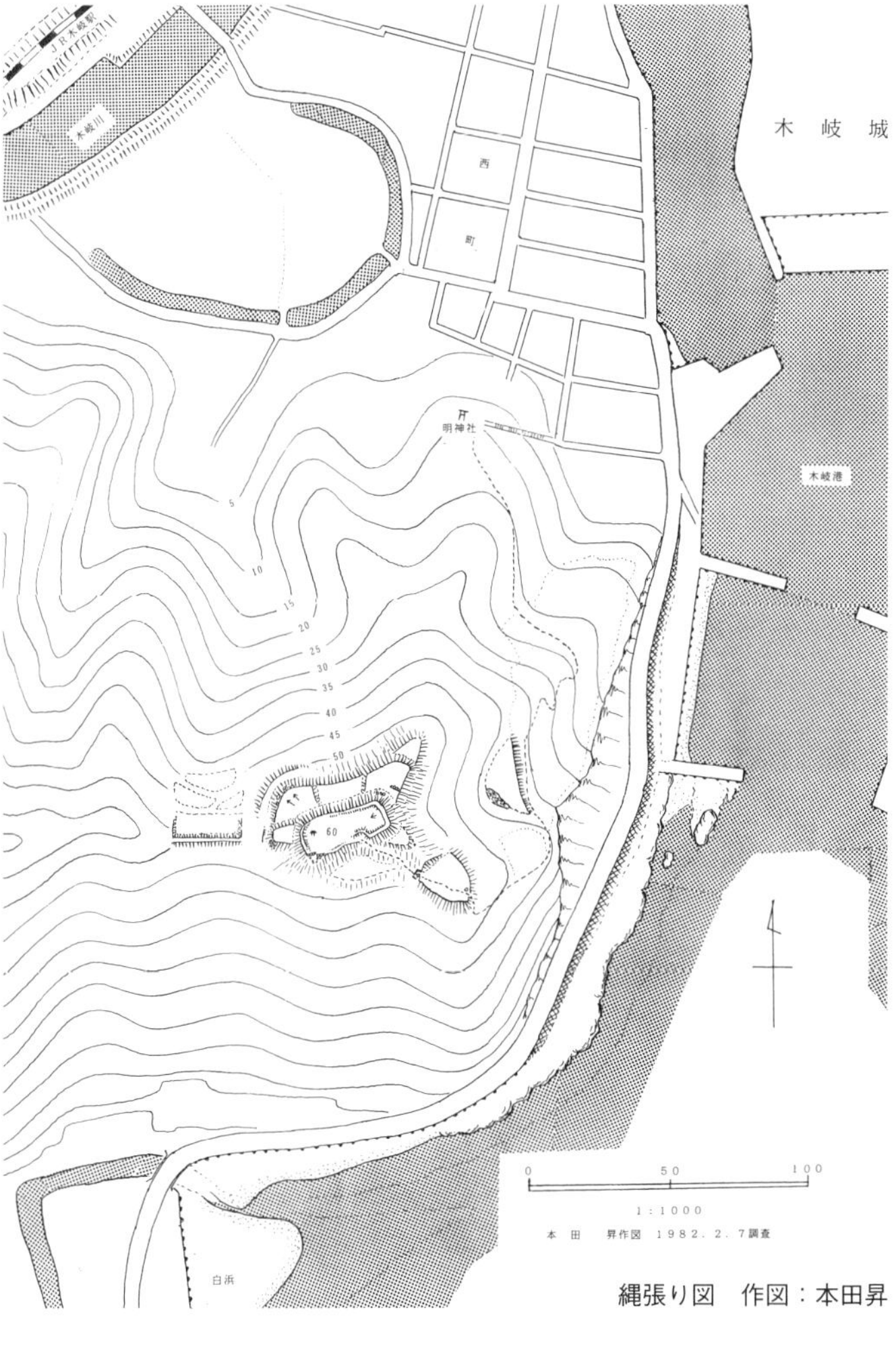


縄張り図　作図：本田昇

中世以来の港津を所管する河口の海城

# 66 日和佐城《ひわさじょう》

【概要】　日和佐城と日和佐川河口を挟んで対面する日和佐浦は、同地に所在する観音寺や、西方山麓に位置する薬王寺など、平安時代創建の伝承を持つ古刹や、同じ日和佐浦の極楽寺跡に集積されている中世石造物などから、中世にまでさかのぼる歴史を持つ港津と考えられる。当城は、中世以来の地域拠点の港津を所管する河口の海城である。

城跡遠望

①所在地　海部郡美波町日和佐浦
②立　地　河口に位置する丘陵頂部
③時　期　戦国期
④城主等　日和佐和泉守・日和佐肥前守
⑤遺　構　曲輪・竪堀の痕跡

【立地】　日和佐港に向かって北方に突き出した、半島状の丘陵尾根の頂上部に位置する。北側は日和佐川を挟んで、日和町の中心集落である日和佐浦及び本村地区と向かい合い、日和佐浦に形成された日和佐港を見下ろす位置にある。また、西側は奥潟《おくがた》川によって集落と隔絶され、東側は紀伊水道に面する要害堅固な立地となっている。

【歴史と背景】　城主については、『城跡記』に「主将日和佐和泉守、一姓濱」とあり、『古城諸将記』にも「日和佐和泉守友高　源氏、紋矢筈、二百貫」とあるように、戦国期

には日和佐氏が城主だったとわかる。落城に関しては、『元親記』などの軍記物では、天正三年（一五七五）に阿波に侵攻してきた長宗我部元親の軍門に下ったとされるが、天正四年に細川真之が日和佐肥前守に阿良多野《あらたの》の領有を認めた書状があることから、[*1] 海部郡北部は天正四年段階でも細川氏の支配下にあったのだろう。その後、天正五年の元親書状から、元親が阿波公方の権威を利用して、阿波南部の諸将を調略しようとしていた様子がみられ、[*2] その年の十一月に、日和佐肥前守は長宗我部氏の軍門に下ったという。[*3]

**【構造と評価】** 構造は、『海部郡村誌』に「城山ト称ス南ニ殿機山ヲ負イ地位三段最高処四十間東西十四間南北二十二間石垣所々ニ散在ス」と記され、『海部郡灘筋図』の「薬王寺より日和佐見渡」の図には、「古城」と書かれた日和佐城跡に三段の曲輪が確認できる。現在の遺構は、山頂部では模擬天守などの建設で大規模な削平を受けており、かつての地形を確認することはできない。ただ、模擬天守から北東の海に向かって延びる尾根に、小規模な曲輪の残存が確認できる。

また、頂部西南では竪堀状のえぐれが一条確認できる。模擬天守建設以前の本田昇氏の調査では、城山の周囲には空堀を巡らせた遺構が良好に残されていたという。〈石井伸夫〉

*1 『阿波国徴古雑抄』
*2 『土佐蠹簡集』
*3 『香宗我部證文』

日和佐城模擬天守

日和佐浦の中世宝篋印塔

古写真（城山と日和佐港） 美波町教育委員会蔵

中世港津を所管する海城

# 67 牟《む》岐《ぎ》城《じょう》

①所在地　海部郡牟岐町牟岐浦字八幡山
②立　地　河口部の独立丘陵頂部
③時　期　戦国期
④城主等　牟岐大膳允
⑤遺　構　曲輪

【概要】　牟岐城の所在する牟岐浦は、『兵庫北関入船納帳』で木材の搬出を確認できる、中世以来の港津である。中世の港は、牟岐川の河口部右岸に形成された砂堆に展開したと思われるが、牟岐城はその対岸正面に位置し、これを所管する機能を持つ海城であったと考えられる。

【立地】　牟岐川の河口部左岸に位置する標高六一メートルの独立丘陵状の山塊、観音山の山頂部に所在する。牟岐川を挟んで、西方に位置する港津・牟岐浦や平安創建の古刹である満徳寺と対峙する位置関係にあり、現在は雑木に遮られているが、往時は主郭から港を一望できたと思われる。なお、主郭から南側に延びる尾根線上に造成されている墓地には、六甲花崗岩製の五輪塔・一石五輪塔が多数集積されており、中世の城館と港津との結びつきを示唆する物証となっている。

牟岐港より望む牟岐城

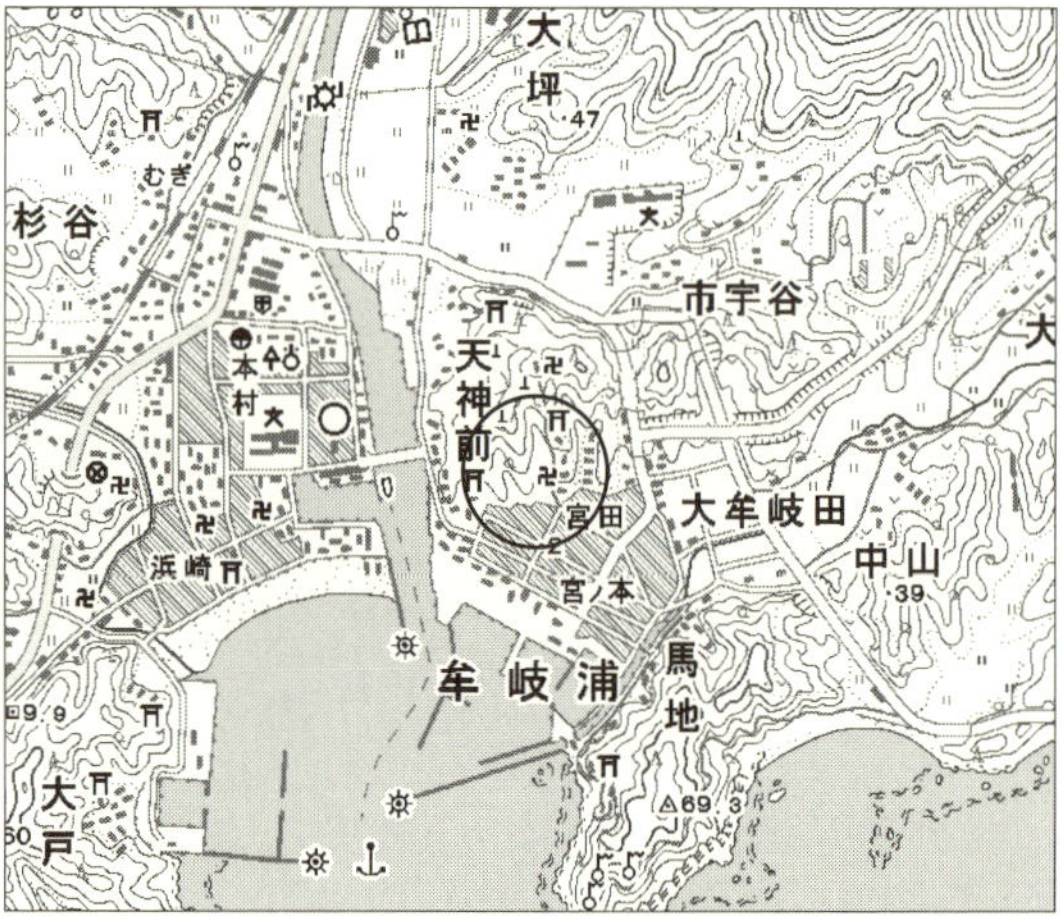


【歴史と背景】　戦国期の城主は、『海部郡村誌』牟岐浦村の項に「本村東北ノ方宮本ノ内八幡山ニアリ現今此地ニ観音堂アリ永禄元亀ノ間牟岐兵庫頭藤原虎房此ニ拠ル」と記され、『城跡記』に「主将牟岐大膳允、藤原氏、紋三引両、添紋四ッ戈、馬印幕

牟岐城南にある花崗岩製一石五輪塔

紋一文字」とあるように、牟岐大膳允であったのだろう。天正三年（一五七五）の長宗我部元親の侵攻により、落城したと伝えられる。

**【構造と評価】** 観音山山頂部に残る主郭には、現在、観音堂と忠魂碑が建立されている。主郭周辺の尾根は、大半が墓地となっており、地形の改変が激しい。主郭は、東西二六×南北三〇メートルの不整形な円形を呈する。主郭を取り巻く切岸は、周囲の墓地の造成で破壊された部分が少なくないが、残りのよい南側と北側では二・五～四メートルの高さを有する。また、北西部には下の段の墓地に続く通路があるが、切岸が周囲と比べはっきりしており、虎口だったのかもしれない。

主郭の西から北の斜面は、二～四段の削平地が連続する。現状は墓地となっているが、かつての帯曲輪をのちに墓地に転用した可能性もある。主郭から東・西・南に延びる尾根はいずれも墓地となり、旧状を把握することが困難だが、曲輪であった可能性がある。また、南尾根の突端にある金比羅神社が所在する段状の平地は、地形の状況から曲輪だった可能性が高い。〈石井伸夫〉

牟岐港町の古刹・満徳寺

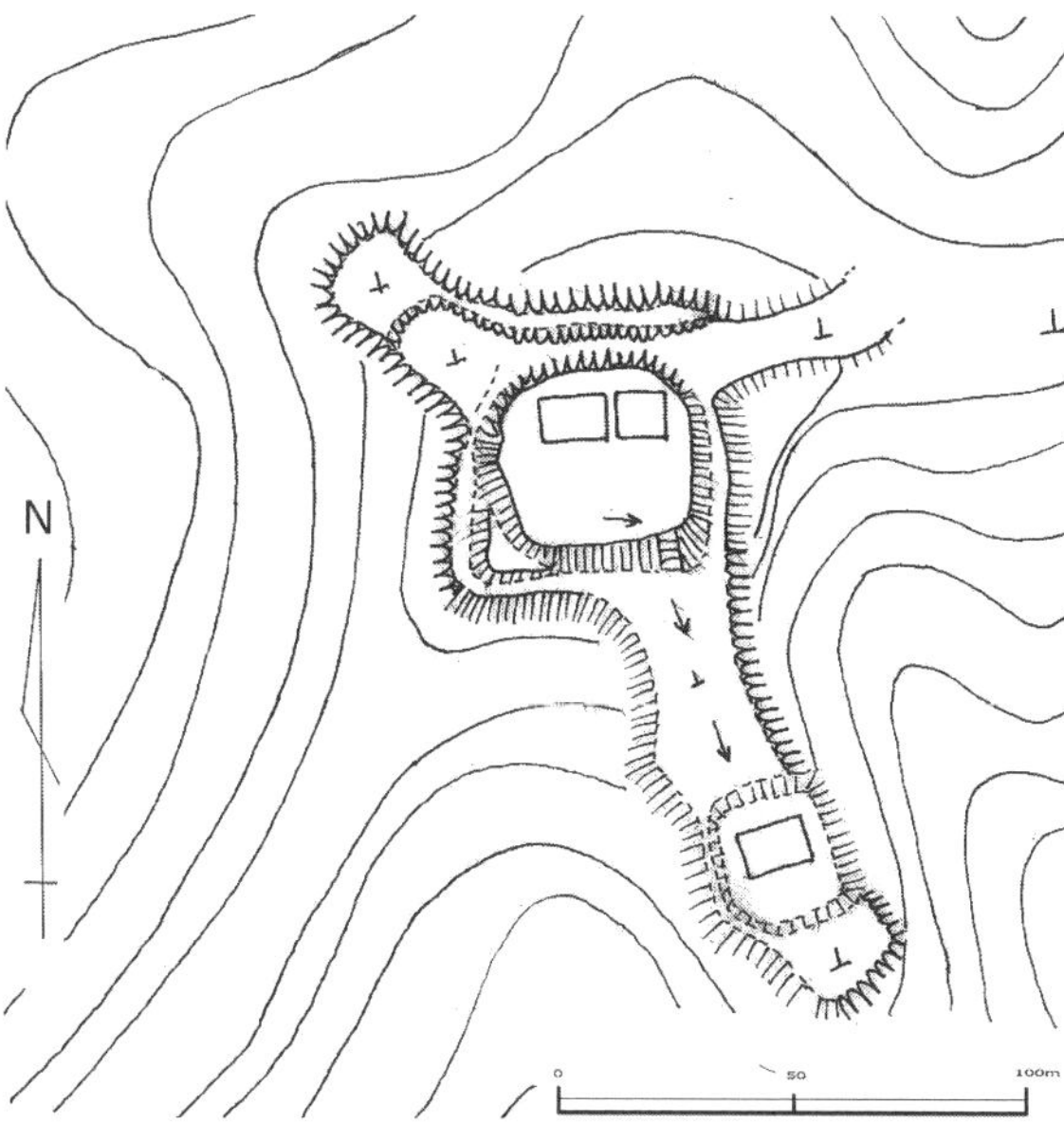

縄張り図　作図：杉原賢治

阿波国最南端の海城

# 68 愛宕城《あたごじょう》

①所在地　海部郡海陽町宍喰浦字宍喰
②立　地　河口部の独立丘陵頂部
③時　期　戦国期
④城主等　藤原元信
⑤遺　構　曲輪

【概要】宍喰川河口部左岸に位置し、宍喰浦の港津を直下に望む位置にある。北方約約五〇〇メートルに所在する祇園山城（宍喰北城）に対して、宍喰南城とも呼ばれる。宍喰浦は、『兵庫北関入船納帳』にも記載のある木材の積出港で、愛宕城は中世港津・宍喰を所管する阿波国最南端の海城である。

【立地】宍喰川左岸の標高二四メートルほどの独立丘陵に位置する。東西に流れる内陸水路である宍喰川と、城の東側を南北に走る土佐街道の結節点に位置し、木材の搬出などで中世段階から都市的な発展がみられたという宍喰浦を直近に望む立地である。

城跡周辺では砂岩製・花崗岩製の五輪塔・一石五輪塔など、中世に搬入されたと思われる石造物の集積が複数箇所で確認され、中世における流通の状況を知る手がかりとなっている。

【歴史と背景】『阿波志』に、宍喰浦塁として記載されている。戦国期の城主は藤原元信とされ、天正五年（一五七七）に長宗我部元親の侵攻により落城し、その後、元親の臣の野中國

城跡遠望

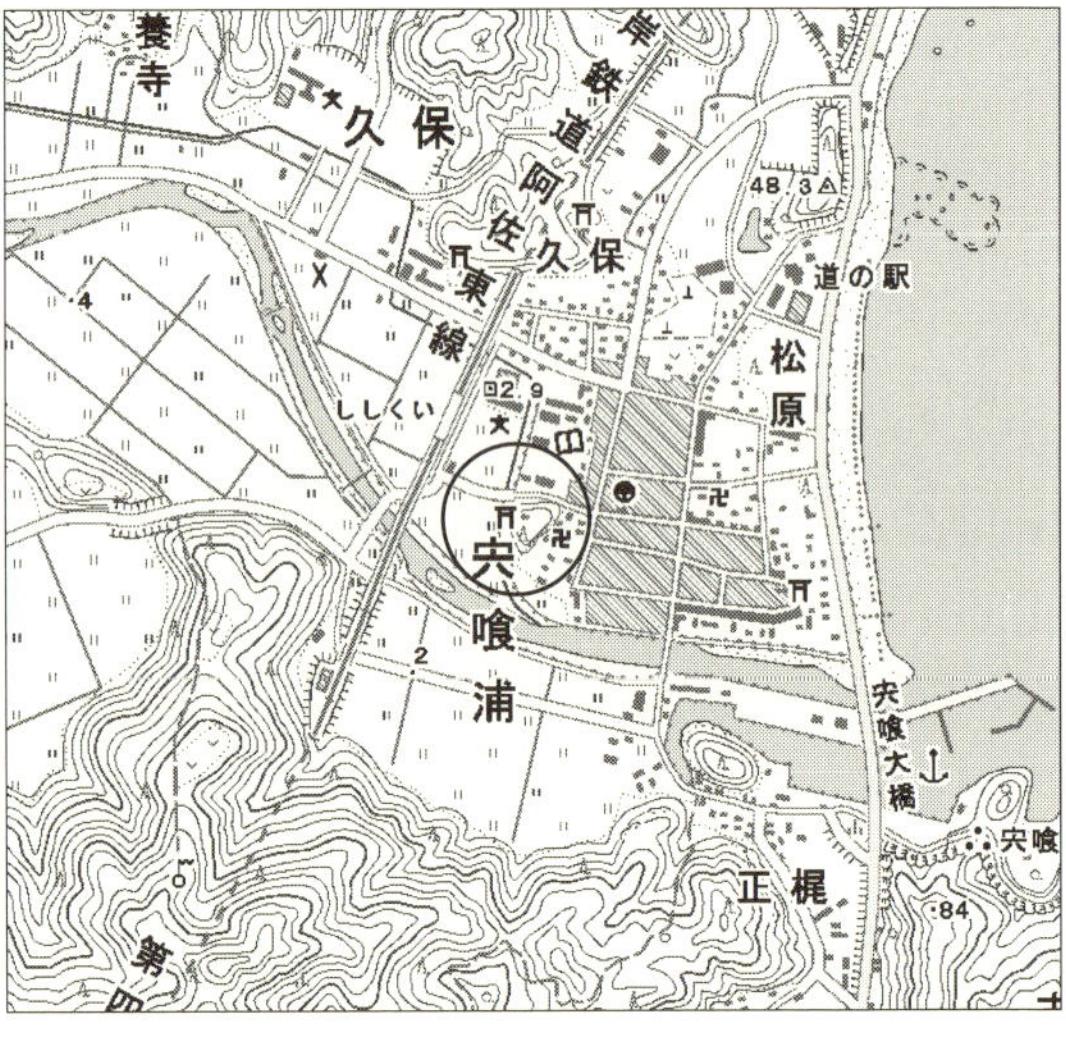

吉が守備したと伝えられる。

　また、『宍喰浦旧記』に「永正九年八月、洪浪入宍喰浦中不残流出、所城山へ逃上数十人也、南橋より向の町分不残流失」とあり、宍喰浦で永正期から一定の都市的な発展が見られたこと、津波に際し愛宕城が避難所として利用されたことがわかる。

愛宕城下に集積された五輪塔片

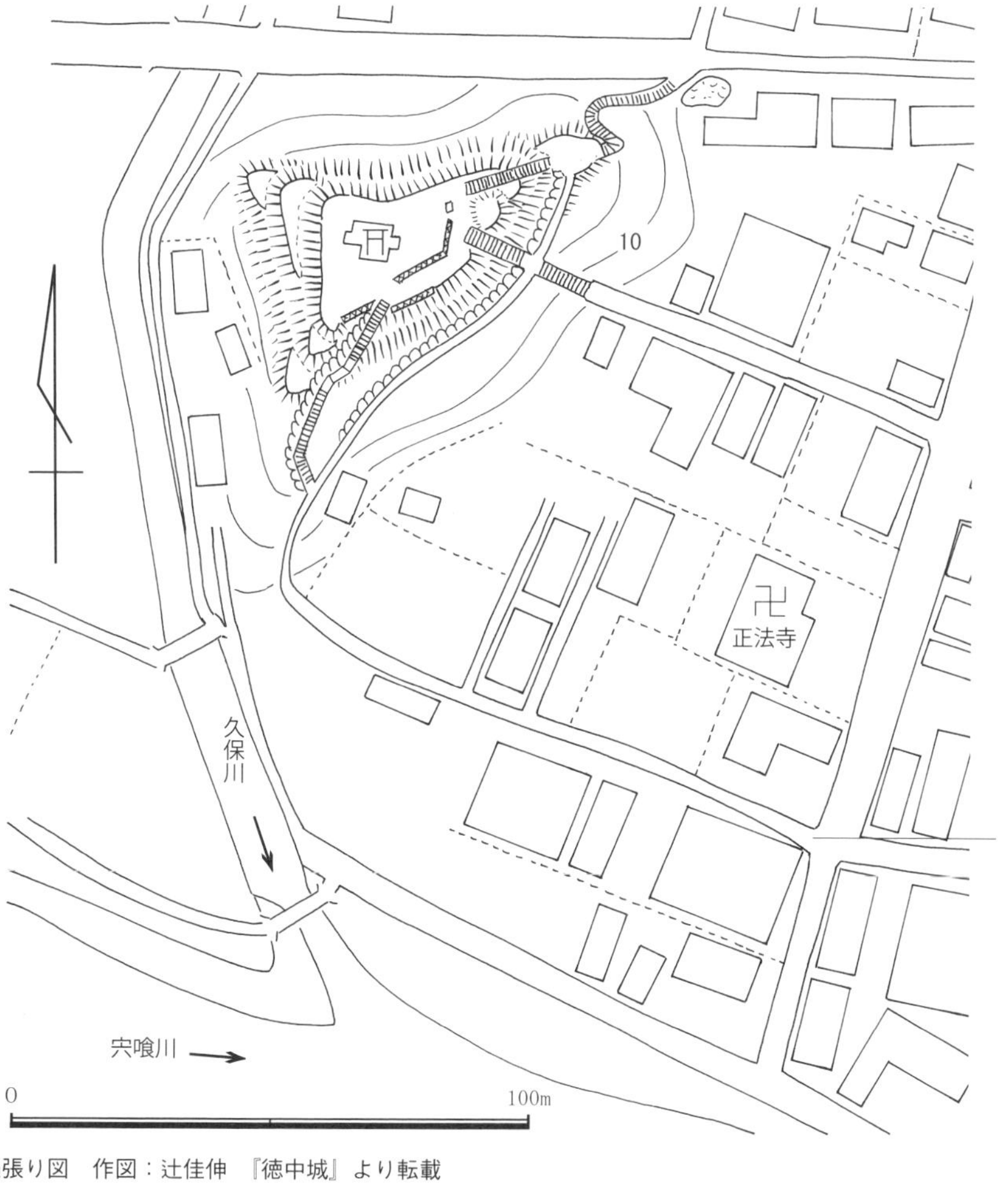


縄張り図　作図：辻佳伸　『徳中城』より転載

【構造と評価】　現状は、山頂部に愛宕神社が建てられ、祠の周囲は境内地となっている。境内地は東西三〇×南北二五メートルの規模で、主郭跡と推定される。縄張りは単純で、主郭とこれにともなう小曲輪からなり、主郭西側の斜面に腰曲輪的な小曲輪が二段、主郭北東に小規模な曲輪が付属している。

城跡は、現在も津波の避難所である。そのため、南・北と南東中腹に避難路の工事がなされ、遺構の一部が破壊されている。

以上のように、愛宕城は、平時では水陸交通路の監視機能を、戦乱・天災など有事に際しては避難所としての機能をはたしており、その役割は現在にも共通するものといえよう。

〈石井伸夫〉

愛宕城下、願行寺の石造物（山越阿弥陀来迎図）

# 第五章　三好本宗家と畿内の諸城

三好氏が畿内で勢力を伸ばすきっかけになったのは、細川京兆家の家督争いである。細川政元には実子がなく、公家の九条家から澄之、阿波守護家から澄元、野洲家から高国の三人の養子を迎えた。永正三年（一五〇六）に澄元が細川京兆家の養子になった際、三好之長は後見人として上洛し、摂津半国守護代となって勢力を振るった。之長は澄元・晴元を擁して京兆家の家督をめぐり高国と争ったが、最終的には高国に敗れ京都の百万遍で自害した。

之長の跡を継いだ元長は、晴元を擁して大永六年に阿波勝瑞から挙兵する。そして、翌年には足利義維《よしつな》をいただいて堺に上陸した。畿内では激しい政争が繰り広げられていたが、元長は山城下五郡守護代という重要なポストを手に入れた。しかし、天文元年（一五三二）、元長は本願寺の一揆勢に敗れ顕本寺で切腹、ともに畿内で活動していた千熊丸（のちの長慶）と千満丸（のちの実休）は阿波へ逃れた。

元長の跡を継いだ長慶は、翌年には本願寺勢と幕府の和睦を仲介し、畿内に復帰する。そして、以後一貫して畿内で活動する。このことから、三好氏は本宗家と阿波三好家に分かれていくことになる。本宗家は長慶に継承され、嫡子義興や養子の義継が跡を継いだ。

長慶は、天文八年には越水城に入り、守護代を務めていた下郡支配を進める。下郡の政治・経済・文化の拠点だった西宮を掌握することで下郡の国人や荘官層の編成を進め、細川晴元政権を克服していった。

そして、天文十八年には対立する足利義輝を京都から追放した長慶は、同二十二年には芥川山城に本拠を移し、この地から京都支配を行った。芥川山城は、かつて晴元が入京するまで政務を執っていた地であり、この地で裁許することにより長慶を畿内支配の公権力として認知させたという。

さらに、永禄三年（一五六〇）には飯盛城に拠点を移し、芥川山城は役割も含めて嫡子義長（のちの義興）に継承された。

織田政権下で一職支配が始まるが、これは長慶の地域支配の論理を踏襲したと位置付けられる。長慶が芥川山城に移った後、越水城は松永久秀に継承された。そして、久秀は「下郡一職」という地域支配者に任命され、長慶の代官として統治権的支配権を行使した。長慶は、越水城は下郡という地域支配レベル、芥川山城が畿内支配レベルの支配拠点と位置付け、領国経営の役割を果たさせたのである。

畿内では、こうした三好氏による新しい論理による地域支配が始まりつつあり、それぞれの城郭が地域完結性をもった地域支配の拠点になっていく。

〈重見高博〉

［参考文献］

天野忠幸『戦国期三好政権の研究』（清文堂出版、二〇一〇年）

西宮の町を望む三好政権の支配拠点

# 69 越《こし》水《みず》城《じょう》

①所在地　兵庫県西宮市桜谷町
②立　地　台地縁辺部
③時　期　戦国期
④城主等　瓦林氏・三好氏
⑤遺　構　地形

【概要】越水城は、台地の縁辺部に国人瓦林《かわらばやし》（河原林）氏が築いた城郭であり、天文八年（一五三九）には三好長慶が入城する。以降、三好長慶は摂津の都市や国人らの掌握を進め、当城は摂津西部の政治・軍事における中心城郭として機能した。

【立地】標高約二〇メートルの台地の南東縁辺に立地し、北は六甲連山の一画で山岳信仰の対象でもあった甲山に続く。北東約七〇〇メートル離れた場所には、朝廷からも古来の信仰を集める廣田神社が存在する。麓との比高差は約一〇メートルであり、約一キロ離れた西宮の町を望む位置にある。南の山麓を東の伊丹方面からの主要陸路が東西に通過し、そこから西宮へと続く直線道路が分岐している。*1

【歴史と背景】越水城は、永正十二年（一五一五）から翌年にかけ、摂津国人の瓦林政頼《まさより》（正頼）が築城した。瓦林氏は、越水城から東に約二・五キロ離れた武庫《むこ》郡瓦林（兵庫県西宮市）の国人で、瓦林城を構えたという。*2

政頼の動きについては『瓦林政頼記』（史籍集覧）が詳しく、「下郡ノ大名ト前ニ聞ヘシハ瓦林対馬守平正頼ト申セシ人ノ事ソカシ彼政頼ハ豊島里ニ常ノ宿所ハ存ナカラ城ナクテハ叶フマシトテ四里計西ニ武庫山ノ尾崎那太ノ内鷹ノ尾ヲ城郭ニソ構ラレケル」とある。*3

摂津国は東西に長く、戦国時代には京都に近い東側を上郡、西側を下郡（豊島《てしま》郡・川辺《かわべ》郡・武庫郡・兎原《うばら》郡・八部《やたべ》郡）と呼んだ。正頼は下郡を代表する国人で、豊島郡に居たという。瓦林氏の本拠

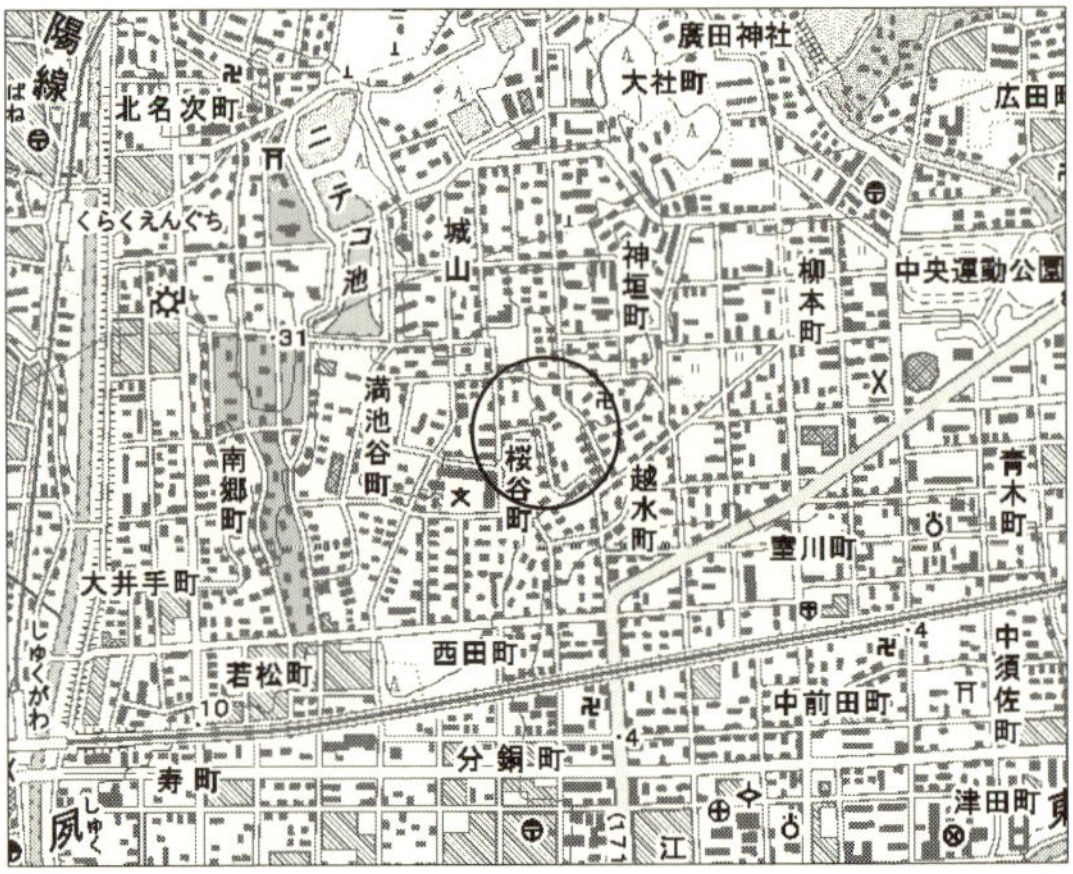


*1 「慶長十年摂津国絵図」には、越水城を含む五つの古城跡が描かれる。「夷宮」が西宮神社である。

*2 角田誠「瓦林城」（『日本城郭大系』第十二巻、新人物往来社、一九八一年）を参照。

*3 『瓦林政頼記』は、天文

は武庫郡だが、政頼は永正十年に守護細川高国の下で川辺郡の郡代をつとめ、[*4] 豊島郡でも同様の立場にあったのかもしれない。そして、永正七年に豊島から約一二キロ離れた灘《なだ》郷（越水より西の神戸市に至る地域）に、鷹尾城（兵庫県芦屋市）という山城を築いていた。

『瓦林政頼記』は、「鷹尾城ヲモ構ヘ又其東一里隔テ西宮ヨリ八町北ニ小清水トテ小山ノアルヲ家城ニ拵ヘ日夜只此営計也毎日五十人百人シテ堀ヲホリ壁ヲヌリ土居ヲツキ矢倉ヲ上ケレハ鍛冶番匠壁塗大鋸引更ニヒマコソナカリケリ加之透隙ニハ連歌ヲ興行シテ月次モアリケリ夜々ハ古文ヲ学ヒ道ヲ尋ケレハ実ニ文武二道ヲ嗜ム人ニテソ有ケル」とする。「家城」とは、戦時に使用する鷹尾城に対し、居城という意味なのだろう。継続する築城工事の様子とともに、文芸に通じた政頼の越水城での生活を彷彿とさせる。

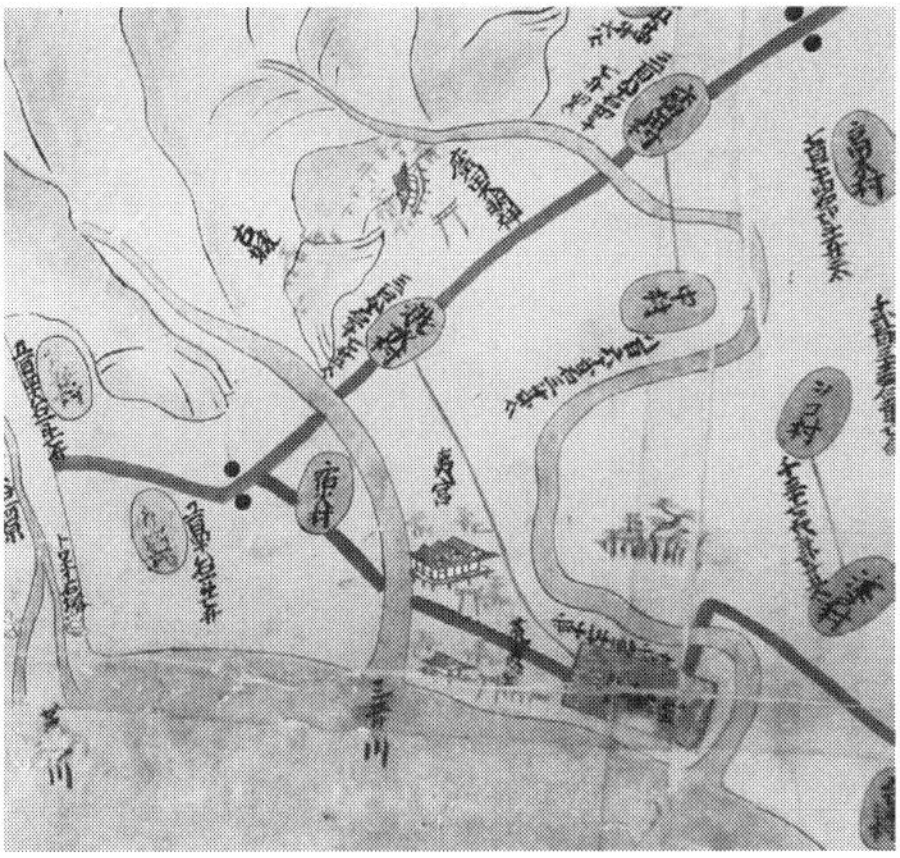

慶長十年摂津国絵図（部分）　西宮市立郷土資料館蔵
戦国時代の道や西宮との関係などがよくわかる

永正十六年、細川高国と対立する細川澄元が阿波から摂津に進出し、甲山の神呪《かんのう》寺（兵庫県西宮市）に陣を置いて、越水城を攻めた。政頼は籠城して高国も救援の軍を進めたが、翌年に城を離れ、城は落ちた。政頼の離脱は、城内の勢力が分裂したためとも推測される。[*5] しかし、政頼は澄元方に通じたとの嫌疑を受け、のちに京都で切腹した。

享禄四年（一五三一）、細川高国は、細川澄元の子・晴元の前に敗死し、直前に「河原林日向守」が戦死している。天文二年（一五三三）には、「河原林一揆衆」が晴元方の越水城を奪うが、反撃に

十六年（一五四七）の成立と考えられており、軍記物の中でも信憑性が高いと考える。和田英道「永正期を中心とする細川氏関係軍記考（一）書誌編」（『跡見学園女子大学国文学科報』十一、一九八三年）を参照。

*4　今谷明「摂津における細川氏の守護領国」（『兵庫史学』六八、一九七八年。後に同『守護領国支配機構の研究』に所収）。

大社小学校の前に立つ越水城の石碑。なお、城内東側の切岸沿いにもう一つの石碑がある

城郭東南部に取りつく城外からのスロープ状の道。城郭内外の高低差が良くわかる

あって撤退した（『細川両家記』）。

やがて、晴元の家中では三好長慶が台頭し、天文八年（一五三九）には摂津国人らを率いて晴元と対立した。結果、晴元は長慶と和睦し、長慶は越水城へと入る。三好氏は阿波国を本拠とするが、以降の長慶は阿波に帰ることはなく、守護代級の人物として摂津下郡で勢力を培った。[*6]

天文十七年に長慶は晴元に対して挙兵し、翌年の江口の合戦で晴元の勢力を駆逐した。そして、天文二十二年に将軍足利義輝を京都から追い、守護の本城たる芥川城（芥川山城跡。大阪府高槻市）へと移り、居城とした。以降、摂津下郡は、長慶家臣の松永久秀が支配し、兵庫津に近い滝山城（神戸市）という山城を構える。

ただし、弘治二年（一五五六）に来日した鄭舜功《ていしゅんこう》が記した『日本一鑑《にほんいっかん》』は、西宮を「摂津司牧居処」と記録しており、越水城を含めて摂津下郡の支配拠点だったのだろう。瓦林三河守や野間長久《ながひさ》、池田教正《のりまさ》ら周辺の中小国人は「越水衆」として編成されるようになり、三好義継の「若江三人衆」や松永久秀の配下として、次代の政権の中枢などで活動する勢力を輩出していく。[*7]

長慶の死後、永禄九年（一五六六）には松永久秀と対立する篠原長房が阿波から渡海し、攻撃の後に城へと入った。このとき、まもなく十四代将軍となる足利義栄も入城している。永禄十一年の足利義昭・織田信長の上洛後は、芥川城主となった義昭の家臣・和田惟政《これまさ》が翌年六月に摂津国内を巡検した際、入城している。[*8]

*5　越水城の構造や評価については、角田誠「越水城」（『ひょうごの城紀行』上、神戸新聞総合出版センター、一九九八年）を参照されたい。

*6　天野忠幸「三好氏の摂津支配の展開」（同『戦国期三好政権の研究』、清文堂出版、二〇一〇年）。なお、今谷明氏は三好長慶を摂津半国守護代とし、摂津西部の守護所を越水城、東部を芥川城（芥川山城跡。大阪府高槻市）とするが、天野氏が指摘するように、歴史性や後述の築城規模をふまえても、同等に扱うことは難しい。今谷明「畿内近国に於ける守護所の分立」（『国立歴史民俗博物館研究報告』8、一九八五年。後に*4今谷文献に所収）。

*7　*6天野論文

**【構造と遺構】** 越水城跡は宅地化が進み、地表面に遺構を認めることはできない。ただし、大正十二年（一九二三）の陸地測量部一万分一地形図から、城郭の構造が読み取れる。また、敗戦前の陸軍省の機関・本邦築城史編纂委員会による収集資料の控え『日本城郭史資料』（国立国会図書館保管）には、昭和十年頃に石割平三氏が作成した越水城の平面図が所収され、従来も紹介がなされてきた（以下、「石割図」）。「石割図」の構造は、先の地形図や現地形にも確認できるため、越水城の構造を考えるうえでの基礎資料となる。*9

「石割図」の城域は、約東西一〇〇×南北一四〇メートルである。北側に「伝天守台」とされる東西二〇×南北一〇メートルのマウンドがあり、城内側に段差があった。「石割図」では、一つの曲輪のように描かれるが、内部は区切られていたのだろう。北から西にかけては滞水した堀がめぐり、南西隅には、堀に沿って長さ五〇メートル以上の土塁が存在した。

この堀は南の開口部付近の地形が残り、幅は約二五～三〇メートルである。それ以外は、あくまで地表面の傾斜で確認するしかないが、開口部よりも幅は狭いようである。

大正十二年の地形図を見ると、堀が谷筋、「伝天守台」が尾根続きに対する施設に見えることから、越水城は尾根先に立地する山城のような印象を受ける。ただし、堀の平面形は台地に切り込む逆L字状であり、先の幅をふまえると、堀の大半は谷筋を利用したものではなく、台

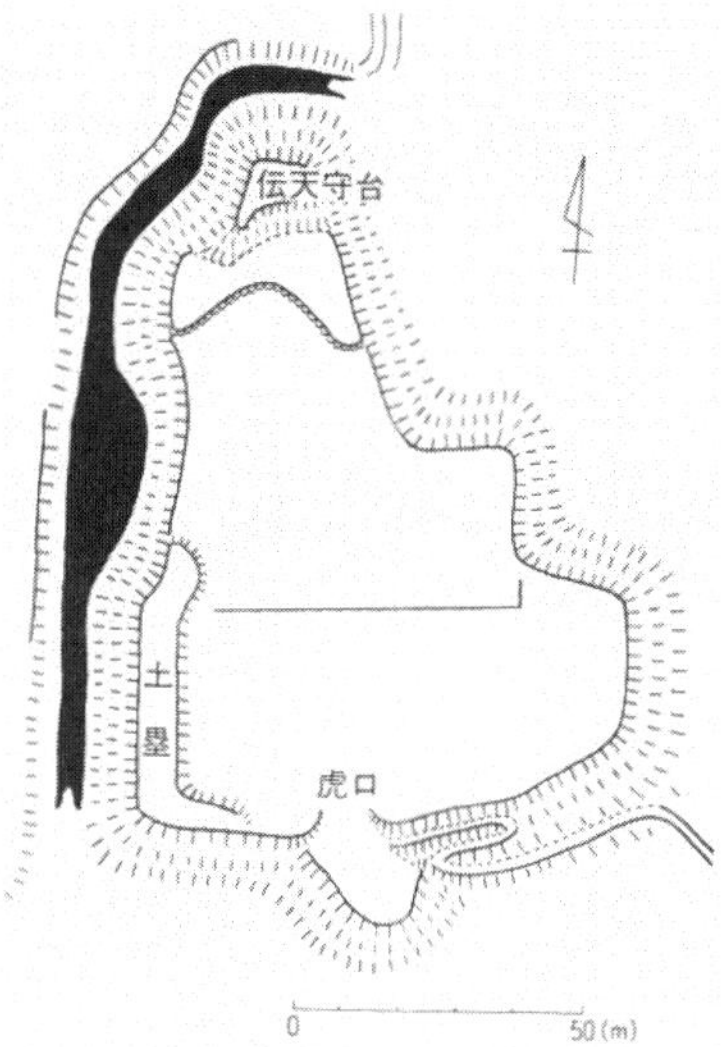

越水城図（石割図）＊5より　作図：石割平三（昭和10年頃）

*8 和田惟政の動きについては、中西裕樹「高槻城主 和田惟政の動向と白井河原の合戦」（『しろあとだより』7、高槻市立しろあと歴史館、二〇一三年）。

*9 角田誠「越水城」（『日本城郭大系』第十二巻、新人物往来社、一九八一年）や、*5で紹介されている。本邦築城史編纂委員会の調査については、中井均「本邦築城史編纂委員会と『日本城郭史資料』について」（『中世城郭研究』7、中世城郭研究会、一九九三年）を参照されたい。

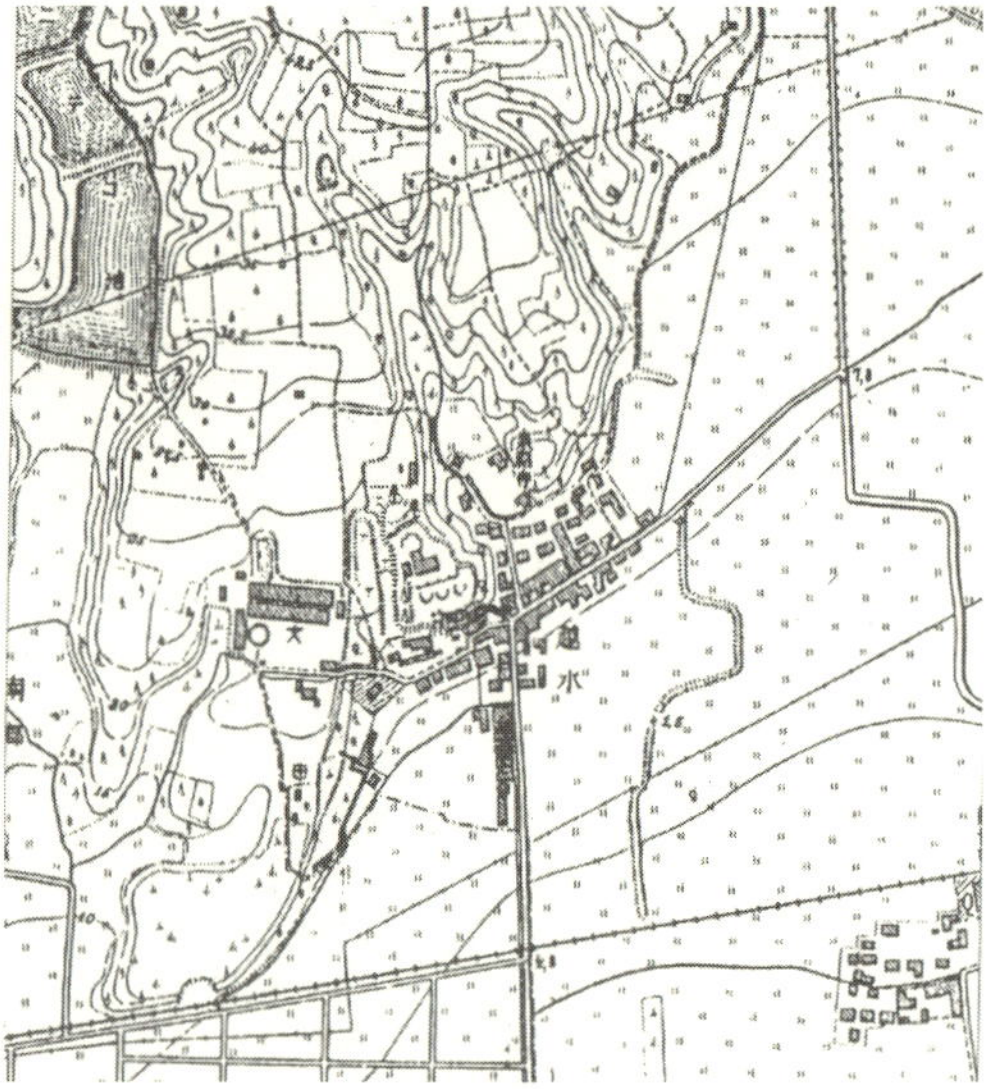
陸地測量部一万分一地形図の越水城周辺　（「西宮北部」部分）大正 12 年

地の縁辺部に巨大な館城を構築するために、わざわざ掘削されたものだろう。*10

『瓦林政頼記』には、「鷹尾城ニハ与力鈴木与次郎ヲ城掛トシテ其外可然士卒守之小清水ノ頂本城ニハ軒ヲ並テ作リ広ケテ正頼常ノ居所トス外城ニハ子息六郎四郎春綱ヲ始トシテ同名与力被官棟ヲ並テ居住ス其外居余タル家人トモハ大略西宮ニ居ス」との記述がある。越水城の「本城」に政頼の屋敷があり、「外城」に一族と与力、被官、西宮に家人が居住したという。ここから、城には「本城」「外城」という別の空間があったと想定できる。

「本城」は、「石割図」の範囲と重なるとみられ、「外城」には、大正十二年の地形図にみえる南の山麓の水路で囲まれた範囲が想定されている。水路は、越水集落の東から南に折れを伴いながら約四五〇メートル伸び、さらに西へ屈曲した後、北側に折れて城の麓に至る可能性があるという。また、「城ヶ堀」の地名が残り、永正十七年（一五二〇）の攻城時の、「中村口へ取懸、木戸逆茂木を切落し内へこみ入」という『細川両家記』の記述との関連が指摘されている。*11

「外城」が集落を含む場合、構造は惣構《そうがまえ》となるが、地形図に見る内部の大半は田地である。摂津下郡では、国人池田氏の池田城（大阪府池田市）が台地縁辺部に約六〇×一〇〇メートルの主

*10　堀外側の西宮市立大社小学校で行われた発掘調査では、中世末期～近世初頭の遺物が出土した。周辺と城郭部には大きな高低差が無く、外郭が広がっていた可能性がある。ただし、溝などの遺構は一七世紀が中心年代であり、遺構が未検出の調査区もある。外郭は空閑地を含む場合もあり、今後の調査が期待される。合田茂伸『越水山遺跡発掘調査報告書Ⅱ』（西宮市教育委員会、一九九二年）。

*11　浅岡俊夫「有岡城における既往の調査と二・三の考察」（大手前女子学園有岡城跡調査委員会編『有岡城跡・伊丹郷町Ⅰ』、一九八七年）。

*12　中西裕樹『大阪府中世城館事典』（戎光祥出版、二〇一五年）。

*13　天野忠幸「摂津における地域形成と細川京兆家」（*6天野論文）。

郭を設け、幅約二六メートルの堀を台地側にまわす。そして広大な外郭を構築するが、堀の囲郭は台地上で完結し、麓の池田の町とは別の構造となる。畿内では、国人クラスの城郭に同様の立地・構造の特徴を持つ事例が多く、河内守護の畠山氏による高屋城（大阪府羽曳野市）にも共通する。*12 摂津下郡において、惣構が成立した有岡城（兵庫県伊丹市）の構造は、主郭を台地縁辺部に設け、堀の囲郭は台地上に収まっていた。

【評価】越水城は、麓に「外城」が比定できる前提で、西宮と一体的な空間と理解されている。*13 しかし、他の事例をふまえると、城郭の空間は、台地上で完結した可能性が高い。台地の縁辺部に切り込む構造や、最も西宮に近い地形的高所での立地は、空間の一体化ではなく、強く西宮の住民に対する視角を意識した築城主体の姿勢を示す。西宮から城を見た場合、甲山や廣田神社という信仰の対象と同一の視野に収まることにも意味があるのだろう。*14『瓦林政頼記』では、被官は外城、家人は西宮に居住したとする。被官と書きわけられる家人とは、正頼に従う西宮の町人らなのかもしれない。

『瓦林政頼記』では、政頼の越水築城の前に細川高国の芥川築城の記事を載せ、のちに城には摂津国人の能勢《のせ》氏が入る。同時築城と国人の在城という点で、両城と高国の摂津支配は重なる。*15 ただし、芥川城では「昼夜朝暮五百人三百人之人夫」が動員され、「毎日五十人百人」の越水城とは規模が異なる。台地上の築城という立地とあわせ、そもそもの越水城は守護の意向を受けつつ、国人瓦林氏の城郭という性格が強いものと考える。*16

〈中西裕樹〉

城郭東側で切岸が屈曲すると思われる地点

*14 城郭と信仰の場との関係は、齋藤慎一・中井均『歴史家の城歩き』（高志書院、二〇一六年）を参照されたい。

*15 *13論文。

*16 摂津下郡の城郭の性格などは、中西裕樹「摂津西部の山城—鷹尾城の築城と滝山城の構造をめぐって—」（『愛城研報告』20、愛知中世城郭研究会、二〇一六年）を参照願いたい。

西側堀の開口部から城内方面を見る

多くの攻城戦を経験した畿内の政庁

# 70 芥川山城《あくたがわさんじょう》

①所在地　大阪府高槻市原
②立　地　山頂及び周辺尾根・谷部分
③時　期　戦国期
④城主等　細川京兆家・三好氏・和田氏等
⑤遺　構　曲輪・土塁・竪土塁・堀切・石垣等

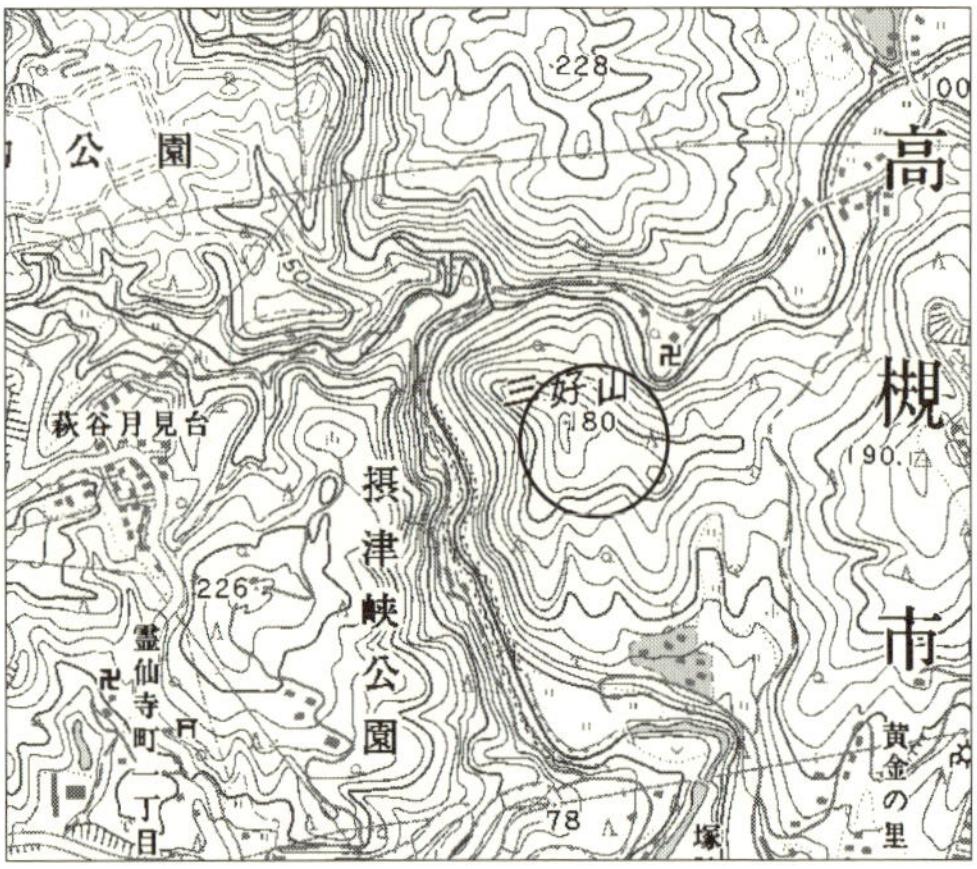


【概要】摂津国最大の山城である。摂津・丹波守護の細川京兆家が整備し、天文二十二年（一五五三）には三好長慶が入城した畿内を代表する山城である。*1

【立地】大阪平野を望む標高一八二・六九メートルの三好山（城山）に立地し、背後には丹波国へと至る北摂《ほくせつ》山地が広がる。山麓との比高は約一一〇メートルで、北・西の山裾は芥川という河川が流れる峡谷となる。東には、標高約一九〇メートルの帯仕山《おびしやま》が迫り、その間の谷地形を丹波方面へと至る道が通過している。

【歴史と背景】芥川山城は、永正十二年（一五一五）から翌年にかけて、幕府管領で、摂津・丹波守護である細川京兆家の細川高国が築城した。『瓦林政頼記』には、「当国ニ可然城郭無テハ不可叶トテ、国守ハ上郡芥川ノ北ニ当リ、可然大山ノ有ケルヲ城郭ニソ構ヘラレケレ、昼夜朝暮五百人・三百人ノ人夫、普請更ニ止時ナシ」とある。

背景には、敵対する細川澄元が阿波国におり、高国（「国守」）は上洛に向けた軍事行動に備える必要があった。城には配下の摂津国人・能勢氏が置かれ、連歌などの文芸が催される場となった。以降の細川京兆家、三好氏の動向と城の役割についてはすでに多く論じられているので、ここでは城をめぐる合戦の歴史を中心に取り上げる。*2

大永六年（一五二六）、細川高国は香西元盛《こうざいもともり》を殺害する。これをきっかけに、丹波波多野《はたの》氏らが挙兵し、高国方は攻撃に失敗する。そして翌年、呼応した細川澄元の子・晴元の勢力が阿波か

*1　当時の芥川山城は「芥川城」と呼ばれた。芥川山城と呼ぶのは、平地の芥川城跡との混同を避けるためである。細川京兆家は、以前に約三・五キロ離れた西国街道の芥川宿近辺に城を整備していた。ただし、この城跡は確認できていない。

*2　小文では、過去に述べることができなかった芥川山城の歴史や研究史との接点を取り上

ら侵攻するなか、高国方は桂川の戦い（京都市）で波多野氏らに敗れた。このとき、山崎城（京都府大山崎町）にいた高国方の摂津守護代薬師寺《やくしじ》氏は敗退し、「芥川城・太田城・茨木城・安威・福井・三宅城悉く方々へ落行」とされる（『細川両家記』）。このなかには、摂津国人が築いた城が含まれ、大規模な合戦のなかで、京兆家の芥川山城と連動して機能していたことが示唆される。*3

やがて高国に代わった細川晴元は、一向一揆や京都の法華一揆などの諸勢力が交錯する中、芥川山城を居所に天文二〜五年（一五三三〜一五三六）の大半を過ごした。このため、公家の山科《やましな》家などでは、家礼《けらい》を下向させて晴元の奉行人から奉書を入手している。

城跡遠望　南側山麓から見上げる

天文八年、晴元の家中で台頭した三好長慶は、河内十七ヶ所（大阪府守口市）の所領を要求し、閏六月に摂津国人らを率いて上洛した。七月に晴元は長慶と和睦し、長慶は越水城（兵庫県西宮市）に入るが、長慶と入れ替わって晴元方の近江守護六角《ろっかく》氏の軍勢が上洛する。このとき、長慶は芥川山城を掌握しており、九月に六角氏被官の永原氏と進藤氏が芥川山城を受け取った（『親俊日記』）。長慶の侵攻に対し、将軍足利義晴は自らが押し留めようとし、晴元は洛北の高雄《たかお》に難を避けている。長慶は「守護所」たる芥川山城を一時、奪い取っていた。

つづいて晴元は、天文十年に家臣で河内・大和国を影響下に置く木《き》沢《ざわ》長政《ながまさ》と対立する。晴元は十二月に芥川山城に入り、翌年三月に長政は河内守護代遊佐《ゆさ》長教《ながのり》や三好長慶らの軍勢に太平寺（大阪府柏原市）で討ち取られた。*4 天文十二年に細川氏綱・遊佐長教が和泉国で蜂起した際も、晴元は芥川山城に入っている（『多聞院日記』）。

---

げることを意図した。中西裕樹「芥川山城」（仁木宏・福島克彦編『近畿の名城を歩く 大阪・兵庫・和歌山編』、吉川弘文館、二〇一五年）、同『大阪府中世城館事典』、戎光祥出版、二〇一五年）を参照願えれば幸いである。

城跡より。左が河内・大和国境の生駒山地、右が大阪市内

天文十五年には、再び細川氏綱と遊佐長教が挙兵し、芥川山城は奪われた（『細川両家記』）。翌年に晴元方は反攻に転じ、五月に晴元は薬師寺元房《もとふさ》が籠もる城を攻撃する。やがて城は明け渡され、長慶の妹婿の芥川孫十郎が入城した。*5 ただし、同十八年五月に三宅城（大阪府茨木市）から敵対する香西元成《もとなり》が軍勢を動かした際、城からは三好長縁（長逸）が出撃し、西河原（同前）で討ち破っている（『細川両家記』）。そして、六月の江口の戦い（大阪市東淀川区）で、長慶の軍勢は晴元方に勝利した。

天文二十二年に晴元方の動きが活発となり、七月三日に長慶は、対立した芥川孫十郎の芥川山城への攻撃を開始した。『細川両家記』には、「長慶衆、芥川城東の方を帯し山へ陣取給ふ也」とあり、城の東の帯仕山には、このときの陣城遺構が残る。

長慶は京都方面で将軍や晴元方に勝利を収め、八月二十二日に芥川孫十郎の兵糧が限界となった。城は長慶に渡され、子の義長（興）も晴元の子・聡明丸（のちの昭元《あきもと》）を伴い、以前に長慶が居城としていた越水城から入城した（『細川両家記』）。同年九月三日、長慶は、早速この城を起点とし、丹波波多野氏攻めを行っている。そして、永禄三年（一五六〇）に飯盛城（大阪府四條畷市・大東市）に移るまで、この城を拠点とした。*6

永禄十一年九月、足利義昭と織田信長は、芥川山城を攻撃した。細川昭元・三好長逸らが籠城したが、やがて退城し、畿内を掌握した後に義昭と信長は上洛した。以降は、義昭家臣の和田惟政が城主となるが、翌年には高槻城を取り立てている。芥川山城の機能は、停止していったのだろう。

**【構造と遺構】** 城域は東西約五〇〇×南北約四〇〇メートルであり、構造は大きくⅠ～Ⅲのエリアに分かれた連郭式山城である。城からの眺望は平野部に対して優れる一方、千里《せんり》丘陵以西の摂

---

*3 『細川両家記』の「福井」とは、文明十五年（一四八三）に蓮如が遠望した「福井ガ城」に該当する可能性が高い（『有馬道の記』）。

*4 公家の山科言継によれば、西国街道の芥川率分所（関所）を薬師寺与一が天文十年以来、違乱していた。『高槻市史』では、芥川山城には薬師寺氏がいたと推測している（三浦圭一「細川晴元政権下の高槻地方」『高槻市史』本編Ⅰ、一九七七年）。

*5 『細川両家記』には「芥川孫十郎受取申され本望也」とある。芥川氏は、以前から三好氏と一族化していた。中西裕樹「戦国期の摂津国人・芥川氏について」（『しろあとだより』3、高槻市立しろあと歴史館、二〇一一年）を参照。

*6 今谷明氏は、三好長慶を摂津半国守護代とし、摂津西部の守護所を越水城、東部を芥川山城とするが、天野忠幸氏が指摘するように同等に扱うことは難しい。今谷明「畿内近国

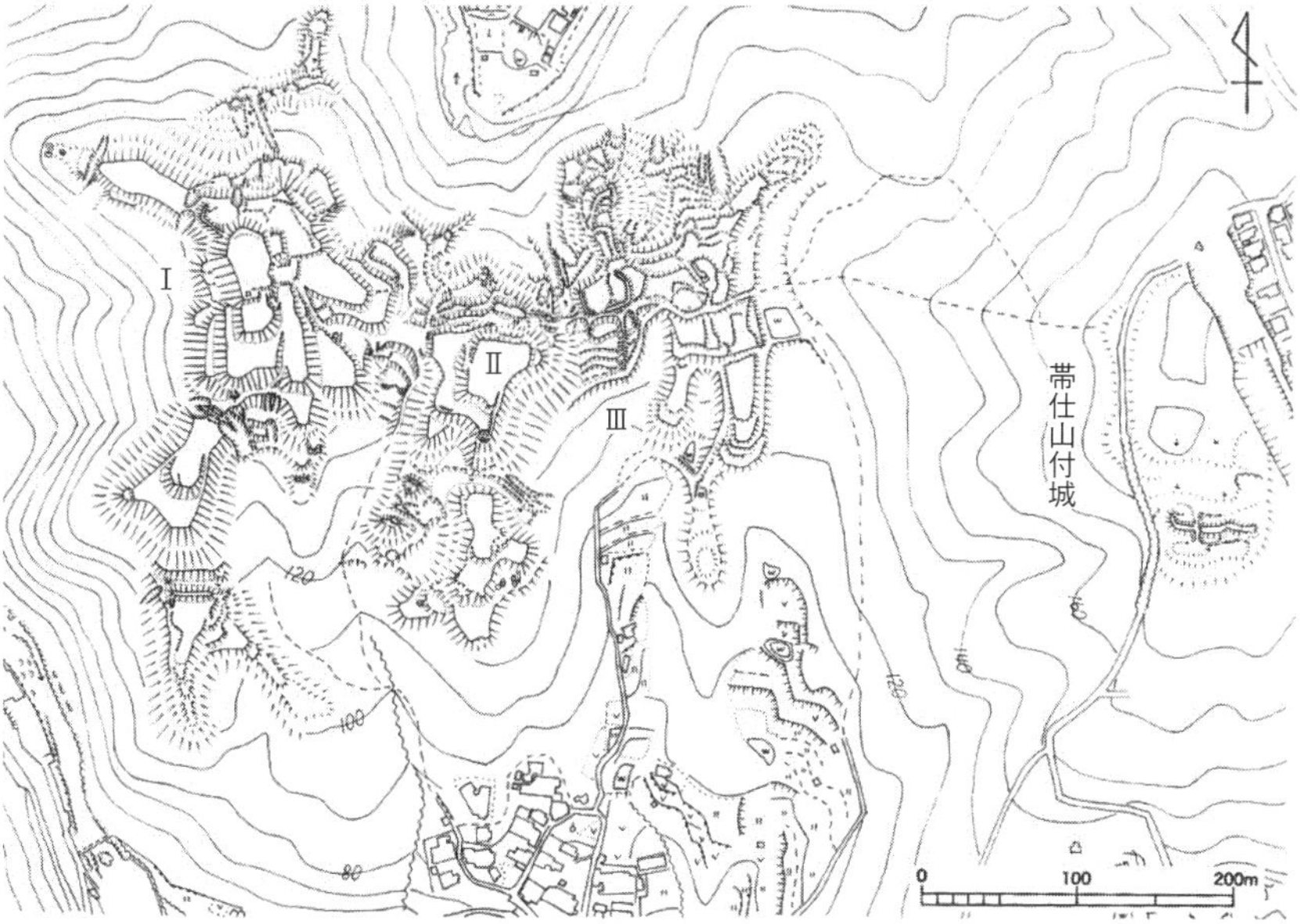


芥川山城跡　概要図　作図：中西裕樹

津国、京都方面には見通しが効かない。

最高所のⅠが主郭で、対置するピークにⅡが所在し、五〇メートルに近い長辺を持つ、まとまった面積を持つ曲輪が複数存在している。Ⅰ・Ⅱ間の南面の谷筋には、高さ三メートル以上の城内でももっとも大規模な石垣があり、麓からの道を登城する人々に見せるという意識がうかがえる。*7 おそらく大手に比定できるだろう。

Ⅲは、土塁囲みの曲輪と竪土塁、粗雑な平坦地群で構成される。城内よりも標高が高い帯仕山に近く、Ⅱとは大規模な堀切を隔てる。狭義の城内はⅠ・Ⅱであり、Ⅲは臨時性と軍事性が強いエリアと評価できる。

三好長慶が在城した天文二十三年（一五五四）には、山城国乙訓《おとくに》郡上植野村（京都府向日市）と今里村（同長岡京市）の用水相論が城内で裁定され、永禄二

に於ける守護所の分立」（『国立歴史民俗博物館研究報告』8、一九八五年。後に同『守護領国支配機構の研究』に所収）、天野忠幸「三好氏の摂津支配の展開」（同『戦国期 三好政権の研究』、清文堂出版、二〇一〇年）。本書の中西裕樹「越水城」を参照。

*7　近年、飯盛城でも石垣が注目されている。中井均「飯盛山城の構造と歴史的位置」（仁木宏・中井均・中西裕樹・NPO法人 摂河泉地域文化研究所編『飯盛山城と三好長慶』、戎光祥出版、二〇一五年）。

主郭現状

年（一五五九）には、近隣の郡家村と真上村の水論が裁許された。弘治二年（一五五六）には清原枝賢《きよはらのえだかた》が儒学を講じ、同年には連歌会も催される。永禄六年（一五六三）八月には、死の床についた三好義興に対する招魂祭が実施された（『兼右卿記』）。

細川晴元以来、芥川山城には、畿内を掌握する権力による政治・文化・宗教の場として、それにふさわしい施設が存在したと思われる。晴元の時代は、摂津守護代家の薬師寺氏や三好氏一族の芥川氏らが在城し、三好段階でも細川昭元の姿がみえる。理由や因果関係は明らかにできないが、特定の城主が維持する城郭ではなく、細川京兆家に由来する畿内の政庁として維持されたのだろう。

Ｉ・Ⅱ間の谷筋に残る石垣

Ｉの主郭で実施された発掘調査では、東西六・五七メートル以上、南北三・九メートル以上の礎石建物が検出された。平面は、床を張った四つ以上の部屋があり縁が廻る。主殿相当の建物と考えられ、主郭の北端に位置し、南は空閑地だった可能性が高い。[*8] また、弘治二年（一五五六）正月に三好義興や松永久秀の「陣所」が火事に遭った際、城内には醍醐寺（京都市）の金剛輪院殿御厨子所《みずしどころ》の建物が移築されており、[*9] 城における施設を想像させる。

城には、松永久秀ら政権中枢の人々が常住していた。山麓に直接的な城下町の痕跡が見出せないため、彼らが居住する屋敷地は城内に存在した可能性が高い。ただし、地表面を見る限り、曲輪の形状は自然地形に即しており、屋敷地の区画をうかがえない。また、城主や家臣に関わる寺院なども、城郭周辺には存在していない。

---

＊8　橋本久和「Ｖ　芥川山城」（『嶋上遺跡群18』、高槻市教育委員会、一九九四年）。

＊9　『厳助往年記』には「正月朔日寅刻、芥河城火事、三好千熊松長弾正已下陣所数宇火事、大曲事在之云々、（略）同月十一日、金剛輪院殿御厨子所、松長弾正芥河江引之、火事之跡之云々」とある。

**【評価】**　近江守護六角氏の観音寺城（滋賀県近江八幡市）や播磨守護赤松氏の置塩城（兵庫県姫路市）、能登守護畠山氏の七尾城（石川県七尾市）などの大規模な戦国期山城では、曲輪の形状、あるいは小規模な土塁（築地の基礎）などで、区画が設定され、庭園の存在なども確認されている。芥川山城は政庁機能を評価する一方、これら山城との差異から権力の性格を論じる必要がある。[*10]

　また、芥川山城の築城について、『不問物語』には「国守ハ上郡芥河之北ニ当テ自昔勝手（カツテノ）明神ヲ奉勧請ケル。太山有可然散所也。名詮又目出シトテ、昼夜朝暮五百人三百人之人夫ニテ普請要害止時ナシ」と記される。[*11]

　永正十二年（一五一五）以降の築城に際し、細川高国（国守）は勝手明神を祀る「散所《さんじょ》」の「太山」をめでたいとした。勝手明神の社は今も城跡近くにあり、「慶長十年摂津国絵図」には城跡の近くに「上寺村」がみえる。山麓は三方向が巨岩の露頭する芥川の渓谷であり、「散所」とは、何らかの境界や寺社関連の人々の居住を指すのかもしれない。近年、城郭研究では霊地と城郭との立地関係に注目しており、今後の芥川山城への一視点にもなるだろう。

〈中西裕樹〉

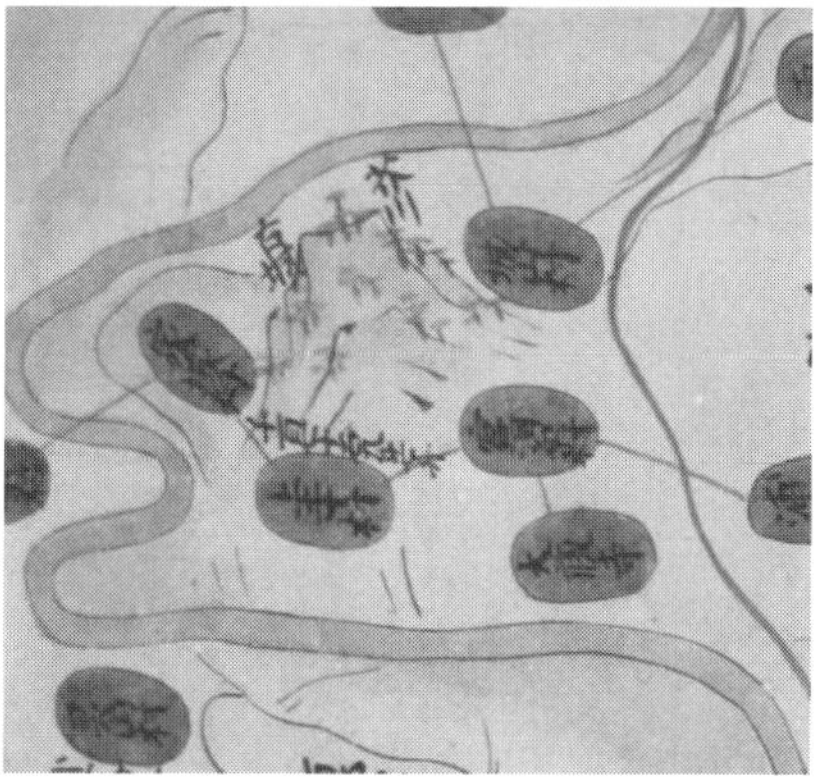

上：山麓の「摂津峡」と呼ばれる渓谷　下：慶長十年摂津国絵図（部分）西宮市立郷土資料館蔵

＊10　この点については、別稿「戦国時代の山城にみる権力の姿―信仰・政治・文化と構造―」を用意している。

＊11　『不問物語』は続けて「折節、出雲之国住人馬木伯耆守繁綱、西国一之要害之上手也。任彼意見、屏鹿垣ヲ緒堀ヲ堀陣屋ヲ被造、櫓ヲアケ同木石弓惣而構へ之為体、以言難宣」と記す。『不問物語』は、永正十四年（一五一七）～十六年の成立と考えられており、遠国から築城の技術者を招いたこと、当初の城の様相など興味深い。末柄豊「『不問物語』をめぐって」（『年報三田中世史研究』15、二〇〇八年）を参照。

**大阪府で最大級の三好長慶の城**

# 71 飯盛城《いいもりじょう》

①所在地　大阪府四條畷市大字南野・大東市大字北条
②立　地　飯盛山山頂
③時　期　戦国期
④城主等　木沢氏・畠山氏・安見氏・三好氏・遊佐氏
⑤遺　構　曲輪・堀切・竪堀・畝状空堀群・土塁・土橋・石垣

【概要】　戦国時代末期に河内・大和・山城・摂津・丹波・播磨・阿波・伊予・讃岐・淡路を支配した戦国大名三好長慶が居城とした山城で、大阪府下でも最大級の規模である。木沢長政や畠山氏・安見《やすみ》宗房《むねふさ》などの居城であったが、三好長慶が芥川山城から拠点を移した頃に大規模改修が行われた。また、永禄・天正年間に河内キリシタンが繁栄していく契機となった中心地でもある。

城跡航空写真　北西より

【立地】　大阪府の北東部を南北に連なる生駒山の北にある標高約三一四メートルの飯盛山の山頂に所在し、北は四條畷市、南は大東市に属している。規模は、南北約六五〇×東西約四〇〇メートルである。

城の南には、東西に古堤《ふるづつみ》街道が河内から大和へ通じ、北には清滝《きよたき》街道が同じく東西に河内から大和へ通じており、西側眼下には河内を南北に走る東高野《ひがしこうや》街道が京へ通じている。また、その街道の西には宣教師が「湖」と表現した深野池が広がり、そこから当時の大和川をかいして堺などの都市へと通じている。このように、水陸運の要衝の地に接した場所に位置して

＊城名については、これまで周知の埋蔵文化財包蔵地として四條畷市では『飯盛山城跡』、大東市では『飯盛山城遺跡』と登録していたが、城の名称としては古文書等に記されている『飯盛城』とし、遺跡名としては『飯盛城跡』に統一した。

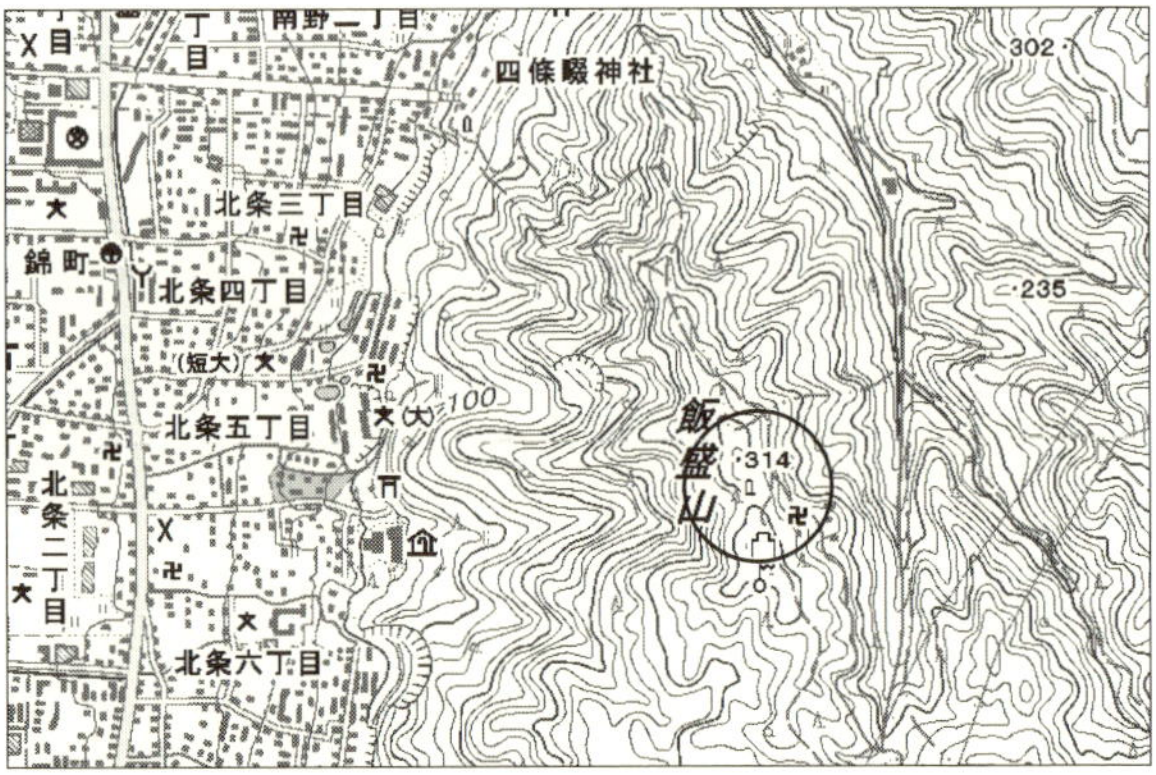

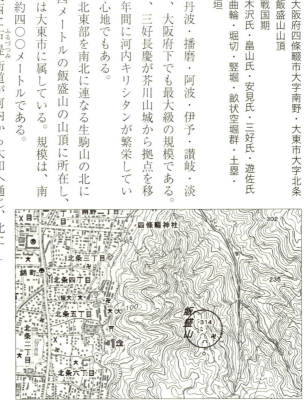

いる。また、城からは統治下にあった河内・摂津・播磨方面はもとより、京や淡路島まで見渡せる。

【歴史と背景】『太平記』にある正平三年（一三四八）の楠正行《まさつら》軍と高師直《こうのもろなお》軍との四条縄手《しじょうなわて》合戦の記事中に、「南朝方の恩地左近太郎が飯盛城に立てこもり、細川頼之軍に対し防御した」と記されているのが初見である。このときの飯盛城は、臨時的な砦と考えられており、本格的に居城としたのは木沢長政である。彼は天文期に活躍した武将で、さまざまな功績により勢力を伸ばしていくが、天文十一年（一五四二）の河内太平寺の戦いで遊佐長教・三好長慶軍に敗死することとなる。

木沢氏滅亡後、河内守護畠山高政の家臣である安見宗房が入城するが、永禄元年（一五五八）、高政と不和になり、彼を紀伊に追放する。そこで永禄二年、三好長慶は高政を援護し宗房を大和へ敗走させるが、長慶が河内に進出してくることを恐れた高政は、宗房に与して再び飯盛城に入城する。それに憤慨した長慶は、高政が拠る高屋城（羽曳野市）を包囲し、宗房軍を堀溝（寝屋川市）で破り、宗房は永禄三年十月に高政とともに堺から紀伊へ敗走した。

長慶は、これらの勝利で畠山氏の本拠地の河内を奪って畿内支配をはかり、永禄三年十一月十三日、芥川山城（高槻市）から飯盛城へ拠点を移す。そして長慶は、飯盛城を居城として大規模改修し、河内・大和・山城・摂津・丹波・播磨・阿波・伊予・讃岐・淡路を支配する戦国大名となる。永禄七年、長慶は飯盛城内において四十三歳で病死するが、喪は二年間

城跡遠望

城跡より河内平野を望む

城跡より京方面を望む

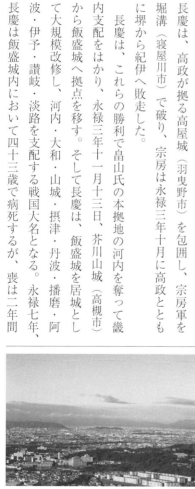

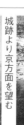

堀切　御体塚曲輪北側

伏せられ、御体塚曲輪《ごたいづかぐるわ》に仮埋葬されたと伝わっている。その後、三好家の三人衆が継嗣の義継を補佐するが、三好家家臣の松永久秀と意見が合わず、戦いを繰り広げていくこととなる。そして、永禄十一年に織田信長が入洛し、摂河を平定していくなかで、天正四年（一五七六）、信長軍に攻められ落城して廃城となる。

なお、永禄六年、長慶は飯盛城下でのキリスト教の布教を宣教師に許可し、城内において、二度にわたり家臣の七十三名が洗礼を受けている。これを契機として、三好家臣で飯盛城下の岡山・砂（四條畷市）を拠点とした結城弥平次（ジョルジ・結城山城守の甥・岡山の領主結城ジョアンの後見人）や深野池に浮かぶ島の三箇《さんが》（大東市）を拠点とした三ケ伯耆守頼照（サンチョ・三箇城主）、池田丹後守教正（シメアン・のちの若江城主）、伊智地文大夫（パウロ・烏帽子形城主）、三木判大夫（三木パウロの父）、庄林コスメ（長慶・のちに義継・羽柴秀次の秘書）といった「河内キリシタン」が活躍し、砂・岡山や三箇には荘厳な教会が建てられ、水運や陸運を利用して宣教師も頻繁に訪れた。長慶がキリスト教に寛容だったのは、その教義に加えて、宣教師や家臣からの情報入手や経済活動などにその理由があったのではないだろうか。

この城については、これまで中井均氏や中西裕樹氏などにより縄張り図が作成されてきたが、曲輪の位置をより正確に都市計画図に合成するため、中井均氏の指導の下、GPSを活用した測量を平成二十五年に四條畷市教育委員会と大東市教育委員会が共同で実施した。

鳥瞰図　西より

御体塚曲輪

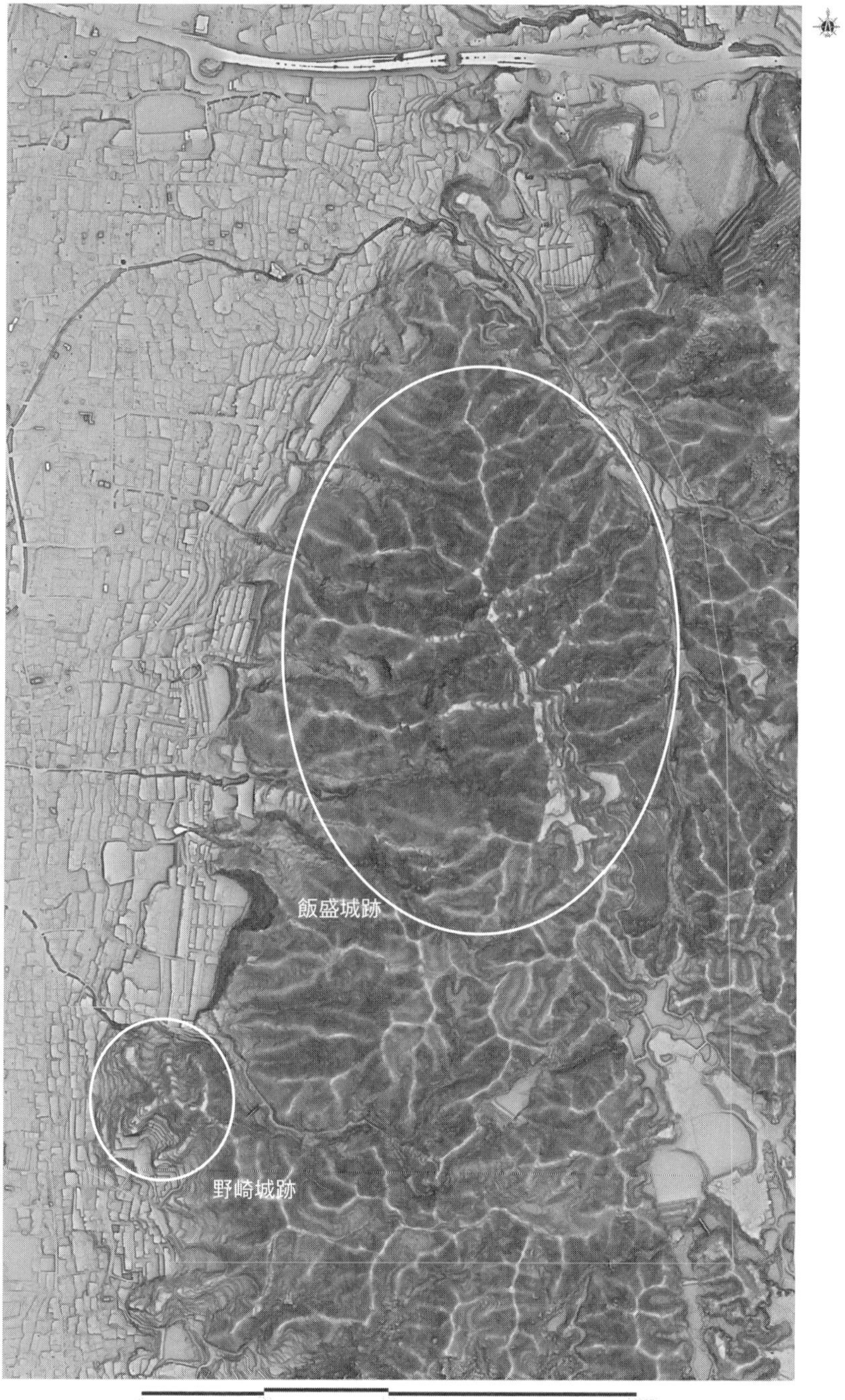


赤色立体地図　四條畷市教育委員会・大東市教育委員会作成

石垣（御体塚曲輪の東側）

平成二十八年度には、新たに両市で航空レーザー測量による赤色立体地図を作成し、これまでわからなかった新たな曲輪などが判明してきている。

城の特徴としては、第一に瘦せた南北の稜線上に主要な曲輪を配置し、それらはピークごとに大きく三つに分けられることである。北のピークは御体塚曲輪と呼ばれているもので、その周囲には石垣が多くみられる。中央のピークには高櫓曲輪といった中心的なものが配置されている。南のピークは千畳敷曲輪と呼ばれる城中でもっとも広い地域である。おそらく居館などが設けられていた場所で、宣教師の書簡にある教会もここにあったと思われる。第二は、城域の南北の両端に堀切を設けるなどはっきりとした終結がなく、そのまま尾根道へと続いていることである。第三に、石垣が多用されていることである。いずれも花崗岩の自然石を、垂直に近い角度で五から八段ほど積み上げたもので、現在判明している範囲では、城の東に集中して所在している。

中井氏は、「垂直に近い傾斜であるので、その上に構造物を建てるためのものではなく、山裾から見上げた時の視覚を意識したものではないか。また、簡単な石垣で、その使用場所が限定されていることから石垣出現期のもので、芥川山城とも類似していることから、長慶によって摂津や河内にいち早く導入されたものといえ、安土城に先行する石垣の城」と述べる。

四條畷市と大東市は、この城跡を国の史跡として指定を受けるために、平成二十八年度から城に関連するさまざまな調査を実施している。その一つが、先述した赤色立体図面の作成である。

千畳敷曲輪　南側一段下

石垣　御体塚曲輪の南側

また、四條畷市教育委員会は、石垣の下部構造確認するためのトレンチ調査と石垣測量調査を実施した。また、大東市教育委員会は、城内で最大規模の千畳敷曲輪で確認調査を実施し、建物の礎石や茶道具など居館跡に関連すると思われる資料が出土した。

なお、飯盛城は平成二十九年四月六日に日本城郭協会から『続日本一〇〇名城』に認定された。

〈村上　始〉

［参考文献］

松田毅一『近世初期日本関係　南蛮史料の研究』（風間書房、一九六七年）
松田毅一・川崎桃太 訳『フロイス日本史』三・四（中央公論社、一九七八年）
四條畷市教育委員会編集『四條畷市史』第二巻（史料Ⅰ）（一九七九年）
児玉幸多・坪井清足監修「日本城郭大系」第十二巻　大阪・兵庫（新人物往来社、一九八一年）
四條畷市教育委員会編集『四條畷市史』第一巻（昭和五十九年改訂）
大阪城天守閣『大阪の古城と武将』（大阪城天守閣特別事業委員会、一九八四年）
長江正一『三好長慶』（吉川弘文館、一九八九年）
今谷明・天野忠幸監修『三好長慶』（宮帯出版社、二〇一三年）
四條畷市教育委員会『四條畷市文化財調査報告書第四七集　飯盛山城跡測量調査報告書』（二〇一三年）
天野忠幸『三好長慶』（ミネルヴァ書房、二〇一四年）
中西裕樹『大阪府　中世城館事典』（戎光祥出版、二〇一五年）
仁木宏・中井均・中西裕樹・NPO法人摂河泉地域文化研究所編『飯盛山城と三好長慶』（戎光祥出版、二〇一五年）
神田宏大・大石一久・小林義孝・NPO法人摂河泉地域文化研究所編『戦国河内キリシタンの世界』（批評社、二〇一六年）

土橋　虎口南側

虎口石垣

河内守護畠山氏の守護所

# 72 高《たか》屋《や》城《じょう》

①所在地　大阪府羽曳野市古市
②立　地　河岸段丘上
③時　期　一五世紀後半から天正三年（一五七五）
④城主等　畠山氏、三好氏
⑤遺　構　曲輪・土塁・堀切・地割

西口土塁

【概要】　戦国期の河内守護畠山氏の守護所で、戦国末期には阿波三好氏の拠点となり、織田信長上洛後には、再び畠山氏の居城となった。最末期には、畠山氏の守護代遊佐《ゆざ》信教《のぶのり》と阿波の三好康長が共同で支配した。現在、ほぼ全面で宅地開発が行われているが、地形や構造は比較的よく残されている。

【立地】　石川左岸に広がる、標高三六～四〇メートルの河岸段丘である独立丘陵全体を利用して築かれた平山城で、南北八〇〇×東西四五〇メートルを測る。丘陵全体を土塁と堀で三つに区別した連郭式で、南北に東高野街道が通る。ここからは、飯盛城・恩智城・嶽山城を見ることができる。

【歴史と背景】　高屋城は、古市と南北に接している。古市は、鎌倉時代以来の在庁があり、国の武士の中心地のひとつであった。南北朝内乱期には南朝の拠点となり、室町幕府の争奪戦の地となった。古市にある西琳寺や同じく古市郡に属する叡福寺などは、南北朝内乱の末期でも南朝の影響を受けている。永徳二年（一三八二）、畠

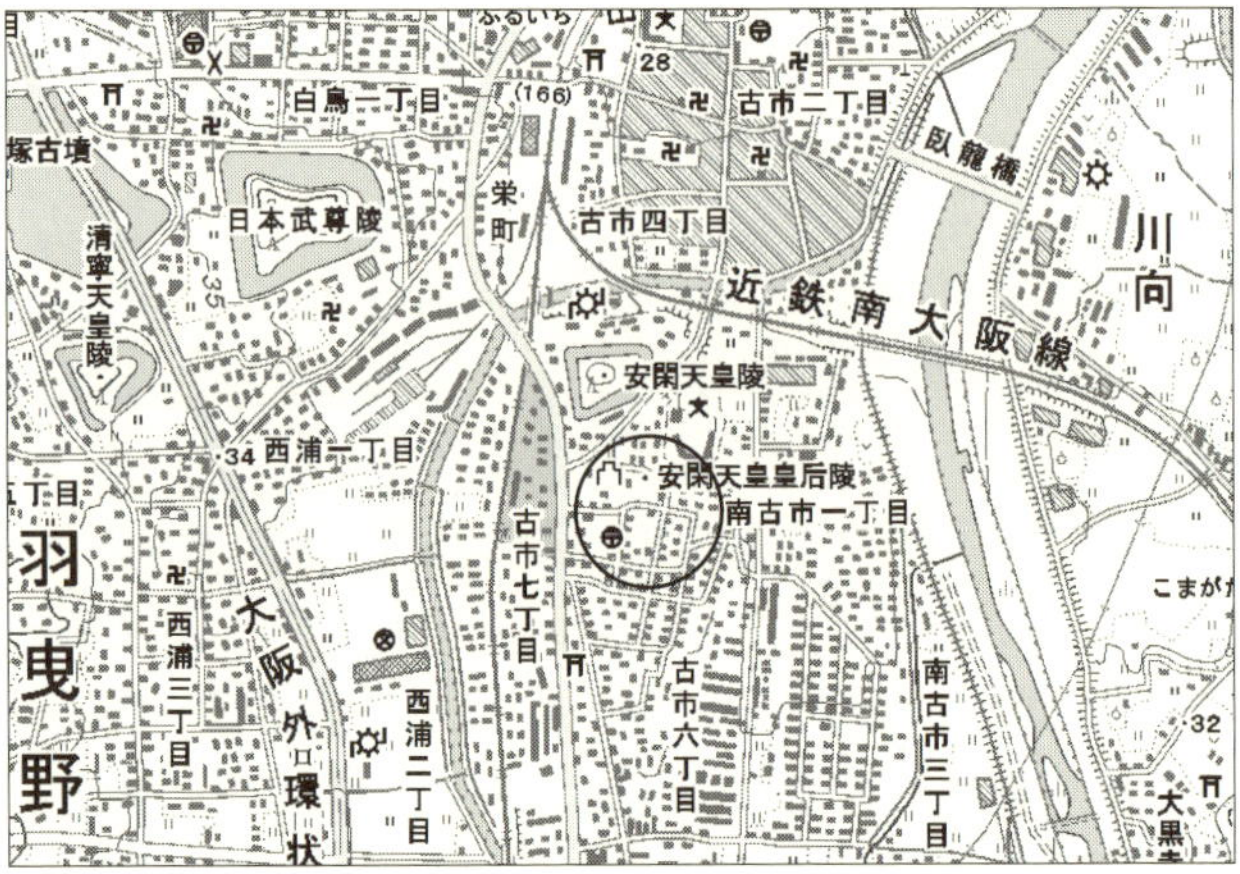

山基国《もとくに》が河内守護に補任され、南北両朝が合一すると、甲斐庄氏や須屋氏など楠木党が基国の被官となり、河内支配は安定した。このほか、畠山氏の被官となったのは、古市に比較的近い場所に位置する誉田《こんだ》氏や丹下氏、恩智氏などであった。

長禄四年（一四六〇）、畠山義就《よしひろ》は将軍足利義政の怒りに触れて河内に没落し、替わって畠山政長《まさなが》が家督となった。このときに、はじめて若江城が登場する。従来、若江城は畠山基国以来の守護所であるとされたが、それらは江戸時代に作成された系図など、信憑性に欠ける史料からの立論だった。若江城は摂関家領の多いこの地域で、武士が自立化し、その後、築城されたとみられる。たとえば、遊佐の内者

第１郭誉田御廟山古墳

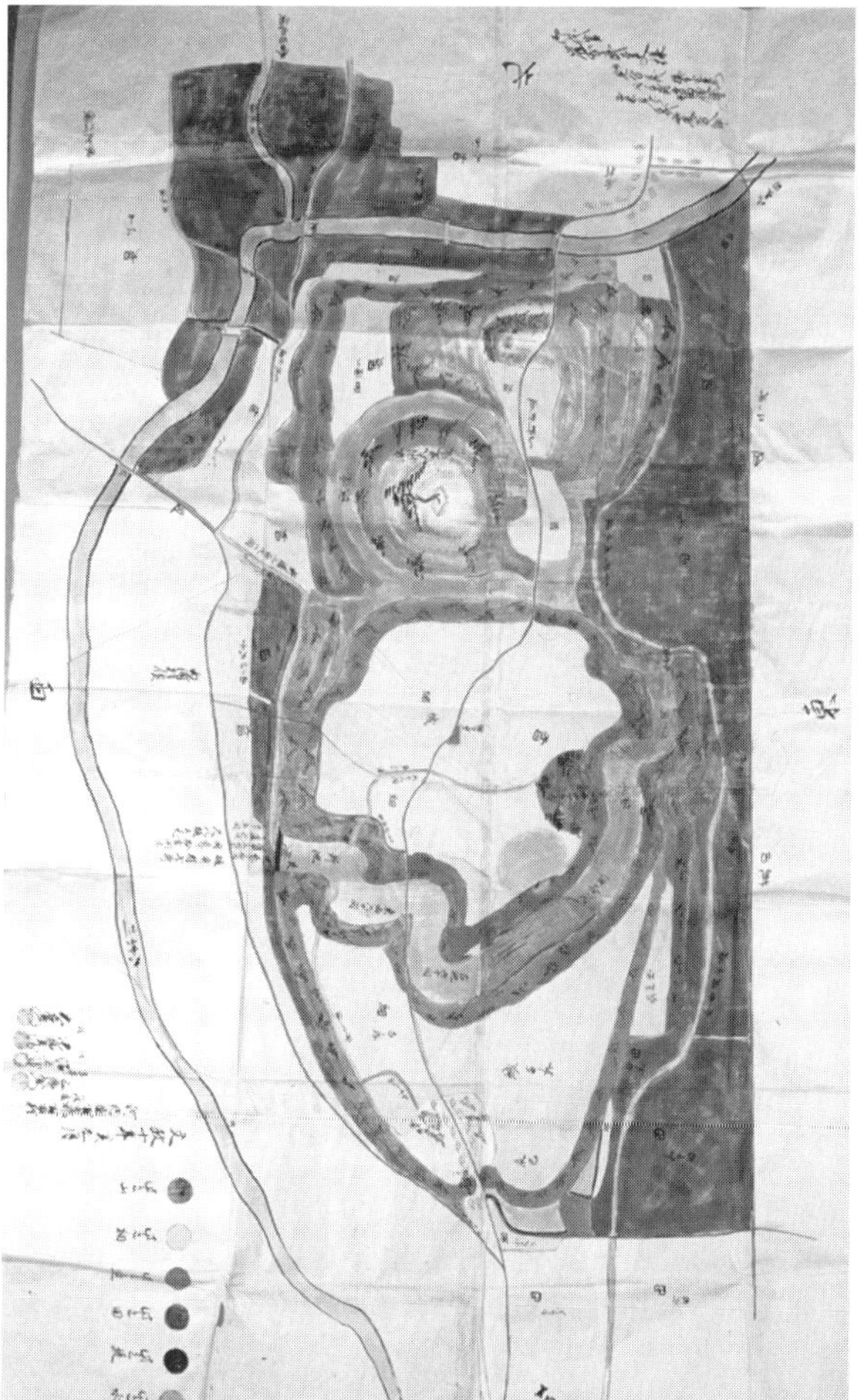

高屋城図　個人蔵

の萱振《かやふり》氏は、公家の中原氏の所領である萱振保の荘官であった。しかし、宝徳元年（一四四九）頃、守護被官人らにより押領され不知行となった。

萱振保は、若江城のすぐ南に位置しており、若江を守る重要な戦略拠点だった。守護代遊佐氏が萱振氏を被官化し、萱振保を押領することで、若江城が築城できる環境が整ったのである。このため、萱振氏の遊佐氏への被官化は、若江城の築城と関係するのだろう。若江城の築城が一五世紀中頃とすると、それ以前の守護所は古市といえる。古市は国の武士が集まる場所であり、若江城が築城されても両城が中心となり、河内支配を行っていた。

さて、河内の歴史が大きく変わる出来事に、文明九年（一四七七）の畠山義就の河内下国がある。在京が原則の守護が分国内で自立したのである。最初に守護屋形が建設された場所は、高屋の北にあたる誉田屋形《こんだやかた》であった。義就の被官も、誉田屋形周辺に集住した。また、誉田の南に位置する古市の西琳寺には義就の母が晩年を過ごしており、誉田とともに古市も重要な拠点であった。

明応二年（一四九三）には、畠山政長の勧めで将軍足利義材《よしき》が諸大名を引き連れ、畠山基家《もといえ》を攻めた。基家は義就の息子である。このとき、基家が籠城したのが高屋城で、高屋城の初見である。また、明応六年には、基家内衆《うちしゅう》の遊佐氏と誉田氏の二大派閥が合戦する事件が起こり、基家の馬廻り衆は高屋城に結集して両者の戦いを実検している。高屋城は誉田屋形の詰城として畠山当主の管轄にあった。ここから、誉田・古市・高屋城が関連しながら地域支配を行っていたことがわかる。

永正元年（一五〇四）、畠山義英《よしひで》（基家息子）と畠山尚順《ひさのぶ》（政長息子）が和睦し、義英が誉田城、尚順が高屋城で政務を執る体制が成立した。しかし、この体制は長続きせず、永正三年には細川政元の武将沢蔵軒宗益《たくぞうけんそうえき》が両畠山を攻め、両畠山氏は没落した。ところが、翌年に細川政元が暗殺

不動明王石造

八幡山古墳

されると、河内は畠山尚順が掌握し、尚順の居城だった高屋城が河内の守護所となった。

畠山尚順と稙長《たねなが》親子の時代は比較的安定した時代で、高屋城には多くの武家屋敷があった。大永二年（一五二二）大晦日の高屋城内の火災では、守護屋形をはじめ一八〇軒が焼けたが、守護代館は無事であったという（『経尋記』）。高屋城には相当な数の武家屋敷が並んでいたと見える。

この平和が破られたのは、大永七年（一五二七）に阿波から足利義維《よしつな》と細川晴元《はるもと》が堺に上陸し、京都の将軍足利義晴と細川高国と争う構図が成立してからである。この時期、堺にいた義維を「堺公方」と呼ぶ。このとき、河内では高屋城にいた畠山稙長と「堺公方」方の畠山義堯《よしたか》が争い、また、享禄元年（一五二八）には「堺公方」方の柳本賢治《やなぎもとかたはる》が高屋城を攻め、こう着状態になり、稙長が金胎寺《こんたいじ》城に退くことで決着した。この後、河内へは畠山義堯らが入ったのである。

天文元年（一五三二）には一向一揆がおこり、畠山義堯が滅ぼされた。このとき、高屋城も落城している。天文三年には、畠山稙長の守護代であった遊佐長教と畠山義堯の守護代であった木沢長政が同盟し、飯盛城に木沢長政、高屋城に遊佐長教がそれぞれ河内支配をする体制が整う。河内はふたつの城を中心に、支配が行われる体制となった。

天文十一年には、幕府と対立した木沢長政を討つため、紀伊から出陣した畠山稙長が河内を掌握し、守護代遊佐長教と同盟した。しかし、天文十四年に稙長が病没すると、遊佐長教が自立し、細川高国の後継者である細川氏綱を擁立して、細川晴元や三好長慶と対立した。その後、天文十七年には遊佐長教と三好長慶が同盟し、天文十八年には細川氏綱を擁して将軍足利義輝を近江に追いやり、京都を占拠した。遊佐長教の絶頂期といえる。

ところが、長教は天文二十年に高屋城で暗殺され、河内支配を担ったのは、長教の内者で高屋城将の萱振賢継《かたつぐ》と新参の飯盛城将の安見宗房のふたりとなった。天文二十一年に宗房は、萱振一

姥不動明王

族を滅ぼし、つづいて永禄元年（一五五八）には三好長慶と対立した。この結果、永禄三年には三好長慶が飯盛城主、三好実休が高屋城主となる体制が成立した。実休は、堺妙国寺の日珖《にっこう》と懇意で、高屋城内に法華寺内を造作している。

しかし、永禄五年、実休は和泉久米田寺合戦で戦死し、跡は息子の長治が継ぎ、高屋城主となった。ただし、長治はまだ幼少だったため、三好康長をはじめとする諸将が集団で南河内を統治する体制となった。永禄八年、足利義輝が三好三人衆（三好長逸、三好宗渭、石成友通）、松永久通に殺害されると、やがて三好三人衆と松永久秀の間に対立が生じ、高屋城は三人衆方の城として機能した。

永禄十一年、織田信長が足利義昭をともなって上洛すると、三好三人衆方の畿内の城はみな没落した。高屋城も同様で、跡は畠山秋高《あきたか》に与えられた。ところが、信長上洛後に大きな問題となったのが大坂本願寺合戦（石山合戦）である。信長を支持した畠山秋高に対して守護代遊佐信教は本願寺支持に傾き、天正元年（一五七三）に秋高は殺害される。この後、三好康長が高屋城に入城し、信教・康長が共同で高屋城を守ったが、信長の前に屈し、天正三年に落城したのである。

〈小谷利明〉

戦国後期、和泉国南部の地域公権の本城

# 73　岸和田城《きしわだじょう》

①所在地　大阪府岸和田市岸城町
②立　地　猪伏山（小高い丘陵）に立地
③時　期　戦国期～近世
④城主等　松浦氏（松浦守・松浦孫八郎・松浦孫五郎虎・松浦光・寺田又左衛門・松浦安大夫兄弟）
⑤遺　構　近世の石垣・曲輪・堀（中世・戦国期の遺構は不明）

【概要】　和泉国南郡の平野部にあり、海辺に近い。現在の岸和田城は近世に修築・整備された石垣・堀・曲輪が残る近世城郭で、大阪府指定史跡である。

岸和田城天守閣（鉄筋コンクリート模擬天守）、二ノ丸（左）、百間堀を望む

【立地】　猪伏山《いぶせやま》という丘陵の上に築かれている。当城の近く（海浜部より）を近世の紀州街道が通る。和泉国の岸和田城下町・在郷町大津・貝塚寺内町を通る紀州街道の前身は、戦国期には存在したのだろう。城の東を古城川が流れ、古城川の東（岸和田市野田町）には、岸和田城より以前に存在した中世城館の岸和田古城跡がある。

【歴史と背景】　岸和田城に先行する岸和田古城は、元禄十三年（一七〇〇）の地誌『泉州志』により、南北朝期の楠木正成の一族和田高家の築城とされてきた。しかし、現在では岸和田古城は岸和田荘の在地領主岸和田氏の城館で、戦国前期まで存在したといわれている。[*1]

＊1　大澤研一・仁木宏編『岸和田古城から城下町へ』（和泉書院、二〇〇八年）、仁木宏・福島克彦編『近畿の名城を歩く　大阪・兵庫・和歌山編』吉川弘文館、二〇一五年）。

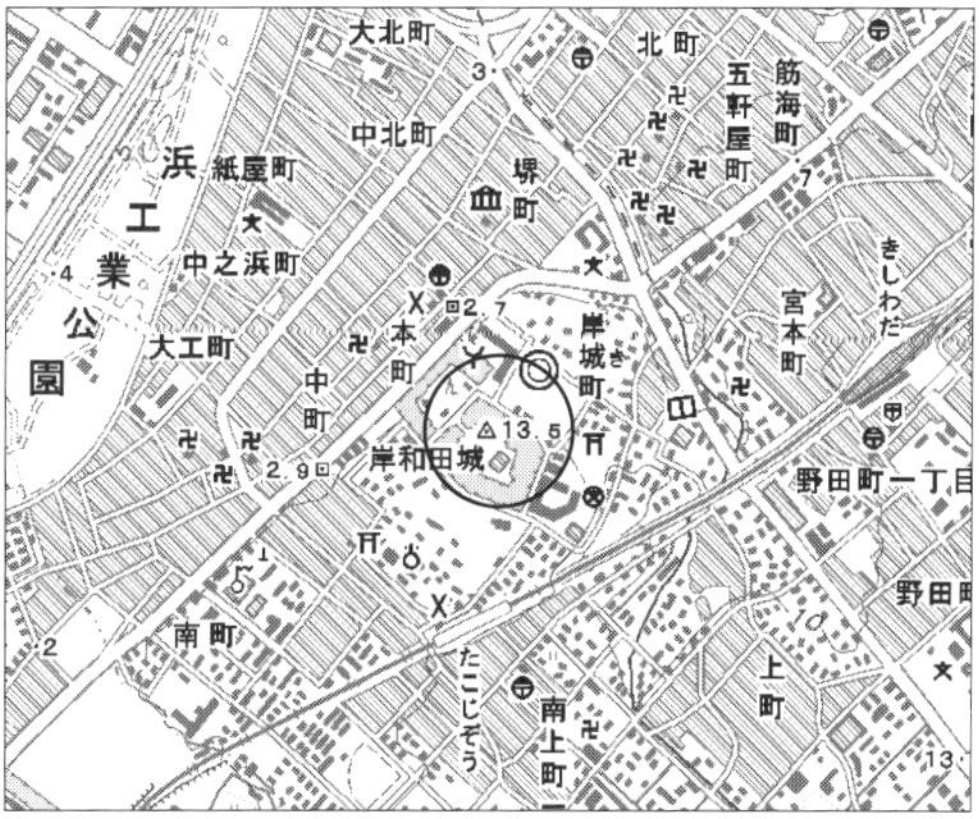

岸和田古城跡地　遺構は発掘調査され、現地には説明板が立つ

岸和田氏は、和泉国両守護細川氏（上守護・下守護）のうち下守護の被官で、土着の領主ながら官職を持つ有力者だった。[*2] 延徳四年（一四九二）には、岸和田は材木船が着岸する港湾となっていた。当時の港湾は、近世にも港があった古城川河口部だろう。享禄四年（一五三一）に下守護が滅亡し、天文期には岸和田豊前守が上守護の細川元常《もとつね》に属した。

近世の「佐藤文書」は、岸和田豊前守が岸和田城を築いたと伝える。「醍醐寺文書」局某書状には、「上様」が「きしのわたの御しろ」に滞在したとみえる。この書状の年代について、天文十六年（一五四七）頃で現在の岸和田城の初見とする説と、「そかわ」（三好長慶の末弟十河一存）がみえることから永禄四年（一五六一）頃の書状とする説がある。[*3]

天文十八年（一五四九）正月、和泉守護代の松浦守（肥前守）は細川晴元の重臣三好長慶に加担し、晴元・元常から離反した。岸和田兵庫大夫・岸和田可也将監が細川晴元・元常・六角定頼の勢力として、三好長慶や松浦守と敵対している[*4]（「足利季世記所収文書」『厳助往年記』）。松浦守は当初、歴代の和泉守護・守護代と同様に都市堺を拠点とした。長慶が晴元方を破った江口合戦直後の天文十八年九月、松浦守は敵対する紀伊の根来寺衆の堺攻撃を防いだ。このとき、岸和田氏は根来寺衆に味方している（「古書雑纂」）。

江口合戦以後、三好氏に属した松浦守は国内最大の地域権力となった。文亀元年（一五〇一）

---

＊2　山中吾朗「戦国期和泉の地域権力と岸和田城」（前掲＊1『岸和田古城から城下町へ』）。

＊3　前掲＊2山中論文、天野忠幸編『戦国遺文　三好氏編　第一巻』（東京堂出版、二〇一三年）。

＊4　前掲＊2山中論文、天野忠幸「戦国期における三好氏の堺支配をめぐって」（『堺市博物館研究報告』三〇号、二〇一一年）。

＊5　前掲＊2山中論文、山中吾朗「和泉国松浦氏小考」（小山靖憲編『戦国期畿内の政治社会構造』和泉書院、二〇〇六年）、天野忠幸『戦国期三好政権の研究　増補版』（清文堂、二〇一五年）、廣田浩治「松浦周防守盛の発見」（「泉佐野の歴史と今を知る会会報」二六六号、二〇一〇年）。

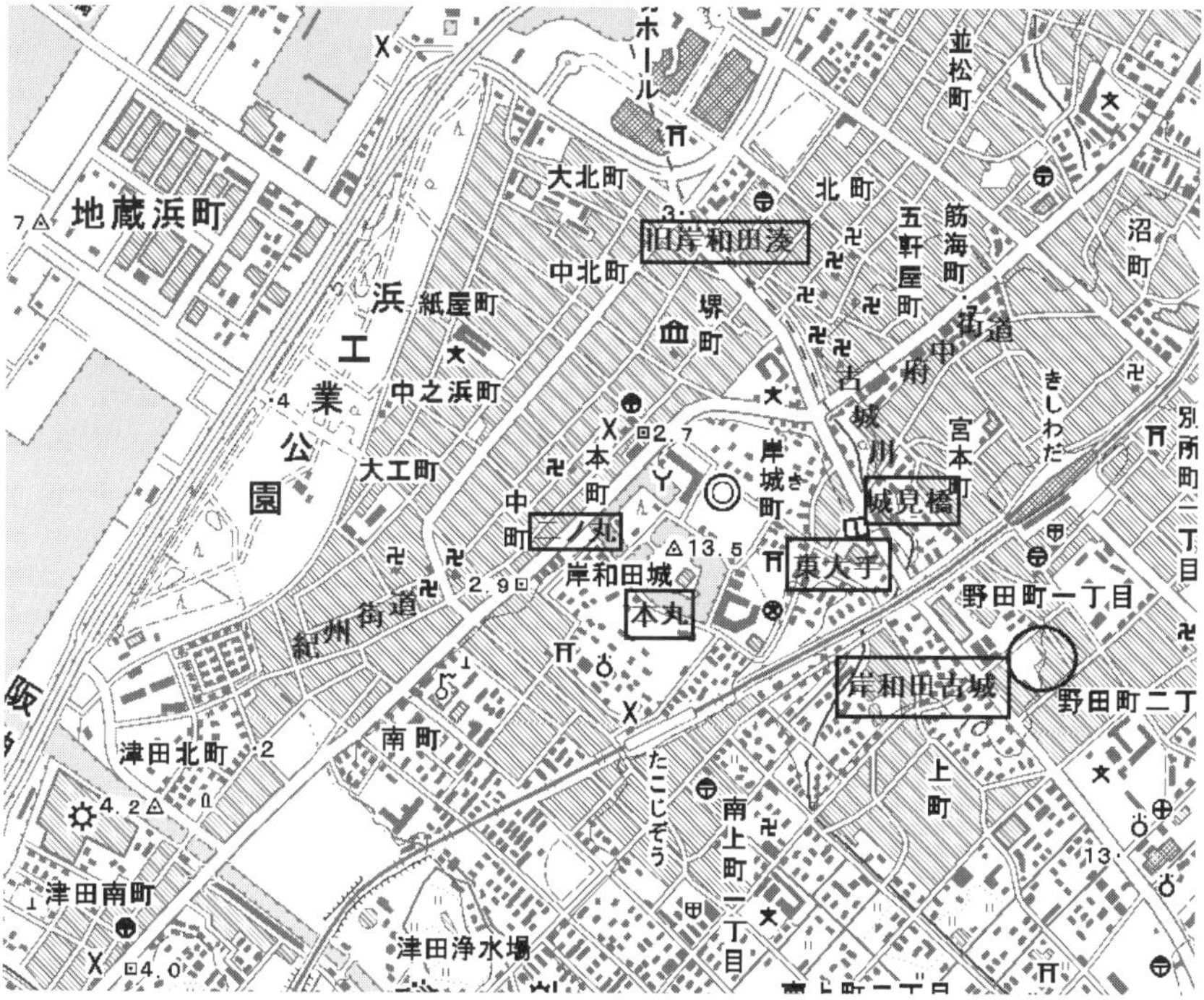


岸和田城とその周辺

から守護代だった松浦守は高齢で、永禄期以前に没したのだろう。十河一存の岸和田入城は、弘治三年（一五五七）または永禄元年（一五五八）という（「板原家文書」）。これが確実な岸和田城の初見である。三好長慶は松浦守没後の後継者松浦萬満《まんみつ》を和泉の支配者と認め、その後見人に萬満の養父の松浦盛（周防守）と十河一存を任じた（「九条文書」）。松浦盛は「岸和田周防守」「守護代」とよばれ、岸和田に在城した。*5

　永禄三年以前の九月（一存死去の前年より以前）、法隆寺の使僧が寺領（珍南荘）の押領停止の交渉のため岸和田に「登城」し、松浦盛と堺の十

*6　泉大津市『泉大津市史』第一巻（上）本文編Ⅰ中世編第四章・法隆寺文書（二〇〇四年）。

*7　廣田「中世中後期の和泉国大津・府中地域」（『市大日本史』八号、二〇〇五年）、「戦国期和泉国の基本構造」（前掲*5『戦国期畿内の政治社会構造』、「中世後期の畿内・国・境目・地域社会」川岡勉編『中世の西国と東国』戎光祥出版、二〇一四年）。

*8　中西裕樹「城郭史からみた岸和田古城と戦国期・近世岸和田城」（前掲*1『岸和田古城から城下町へ』）、新谷和之「岸和田城・岸和田古城と中世和泉」（『ヒストリア』二三七号、二〇一三年）。

*9　馬部隆弘「永禄九年の畿内和平と信長の上洛」（『史敏』四号、二〇〇七年）、「信長上洛前夜の畿内情勢」（『日本歴史』七三六号、二〇〇九年）、前掲*5天野忠幸『増補版　戦国期三好政権の研究』、

岸和田城の東大手の故地　戦国期の大手と推定されている一帯。古城川と城見橋があり、かつては府中街道が通っていたとされる

河一存に礼銭を納めた[＊6]（「法隆寺文書」）。

弘治・永禄期までに松浦氏は岸和田城主となり、岸和田城は在地領主の城から和泉国四郡の地域公権力の城となった。ただし、日根郡の大部分は根来寺領となり、都市堺は三好氏が支配した。松浦氏は沿岸部の町場（大津・佐野）・港湾（高石）や有力国人・中小国人連合を統合し、三好氏から自立した国人・地域支配を展開した[＊7]。岸和田城と国人の城館は町場や港湾を支配する拠点であり、畠山氏・根来寺に対する結集の拠点でもあった[＊8]。

十河一存が死去すると、長慶が松浦萬満と一存の遺児孫六郎（重存、後の三好義継）を後見した（「九条文書」）。十河一存は関白九条稙通《たねみち》の娘婿であり、馬部隆弘・天野忠幸両氏は三好重存・松浦萬満を兄弟として九条稙通の孫とし、萬満は成人して松浦孫八郎となり、三好氏と九条稙通の後見を受けたとする[＊9]。ここに松浦氏は三好一族となった。ただ、養父松浦盛の後見時期の萬満は、まだ一存の養子ではなかった。萬満と一存・重存・稙通とは実の親族ではなく、擬制的に父子・兄弟・祖父孫の関係を結んだのだろう。

一存の死後、兄の三好実休が松浦氏を後見し岸和田城に入るが、永禄五年の畠山高政・根来寺との久米田合戦で戦死した。松浦氏は「同名・年寄」である「四人之者」（寺田越中入道弘家・松浦孫太俊・富上《とがみ》宗俊・長曽根隼人）が孫八郎を補佐した[＊10]（「九条家文書」「伊藤磯十郎氏所蔵文書」）。しかし、久米田合戦後の河内教興寺合戦に畠山方らしき「松浦」の軍勢がみえ、松浦氏が三好

---

天野忠幸『三好長慶』（ミネルヴァ書房、二〇一四年）、天野忠幸「織田信長の上洛と三好氏の動向」（『日本歴史』八一五号、二〇一六年）。

＊10　前掲＊7廣田「中世中後期の和泉国大津・府中地域」、前掲＊5山中「和泉国松浦氏小考」、前掲＊9馬部「永禄九年の畿内和平と信長の上洛」。

＊11　前掲＊5山中「和泉国松浦氏小考」、前掲＊9馬部「永禄九年の畿内和平と信長の上洛」。

＊12　前掲＊5山中「和泉国松浦氏小考」、前掲＊9馬部「永禄九年の畿内和平と信長の上洛」。

＊13　前掲＊9馬部「永禄九年の畿内和平と信長の上洛」。

＊14　前掲＊7廣田「中世中後期の和泉国大津・府中地域」、前掲＊5山中「和泉国松浦氏小考」、前掲＊2山中論文、平井上総「織田権力の和泉支配」（戦

方と畠山方に分裂したのかもしれない（『大館記』）。また、松浦孫八郎と松浦孫五郎虎が対抗し、孫八郎と孫五郎は国人への知行宛行で競合した[＊11]（「日根文書」）。松浦氏は、五郎左衛門尉・五郎次郎（守）と五郎が通称である。孫五郎が本来の松浦守の後継者で、萬満（孫八郎）の擁立で廃嫡されたため、離反した可能性がある。

長慶没後の三好氏分裂期の永禄九年（一五六六）、松浦孫八郎は松永久秀・畠山高政に味方し、三好三人衆と和泉国で戦った。松浦孫五郎虎は肥前守を称して三好三人衆に味方し、永禄十年には奈良・山城国木津に駐留した[＊12]（「極楽寺文書」『多聞院日記』）。

足利義昭・織田信長政権期には、義昭・信長に近い松永久秀・畠山氏と同盟する松浦孫八郎が優勢となり（「今井宗久書札留」）、三好三人衆方だった松浦孫五郎（肥前守）虎は衰退し、戦死したとの見方がある[＊13]。天正三年（一五七五）の松浦氏当主は松浦光（肥前守）だが、この頃に肥前守家は消滅した。同年九月、信長軍が加賀国で大坂本願寺代坊主と「松浦子共」らを討ち取っている（「二宮米太郎氏所蔵文書」）。松浦氏家老の寺田又左衛門・松浦安大夫兄弟が、秀吉政権の天正十三年（一五八五）の紀州攻めまで松浦氏権力を主導した[＊14]。天正九年に織田一門の津田信張《のぶはる》が入城し、織田氏の城となった岸和田城には和泉国人衆の出仕が増加し（「板原家文書」）、和泉南部の中心城郭として求心性を強めた[＊15]。近世にも岸和田城は、領国大名（小出・松井・岡部氏）の城であり続ける[＊16]。

戦国期の岸和田城の縄張りは、近世に拡張されたため不明だが、古い石垣が残る二ノ丸が織田政権期以前の本丸とする説がある[＊17]。一方、近世の伝承をもとに、現岸和田城の東大手を戦国期の大手（和泉府中と往来する府中街道の発着点）とし、東大手の東（近世の百姓町）を戦国期の町場とする説がある。中世の遺物は現岸和田城の南東部に多い[＊18]。

〈廣田浩治〉

---

国史研究会『織田権力の領域支配』岩田書院、二〇一一年）。

＊15　前掲＊1『岸和田古城から城下町へ』、廣田浩治「和泉国地域史のなかの岸和田城・岸和田古城」（『ヒストリア』二三七号、二〇一三年）。

＊16　岸和田城の近世城郭化については、西川寿勝「戦国武将を映し出す岸和田城」（鈴木重治・西川寿勝編『戦国城郭の考古学』（ミネルヴァ書房、二〇〇六年）、中西裕樹『大阪府中世城館事典』戎光祥出版、二〇一五年）、戦国～近世初期の岸和田城関係史料は岸和田市立郷土資料館図録『戦乱の中の岸和田城』（二〇〇四年）に収録。

＊17　前掲＊16西川「戦国武将を映し出す岸和田城」。

＊18　大澤研一「岸和田城下町の成立」（前掲＊1『岸和田古城から城下町へ』）、山岡邦章「発掘調査からみた中世後期の岸和田」（前掲＊1『岸和田古城から城下町へ』）。

天下人長慶の後継者義継の居城

# 74 若《わか》江《え》城《じょう》

①所在地　大阪府東大阪市若江北町・若江南町・若江本町
②立　地　旧大和川の微高地または自然堤防上
③時　期　戦国期～織豊期
④城主等　畠山氏・三好義継・若江三人衆・織田信長
⑤遺　構　主郭・内壕・外壕・土橋・土塁等

【概要】若江城は戦国期畠山氏の守護所であり、戦国末期には河内半国守護の三好義継が入城し、領国経営の要となった。義継の討伐後、信長による本願寺攻略の重要拠点となったが、天正八年（一五八〇）に石山合戦[*1]が終息すると、その役割が失われ、ほどなく廃城となる。

【立地】若江城の周辺には旧大和川の分流路が縦走しており、若江城はそれらの河川が形成する微高地または自然堤防上に立地する平地城館である。現地表面の標高は約四メートルを測る。城の東に河内街道[*2]、南に十三《じゅうさん》街道が通る。また、京から河内へ通じ、生駒山・信貴山《しぎさん》の西麓を南北を行く東高野街道は若江城の近在を走る。主郭（後述）は現在の若江公民分館周辺で、同館敷地に「若江城址」の石碑が残る。

若江城石碑

【歴史と背景】

［若江城の時期区分］　若江城関連遺構の時期区分については、畠山期・義継期・信長期の三期区分が提唱されているが[*3]、後述のとおり義継の若江在城期間は短く、引き続き信長が石山合戦の重要拠点として若江城を活用していることから、三好

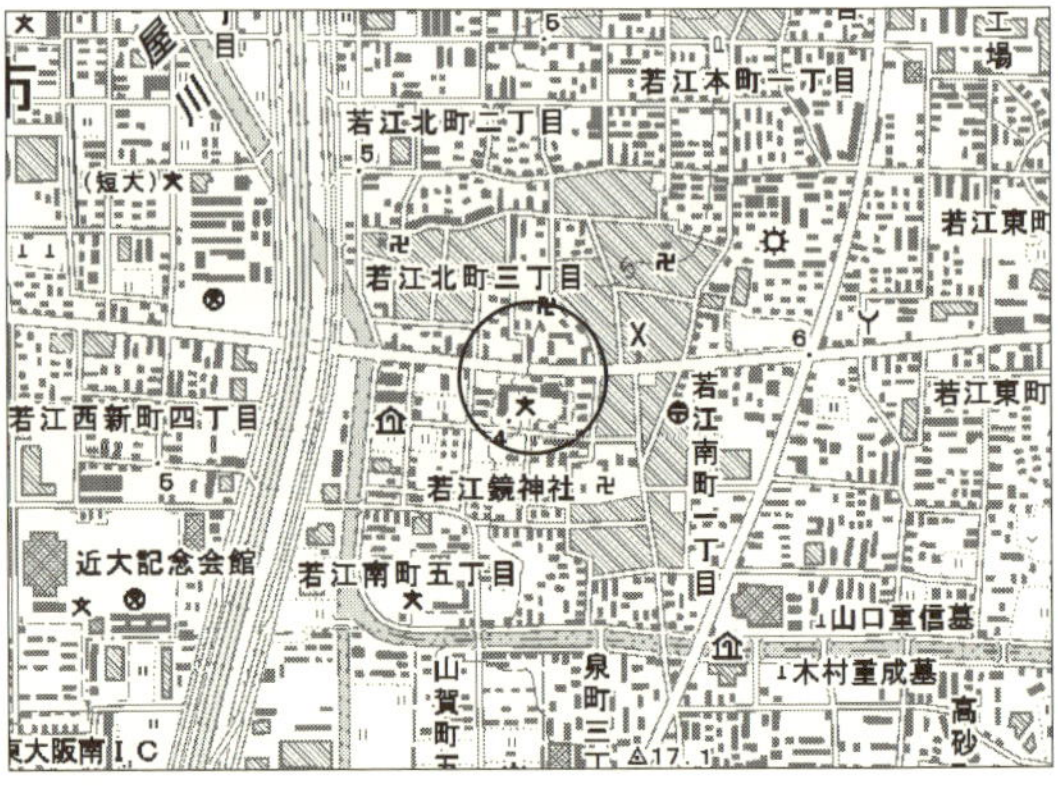


＊1　本稿では、便宜上「石山合戦」として記述する。
＊2　以下、街道名は近世時のもの。
＊3　福永信雄「考察」（『若江遺跡第三八次発掘調査報告』、東大阪市文化財協会、一九九三年）。

三好義継像　京都市立芸術大学芸術資料館蔵

（義継）期を単独で設定することは困難である。畠山期・織田期の二期区分を基本とし、切り合いなどから遡る要素がみられる場合を、三好～織田期として検出遺構の時期大別とした。

［築城と廃城］　若江城がいつ築城されたかは、よくわかっていない。『津川本畠山系図』[*4]に、「基国（中略）居城築若江」とある記事から、畠山基国の河内守護在任時（一三八二～一四〇六）、すなわち南北朝期の築城と考えられた。しかし、同系図は文政年中の成立で信憑性は低い。若江城の初見は、『経覚《きょうがく》私《し》要鈔《ようしょう》』長禄四年（一四六〇）九月二十三日条である。近在には若江寺が戦国期まで法灯を継いでおり、出土遺物の所属年代から城と寺を峻別し、築城時期の詳細を押さえることはできない。ここでは遺存する史料を勘案して、一五世紀代には築城されたとみておきたい。

いっぽう、廃城の時期はほぼ確定している。『天王寺屋会記』「宗及自会記」には天正八年（一五八〇）五月二十八日に若江から多羅尾《たらお》玄蕃が茶会に参加とある。[*5]同「宗及他会記」には、同年十二月十六日に八尾で池田教正が茶会を催している。[*6]教正は、同年十二月までには八尾城に移っていることがわかる。石山合戦が同年八月二日に終結し、信長の城破《しろわ》り令が同月四日[*7]に出され、二十一日には「畿内ニ有之（マヽ）諸城大略令破却候」[*8]とあることから、石山合戦の拠点の役割を終えた若江城は、天正八年八月の城破り令[*9]にともない廃城されたと考えられる。

［畠山期の若江城］　享徳四年（一四五五）の河内守護畠山持国の歿後、その家督をめぐり実子義就とその従兄弟弥三郎・政

＊4　今谷明「津川本畠山系図について」（『守護領国支配機構の研究』、法政大学出版局、一九八六年）。

＊5　千宗室ほか編『茶道古典全集』八（一九五六年）所収。これまでの研究では「宗及他会記」天正八年五月廿二日条を若江茶会の下限としていたが、今回同史料により補訂することができた。なお、多羅尾玄蕃は後述の若江三人衆の一人、多羅尾綱知の一族と見られる。

＊6　千宗室ほか編『茶道古典全集』七（一九五六年）所収。

＊7　『多聞院日記』天正八年八月四日条。

＊8　『細川家文書』二「長岡藤孝宛黒印状」（天正八年）八月廿一日付（奥野高廣編『増訂織田信長文書の研究』八八九号文書、一九八八年）。

＊9　信長の城破り令については、松尾良隆「織豊期の「城わり」について」（『横田健一先生

長との間で内訌が勃発した。いっぽう、河内国の守護所は、丹南から古市を経て若江へと移っていた。*10 若江城は河内国の中央にあり、京からの往来に使われた東高野街道を押さえる要衝として重要視*11されたものと見られる。両畠山の合戦は家督と河内守護職、守護所若江城を争奪する様相を呈していた。

長禄四年（一四六〇）の合戦では、前守護義就が敗れ嶽山《だけやま》城（富田林市）に退き、政長が若江城に入り、新たに河内守護となった。*12 寛正四年（一四六三）には、管領の命により大和の越智《おち》氏が若江城の後詰として発向しており、合戦の重要拠点となっている。文正元年（一四六六）になると、義就が上洛する動きがあり、河内に進出してきた。政長は守護代遊佐長直に若江城に籠もらせたが、長直は大和に逃亡し、義就は河内守護に復帰した。応仁の乱は両畠山の抗争が発端であり、文明二年（一四七〇）、東軍（細川方、政長）に属した若江城が西軍（山名方、義就）から攻撃を受けた。同九年、義就は京から河内へ進発し若江城を攻めた。なお、東大阪市に所在の往生院城や客坊城でも合戦が行われている。

畠山期の若江城にともなう遺構の分布は稀薄である（図1）。明確なものは三五次溝六・八、三八次堀など、二、三を数えるにすぎない。これまで、遺構分布の稀薄さは当該遺構の直上付近に織田期遺構が築造されたためと考えられてきたが、畠山期遺構は低密度であり、この理解はやや疑問が残る。このうち、主郭から北西約三五〇メートルに位置する*13外壕*14は織田期の壕と切り合い、畠山期の遺構であることが確実な例である。

［三好義継入城前の若江城］　文明九年（一四七七）、義就は河内入国後、守護所を高屋城に移した。のち応仁の乱は終息し、しばしば若江城は史料から遠ざかる。その中で大乗院尋尊《じんそん》筆「明応二年御陣図」*15は、同年（一四九三）の将軍足利義材《よしき》による河内出征の布陣状況を地図形式に表現しており、

古稀記念文化史論叢』下、創元社、一九八七年）を参照。

*10　今谷明「畿内近国における守護所の分立」（前掲*4同書）。

*11　前掲*10今谷論文。

*12　以下、畠山期の若江城については、森田恭二『河内守護畠山氏の研究』（一九九三年）を参照。

*13　大阪府文化財調査研究センター『巨摩・若江北遺跡発掘調査報告書―第五次―』（一九九六年）。

*14　「壕」は「城の周囲の土を掘ったほり」の意で、素掘りのほりが含まれることから、本稿では「壕」を用いる。

*15　花園大学福智院家文書研究会『福地院家古文書』（花園大学、一九七九年）。なお、同図については、今谷明「河内高屋城の近況と保存問題」（前掲*4今谷論文）に詳しい。

*16　『春日社司祐弥記』永正

若江城内郭壕全景

摂河泉から大和にかけての地名が図示されるが、この中に「若井」が見える。当時、若江は若井とも呼ばれていたことがわかり、応仁の乱後に若江が存続していたことを示す。

永正五年（一五〇八）には、高屋城主の畠山尚順が若江城に入城した。[16]「ワカイノ城衆」[17]が尚順方の後詰となっており、この時期若江城が存続している。永禄三年（一五六〇）六月、三好長慶は河内に出陣、実弟実休軍は干上がった深野池を南下し、畠山高政を攻めた。[18]玉櫛、若江、太田へ転戦、勝利している。

［史料から見た三好期の若江城］

永禄十一年（一五六八）十月、織田信長は畿内を平定、足利義昭を奉じて上洛し、三好義継は若江城主として封じられたとする通説[19]がある。これに対し、信長上洛時は、義継は飯盛城に居城し、永禄十三年正月になって義継の若江城居城が確認できるとする説[20]がある。永禄十一年十二月、三好三人衆が義継・久秀方の和泉家原《えばら》城を攻めていること[21]とも傍証となろう。永禄七年、顕如等が猿楽見物のため若江庄一宮に赴いている。[22]

これらのことから、若江は義継入城前、一向一揆方の拠点となり、廃城になった若江に義継が入城できないこ[23]とが根拠とされている。とすれば、義継の若江城の居城期間は、永禄十二年ごろから天正元年（一五七三）十一月までの約四年となる。

ここで、若江城主三好義継の動向について見ていきた

五年七月廿四日条。

＊17　『春日社司祐弥記』永正五年七月廿六日条。

＊18　『足利季世記』巻五松永弾正和州平均の事、永禄三年七月三日条。今谷明『戦国三好一族』（新人物往来社、一九八五年〈洋泉社から二〇〇七年に新書版で再刊〉）を参照。『足利季世記』などの軍記史料の引用の注意については後述。

＊19　内田九州男「若江城」（『日本城郭大系』第十二巻〈大阪・兵庫〉、新人物往来社、一九八一年）ほか。

＊20　小谷利明「若江城」（『近畿の名城を歩く』〈大阪・兵庫・和歌山編〉、吉川弘文館、二〇一五年）。小谷氏は同論文で軍記など二次史料の引用により、これまで義継の永禄十一年若江城入城説が自明とされていたことに注意を喚起されている。

＊21　廣田浩治「家原城」（前掲＊20同書）。

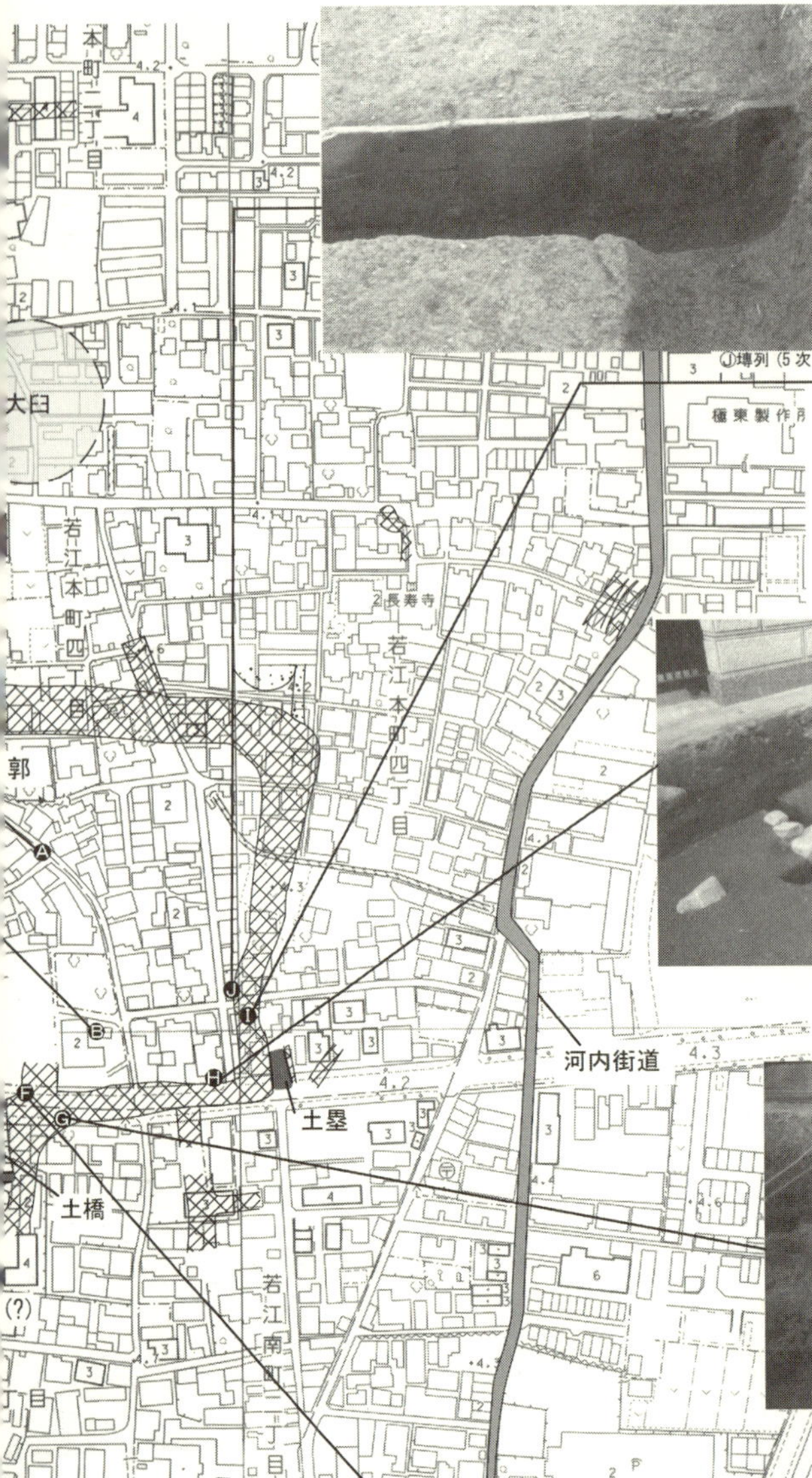


Ⓙ塼列（5次）

Ⓘ石組溝（22次）

Ⓗ塼列建物（27次）

Ⓖ逆茂木（20次）

Ⓕ逆茂木（27次）

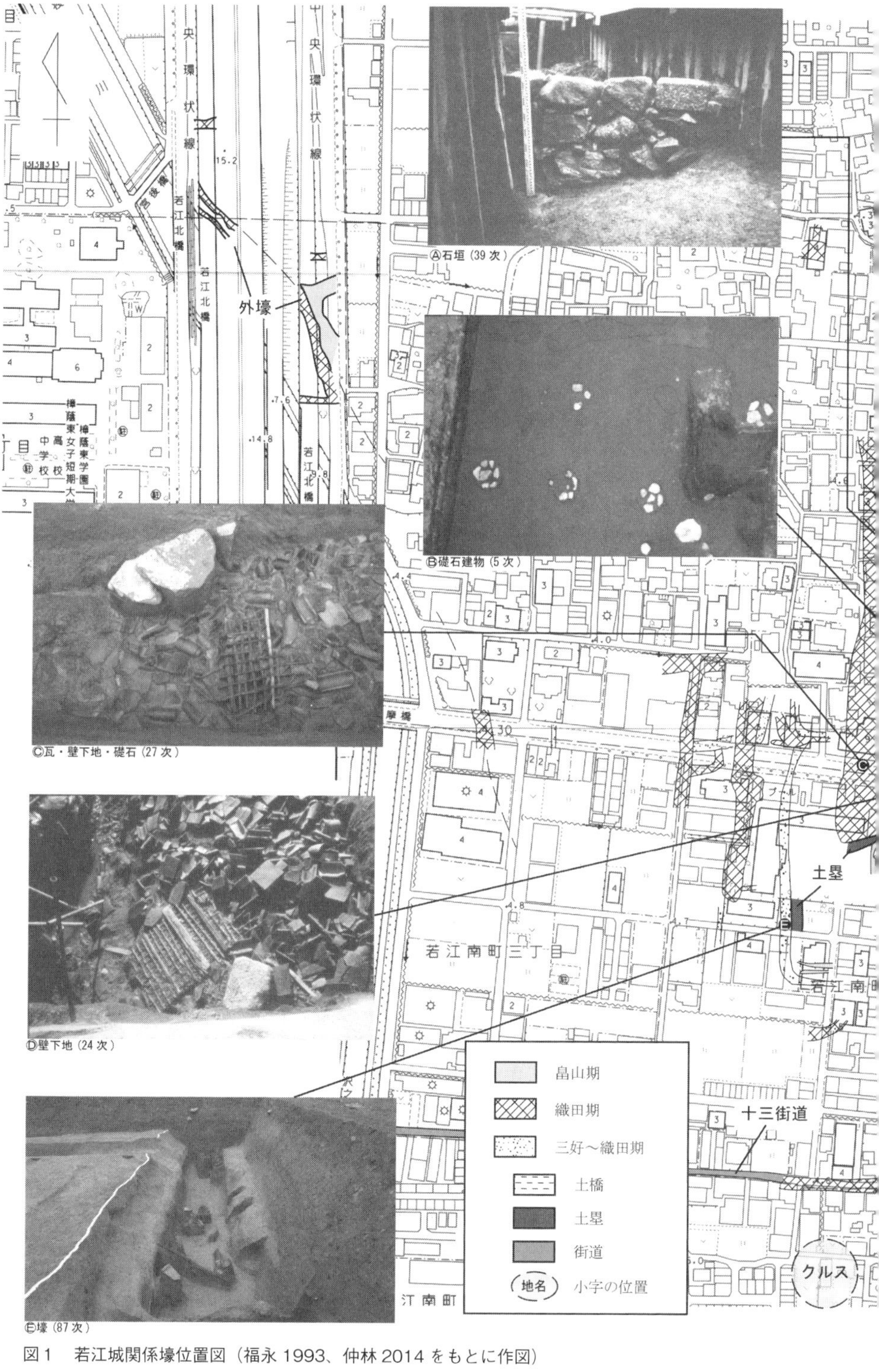


図１　若江城関係壕位置図（福永 1993、仲林 2014 をもとに作図）

い。前述した信長の上洛後、義継は松永久秀とともに信長に服属したのではなく、信長と同盟して、将軍義昭を支えていた。[*24] 永禄十二年三月、義継は信長の媒酌により義昭の妹を娶り、[*25] まさに幕府の構成員となった。

ところが元亀元年（一五七〇）、信長と本願寺との抗争、石山合戦が始まると、状況は変化する。翌二年、義昭が久秀と敵対していた筒井順慶《つついじゅんけい》に養女を嫁がせたことを契機として、久秀・義継は義昭方から離脱する。[*26] 同三年、義継は細川信良と本願寺に誓紙を取り交わした。[*27] また、摂津の伊丹忠親、和田惟長を調略した。[*28] 義継が本願寺方として信長に叛旗を翻したこと、摂津へ介入したことがわかる。さらに長年、内紛状態にあった三好三人衆の長逸を久秀とともに麾下《びか》に置いている。[*29]

元亀四年当初から義昭は信長を見限り、姻戚関係を梃子に、義継に接近して挙兵する。槇島城の戦いで京を追放された義昭は、義継を頼って若江城に落魄《らくはく》した。[*30] 義昭を匿《かくま》ったことで義継は信長の怒りを買い、天正元年（一五七三）十一月、信長は義継を討伐する。若江三人衆と呼ばれる池田教正・多羅尾綱知・野間康久は信長と内応し、信長軍の佐久間信盛を若江城内に引き入れた。天主の下まで包囲されたとある。義継は観念して妻子を刺殺し、自害した。[*31] 享年二十五歳。

これまで、義継の死により三好本宗家の滅亡と捉えられてきたが、近年、別説[*32]が呈示されている。この年四月、義継の従弟十河存康《そごうまさやす》は、信長に対して、松浦肥前守を通じて若江城の義継攻略を申し入れ、[*33] 信長はその成就に際して、河内半国と摂津欠郡を約した。[*34] 存康は翌二年、三好姓を名乗ったうえで、武田方の穴山信君《あなやまのぶただ》に対して本願寺の同意のもと、織田治下の尾張美濃への攻撃を進言している。[*35] 存康の改姓は三好本宗家継承の意図の現れと考えられるが、旧臣は存康に応じず、存康は再び十河姓に戻っている。

［河内キリシタンの拠点］　永禄六年（一五六三）、三好長慶が宣教師らにキリスト教の布教を許

---

*22 『言継卿記』永禄七年八月十一日条。前掲*20小谷論文。
*23 前掲*20小谷論文。
*24 天野忠幸「織田信長の上洛と三好氏の動向」（『日本歴史』八一五、吉川弘文館、二〇一六年）。
*25 『言継卿記』永禄十二年三月廿七日条。天野前掲註24論文。
*26 前掲*24天野論文。
*27 『誓願寺文書』「下間正秀書状」（元亀三年）四月十四日付（天野忠幸編『戦国遺文三好氏編』三巻-参考一二一号文書、二〇一五年）。天野忠幸『三好一族と織田信長』（戎光祥出版、二〇一六年）。
*28 前掲*27に同じ。
*29 『刑部家文書』「三好義継書状」（元亀三年）卯月（四月）十六日付（天野忠幸編『戦国遺文三好氏編』三巻—一六三二号文書、二〇一五年）。前掲*27天野同書。

| 年 | 月 | 日 | 語句 | 読み方 | 巻 | 頁 | 行 | 宿所所在地 | 同左現行市町村 |
|---|---|---|---|---|---|---|---|---|---|
| 天正4年(1576) | 5 | 6 | 逗留 | とうりゅう | 9 | 210 | 1 | **若江** | **大阪府東大阪市** |
| | 6 | 5 | 泊 | とまり | 9 | 211 | 17 | **若江** | **大阪府東大阪市** |
| 天正5年(1577) | 3 | 22 | 逗留 | とうりゅう | 10 | 225 | 16 | 香庄 | 大阪府岸和田市 |
| | 3 | 24 | 泊 | とまり | 10 | 226 | 8 | 八幡 | 京都府八幡市 |
| 天正6年(1578) | 5 | 1 | 泊 | とまり | 11 | 243 | 15 | 郡山 | 大阪府茨木市 |
| | 9 | 28 | 泊 | とまり | 11 | 252 | 7 | **若江** | **大阪府東大阪市** |
| 天正7年(1579) | 9 | 21 | 泊り | とまり | 12 | 284 | 15 | 山崎 | 京都府大山崎町 |
| | 9 | 27 | 逗留 | とうりゅう | 12 | 285 | 16 | 古屋野（昆陽） | 兵庫県伊丹市 |
| | 12 | 11 | 逗留 | とうりゅう | 12 | 295 | 12 | 宝寺 | 京都府大山崎町 |
| 天正8年(1580) | 2 | 28 | 逗留 | とうりゅう | 13 | 312 | 4 | 山崎 | 京都府大山崎町 |

表1　『信長公記』にみえる石山合戦時の京以西の宿所

可して以降、河内の各地でその信仰が普及した。*36 若江は岡山（四條畷市）、三箇（大東市）とともに、河内キリシタンの三大拠点*37として多くの信者を生み出した。義継没後、若江城将となった池田教正が永禄七年に入信し、洗礼を受けている。*38

天正四年（一五七六）、教正は若江に教会を造営した。*39 現在、「大臼」「クルス」の小字名が主郭の南北に見られ（図1）、これらの小字付近に教会（南蛮寺）が存在した可能性が考えられる。当該小字は主郭から離れ、とくに「クルス」は十三街道やその街道に沿う外壕の外側に位置することは、若江が義継入城前に一向一揆の拠点であったとされることに対して、示唆的な位置関係といえる。

［織田期の若江城］　天正元年十一月、信長の攻撃による義継の自害で、若江城は陥落した。同三年四月には、信長は若江城に陣を取り、義継の大叔父・三好康長が籠もる高屋城を攻めた。*40 康長は降伏し、その後、「河内国中高屋の城初として悉く破却」*41 とあるが、若江城は対本願寺攻めの前線基地として、再整備が図られた。表1に、『信長公記』をもとに、

*30　『信長公記』巻六、元亀四年七月条。

*31　『信長公記』巻六、元亀四年（天正元年）霜月条。

*32　丸島和洋「戦国大名武田氏と従属国衆」（『四国と戦国世界』、岩田書院、二〇一三年）。

*33　『山崎文書』「織田信長朱印状」（元亀四年）卯月（四月）十九日付（奥野高廣編『増訂織田信長文書の研究』上巻–三七〇号文書、一九八八年）。

*34　前掲*33に同じ。

*35　『於曽家文書』「三好存康書状」（天正二年）八月十日付（須藤茂樹「穴山信君と畿内諸勢力」『武田氏研究』四六、武田氏研究会、二〇一二年）。

*36　この間の動向については、村上始「河内キリシタンの動向と展開」（『飯盛山城と三好長慶』、戎光祥出版、二〇一五年）に詳しい。

石山合戦時に信長が京以西でどこを宿所にしていたかまとめてみた。若江は山崎・宝寺（宝積寺）と並ぶ頻度である。寝所として休み、前線へ指示を伝える施設として使用された。とくに天正三年の高屋城攻撃、翌四年の天王寺砦戦で、若江城は三回利用されている。織田期の若江城は、このころまでに再整備され、石山合戦を背景に、短期間に普請が進められたことがわかる。若江城は義継没後、若江三人衆が管理したが、その筆頭は池田教正であった。*42 フロイス『日本史』によると、「池田丹後シメアン殿がこれらの（三好の＝筆者註）家臣たちの頭になった」*43とある。

［織田期の若江城主要遺構と遺物］　今回、壕を中心に（福永 一九九三）*44と（仲林 二〇一四）*45をもとに検出遺構の全容を図示した（図1）。外壕のうち、若江鏡神社南方のものは逆茂木《さかもぎ》が密集するもので、十三街道に沿う。若江小学校西方の外壕は、約三〇メートルのピッチで三重に廻る。馬出しはその北で土塁が介在し、土橋と隔絶するため疑問が出されている。*46 土塁は三ヵ所で確認された。主郭内壕の外側に位置する土塁は異例。ただし、主郭内壕の南東隅の幅が極端に狭まっており、東方に対する装備とすれば理解できる。外壕は概して、西側からの敵の侵入を防禦することを重点としている。対して東側は、深田が広がり自然の要塞となっていた。

主郭は、東西約一三〇×南北約一六〇メートルの矩形を呈する。内壕は幅一〇～三五メートル前後、深さ三・五メートル。南西隅と南東隅では規模に大きな差がある。主郭側の肩部に逆茂木が打たれる。主郭内部には、礎石建物Ⓑ、塼列建物Ⓗ・Ⓙ、瓦葺建物Ⓒ・Ⓓ、石垣Ⓐがある。礎石建物は東西五・七メートル、南北一・九メートル分を検出。東西ラインが延長する可能性があり、廊下状の建物が推定されている。塼列建物は内郭の南東隅付近で検出。城の蔵と見られる。*47 瓦葺建物は主郭の西側に位置する。内壕の瓦、壁下地、礎石の順に堆積しており、城破りの状況を反映する。多聞櫓が推定されている。石垣は主郭の北西側に所在。延長一・七メートル、高さ〇・七

*37　松田毅一他訳『フロイス日本史』五畿内篇Ⅲ、第四七章（第二部二五章）、（中央公論社、一九九一年）。

*38　前掲*37松田他同書五畿内篇Ⅰ、第一四章（第一部三八章）。

*39　前掲*12森田同書。

*40　『信長公記』巻八、天正三年四月条。

*41　『信長公記』巻八、天正三年四月十九日条。

*42　若江三人衆は信長没後、羽柴氏の与力となった。三好氏を継承した秀次に従い戦役に参加するなど、豊臣氏の重要な構成員となった。天野忠幸「三好氏遺臣の若江三人衆と豊臣氏」（『戦国史研究』七一、戦国史研究会、二〇一六年）に拠る。

*43　前掲*37松田他同書。

*44　前掲*3福永同書。

メートルを確認したが、トレンチの制約から用途は不明。『信長公記』には、義継の最期の件《くだり》で「天主」の表現がみられるが、三好期の若江城に天主を想定することは慎重を期すべきと考える。

若江城の出土遺物は、時期・種別・量とも多彩である。武器・武具では、鉄鏃・鉄砲玉・鎧小札・小刀・刀飾り金具がある。他に調理具・食膳・生活用具・装身具・仏教信仰関連道具・木簡などが出土した。また、Ⓒ地点の城破り層から三葉唐草文軒平瓦《からくさもんのきひらがわら》が出土している。これは大坂本願寺、私部《きさべ》城の出土例と瓦笵が共通し、後発であることが指摘されている。[*48] このことから、三好期段階の瓦葺建物の存否については慎重な議論が必要である。

［まとめ］　若江城は、室町から戦国期の守護所、三好義継が拠った戦国末期河内の平地城館、本願寺攻略の石山合戦の重要拠点となった。室町幕府の終焉を将軍義昭の京追放とすれば、一時代の画期となった場所である。

義継は、京畿八ヶ国の覇者となった養父の長慶の陰となり、これまで凡愚な一面が伝えられているが、信長入洛後、落日の幕府を支え、元亀年間は軍事活動に一定程度成功している。今後は義継の再評価が必要となろう。

織豊系城郭[*49]を構成する三要素、「高石垣」「瓦」「礎石建物」のいずれも若江城でみられるが、これらは信長が再整備したことによるもので、義継期の造作とは評価できない。また、いずれも一部の検出にとどまっている。内郭内部の調査が俟たれるところである。

〈菅原章太〉

［付記］　二〇一六年六月に本稿脱稿後、『図解近畿の城郭』Ⅳ（二〇一七年八月、戎光祥出版）が出版された。内容が重複する部分もあるが、あわせてご参照いただきたい。

＊45　仲林篤史「若江遺跡第八七（遺構編）・八八次発掘調査」（『東大阪市埋蔵文化財発掘調査概報―平成二五年度―』、東大阪市教育委員会、二〇一四年）。

＊46　中西裕樹「若江城」（『大阪府中世城館事典』、戎光祥出版、二〇一五年）。

＊47　矢田俊文「土蔵・塼列建物研究の意義」（『中世考古学文献研究会会報』七、二〇〇六年）。

＊48　吉田知史「発掘調査成果からみた私部城」（前掲＊36同書、二〇一五年）。同「平地城館をめぐる課題」（『飯盛城跡と平地城館』資料、二〇一五年）。

＊49　中井均「城郭にみる石垣・瓦・礎石建物」（『戦国時代の考古学』、高志書院、二〇〇三年）を参照。

# あとがき

「阿波の国の風俗、大体気健やかにして、智もあり。」

これは、『人国記《じんこくき》』に記された阿波の項の書き出しである。阿波の人は、だいたいがしっかりとした気風で、智恵を持っているという。そして、知恵があるだけでなく、人を騙したり、強盗を行ったりする類いの者は極めて少ないというのである。他の地域と比べて、評価が高いなというのが私の第一印象である。

『人国記』は、室町時代末に成立したと考えられている書物で、この時代の阿波の風俗や気風が記されている。中世城館の調査からは、室町時代以降の阿波の特徴として、細川氏・三好氏の強大な権力のもと、戦乱のほとんどない世の中が築かれていたことがうかがえる。そうした社会情勢を背景として営まれる、文化的な水準の高い阿波を表現しているのではないだろうか。

今回、本書で紹介した城は、阿波の社会情勢を大いに反映しており、戦乱のほとんどない世の中から、その後、戦国時代に突入する阿波を非常によく物語っている。ぜひ、本書を携えてこれらの城を訪れ、阿波の特徴的な中世史を堪能していただければ幸いである。

平成二十七年の夏、勝瑞城館跡の発掘現場事務所を訪れてくださった戎光祥出版株式会社代表取締役社長の伊藤光祥氏から、本書の執筆依頼をいただいた。最初は、正直とまどい、私一人ではとてもお受けすることはできないと思った。しかし、二十数年調査を担当してきた勝瑞城館跡をはじめ、阿波の特徴ある数々の城館を世の中に紹介することのできるいい機会でもあるため、何とかできないものかと、徳島県の中世城館の調査にも携わられた石井伸夫さんに相談したところ、石井さんは二つ返事で了解してくださり、「こんな感じでどうだろうか」と、瞬く間に企画書を仕上げ、共に本書の執筆・編集に取りかかることとなった。

その後は、徳島県の十八番である「オール徳島で」ということで、各市町の担当者の方々に原稿をお願いし、さらに徳島だけにとどまらず、畿内の諸先生方からも原稿をいただけることとなり、無事本書の刊行に踏み切ることができた。学生時代の恩師から、「重見君は、なぜか周りにたくさんいい人が集まってくれるようになってるね。この人たちを大事にせんとダメだよ」とよく言われていたことを思い出し、たくさんの方々の協力に胸が熱くなった。

こうして本書は、平成二十二年度末に徳島県教育委員会が刊行した『徳島県の中世城館』をベースとして、その後の調査で明らかになったことや、新たな知見をできるだけ反映させたものとしてここに刊行する運びとなった。

本書刊行にあたり、強力なサポートをしてくれた石井さんをはじめ、執筆してくれた「オール徳島」の仲間や、大阪から原稿をくださった皆様に、さらに、本書刊行を後押ししてくれた家族に心から感謝したい。

平成三十年初春に

重見髙博

【執筆者一覧】


秋田愛子　三好市教育委員会

天野忠幸　天理大学文学部

井形玲美　吉野川市教育委員会

壱岐一哉　石井町教育委員会

石井伸夫　徳島県立鳥居龍蔵記念博物館

岡本和彦　小松島市教育委員会

勝浦康守　徳島市教育委員会

郡司早直　海陽町立博物館

小島靖彦　美馬市教育委員会

小谷利明　八尾市立歴史民俗資料館

佐藤俊祐　牟岐町教育委員会

重見髙博　藍住町教育委員会

島田豊彰　公益財団法人徳島県埋蔵文化財センター

下田智隆　鳴門市教育委員会

菅原章太　東大阪市教育委員会

杉原賢治　瀬戸内市備前長船刀剣博物館
須藤茂樹　四国大学文学部・附属言語文化研究所
辻　佳伸　徳島県教育委員会
中西裕樹　高槻市教育委員会・しろあと歴史館・今城塚古代歴史館
西本沙織　徳島市教育委員会
林　泰治　阿波市役所
廣田浩治　泉佐野市教育委員会
宮城一木　徳島市教育委員会
三宅良明　徳島市教育委員会
向井公紀　阿南市役所
村上　始　四條畷市教育委員会
森　清治　鳴門市ドイツ館

【編者略歴】

石井伸夫（いしい・のぶお）

1959年（昭和34年）、徳島県徳島市生まれ。大谷大学文学部史学科卒。徳島県立高等学校教諭、徳島県教育委員会文化財課、徳島県埋蔵文化財センターなどを経て、現在、徳島県立鳥居龍蔵記念博物館学芸課に勤務。平成16～22年度、徳島県中世城館跡総合調査に調査員・事務局として参加。

おもな著書・論文に、「中世阿波国沿岸部における城館の立地と港津の支配」『徳島県の中世城館』（徳島県教育委員会、2011年）、「中世後期における阿波の流通」『中近世土器の基礎研究』24（日本中世土器研究会、2012年）、『守護所・戦国城下町の構造と社会－阿波国勝瑞－』（共編著、思文閣出版、2017年）、などがある。

重見髙博（しげみ・たかひろ）

1970年（昭和45年）、高知県高知市生まれ。徳島大学総合科学部総合科学科卒。徳島県埋蔵文化財センター研究補助員を経て、現在、藍住町教育委員会社会教育課主査。平成6年度から勝瑞城館跡の調査や整備に従事。

おもな著書・論文に、「阿波の守護所」『守護所と戦国城下町』（高志書院、2006年）、「発掘調査から見える勝瑞の中世から近世への景観の変遷」『阿淡郷土史の研究　三好昭一郎先生米寿記念』（三好昭一郎先生米寿記念論集刊行会、2017年）、「発掘調査から考える守護町勝瑞の範囲と構造」『守護所・戦国城下町の構造と社会－阿波国勝瑞』（思文閣出版、2017年）などがある。



図説 日本の城郭シリーズ⑦

三好一族《みよしいちぞく》と阿波《あわ》の城館《じょうかん》

2018年3月8日 初版初刷発行

編　　者　石井伸夫　重見髙博
発 行 者　伊藤光祥
発 行 所　戎光祥出版株式会社
〒102-0083 東京都千代田区麹町1-7 相互半蔵門ビル8F
TEL:03-5275-3361(代表)　FAX:03-5275-3365
http://www.ebisukosyo.co.jp
編集協力　株式会社イズシエ・コーポレーション
印刷・製本　モリモト印刷株式会社
装　　丁　山添創平


ISBN978-4-86403-273-5